国家重点图书

冶金过程自动化技术丛书

# 冶金企业管理信息化技术

（第2版）

刘 玠 主编

许海洪 林 瑜 何浩然 编著

北 京

冶 金 工 业 出 版 社

2014

## 内 容 提 要

本书为《冶金过程自动化技术丛书》(第2版)之一，主要内容包括：钢铁企业信息系统体系结构，钢铁企业信息系统技术路线，钢铁企业战略决策系统，钢铁企业经营管理系统，钢铁企业制造管理和执行系统，钢铁企业信息系统的技术平台，钢铁企业信息系统的建设和运行等。

本书可供从事冶金信息化技术、冶金工程及管理的科研、设计、生产的技术人员使用，也可供大专院校相关专业的师生参考。

**图书在版编目(CIP)数据**

冶金企业管理信息化技术/许海洪等编著．—2版．—北京：冶金工业出版社，2014.10

(冶金过程自动化技术丛书/刘玠主编)

ISBN 978-7-5024-6497-4

Ⅰ.①冶… Ⅱ.①许… Ⅲ.①冶金工业—工业企业管理—管理信息系统 Ⅳ.①F407.36-39

中国版本图书馆CIP数据核字(2014)第186002号

出 版 人 谭学余
地　　址 北京市东城区嵩祝院北巷39号 邮编 100009 电话 (010)64027926
网　　址 www.cnmip.com.cn 电子信箱 yjcbs@cnmip.com.cn
责任编辑 戈 兰 美术编辑 彭子赫 版式设计 孙跃红
责任校对 石 静 责任印制 牛晓波
ISBN 978-7-5024-6497-4
冶金工业出版社出版发行；各地新华书店经销；三河市双峰印刷装订有限公司印刷
2006年2月第1版，2014年10月第2版，2014年10月第1次印刷
787mm×1092mm 1/16；17.5印张；420千字；255页
**68.00**元

**冶金工业出版社 投稿电话 (010)64027932 投稿信箱 tougao@cnmip.com.cn**
**冶金工业出版社营销中心 电话 (010)64044283 传真 (010)64027893**
**冶金书店 地址 北京市东四西大街46号(100010) 电话 (010)65289081(兼传真)**
**冶金工业出版社天猫旗舰店 yjgy.tmall.com**

# 《冶金过程自动化技术丛书》第2版编委会

# 第2版序

《冶金过程自动化技术丛书》出版发行已经十多年了，在这十年中，中国的经济和钢铁工业又有了飞速的发展。经济规模GDP从2003年的13.5万亿元增长到2013年的56.8万亿元，增长了3.2倍；全国粗钢产量从2003年的2.2亿吨增长到2013年的7.82亿吨，增长了2.5倍。中国钢铁工业不仅规模飞速增长，而且产品品种、产品质量明显提高。我国进出口钢材的变化就是很好的证明：2003年进口钢材3724万吨，出口钢材712万吨，2013年进口钢材1408万吨，出口钢材6234万吨。出口钢材大幅度增加，说明我们的钢材质量和品种不仅越来越好地满足了我国经济发展及各行各业的需要，而且在国际市场上也有了强大的竞争力。然而，在我国经济和钢铁工业快速发展的同时，钢铁产能过剩，市场竞争日趋激烈，许多企业出现亏损，环保压力继续增大，资源日趋匮乏等问题已经非常明显地显露出来。对钢铁工业面临的这些问题，大家都在思考如何可持续发展，政府也已经出台了许多应对政策，专家们也有各种不同的见解，但是有一点看法是一致的，那就是一定要走创新发展之路，走节能减排之路，走智能化制造之路。这样的战略，必然对企业信息化和自动化提出更高的要求，也为信息化、自动化技术提供更广阔的应用空间。因为当今世界的工业创新发展和智能制造必然涉及工业的工艺、装备、管理、销售、人才、信息等方面，而这些方面的提升必须要与信息化、自动化技术紧密结合，除此别无其他选择。

同时，十年来，信息化和自动化技术又有了惊人的发展，不仅计算机本身的运行速度、存储容量、网络技术、通信能力、智能化水平等都有极大的提高和极快的发展，而且应用功能，比如大数据分析和决策，云计算技术、虚拟技术、物联网、电子商务等层出不穷。钢铁行业的信息化、自动化技术应用水平也与十年前不可同日而语。如宝钢、鞍钢、武钢、唐钢、邯钢、太钢等企业的信息化及自动化系统的开发和建设就取得许多可贵的成绩和经验。以上所涉及的方方面面，钢铁工业发展面临的形势，计算机科学技术的发展水平，对我们的《丛书》无疑提出了新的要求，我们感觉到需要对《丛书》内容进行修改、补充。

此外，《丛书》第1版出版发行以来，除了受到了广大读者的欢迎以外，也有许多读者指出《丛书》中存在的一些缺陷和不足。为了回馈读者，我们也应该进行修改和重编。为此，本次修订工作，从作者的安排，编写的要求，到增删、改写内容及归纳、审定等等，几次开会讨论，我们做了多方面的工作，力争做到与时俱进。例如修订中广泛吸收了上述一些企业的实践经验和技术，在内容上进行了大幅度地调整和修改；为此在编写人员方面也作了一些调整，吸收了一些参与企业信息化和自动化建设的高级工程技术人员，以使《丛书》第2版更具有实践的经验可供借鉴和参考的价值。

本次修订，尽管我们努力做到正确、完整，但仍可能有一些技术观点和论述不全面、不恰当，敬请广大读者批评指正。

中国工程院院士 刘玠

2014年9月

# 第1版序

新中国建立以来，冶金工业在我国国民经济的发展中一直占据很重要的位置，1949年我国粗钢产量占世界第26位，到1996年粗钢产量为一亿零一百万吨，上升到世界第1位。预计今年钢产量能达到二亿六千万吨左右，稳居世界第1位。根据国家统计局数据，2003年我国冶金工业总产值为4501.74亿元，占整个国内生产总值的4.8%。

统计表明，国民经济增长和钢材需求之间有着非常紧密的关系。2000年我国生产总值增长率为8.0%，钢材需求增长率为8.0%。2002年我国生产总值增长率为7.5%，钢材需求增长率为21.3%。预计今年我国生产总值增长率为7.5%，而钢材需求增长率为13%。据美国《世界钢动态》杂志社的研究，钢材需求受经济增长的影响是：如果经济年增长率为2%，钢材需求通常没有变化，但是如果经济增长为7%，钢材需求可能会上涨10%。这也就是20世纪90年代初期远东地区和中国钢材需求量迅猛上涨的原因。

从以上的数据中我们可以清楚地看出冶金工业在国民经济中的地位和作用。在中国共产党的正确领导下，经过半个世纪，尤其是改革开放的20多年来的努力奋斗，我国已经成为世界的钢铁大国，但还不是钢铁强国，有许多技术经济指标还落后于技术发达的国家。如我国平均吨钢综合能耗，在1995年为1516kg/t,2003年降低为778kg/t,

而日本在2003年为658kg/t。很显然是有差距的，要缩小这些差距，除了进行产品结构的调整，新工艺流程的研究与开发，建立现代企业管理制度以外，很重要的一条，就是要遵循党的十六大所提出的“以信息化带动工业化，以工业化促进信息化，走新型工业化道路”的伟大战略。

众所周知，自从电子计算机诞生半个世纪以来，尤其是近几年来信息技术和自动化技术的迅猛发展，为提高冶金企业的市场竞争力，缩短技术更新周期与提高企业科学管理水平提供了强有力的手段，也使得冶金企业得以从产业革命的高度来认识信息技术和自动化技术所带来的影响。各冶金企业，谁对信息技术、自动化技术应用得好，谁的产品质量就稳定，谁的竞争优势就增强，谁的市场信誉就提高，谁就能在激烈的市场竞争中生存、发展。因此这种“应用”就成了一种不可阻挡的趋势。

2003年，中国钢铁工业协会信息与自动化推进中心及信息统计部就全国65家主要冶金企业的信息与自动化现状进行了调查，调查的结果表明：

第一，我国整个冶金企业在主要的工序流程上，基本普及了自动化级（L1），今后仍将坚持和普及。

第二，过程控制级（L2）近年也有了一定的发展，但由于受到数学模型的开发及引进数学模型的消化、吸收较为缓慢的制约，过程控制级仍有较大的发展空间，今后应关注控制模型的引进、消化和开发，它是提高产品质量重要的不可替代的环节。

第三，生产管理级（L3）、生产制造执行系统（MES）尚处于研究阶段，还不足以引起企业领导的足够重视，这一级在冶金企业信息化体系结构中的位置和作用是十分重要的，它是实现控制系统和管理信息系统完美集成的关键。

由此可见，普及、提高基础自动化，大力发展生产过程自动化，重视制造执行系统（MES）建设，加快企业信息化、自动化的建设进程，早日实现我国冶金企业信息化、自动化及管、控一体化，是“十五”期间乃至今后若干年内提升冶金工业这一传统产业，走新型工业化道路的重要目标和艰巨任务。

为了加速这一重要目标的实现和艰巨任务的完成，我们组织编写了这套《冶金过程自动化技术丛书》。根据冶金工业工艺流程长，而每一个工序独立性、特殊性又很强，要求掌握的技术很广、很深的特点，为了让读者能各取所需，本套丛书按《冶金过程自动化基础》、《冶金原燃料生产自动化技术》、《炼铁生产自动化技术》、《炼钢生产自动化技术》、《连铸及炉外精炼自动化技术》、《热轧生产自动化技术》、《冷轧生产自动化技术》、《冶金企业管理信息化技术》等8个分册出版，其中《冶金过程自动化基础》是论述研究一些在冶金生产自动化方面共性的问题，具有打好基础的作用，其他各册是根据冶金工序的不同特点编写的。

这套丛书的编著者都是在生产、科研、设计、领导一线长期从事冶金工业信息化及自动化工作的专家，无论是在技术研究的高度上，还是在解决复杂的实际问题方面都具有很丰富的经验，而且掌握的实际案例也很多，因此书中所介绍的内容也是读者感兴趣的，在实际工作中需要的，同时书中所讨论的问题也是当前冶金企业进行大规模技术改造迫切需要解决的问题。

时代的重任，国家的需要，要求我们每一个长期从事冶金企业信息化自动化的工程技术人员，以精湛的技术、刻苦求实的精神，搞好冶金企业的信息化及自动化，无愧于我们这一伟大的时代。相信，这套丛书的出版，会对大家有所帮助。

中国工程院院士 刘玠

2004年仲夏

# 第2版前言

20世纪60年代，首钢和上钢一厂开始在转炉生产线采用计算机技术进行过程控制的试验。70年代武钢一米七工程推动了我国钢铁企业采用计算机技术对连铸、热轧、冷轧生产线进行自动化控制的进程。80年代，宝钢在全部的工艺生产线上采用计算机控制，并在2050热轧工程中，与蒂森、西门子合作，设置了4级计算机系统，进一步推动了我国钢铁企业管理信息化的进程，并取得了一定的经验。90年代，宝钢建设了完整的信息化管理系统。鞍钢在1780热轧工程中，自主设计了热轧的完整的信息管理系统，为鞍钢的信息化管理打下了基础。其他钢铁企业，也在这一时期，为信息化建设做了大量的基础准备工作。

21世纪初，随着我国钢铁工业发展的需要、IT技术的进步，各个大型钢铁企业开始自主地、大规模地实施企业管理信息化系统的建设，并且各个钢铁企业按照本身的特点，在管理信息化系统的建设过程中采用不同的体系架构和不同的技术路线，取得了很好的成绩。本书在漆永新编著的第1版的基础上参考宝钢、鞍钢、武钢、首钢、太钢、马钢、邯钢等钢铁企业管理信息化系统的技术内容和他们在实施过程中的经验和教训，并根据国外一些大型钢铁企业的管理信息化系统的先进技术和发展方向，重新进行了编写。另外，还对近来出现的物联网、云计算技术做了概要的介绍。本书的编写目的就是想为从事钢铁企业信息化的管理人员和技术人员提供一本实用的技术参考书，希望能对他们的工作有所帮助，有所裨益。

本书共分8章，按照从整体到局部、从上层系统到下层系统的结构安排各章的顺序。第1章主要介绍国内外钢铁企业信息化系统建设的历程，以及今后钢铁企业信息化系统建设的发展方向；电子商务和供应链管理、物流管理、决策支持与集团管控、能源环保管理、产品的质量控制和研发、优化排产等。第2章和第3章主要介绍钢铁企业信息化系统的体系结构和技术路线。第4章、第5章、第6章分别介绍钢铁企业信息化系统的各个层级的功能。第7章介绍钢铁企业信息化系统的软件和硬件平台。第8章介绍信息化系统的实施和系统在线需要做的工作和方法。关于信息技术的基础理论和基本方法有不少很好的专著，因篇幅所限本书没有着力介绍这些方面的内容。

本书的第1、2、3章及第8章的第8.3节、8.4节、8.5节由原鞍钢教授级高级工程师林瑜和原鞍钢教授级高级工程师王叙负责编写；第4、5、7章及第6章的6.11节、6.12节由宝钢教授级高级工程师何浩然负责编写；第6、8章由原中冶赛迪教授级高级工程师许海洪负责编写。全部书稿由许海洪负责并汇总，经刘玠院士审改、定稿。

本书所述内容和一些技术观点，也许有不全面、不恰当的地方，敬请广大读者批评指正（意见反馈至冶金工业出版社。联系人：戈兰，E-mail：gelan999@163.com，电话：010-64027920）。

许海洪

2014年8月

# 第 1 版前言

记得在三年前的中国钢铁工业协会的一次会议上，我提出“钢铁企业要搞适合自己企业的信息化”，老部长周传典对我说：“我同意你的观点。你还要告诉人家，钢铁企业的信息化到底应该怎么搞。”周老的话，分量很重。1983 年，冶金工业部成立计算机应用领导小组时，周老是组长，我时任部信息中心副主任，在他的领导下起草了领导小组的任务和职责，参与了领导小组的筹备工作，并作为小组的成员在他的手下做点事。如今，周老虽然年过八秩，仍然是推进信息化的健将。我把周老的嘱托看作一种使命。

四年来，推进企业信息化是我在中国钢铁工业协会的主要工作之一。但是，做好这个工作不容易。较之 20 世纪，21 世纪我国钢铁企业信息化的目标、任务和技术有了跨越式的发展，发生了质的飞跃。钢铁企业信息化不但不是单纯的信息技术工程，也不是简单的数据工程，而是钢铁企业的管理系统工程和创新工程。解读钢铁企业信息化的目标任务和技术，既要懂管理又要懂工艺还要懂信息技术，这是困难之一。

由于钢铁工业流程的特殊性，钢铁企业信息化，特别是作为它的核心的产销一体化系统的任务，不是经典的 REP 软件功能所能完全覆盖的。国外先进的钢铁企业开发了自己的产销一体化技术，商业利益所在，秘而不宣是容易理解的。这是编撰本书的又一个困难。

写一本全面阐述钢铁企业信息化的原理方法和技术的书，当然是有益的。它有助于钢铁企业信息化的规划、设计和实施，强化企业的主体意识和主体作用；它也为IT厂商进入钢铁企业提供了一条快速通道。解读钢铁企业信息化的关键技术，还在一定程度上使这种技术由神秘变为普及，降低入门的风险，减少不必要的投资泡沫。

有用又有困难，就有了钻研的兴趣。钻研出一点头绪，趣味就更大，它成了推动本书写作的一种力量。

本书是《冶金过程自动化技术丛书》中的一种。感谢刘玠院士，他不但为丛书的宗旨、内容、体例定下了一个清晰的基调，而且审阅了初稿。参与本书审稿的还有蒋慎言教授和林瑜高级工程师。

在本书的写作过程中，曾与吕红军、王巍巍、胡震、何浩然等同志进行过多次有益的讨论；顾力平、孟树生、徐美华、崔士岳、刘元剑、王树强、曹同乐等同志大力协助，分别提供了武钢、马钢、兴澄特钢、衡阳钢管、通化钢厂和济钢的资料，使得案例分析翔实生动，富于启发性。本书中凝结了我国钢铁企业迄今为止成功实施阶段信息化的15家企业的智慧和经验，在此一并感谢他们。最后，我要感谢中国钢铁工业协会信息统计部的各位同仁对我的帮助和支持，感谢袁小梅女士，本书的大部分原稿是由她录入的。

本书共分9章，前两章阐述钢铁企业信息化的目标任务和系统的体系结构。

从第3章开始，用了4章详细阐述了钢铁企业信息化的具体任务和技术，从产线管理、资源管理、经营管理到市场营销管理，分别叙述了制造执行系统技术、企业资源规划技术、产销一体化技术、知识获取技术和辅助决策技术、客户关系管理技术、供应链管理技术、电子数据交换技术和电子商务技术。第3章到第6章叙述的内容是钢铁企业信息化工作者通常要完成的工作，也是本书的重点。其中制造执行系统技术和企业资源规划技术阐述的方法是按照业务原理+数据结构+算法的逻辑进行的。数据结构的描述采用了关系数据模型，建议对此不太熟悉的读者可以先阅读本书7.7.4一节中的相关内容。照顾到管理人员的习惯，无论是关系数据模型的标示还是算法的标示，都尽量不用拉丁字母而采用汉字，例如，“合同”、“客户”、“合同异议案”之类都是关系名；“合同评审”、“合同追踪”、“合同异议处理”之类都是算法名。有些读者可能觉得有些另类，其实，西方学者用拉丁字母，中国学者用汉字是很自然的事。涉及知识获取、辅助决策、客户关系管理、供应链管理、电子数据交换和电子商务等技术的叙述也尽量突出了钢铁行业的特点。

本书的第7、8两章叙述了钢铁企业信息化的规划技术、系统设计技术和系统开发技术。

本书的第9章以武钢、马钢、济钢、兴澄特钢、衡阳钢管、通化钢厂和济钢的信息系统作为案例，详细介绍了不同类型不同规模钢铁企业信息化的目标、任务、应用系统和信息化建设的经验。为了强化参考价值，尽可能多的保留了原始数据，突出了各自的特点。

本书总结了钢铁企业信息化的最新经验和技术。这些经验和技术从实践中来并且被实践证明是可行的。当然有不少探索，但是实践性、可行性和鲜活新颖成为本书的一大特点，即令是探索，也是以实践可行为目标的。钢铁企业信息化的开发人员可以从中找到大量的数据结构和算法，提供应用设计的参照；钢铁企业信息化的CIO据此可以确定本企业信息化的目标、任务、技术方案和实施举措，明确信息化规划的思路；选择市售软件的读者，也可以从本书中寻找所需软件的线索；本书为高校的大学生和研究生提供了大量的案例，为他们的企业信息化知识补上了钢铁行业的一课。

本书能不能写成钢铁企业信息化的管理人员、技术人员的实用基础读本，能不能成为开发人员的手册，能不能成为大学生和研究生的参考读物呢？我有这个愿望，也将为此不断努力。敬请告知您的意见和建议。我的邮箱：qiyx@ metal. net. cn

漆永新

2005年9月

# 目　录

# 第1章 概 述

## 1.1 企业信息化

关于什么是企业信息化，有各种各样的表述，其中一个比较全面的是由国家信息中心课题组给出的："企业信息化是指企业以现代信息技术为手段，以开发和利用信息资源为对象，以改造企业的生产、管理和营销等业务流程为主要内容，以提升企业的经济效益和竞争力为目标的动态发展过程"。这一表述指明了企业信息化的目标、手段、对象和内容，同时强调企业信息化是一个不断演进的过程。

另一个对制造业信息化比较贴切的表述是："企业信息化是将信息技术应用于产品的设计、制造、管理、销售的全过程，以提高企业的市场应变能力和竞争能力，这是企业信息化的主要内容和目标。"简言之，企业信息化是应用信息技术支撑、引领、改造企业业务活动，使之更加有效的过程。

企业信息化是一个不断发展的过程。企业的需求和信息技术的进步是企业信息化发展的动力。

企业需求永远是推进企业信息化发展的动力。企业管理的提升、优化以及管理范围的扩展，企业所面对的竞争环境的变化，都对企业信息化不断提出新的要求。全球化市场的发展与产业链之间合作经营生产方式的出现，促使企业特别是大型企业开展跨国家、跨地域经营，要求企业信息系统能够支持异地运营、多种语言操作和多种货币交易；为提高产业集中度，增强竞争中的规模优势，各大企业纷纷扩张重组、兼并收购，协作方式出现了很多新的变化，要求企业信息系统能够支持基于全球范围的可重构过程的供应链及供应网络结构；2008 年发生的全球性金融危机，严重冲击了实体经济，企业普遍采用低成本策略，对企业信息系统的柔性要求越来越高，要求信息系统适应企业的动态变化与经营方式的灵活性与敏捷性，能够方便地按需配置，以缩短运营、生产周期，降低成本。这些不断变化的需求是推动企业信息化发展的根本原因。

IT 技术的进步是企业信息化发展的牵引力。信息技术领域新技术的不断出现，为企业信息化提供了越来越灵活、强大的软/硬件平台和软件工具，面向服务架构 SOA（Service-Oriented Architecture）设计方法的出现，云计算、物联网等新技术的涌现与应用，计算机处理器能力和运行速度的飞速提高，移动通信、人工智能、内存数据库等技术的发展，为企业信息系统的功能与性能的提高提供了新的空间。人们对企业业务活动认识的深化和信息技术对业务活动渗透、融合和改造的实践，又派生出各种新的应用技术，如信息系统与价值链的融合、业务流程管理系统 BPMS（Business Process Management System）、协同生态系统（Collaborating Ecosystem）、虚拟制造等。信息技术的进步不断引领企业信息化的发展和应用的深化，某种意义上讲，企业信息化是一个只有开始没有停止的过程。

企业进行信息化建设并不断深化应用的目标是要实现装备的现代化、过程的信息化和管理的集约化。而企业管理信息化的宗旨是运用现代信息技术，把先进的管理思想与方法引入企业，改造管理业务流程，提高企业管理水平和管理效率，增强企业资金安全，提升企业的核心竞争能力。钢铁企业的管理信息化是与企业的管理水平及装备水平密切相关的，只有装备基本实现基础自动化和过程自动化，管理适应工业化大生产时，才能实现真正意义上的管理信息化。

钢铁企业的信息化包含生产信息化和管理信息化两方面内容，两者的一体化构成了当代钢铁企业信息化的全部内容。其中生产的信息化又包括生产装备的信息化和生产过程的信息化，生产装备是信息化与工业化融合的载体，提升企业生产装备的信息化水平是构建新型工业化钢铁企业的基础。钢铁企业只有炼铁、炼钢、连铸、轧钢等主要生产线、工序和机组，包括配套的检化验、计量和能源的装备设施实现了基础自动化和过程自动化，才能实现基层生产单位的生产实绩和业务数据的自动采集处理，保证数据信息的实时性和正确性；才能依托信息系统提高控制精度、优化工艺流程，实现对产品质量的提高和改进；才能生产出满足客户个性化需求的高附加值、高端化、具有竞争力的钢铁产品。

生产制造过程是实现企业竞争力的基础，制造执行系统 MES（Manufacturing Execution System）是对生产执行层的管理和生产运作的手段，同时也是衔接企业生产执行层与企业运营层的桥梁和信息纽带。决定企业能否竞争成功的优势主要有价格、质量、产品上市时间、产品创新、售后服务等，这些优势能达到什么程度最终都取决于企业对生产制造过程的设计、控制以及管理的实施。正是制造执行系统 MES 将过程控制系统与企业运营层的管理信息系统无缝集成，实现管理模式与管理手段的高效整合，使企业能以信息技术为手段，通过管理信息化和生产过程自动化，实现精细的产品制造和严密的质量控制；同时，使产品及其生产制造过程的有关信息可以及时收集、存储并得到处理，才能保证高质量的产品在最恰当的时机送到最需要的客户手中。

企业资源计划 ERP（Enterprise Resource Planning）是管理思想，简单地说就是将企业各种资源作为一个整体来考虑，进行整体规划、计划使之发挥最大效能，为企业获取最佳效益。作为信息应用技术的企业资源计划 ERP 系统则是以财务管理系统为核心，以产销系统为基础，涵盖销售、采购供应、生产计划、科技质量、设备和资产、储运物流、财务和成本、投资项目、人力资源等管理领域的信息系统。ERP 系统是支撑钢铁企业日常运营的主体信息系统，一方面，ERP 系统通过制造执行系统 MES 将企业的管理理念和管理思想落实到订单执行等生产组织的过程中；另一方面，又将企业运营所需的各种信息及时准确地提供给各层面人员，以便适时处置；同时，将企业决策所需的各种信息送达相关系统或模块进行处理，使整个系统真正发挥出预期的作用。

钢铁企业战略决策系统覆盖企业发展战略决策、关键绩效指标、决策分析体系、集团管控、审计管理、风险管理等领域的业务职能，是体现企业意志、贯彻企业战略目标的平台，支持企业高层领导及管理人员管理和控制企业的整体运作。

### 1.1.1 企业信息化的建设实施

企业一般都会选择基础管理作为信息化建设的切入点，在信息系统项目设计实施开始以前，一方面，对基础管理的各业务流程进行梳理、优化、再造（Business Process Reengineering，BPR），使管理流程清晰、简洁、高效；在管理业务流程再造的实践中，完善制度的体系性，提高规章制度的执行力度；同时加强员工培训，提高员工的信息化认识水平和操作应用水平；规范员工行为，强化制度执行的内在保证。另一方面，信息与其他资源一样，是现代社会的战略资源。信息是信息化与工业化融合的结合点，企业只有充分开发利用信息资源才能实现对生产和管理流程中各要素的高效利用，才能挖掘出它们新的商业价值，最大限度地发挥信息化在生产、技术、管理、经营、战略决策等领域的潜力和优势；信息资源又是企业信息化建设的基础，没有统一一致的数据信息就不可能建设企业整体的信息化系统。因此，实施信息化建设首先要从信息资源规划（Information Resource Planning，IRP）入手，制定数据信息的标准规范，对企业数据信息进行全面的清理、分类和定义，设立专门的管理部门，对数据进行管理，做到数据定义与内涵一致，数据格式一致，数据完整、准确，原始数据来源唯一。

钢铁企业应不断进行装备改造，持续提升整体装备水平。在新建钢铁产品生产线时，同步完成工艺设备和过程控制的自动化建设；并通过技术改造等方式，对尚未装备基础自动化设施或过程自动化系统的主要生产线配齐相关设施、设备或系统。企业在新建钢铁产品生产线时，除完成工艺设备和过程控制的自动化外，最好同步建设 MES 系统，实现 MES 系统与过程控制系统及基础自动化的集成，否则将失去最佳的系统集成时机，事后的系统整合集成将会出现一系列意想不到的问题和技术难点。ERP 系统应与 MES 同步设计，最好同步建设，如果系统规模较大，施工组织确有困难，至少 ERP 产销系统应与 MES 同步设计实施。

### 1.1.2 本书立意

邀集我国钢铁行业具有数十年企业信息化实践经验的多位资深专家编写此书，目的就是想为从事钢铁企业信息化的管理人员和技术人员提供一本实用的技术参考书，希望能对他们的工作有所帮助，有所裨益。关于信息技术的基础理论和基本方法有不少很好的专著，本书没有着力编写这方面的内容。

本书共分 8 章，按照从整体到局部、从上层系统到下层系统安排各章的顺序，第 2 章、第 3 章从信息化总体上论述，第 4 章、第 5 章、第 6 章分别论述战略层、运营层和执行层钢铁企业信息系统的功能，第 7 章介绍系统运行平台建设，第 8 章介绍系统建设方法。

首先，第 2 章从总体上介绍了包括基础自动化与过程控制系统两个基础层级在内的钢铁企业信息系统体系架构，并分别介绍了当前钢铁企业不同的信息系统体系架构划分。第 3 章阐述了钢铁企业信息化建设的技术路线选择要领，包括系统运行平台的选择和应用软件系统建设方法的选择，从技术上说明了选用小型机服务器集群实现高可用的方法，同时介绍了应用软件系统建设方法的选用：或定制开发、或采用商品化应用软件平台、或两者结合使用，并详细介绍了结合使用的实现思路。第4章、第5章、第6章分别描述了钢铁企业战略决策系统、经营管理系统、制造执行系统建设的具体目标和实现的技术方法，第4章钢铁企业战略决策系统与第5章钢铁企业经营管理系统，这两章各节叙述内容的文体大致一样，即先概要介绍系统实现的目标和系统的内涵，而后叙述相关业务的管理模式或管理方法或业务流程，最后展开详细介绍系统实现的各个功能，以便于读者阅读掌握。由于不同生产线制造执行系统实现的功能存在较大差异，因此，第6章钢铁企业制造执行系统的6.3节、6.4节、6.5节、6.6节、6.10节等各节，针对不同生产线、不同的工艺和不同的管理对象，分别详细介绍系统功能，包括很多具有实用价值的内容。第7章钢铁企业信息系统的技术平台，介绍了系统运行平台的建设技术，包括硬件、软件、数据库、数据仓库、电子商务、云计算、物联网等方面的内容。第8章钢铁企业信息系统的建设和实施，具体介绍了信息系统的规划、设计、实施和上线投运的技术要点与组织工作等方面内容。

本书没有涵盖基础自动化与过程控制系统两个基础层级，这两个层级的相关内容编写在本套丛书的其他分册中。

## 1.2 国外钢铁企业的信息化

20世纪60年代，经济发达国家的钢铁企业纷纷引入计算机管理信息系统，应用于计划、财务、销售、采购、设备、人事等管理业务，在企业减员增效、降低成本、提高企业竞争力等方面发挥了作用。

20世纪70年代，新日铁的信息化建设与应用走在了当时世界钢铁行业的前列，特别是先后在君津和大分两个钢铁厂建成的信息系统，以及采用的集中扁平化的生产经营管理模式，先进的装备、精湛的工艺、优良的质量、极高的效率、优美的环境吸引了世人的目光。新日铁信息系统的结构在总体上与西方其他发达国家大体一致，分成五级，即检测驱动级、设备控制级、过程控制级、生产管理级（其中分成在线系统和批处理系统）、公司管理级。前三级面向生产制造，在各个厂设置（如大分厂、君津厂），最后一级在新日铁总公司设置。

第四级功能的系统实现是钢铁企业信息化的关键。首先将年、月经营计划变成月、旬生产计划，系统是比较容易实现的。而生产计划的细化分解，即根据月、旬生产计划编排出当日和各班组的作业计划，一直是由熟练的调度人员承担的。这一步运用信息系统实现是比较困难的，美钢联和我国台湾中钢用了十年多时间才得以完成，即直接由信息系统根据年、月经营计划生成月、旬生产计划，进而再生成日、班作业计划。管理与控制是否衔接已成为衡量系统先进性的标准之一。

20世纪80年代前后，美钢联、德国的蒂森克虏伯、韩国的浦项、我国台湾的中钢等先进钢铁企业，按照客户订单组织生产，用信息技术打通了从客户订单到生产合同，到生产计划再到作业计划，最后到作业指令的关键路径，集成了销售管理、采购管理、产品质量设计、生产管理、生产制造、质量判定、出厂发运管理、财务成本管理，创造性地开发了钢铁企业产销一体化系统，使交货期由月缩短到周，显著改善了客户响应速度，提高了企业市场应变能力。

20 世纪 90 年代，奥钢联、韩国浦项、法国-卢森堡的阿希洛等钢铁企业以客户为中心开发了企业资源全面管理信息系统。国外先进钢铁企业不仅依托信息系统实现一体化的产销管理，而且利用信息系统保证稳定、高透明的采购、销售制衡机制的运作；这些企业重视资金流的监控，不仅依托系统进行事后的及时统计，而且在生产过程中进行实时监控。财务预算精细，预算内执行流程简捷，预算外支出严格控制；注重资金利用率，依托信息系统集中管理原材料、燃料、备品备件的库存，利用数学模型优化库存，使其保持在合理水平，减少流动资金占用；在设备系统中不仅有静态的设备档案和动态的设备状况档案，而且将设备维修系统与生产制造系统集成，作为安排生产计划和作业计划的能力约束条件，减少非计划检修对生产制造的不利影响；这些企业不但将人力资源系统用于人员档案管理、劳动状况管理和薪酬分配，而且把人力资源系统变为快速应对市场突发危机挽留企业精英的工具。

在世纪之交的 1999 年，韩国浦项（POSCO）钢铁公司为了应对“数字”革命带来的经营环境的变化，启动了流程优化——PI（Process Innovation）工程：将企业经营由以收益为中心变成以客户为中心；管理业务流程由部门优化转向全公司优化；并采用先进 IT 技术将其信息化。通过 PI 工程，把包括浦项钢铁厂和光阳钢铁厂在内的全公司流程、数据、基准标准化；在此基础上，内部流程在全公司整合使之一体化；外部流程通过互联网建立电子商务平台，实现本企业内部流程与供应商及客户外部流程的实时连接。PI 工程的实施实现了浦项公司的一贯集中管理，全公司数据项减少了 76%，各种接口界面压缩掉 83%，销售流程缩减了 66%，工作效率大大提高；公司由月结体制变为日结体制，月结由 6 天变为 11 小时，季结算由 15 日缩短到 3 日；经营周期从以年为单位变为以季度为单位。特别是通过电子商务减少了业务量，电子采购比例由原来的 0% 增加到 98%，采购部门抽调一半人员充实到营销部门，大大提高了人力资源利用率。

经过 20 年的发展，原来面向生产制造控制的前两级，目前有的企业和学者将其分为基础自动化级和过程控制级两级；原来生产制造管理级的第三级系统，称为制造执行系统 MES；原来经营管理级的第四级，演变成以企业资源计划 ERP 系统为主体的经营管理级；原来的辅助决策级，扩展出决策支持、集团管控、风险管理等众多系统功能，特别是数据仓库和数据挖掘技术的出现，以及数学模型的应用，大大提高了系统辅助决策的水平，赋予决策支持系统更为丰富的内涵。

## 1.3 我国钢铁企业的信息化建设与应用

企业信息化在我国信息化的发展中有着举足轻重的地位。为了加速转变经济发展方式，提高综合国力和国际竞争力，我国根据世界科技经济发展的大趋势，于 2002 年提出了“以信息化带动工业化，以工业化促进信息化，走新型工业化路子”的战略，2007 年，又进一步提出“大力推进信息化与工业化融合”，后又明确要求“推动信息化与工业化深度融合”。信息化与工业化“两化融合”，已经成为中国特色新型工业化道路的主要内容和促进工业由大变强的战略路径。

当前，我国正处在工业化、城镇化、信息化、市场化、国际化深入发展的重要历史转折期，工业化还处在中期阶段。两化融合有力地推动了工业转型升级，我国工业竞争力全球排名由2000年的第31位上升到2011年的第5位，但是距离构建新型工业体系尚有相当长的一段路要走，特别是制造业依然任重道远。在我国制造业中占有重要地位的钢铁工业，虽然粗钢产量已经连续16年居世界第一，但是长期粗放、快速发展积累的矛盾日益突出，产能过剩、产业集中度较低、创新力不强、产品结构不尽合理、资源控制能力较弱等问题严重困扰着我国钢铁业的发展。为了解决这些问题就必须提高我国钢铁企业的综合竞争力，而切实有效、持之以恒地推动两化融合的深入开展，无疑是钢铁企业促进综合竞争力提高的有力的助手。近年来，中国钢铁工业协会在工业和信息化部的指导下，积极推动企业信息化建设应用，成效显著，特别是组织我国钢铁企业进行信息化与工业化融合发展水平的评估，促进了我国钢铁企业信息化建设，为企业信息化发展指明了努力方向。

### 1.3.1 企业信息化应用发展阶段的划分

对于信息技术在企业应用发展阶段的划分，国内外有多种不同的划分方法，例如，国外有的学者将企业应用划分为数据处理时代、信息技术时代、网络时代，这种划分方法企业使用起来显然有些过于宽泛，不能贴切地指导企业评估、定位自身的发展阶段，探索下一步的发展方向。我国学者根据中国企业信息化建设发展的实践给出了单功能应用、部门集成应用、企业范围内集成应用、集成客户与供应商应用、基于价值网络的企业间集成应用的五阶段发展模式，符合企业实际，易于企业决策者与管理人员理解应用。中国钢铁工业协会在组织我国钢铁企业进行两化融合水平评估的过程中形成了一个基础建设阶段、单项应用阶段、综合集成阶段、协同与创新阶段的四阶段发展模式，基本内涵与上述五阶段模式大体一致，已经在我国钢铁企业中得到广泛应用，有鉴于此，现将四阶段发展模式介绍如下。

#### 1.3.1.1 基础建设阶段

处在基础建设阶段的企业信息化建设刚刚起步，企业只建立了少数单项应用支撑系统；大部分单项系统还没有建立，或已经建立的单项应用系统对业务支撑面还不够；基本没有综合集成应用，更没有协同与创新业务应用。

#### 1.3.1.2 单项应用阶段

处在该阶段的企业已经建立起大部分单项业务支持系统，只有少部分单项应用系统还没有建立，或者已经建立的部分单项应用系统的支撑面和覆盖面还不够；企业信息技术应用虽然已经涵盖了基础自动化控制、生产过程控制、生产管理、经营管理、产品研究开发等五个层面，但是系统基本还没有将上述各层面间以及各层面内各种业务的信息和流程实现集成，企业在综合集成、协同与创新业务领域的应用很少。

#### 1.3.1.3 综合集成阶段

综合集成是较高一级的信息化应用阶段，主要表现在企业多个单项业务已经通过信息系统实现整合应用。综合集成主要关注实现业务间一体化运作、协作时，需要解决的应用系统之间信息共享和信息互通，因此，重点在业务流程的整合和关键流程的优化，主要是新产品研发设计与生产的衔接、管控的衔接、产供销一体化、业务管理与财务管理之间的无缝衔接等四个方面。综合集成涉及多种业务、多个部门以及它们之间的业务集成，不仅技术实现的难度较大，而且管理变革的难度更大。处于综合集成阶段的企业表现为单项业务支撑系统应用比较完善，大部分综合集成业务已经得到系统支持，只有部分集成业务尚未建立或正在建设。有些企业尽管已经涉足协同与创新业务的信息化应用，但只是刚刚开始，有待进一步展开。

#### 1.3.1.4 协同与创新阶段

协同与创新是企业在信息化与工业化融合发展过程中的最高阶段，企业进入这一阶段的信息化应用主要体现在以下四个方面：企业在钢铁产品全生命周期（产品研发、制造、服务）管理中的信息化应用、钢铁企业的智能管控应用、企业在钢铁产业链上的集成应用、钢铁企业在环境经营上的应用。这四个方面是钢铁企业两化融合的方向，也是企业信息化深度应用的重要标志。处于这一阶段的企业，首先单项业务支撑系统要建设得比较完善，大部分或全部集成业务已经得到信息系统的支持，其次，部分协同与创新业务的信息化支撑项目已经完成并投入运行，企业信息化建设与深化应用的重点已经进入协同与创新业务领域。

### 1.3.2 我国钢铁企业信息化建设应用概况

我国钢铁行业信息化建设经过多年的不懈探索努力，取得了长足进步，特别是近十年，钢铁行业信息化建设保持了较快的发展势头。绝大多数钢铁企业的领导层已经认识到信息化对企业进步和实现企业战略发展目标的支撑作用，已经把分散的数据信息孤岛逐渐集成，实现数据集中与共享，信息化应用在竞争力、经济效益和社会效益等三个方面，给我国钢铁企业带来了明显的效益。从中国钢铁工业协会最新的统计数据看，我国钢铁企业信息化进程总体呈现两头小、中间大的良好态势：大约有五分之一的企业处在起步的基础建设阶段，另有五分之一的企业已经处于最高的协同与创新阶段；处在中间的五分之三的企业中，大约不到一半处在单项应用阶段，另一半多处在较高的综合集成阶段。

处于单项应用阶段的各企业，仅就信息系统覆盖的单项业务而言，目前基本上已经运用信息技术实现了基础自动化控制和过程控制，但是数学模型的应用稍显不足；车间级制造执行管理、称量管理、检化验管理基本实现了信息化，但节能环保管理方面的应用还需加强；多数企业的财务管理和成本管理已经实现了信息化，但预算管理的信息化基本缺失。必须强调指出的是，企业把未实现的各个单项应用分别“补齐”，并不意味着就过渡到综合集成应用阶段，因为众多独立的单项信息系统应用之和，并不等同于集成应用。企业应从信息化引领、促进业务集成优化的角度切入，通过信息化建设，从整体上推动并实现企业主要业务的集成，真正将信息化应用水平从单项应用阶段提升到综合集成应用阶段。

目前已经进入综合集成应用阶段的我国钢铁企业，与全面实现综合集成还有一定差距，还需持续探索、推进新产品研发、产品设计与生产衔接的集成应用；还需突破按订单优化排产、作业计划全局优化与动态调整的集成应用。此外，从周边业务系统自动获取成本核算所需基础数据的比例还有待进一步提高；财务对销售、采购业务的监控力度还有待加强。处于综合集成应用阶段的企业要向更高一级的协同与创新阶段发展，就必须进一步加强产品研发方面的信息化建设，提高企业创新能力；就必须重视电子商务应用，重视产业链集成与服务，建设供应链管理系统，实现上下游企业间的协同，提高客户服务水平，提升对市场、资源渠道的控制能力；就必须充分发挥数据信息的作用，进行深层次的数据挖掘，实现有价值的商务智能与决策支持应用；就必须重视环境经营中的信息化应用，建设能源管理和环境监测系统，依托系统进行绿色评价分析，履行企业社会责任。

综上所述，我国钢铁行业信息化应用从整体上看，可以说正在从单项应用向综合集成应用过渡。

但是，我国钢铁行业信息化应用发展是不平衡的，一般地说企业规模越大，相对而言信息化应用水平就越高。目前，我国钢铁行业大型钢铁集团企业，基本完成了以企业资源计划 ERP 系统为核心的集中统一的经营管理应用平台建设，以制造执行系统 MES 为基础的生产运行管理应用平台建设，以信息基础设施为主体的信息系统运行平台建设，信息系统覆盖了各集团企业大部分主体厂矿，形成强大的信息化环境：企业各级人员已经基本适应了在信息化环境下的工作，通过系统处理日常业务，开展管理和分析；企业各级人员信息化意识显著增强，积极参与信息化建设，推进信息系统的深化应用和创新应用。在此基础上，我国大型钢铁集团企业的信息化建设已经开始由资源计划、经营管理的企业基本功能应用，逐渐向经营分析、决策支持纵深应用伸延；由企业内部供应-生产链集成应用，逐渐向客户、供应商企业间协同集成应用扩展。

### 1.3.3　企业信息化建设努力强化的环节

如上所述，我国钢铁企业信息化应用水平处在不同的发展阶段，大部分企业在依托信息系统支撑新产品研发与试制、实现管控衔接、实施精细化管理、优化排产等环节，还需要向先进企业学习，努力在管理上、技术上和深化应用上取得突破。

#### 1.3.3.1　支撑新产品研发试制

我国钢铁企业信息化应用在信息系统支撑新产品研发、试制方面还是一个薄弱环节，大部分企业在新钢种、新工艺、新技术、新装备等四个领域的产品研发中尚未建立信息化支撑，实现研发过程管理业务系统全覆盖的企业就更少，一般企业都还没有实现研发、生产、流通三大系统整体集成。

近年来，宝钢在支撑新产品研发的信息化应用上取得了显著成效。宝钢在建设科技管理系统过程中，优化了新产品需求、设计输出、协议签订等管理环节的业务流程，依托该系统实现了新产品研发全过程的精细化管理，保证了新产品管理的规范和高效；同时系统具有新产品需求、新产品试制、盈利分析、周期管理跟踪等功能，为新产品快速响应市场需求提供了信息化手段。为了支撑新产品研发，宝钢还搭建了基于知识库、专家库、标杆库和项目社区、学习社区的技术共享平台，经试点应用后，拟依托系统引领企业实现知识管理，将企业技术积累、知识共享与知识传承的管理水平提到一个新的层次。

此外，依托信息系统实现的数学模型应用是宝钢信息化应用取得效益的核心原动力之一。20 世纪末宝钢即组建了一支数学模型研发队伍，至今十余年间宝钢开发的管理模型和控制模型遍布宝钢的各个管理领域和各生产工序，已经成为宝钢信息化应用的亮点。

#### 1.3.3.2　管控衔接

我国钢铁行业不少企业都开发了一体化的产销系统，其目的就是要将销售、生产、质量、储运、销售结算等领域的管理业务紧密集成，使企业主体作业线保持连续均衡的一体化生产，能准时、集中、快速地执行并完成客户订单，在满足客户需求的前提下，使生产成本、产品质量、工序能力达到最佳组合。产销系统设计开发的关键在于实现跨工序、跨层级的管控，将产品制造信息与生产组织信息及时下达，直接参与现场生产控制。为此，要依托系统贯穿上下管理层级、连通横向相关工序，其技术难点在管控衔接。在这方面各企业的实现水平不一，有的企业信息系统没有与基础自动化设施、过程控制系统衔接，或者只在很少的几个工序机组上实现了衔接，信息系统处于“悬浮”状态，需要在管理上和技术上继续努力取得突破。

21 世纪初，鞍钢依靠自己的技术力量开发了产销系统，创出一套产品属性码 PA（Product Attribute）和对应的一套质量设计码 QD（Quality Design），以及“PA-QD”检索体系，覆盖了产品分类、冶金工艺技术规范和质量检验等几乎全部钢铁生产的工艺技术质量内容。系统直接依据商务订单“在线”、全自动、多工艺路径地进行质量设计，并将质量设计结果通过 MES 发送到生产线的过程控制系统，直接参与生产控制；系统同时将质量设计结果发送到化检验 MES 指导制样、检验操作，发送到生产线 MES 指导生产线上的物料检查、判定操作和性能检验的取样操作。系统实现了从炼钢、连铸到热轧、冷轧、镀锌的全程全自动质量控制，自动接收从化验室通过化检验 MES 发出的各炼钢—连铸产线钢水的化学分析检验结果，自动判定并自动下达封锁或释放命令，对各条连铸线的板坯进行自动封锁或释放；通过接收热轧、冷轧、镀锌的现场取样信息，自动向检验室下发各种检验项目的性能检验要求；实现了各种检验结果从检验室的自动接收、自动判定并自动封锁或释放，同时对热轧、冷轧和镀锌生产线物料进行自动封锁或释放，自动生成质保书并打印输出。而且从投料到产品发出的中间各节点都支持自动和手动两种方式，可以灵活调整物料的去向和属性，实现了对产品制造过程的 PDCA 质量控制闭环。

#### 1.3.3.3 精细化管理

企业实施信息化建设的目标之一就是拟借助信息系统实现人工管理无法达到的精细化管理，整体提高企业的管理水平。实现精细化管理从 IT 技术方面讲不存在大的障碍，关键是管理，企业能否将设备、物料进行科学精细的分解、分类，能否将各业务环节进行合理精细的划分，企业的运行机制是否强有力，是否能保证精细化管理的贯彻执行等，企业的管理“内功”是实现精细化管理的关键。我国钢铁企业通过信息化建设应用在精细化管理方面虽然已经有了不小的进步，显然仍存在进一步提高的空间。

首钢抓住搬迁调整的机遇，围绕实现“一业多地”管控和高端板材生产管控的目标推进精细化管理，运用信息化手段促进企业管理由粗放走向规范，由规范走向精细。首钢依托信息系统实现了物料实时跟踪与生产实时监控，形成了以财务管理为核心的动态、集成的业务控制体系和精细化管理的控制机制，实现了高端板材生产线上复杂物流的精细实时控制。首钢精细化管理信息平台对搬迁后新建的迁钢精细化管理和高端板材生产经营管控提供了有力的支撑。

#### 1.3.3.4 优化排产

依托系统进行优化排产、作业计划编制与调整，实现全局优化与动态调度，一直是钢铁企业制造执行管理应用的薄弱环节。目前，我国钢铁企业一直集中在紧凑式热轧带钢生产线CSP（Compact Strip Production）开展优化排产研发，编制炼钢—连铸—热轧的一体化作业计划，力图实现大规模热装热送。理论上讲优化排产是采用数学规划算法并结合人工智能技术来优化生产计划，但在实现过程中与企业的设备状况和工艺水平关系非常密切。而动态调整需要对上下游相关工序、机组的协调、准确的调整，实现这样的调整除了对模型有很高的要求外，必须及时准确地获取整条生产线各个工序环节的实时信息。因此，在计算机实现上存在较大的技术难度，这也成为当前钢铁企业深化应用的难点。

钢铁企业依托信息系统支撑新产品研发试制、实现管控衔接、精细化管理和优化排产是信息化应用的内在质量标志，虽然从外在表象上看各企业ERP系统和MES运行都很好，但是由于在新产品研发试制、管控衔接、管理精细化和优化排产等方面实现水平的不同，信息化为企业带来的实在效益会有较大差异。

### 1.3.4 企业正在着力建设的信息系统

我国钢铁行业信息化应用从整体上处于单项应用向综合集成应用的过渡时期，企业已经认识到物流管理、电子商务与供应链管理、决策支持与集团管控、能源环保管理等方面信息化建设应用的重要意义，正在着力推动上述管理领域的信息系统建设，推进企业信息化向综合集成应用阶段迈进，以整体提升企业信息化应用水平。

#### 1.3.4.1 电子商务与供应链管理系统

依托信息系统实现电子商务与供应链管理是企业巩固市场渠道、控制资源的又一利器。目前，我国钢铁行业整体上电子商务应用水平较低，产业链集成与服务还处于导入阶段。但是，随着我国电子商务应用环境的成熟，不少钢铁企业启动了电子商务系统建设，并在客户关系管理与供应商关系管理系统的基础上延伸扩展，建设供应链管理系统。

宝钢从2001年起即依托完整的企业内部信息系统，面向供应链全程开发了电子商务系统，创建了“宝钢在线”和“宝钢股份呼叫中心”服务品牌。宝钢通过营销电子商务平台和采购电子商务平台与宝钢主体信息系统衔接，通过战略用户协作平台和战略供应商协作平台分别与客户、供应商的信息系统衔接，构成与上下游企业间的供应链管理系统。一方面，实现了从采购寻源、招标、签约直到物资到货验收供应链全程的信息化应用；另一方面，实现了从客户寻价、签订订单、组织产品生产直到产品发送、销售结算产销链全程的信息化应用。从而在系统支持下实现了与战略伙伴的合作双赢，提高了企业采购供应链与产销价值链的增值能力，提高了差异化服务水平和企业间协同服务的水平，降低了企业及合作伙伴的运营成本。

武钢2004年开始电子商务系统建设，先后建成会员制的现货拍卖系统，以及与企业ERP系统链接的招标采购系统和远程销售系统。近年来基于电子商务的钢铁物流供应链系统应用水平大幅提高，目前武钢网上订货客户占总数的四分之三以上。武钢2010年产品网上定购量是2006年的12.1倍，电子销售总额是2006年的11.6倍，物资采购网上招标次数是2006年的9.6倍，大幅降低了交易成本。

#### 1.3.4.2 物流管理系统

实现完全意义上的供应链管理信息化，物流管理是重要的一环。位于我国内陆钢铁企业的原燃料输入和产成品输出主要依靠铁路运输，而我国铁路系统早已建成了完整的信息化管理系统。内陆钢铁企业要与上下游企业建立物流管理的信息通道，自然希望与铁路信息系统连接，以掌握物流运输信息，但是与铁路系统连接是有较高管理风险与安全风险的，这是一个绕不过去的难题。在不能连接铁路系统实现物流全自动管理的情况下，企业一般退而求其次，采用人机结合方式解决。

我国沿江临海以船舶航运为主或以汽车运输为主的钢铁企业在物流管理信息化建设应用方面走在了前列，例如，宝钢综合多种物联网技术，集成应用于供应链物流管理系统，不仅优化了库存资源，而且实现了供应链物流跟踪可视化、运输调度智能化，有效提升了产品可追溯管理的水平，实现了物流全程管控、合同全程管理。又如，武钢建设了钢铁物流供应链信息系统，解决了电子商务与企业内部生产以及与外部物流的集成，实现了企业内外部物流和运输管理的自动衔接。

#### 1.3.4.3 决策支持系统与集团管控系统

随着我国钢铁产业集中度的提高和信息化建设应用的发展，决策支持系统与集团管控系统提到了企业信息化建设的议程。一方面，各企业纷纷建立自己的数据仓库系统，利用ERP等系统中积累的数据信息，运用数据挖掘及其他数理统计工具研发数学模型，为不同层次的企业工作人员提供决策支持；有的企业还建设了管理驾驶舱，形象化、直观化、具体化地展示决策信息，激发人的智慧，有利于思维连贯和有效判断，力图把企业决策提升到一个新的高度。另一方面，按照运营管控型、战略管控型、财务管控型等不同的管控模式，我国钢铁行业各集团企业已经建成或正在着手建设集团管控系统，以适应集团企业多主体、多层级、多产业、多地域的管理需要，满足集团企业在战略规划、绩效监察、预算管理、风险控制等方面的管理需求。

#### 1.3.4.4 能源环保管理系统

我国政府早在哥本哈根会议之前就已经向世界承诺：到2020年中国单位GDP二氧化碳排放要在2005年的基础上降低40%～45%。而且将单位GDP能耗、碳排放强度作为约束性指标列入国民经济和社会发展“十二五”规划纲要。我国工业能源消耗占全社会能源消耗70%以上，钢铁工业又是工业中消耗能源和产生污染排放的重点行业，钢铁工业节能减排对实现国家节能减排和低碳约束性目标意义重大。目前，我国大部分钢铁企业已经建立了能源管理信息系统，在能源管理应用和环保监测应用上取得了一定成效，不少企业正在探索利用能源信息管理系统，实现能源更加合理的配置，继续降低企业总能耗，而且要进一步依托能源管理系统，建立节能长效机制，将企业能源消耗强度指标保持在一个合理、稳定的水平。

我国一些先进的钢铁企业已经从全生命周期来看钢铁产品，不再局限于生产减排，而且认为“社会减排”的意义更加重大。一方面，企业通过改善品种、提高质量，延长钢材使用寿命，减少社会对钢材的消费，从而减少社会对能源和资源的消耗总量。另一方面，运用产品生命周期评价LCA（Life Cycle Assessment）方法，进行绿色分析与环境评价，评估产品在其整个生命周期——从原料获取、产品生产、直至产品使用后的处置——对环境的影响，选择对环境影响最小的产品进行生产，以此为切入点延伸产业链，将钢铁企业与社会及其他行业形成生态链，积极融入循环经济中，为低碳经济出力。

如果说21世纪第一个十年我国钢铁企业信息化的主体内容是企业资源规划ERP系统与制造执行系统MES的建设与深化应用，可以预见，21世纪第二个十年我国钢铁企业信息化的主体内容将是物流管理、电子商务与供应链管理、决策支持与集团管控、能源环保管理等系统的建设与深化应用。企业信息化必将为我国钢铁行业整体竞争力的提升和管理水平的提高做出贡献。

# 第2章

# 钢铁企业信息系统体系结构

企业信息系统体系结构是对信息系统支撑的企业运营管理职能、业务流程和信息系统本身技术架构的综合定义。企业信息系统体系结构设计是以满足最终用户应用需求为前提，以实现企业战略和运营最终目标为主旨，由系统硬件和软件等信息技术组件配置形成的技术方案。体系结构设计文件不仅包括系统的硬件、软件和网络配置的技术细节，同时包括基于企业业务扩展、管理提升的需求和信息系统产品生命周期要求的系统扩展升级和系统更新的规划。

## 2.1 信息系统体系结构与企业体系结构

在规划和设计企业的信息系统体系结构时必须与企业体系结构一并考虑。这是因为企业的信息系统体系结构与企业体系结构存在密不可分的内在联系。

按照麻省理工学院信息系统研究中心的定义：企业体系结构是反映公司经营模式的集成和标准化要求的业务流程和IT基础设施的组织逻辑。

构建企业体系结构的主要目标是提高企业运营的质量和效率，由此提升企业的效益和竞争力。评价企业体系结构的关键指标是：企业运营的效益、效率、敏捷和可持续发展能力。企业运营质量和效率的提高是通过业务流程的整合、改进和优化，组织结构的创新，企业技术创新和产品研发能力的增强来实现的。在这一过程中，构建企业信息系统的目标与构建企业体系结构的目标是完全一致的，作为企业运营基础设施的信息系统平台发挥了不可或缺的作用。国外企业（包括政府机构）均将实施企业体系结构流程作为其IT管理战略的一部分。

在构建企业体系结构时首先要构建企业的业务架构，包括：确定企业的战略和使命，确定关键的成功因子，确定企业运作模式；并据此描述业务需求，制定业务规则，实施业务流程的建模和设计；企业的组织结构设置以及规划企业运营的绩效评价体系。

其次，构建支撑上述企业业务架构的应用架构和数据架构。

应用架构是链接企业业务需求、管理需求与信息技术应用平台的桥梁。应用架构是基于业务架构构建的并遵从于企业业务架构。一个规范完整的应用架构可满足业务架构的所有应用需求，包括：实现多重的、复杂应用的可集成性，多重应用的协同作业能力，信息应用系统的可扩展性、可靠性及可用性，应用的生命周期和IT系统的生命周期规划。

数据架构描述了在特定的信息系统中数据的处理、存储和运用。数据架构确定了数据处理操作的准则。数据架构必须对支持企业运行的数据的类型和来源给出完整的、一致的和严谨的表述，同时，亦对数据处理存储的方法和途径，以及拟采用的数据库技术给出说明。

在实施企业体系结构规划的基础上进行信息系统的体系结构设计，可显著提高企业信息系统在支撑企业实现战略目标和高效运营方面的匹配度和适用性。

## 2.2　钢铁企业信息系统体系结构

钢铁企业信息系统体系结构具有通常意义下的信息系统体系结构的共同属性和特征；同时也包括了钢铁企业独有的特定的行业特征。在实施钢铁企业的信息系统体系结构设计时除充分关注上述一般意义的企业战略实现、企业运营模式特征及管理需求外，应特别注意考虑钢铁企业自身的运行特点和操作模式对信息系统的适用性要求。

### 2.2.1　钢铁行业生产运营的主要特点

钢铁行业是混合型流程制造业。这是由其产品结构形式及所用原料在制造过程中的属性多样性及多变性所决定的。钢铁企业的产品结构既不能用树型结构也不能用简单的链式结构来描述。

#### 2.2.1.1　钢铁企业生产作业模式及计划管理的特征

钢铁企业信息系统的设计必须充分考虑钢铁企业这种混合流程制造企业生产管理中的特定需求和问题，以保证信息系统在实现上能适应特定需求并解决那些关联问题。这些特定需求和问题体现在以下几方面：

（1）在计划编制及执行流程中，存在计划生成的约束条件多，计划执行过程中随机因素的影响导致计划执行的命中率低，在实际生产组织中的动态调整（包括考虑市场、销售变化因素所作的调整以及为满足产品制程中质量控制需求因素所作的调整）导致了对执行中的产能配置、生产计划的修改和重新调整等问题。

（2）对于具有多条生产线生产同一大类产品的钢铁企业（如多个热轧产线，多个冷轧产线，多个镀锌产线），在生产组织过程中，将增加产线及物料资源配置、产能分配的复杂性：

1）多生产线对同一产品的相互覆盖导致了产线选择及物料资源配置和产能匹配方案的多重性。

2）当某一产品的制造工艺路径跨越于多个产线之间，即该产品是由多个产线上不同的生产机组生产的情况，则又进一步增加了产能匹配方案及计划排程的难度。

（3）对于包括生产扁平材、管材、型材、线材等全部钢铁产品大类的钢铁企业，在生产组织模式上必须同时具备按订单组织生产及按库存组织生产两种模式。

#### 2.2.1.2　现代钢铁企业产品研发体系和产品质量管理模式的特征

钢铁企业产品绝大多数是按订单制造模式组织生产的，即产品是按特定用户的要求定制化生产的。随着经济全球化的进程，激烈的市场竞争与来自客户越来越严格的产品质量要求和越来越多的个性化需求，对钢铁企业产品质量管理模式和产品研发体系有了更高的要求，由此要求信息应用系统的产品质量管理和产品研发支撑功能模块具有更高的适用性。

产品的工艺、质量设计功能必须延展到客户订单查询阶段，这是产品按特定用户的要求定制化生产的基本条件，亦是快速响应客户查询所必须的；亦即，产品质量管理功能必须与销售管理功能高度集成。

产品质量管理功能必须对生产运行的柔性及优化需求提供有力支持，包括：

（1）各层次生产作业计划动态调整时产品质量设计的随动生成。

（2）对生产机组能力调整优化时提供在线的工艺路径设计。

（3）产品质量设计模块对不同产品大类、不同钢种在炼钢-连铸工序合炉合浇作业模式的支持。

（4）对在制品物料的调整优化时提供在线的产品质量设计。

（5）对产品制造过程中质量补救措施导致的工艺路径调整的能力。

产品质量管理系统必须为产品质量的持续改进、制造工艺的改进、优化和新产品开发提供强有力的支撑，包括：

（1）对同一产品基于不同客户需求实现差异性的质量及工艺设计。

（2）对同一产品实现多个版本的质量工艺设计。

高效率的产品研发体系要求实现产品质量管理系统与数据仓库系统的无缝集成，以数据挖掘工具支持产品质量、工艺设计及优化，进而实现在产品整个生命周期范围内全过程的产品质量管理、优化和创新机制。

### 2.2.2 钢铁企业信息系统体系结构的特点和要求

如前所述，钢铁企业的运行特征决定了钢铁企业业务架构及应用架构有别于通常的流程型制造企业及离散型制造企业，亦对其信息应用系统提出相应的匹配度要求。匹配度具体体现在：由于钢铁产品的生产过程中企业核心业务职能包括销售、生产、质量及仓储发货的多重交叉执行以及某些业务作业环节的可逆性，这要求其信息应用系统的相应子系统——销售管理子系统、生产管理子系统、质量管理子系统及仓储发货管理子系统必须在应用功能上满足上述业务运作模式，即：

（1）钢铁企业信息系统中各子系统应用功能的高度可集成性。

（2）具备多重应用环境下的协同运行能力，亦即其信息系统必须具备在其各功能子系统在数据关联、处理时序和处理结果相互制约方面存在着紧密的联系的复杂业务逻辑和数据逻辑情况下能处理和支持系统全部功能可靠稳定运行的能力。

（3）对大量并发进程的管理及执行能力。

（4）系统应用功能执行过程中对订单、物料和计划这三个业务要素的动态处理、控制和跟踪能力。

钢铁企业信息系统体系结构的构建，应首先针对钢铁企业生产运营的主要特点及其业务需求进行全面、系统的调研分析。可以考虑从规划钢铁企业的业务架构及应用架构入手，着重分析和研究钢铁企业的运营模式、管理模式和作业模式。

在对钢铁企业业务需求实施全面调研分析的基础上，开展企业运营模式重构及业务流程的再造和优化工作，必要时包括企业组织机构的调整配置及操作层面的作业模式的改进等基础工作。

另外，在实施钢铁企业信息系统体系结构设计之前，应对企业信息应用规划作全面的研究。企业信息应用规划作为企业战略规划的组成部分应确保与战略规划百分之百的匹配度，企业信息应用规划亦为实施钢铁企业信息系统体系结构设计的基础和依据。

## 2.3　钢铁企业信息系统架构

基于钢铁企业的运营模式及产线设备配置特点，考虑系统的管理控制功能及数据生成使用的完整性，钢铁企业信息系统通常被设计成涵盖设备操作控制级、工艺过程控制级、生产运行管理级、企业运营级和战略管理级五级的系统。另外，从企业管理职能划分的视角考虑可将这个五级系统划分为战略、运营、执行三个层级。将信息技术的五级系统与管理职能的三层组合即可构成的钢铁企业管理信息系统体系结构的概括描述。

取决于各钢铁企业管理运营模式的差异、企业规模的差异、管理信息系统建设技术路线的差异及或对于管理信息系统体系结构分级定义和术语定义的差异，钢铁企业的管理信息系统体系结构分级定义可有各不相同的表述形式。

下面分别给出目前国内钢铁企业实施的信息化系统的架构的示意图。

（1）产销系统与 MES 分开的信息系统架构，如图 2-1 所示。

图 2-1　产销系统与 MES 系统分开的信息系统示意图

（2）产销系统与 MES 合并的信息系统架构，如图 2-2 所示。

钢铁企业的产销系统，目前大部分都是定制开发，因为产销系统是实时运行，要求的响应性较高；另外为了减少与 MES 系统传送信息的频度，往往将产销系统与 MES 系统做成一个系统，而 L4 系统的作业内容基本上是批处理，响应性要求不高，所以与产销系统

图 2-2 产销系统与 MES 系统合并的信息系统示意图

分开。这样的系统架构也是可行的。

各个企业在实施信息系统时，采用什么样的系统架构，应根据企业自身的条件及应用功能的情况进行考虑。应正确理解钢铁企业信息系统三层五级体系结构的内涵，掌握其实质，不要因过于在意形式而被形式所束缚。规划设计企业信息系统体系结构关注的核心是：确保建设的信息系统能构建满足企业管理运营需要的企业体系结构。

## 2.4 钢铁企业信息系统体系结构的设计概要

钢铁企业信息系统体系结构设计的原则是：在全面分析和理解企业业务架构的前提下，顺序开展应用架构、数据架构和技术架构的设计。

应用架构的设计除了应考虑前述的可集成性、多重应用的协同作业能力等要素外，还要考虑定制化应用的开发策略及规则、对服务的定义、IT 架构对业务需求的匹配度，应用安全需求等。

具备条件的企业可以考虑采用“服务面向的体系结构”(Service Oriented Architecture)。

数据架构设计包括：数据集成、数据建模、元数据管理、主数据管理、数据质量管理及内容管理等内容。在实施数据架构的设计时应与企业的信息架构及信息资源规划一并考虑。严格讲，数据和信息在定义上有本质的差异但是二者又有密不可分的关联，信息是直接确定的表征企业要素和运营行为的内涵和属性的标识；数据（本书中所论的）是以计算机科学的模式对信息的记录形式的表述。基于对信息的业务理解和概念建立优先于数据架构建立的前提，在实施数据架构设计之前应首先实施企业的信息资源规划（IRP）。

技术架构（Infrastructure）设计包含了对信息应用系统的硬件诸如计算机（主机、服务器、用户终端）、存储设备、网络；软件如：操作系统、数据库、中间件的规划和设计。在实施技术架构设计时还需充分考虑企业业务安全策略和风险管理对信息系统的要求。

本书第3章将对应用架构、数据架构和技术架构的规划设计和方案比较选择展开深入的讨论。

# 第3章 钢铁企业信息系统技术路线

技术路线是企业信息化建设的根本方略，其内涵是将信息技术应用与企业的管理需求有机地联系起来，发挥企业优势，规避企业弱点，选择适合企业的计算机硬软件系统体系结构和适用、成熟、先进的信息技术连同蕴含的现代管理理念，在恰当的时间，以合适的方式运用于企业信息化建设，完成以信息技术应用支持企业实现经营战略目标的任务。选择并确定信息化建设的技术路线是企业 CIO（Chief Information Officer）和信息化管理人员的重要职责。

## 3.1 系统运行平台计算机体系结构的选择

20 世纪国内外钢铁联合企业，如美钢联 USS、新日铁、浦项、台湾中钢、宝钢股份等，管理信息系统建设几乎都采用大型计算机系统（或称大型主机 Mainframe）或者具有 None Stop 性能的计算机系统作为应用系统的运行平台，一般不采用 Unix 小型机服务器作为公司应用系统的运行平台。显然，大型主机或 None Stop 计算机的计算能力、I/O 能力、交易能力等各项处理能力都高于 Unix 小型机，而运行的可靠性、稳定性与系统的可扩展性等性能指标也较 Unix 小型机要好。传统的 C/S（Client/Server）两层结构小型机系统无论是处理能力、客户容量，还是可扩展性等性能都不能达到替代大型主机或 None Stop 计算机的水平。

随着计算机技术的进步，标志 Unix 小型机处理能力的 TPCC 值越来越高，从 2001 年见诸市场的 15 万 TPCC（Transaction processing Performance Council，TPC，事务处理性能委员会；C,基准程序）值 Unix 小型机到 2004 年市场推出 100 万 TPCC 值以上的 Unix 小型机仅隔三年，其他如分区技术、CPU 速度、字长等也都有了很大进步，而且不断有大型机上成熟的硬件和软件技术移植到小型机上，这就使得过去因处理能力限制，用 Unix 小型机不能实现的应用系统，现在可以用 Unix 小型机实现。此外，三层 C/S 应用体系结构的提出与发展，使得整个应用系统的处理负荷可以在展示层、应用层和数据库服务器层之间分担，这亦为采用 Unix 小型机进行较大规模的应用提供了可能。先是蒂森克虏伯（TKS），德国的一家大型钢铁联合企业，采取 Tandem None Stop 计算机与 Unix 小型机服务器结合使用的方式，作为 ERP 系统运行平台的核心计算机；美钢联所属的 USSK 公司，在捷克的中等规模钢铁企业，在 2003 年将 ERP 系统运行平台的核心服务器 IBM4381 主机改为两层结构的 Unix 小型机；鞍钢，中国的大型钢铁联合企业，在 2005 年用 Unix 小型机搭建了三层 C/S 结构的服务器集群作为该集团公司 ERP 系统运行平台。

### 3.1.1　系统运行平台的技术要求

钢铁企业信息系统是建立在信息技术基础上，利用现代企业的先进管理思想，全面集成企业的所有资源信息，提供决策、计划、控制与经营业绩评估的系统化管理平台。信息系统不仅仅是一种管理理论与管理思想，同时又是作为管理工具的先进的计算机应用系统。

钢铁企业信息系统是以财务为核心，以产销为基础的，而产销系统实现的主要功能是产品销售、产品质量设计与质量管理、生产计划编制调整及执行、原料与在制品存储、成品存储与发运以及销售结算等，这些功能间存在着密切的相互关联，功能的实现是通过对客户订单和物料进行有效的控制管理和实时跟踪来完成的。特别是大型钢铁企业工艺流程长，工序多，工艺复杂，不同产线工序间存在着复杂的、交叉的、并行的、相互依赖和相互制约的关系，而且不同作业操作间存在着实时性很强的衔接要求，大量高温状态的（液态与固态）物料必须及时准确地在各工序间传输处理。与此相适应的经营管理、生产组织方式和工艺要求决定了钢铁企业信息系统具有以下主要特征：

（1）企业生产经营核心业务功能的高度集成。

（2）计划管理业务与制造执行业务的高度集成。

（3）物流、工作流及信息流的同步并高度集成。

因此，钢铁企业 ERP 系统对运行平台有如下技术要求：

（1）先进性和成熟性。由于钢铁企业的信息系统的开发和使用周期比较长，这就要求在选择系统软、硬件运行平台时，要确保其技术生命周期的相对长久性，以避免因技术过时、产品淘汰，无法持续获得技术服务和备件供应，而被迫提前进行应用系统的移植和重新开发；同时对于不断涌现的新技术和新产品，在选择时不能过于求新，关键的技术和产品一定要采用成熟的。

（2）高可用性和高可靠性。由于钢铁企业的信息系统是一年 365 天每天 24 小时运行的系统，系统的高可用性和高可靠性是系统持续稳定运行的关键。这就要求运行平台必须有较强的应变能力、容错能力、纠错能力和关键部分的冗余配置能力，任何的单点故障都不能对整个系统的运行造成影响。

（3）高性能和扩展性。钢铁企业的信息系统属于在线事务处理系统 OLTP（On-Line Transaction Processing），对系统的响应速度有较高的要求，这就要求其运行平台必须能提供很强的处理性能；另外随着企业规模的扩大、运营管理要求的细化，对运行平台的处理性能要求将逐步提高，所以运行平台的配置必须具有平滑扩展和升级的能力，这种扩展和升级既可能是纵向的，也可能是横向的，或者是混合的，以确保系统能顺利地实现向更新一代的设备和技术平台的平滑过渡。

（4）开放性和标准化。运行平台的配置选件要符合国际标准与行业标准，是开放的可兼容系统，能与不同厂商提供的产品兼容并存，以有效地保护投资，支持与其他系统间的互联、互通及跨系统的整合。

（5）高可管理性和可维护性。高可管理性和可维护性是系统能否稳定、高效运行的重要因素，对于一个由多部分构成的复杂系统，必须要有切实有效的管理和监控手段对系统的运行情况做及时准确的反应和记录，及时发现潜在的故障和系统瓶颈，以便进行针对性的、预防性的配置调整和维护处理。由于任何操作系统和系统软件（数据库系统、交易中间件和通讯中间件等）都不可避免地存在软件缺陷，硬件也可能出现损坏和故障，这就要求运行平台还必须支持在不影响或基本不影响应用系统运行的前提下，进行操作系统和系统软件补丁的安装，以及故障与损坏硬件的维修和更换。

### 3.1.2 可选方案的分析

大型主机与 Unix 小型机由于体系结构不同，性能上有很大的差异，表现在应用场所、用途和规模方面同样差别明显。为了使用常规的 Unix 小型机构建钢铁企业 ERP 系统运行平台，力求探索出一条投入少、效果好的道路，必须从 IT（Information Technology）技术发展现状和系统实际需求出发，对大型主机与 Unix 小型机的相关技术、产品性能做深入细致的分析和评估。

#### 3.1.2.1 扩展能力

大型主机系统在垂直扩展能力方面要大于 Unix 小型机，在同一台设备上通过增加 CPU、内存等可以大幅度提高系统的处理能力，小型机系统虽然也有垂直扩展能力，但幅度相对要小。

#### 3.1.2.2 系统可靠性与稳定性

RAS（Reliability，Availability，Serviceability）这个词是经常用来说明大型机的，大型主机系统无论是在硬件还是系统软件方面的可靠性和稳定性都要强于 Unix 小型机，更适合用于支持一年 365 天每天 24 小时不间断运行的应用系统。而 Unix 小型机要做到一年 365 天每天 24 小时不间断地稳定运行，无论是对其硬件还是对其系统软件都是一种苛求。

#### 3.1.2.3 对应用系统开发和运行的保障

由于大型主机系统在系统的软件与硬件设计方面对确保系统持续运行采取了较多的技术措施，能够克服和隔离应用程序自身缺陷对系统的影响；因此，一般情况下，个别应用程序的缺陷不会影响主机系统的正常运行。而 Unix 小型机系统则存在这样的风险，个别应用程序的缺陷可能会导致系统崩溃。

事实上，选择 Unix 小型机的根本原因是项目建设和系统运行费用的控制。在提供相同的处理能力的前提下，选用大型主机的建设投资要远大于选用 Unix 小型机（集群）；而且大型主机的运行成本高，运行维护费用也不好控制，当系统需要备件或扩展升级时，由于厂商处于“只此一家”的地位，无法引入竞价机制，用户往往要付出大笔资金。按厂商报价估算，若系统全部选用大型主机投资为 1，则选用大型主机和 Unix 小型机（集群）结合组建系统投资为 0.7 ~0.8，而全部使用 Unix 小型机（集群）构建系统投资为 0.3 ~0.4。

此外，开发和维护人员的选聘培养也是一个原因，由于大型主机应用的普及程度远不如 Unix 小型机，掌握相关技术的人员较少，所以选拔和培养开发、维护所需的技术人员相对困难。

从以上对比可以看出，若能采用适当的技术产品和构建方案，克服或弱化 Unix 小型机相对于大型主机的不足之处，用 Unix 小型机（集群）构建钢铁企业信息系统运行平台，不仅可以减少初期建设投资总额约 60% ~70%，而且长期运行维护成本亦远低于大型主机，经济效益是十分可观的。

### 3.1.3 技术方案的可行性分析

尽管Unix小型机在扩展能力、可靠性、稳定性等方面与大型主机相比都存在着薄弱环节，但通过对相关技术和产品的综合运用和有机组合，可以找到一条利用Unix小型机构建钢铁企业信息系统运行平台的可行途径。目前市场上主流Unix小型机所具有的处理能力和产品技术，除前面提到的处理能力迅速提高外，可以为构建钢铁企业信息系统运行平台提供支持的技术特点集中体现在以下几方面。

#### 3.1.3.1 Unix小型机上的高可用性集群技术

高可用性技术不同于容错（Fault Tolerant）技术，容错技术依靠特定的硬件去检测硬件失效并瞬间切换到备份的硬件组件上，实现的是无缝的、不停服务的接管。采用容错技术的成本较高，但对导致系统死机的软件故障却无能为力。高可用性技术不把可靠性单纯地看作是冗余的硬件组件，而是通过系统范围的共享资源的操作，来保证基本的服务，当系统、组件或应用程序失效时，通过快速的恢复基本服务，使宕机时间减少到最小。它不是瞬间的无缝切换，切换接管时服务会停掉，但会在短时间（通常为几分钟）内快速恢复。高可用性技术对于那些经得起短暂的中断，且需要快速恢复的应用是一个很好的、经济实用的解决方案，既能够提供连续的服务，又无须全部软件与硬件设备的冗余。

集群（Cluster）技术就是将多台Unix小型机用集群软件连接在一起，组成一个高度透明的、小型机服务器群的计算机系统。该系统作为一个整体为客户端提供服务，客户端通过网络共享所有的资源，如数据或应用软件等。客户端的用户并不关心其应用运行在哪台服务器上，只关心其应用是否能连续工作，从客户端看来，集群中的所有服务器是一个系统，就像一台大型的计算机系统，其上运行着客户端需要的应用服务。在一个群集内，多个服务器运行操作为客户端提供一组服务或资源，使用多个节点的能力确保当一个由硬件或软件引起的故障发生时，应用程序仍可正常运行或从故障状态中迅速恢复运行。

在高可用性的集群系统中，由于是多台服务器在高可用性的集群系统软件的管理下为客户端提供服务，每一个计算机的部件都有冗余备份，如服务器的主板、网卡、网络交换设备、电源系统、风扇系统、应用软件、存储设备等，一旦某个部件出现问题，冗余部件会自动接管故障部件的工作；当其中一台服务器出现故障时，备份服务器将在集群软件的指挥下自动接管故障服务器的工作，从而消除此故障对整个系统的影响，继续为前端的用户提供服务。

集群技术也提供了一种处理能力逐渐扩展的增长途径，既可以非常容易地在集群内增加服务器来分担增长的应用处理负载；也可以将集群内现有的一个或多个服务器升级到具有更强处理性能的型号。

现在市场上流行的高可用性集群软件的品种比较多，较常见的为：IBM公司的IBM HACMP、Legato公司的Legato Automated Availability Manager（LAAM）Enterprise、SUN公司的SUN Cluster、Microsoft公司的MSCS（Microsoft Cluster Server）等。其中IBM高可靠性集群系统软件HACMP（High Availability Cluster Multi-Processing）是一种运行在AIX服务器上的高可用的集群软件。HACMP全权负责诊断网卡故障、网络故障和节点故障这三

大类故障，并负责实现 IP 地址转换或接管，以及整个系统资源（硬件、文件、应用程序等）的接管。对于其他故障，结合 AIX 基本功能和 HACMP 提供的一些机制，如 Error Notification Facility、clinfo API 等，同样可以实现对故障的监控并促使 AIX 或者 HACMP 采取相应措施。

#### 3.1.3.2 Unix 小型机上的数据库高可用性容灾技术

数据库的高可用性容灾技术采用了数据复制方式，持续地将变化数据从源数据库系统（称为主服务器）复制到目标数据库系统（称为备用服务器）中，从而避免数据的丢失，为部分或全部的单点故障提供了高可用解决方案。1993 年 Informix 动态服务器（IDS）中发布了这一数据库高可用性技术，IBM 收购 Informix 之后，在 IBM DB2 V8.2 版本中运用该技术 HADR（High Availability Disaster Recovery）。它与当前其他的故障切换和集群技术相比，能提供更快的故障切换速度和更为简单的配置管理方式。

HADR（High Availability Disaster Recovery）是数据库级别的高可用性数据复制机制，HADR 的工作原理如图 3-1 所示。

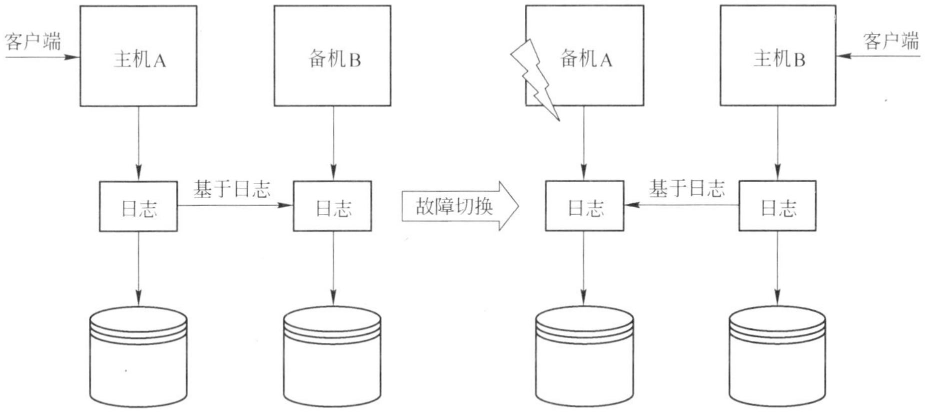


图 3-1 HADR 工作原理示意图

一个 HADR 环境需要两台数据库服务器，主数据库服务器 A（Primary）和备用数据库服务器 B（Standby）。由于数据库的任何动作在事务日志（Transaction Log）中都能得到反映，因此，主机 A 在正常工作的时候，HADR 通过捕获日志的变化，将主机 A 上对数据库的任何更改通过日志的方式捕获并传输到备机 B 上，然后在备机 B 上将新捕获的日志在备机 B 上重放（Replay），做落实（Commit）。这样，通过 Transaction Log 这个载体，保证了主机 A 和备机 B 上的数据库的同步。

HADR 运行时，在主备机变换过程中实际是需要 IBM HACMP 集群软件的配合的，当主机 A 上的数据库发生故障的时候，是通过 IBM HACMP 集群软件的处理，备机 B 立刻会接管主机 A 的工作，并且服务器 B 由备机变为主机。

而客户端应用程序的数据库连接可以通过自动客户端重新路由（Automatic Client Reroute）机制转移到新的主服务器，保证了当前的业务能够正常地运行。而当主机 A 故障恢复之后，又可以作为备机重新加入到 HADR 系统中来，HADR 会将主机 B 上的数据库日志的变化捕获并传输到备机 A 上来，并且在备机 A 上做落实，从而保证备机 A 与主机 B 的数据的同步。这样，A、B两台机器通过主、备角色的不停变化，使得整个系统拥有一个稳定高效的备机，从而保证了整个系统的稳定运行，示意见图3-2。

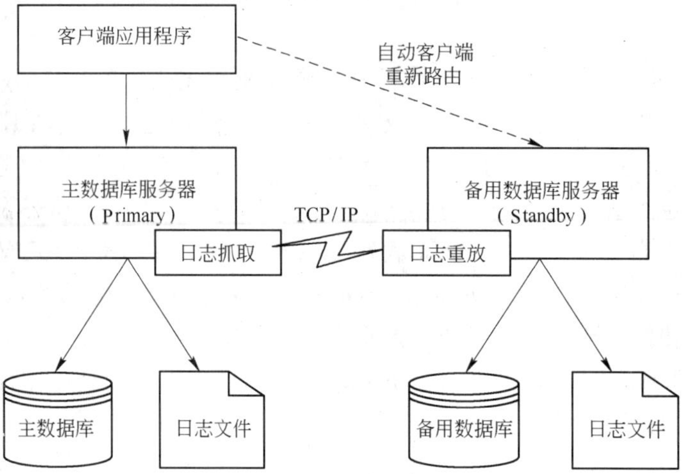


图3-2 主机与备机角色变化示意图

A HADR的运行模式

为满足不同应用对数据安全性和事物处理性能的要求，HADR有三种运行模式：分别是同步模式、准同步模式和异步模式。

(1) 同步模式。当采用这种方式时，正常运行的主机系统每一个事务操作，必须在主机完成了写日志操作，且备机也完成了写日志操作，即主备两台机器的写日志操作都完成的情况下，整个事务才算完成。在这种模式中，两个服务器保持完全的同步，保证不会丢失已经提交的事务。这种方式最大限度地保证了数据的完整性，保证了两台机器的数据的同步，不足之处是该同步方式对I/O的操作加倍，会加重服务器的负载，延长客户端的等待时间。

(2) 准同步模式。当采用这种方式时，正常运行的主机系统每一个事务操作，必须在主机已经完成写日志操作，并且备机也完成了将更新的日志读入到备机数据库的主内存的情况下，整个事务才算完成。这种方式综合了性能和数据安全性的两个方面的考虑，一方面降低了数据丢失的可能性，因为数据已经到达备机的数据库主内存，另一方面，针对每个事务，并没有增加很多的I/O开销，在保证数据安全性的同时，也保证了事务处理的高效性，是HADR方案中采用较多的配置方式。

(3) 异步模式。当采用这种方式时，正常运行的主机系统每个事务操作，必须在主机已经完成写日志操作，并且捕获的日志变化数据已经通过TCP端口发送出去的情况下，整个事务才算完成。这种方式牺牲掉了部分数据安全性，例如，有可能在网络传输的时候造成数据的丢失。由于这种方式并不需要和备机保持通信，因此，这种方式对主机的性能影响最小。

另外，IBM DB2的HADR的自动客户端重新路由功能，在客户端连接到数据库的情况下，如果服务器发生故障，则DB2自动客户端重新路由功能会自动地将应用程序重新连接到备用服务器，保证应用的继续执行，当时正在运行的事务将全部会回滚，应用程序将从断点继续运行。DB2 的自动客户端重新路由功能是在数据库服务器上进行配置的，比起那些需要在应用程序中实现故障切换的类似产品，大大地简化了应用的开发和部署工作，但这一功能仅适用于“一阶段提交”的数据库应用。

B HADR/HACMP 模式

将 HADR 技术和 HACMP 技术结合使用的 HADR/HACMP 模式与单纯使用 HACMP 模式相比，可以大大提高 IBM DB2 数据库系统的可靠性和可维护性。

HACMP 模式下的 IBM DB2 逻辑上和实体上是一个数据库（见图 3-3），如果将运行数据库管理系统 DBMS 的服务器或服务器分区视为数据库的物理节点，则数据库只运行于一台物理节点，而另外一台物理节点只是用于故障后的接管，因此从逻辑上和实体上永远只存在一个“活着的”数据库。

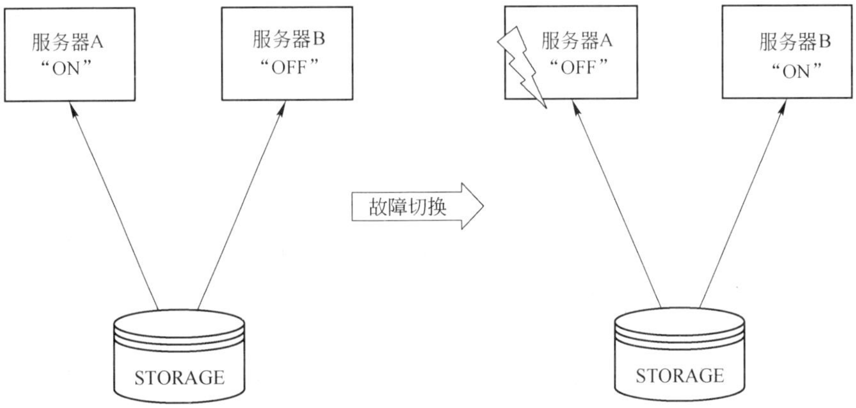


图 3-3 HACMP 模式下的数据库

HADR/HACMP 模式下的 IBM DB2 逻辑上和实体上是分开的两个数据库（见图 3-4），通过日志的复制来保证两个逻辑和实体的数据库的数据的一致性。因此，在正常状态下，存在两个逻辑和实体的数据库，并且两个数据库同时工作。一个服务在应用，而另一个则

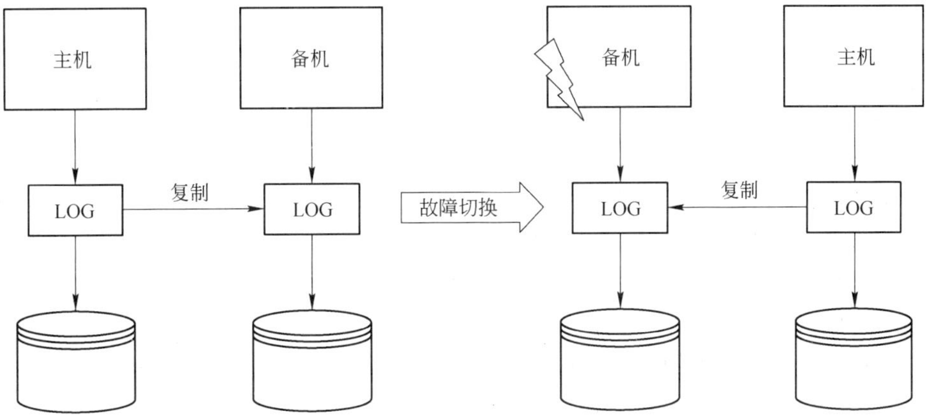


图 3-4 HADR/HACMP 模式下的数据库

处于日志的前滚状态。

在发生接管的时候，HADR/HACMP 模式下的 IBM DB2 只需要将 Standby 状态的数据库变为 Primary 即可，而不需要在两台物理节点之间进行过多的资源的切换，从而能够做到快速有效的接管。除结构不同外，两种模式还在以下诸方面不同：

（1）接管的资源不同。单纯 HACMP 模式下的 IBM DB2 由于结构的限制，在发生接管的时候需要将存储等资源进行从主机到备机的切换，而在这一过程中容易引起一系列的意外情况，从而拖延了 HACMP 切换的时间甚至导致了 HACMP 不能正常的切换。HADR/HACMP 模式下的 IBM DB2 由于逻辑上和实体上是独立的两个数据库，因此在发生切换时只需要切换 Service IP，将 Standby 的数据库变为 Primary，就可以保证整个应用的正常进行。

由于接管资源的不同，使得 HACMP 模式的接管比 HADR/HACMP 模式的接管需要更多的时间。

（2）监控的层次不同。单纯的 HACMP 模式只是监控心跳、网络等硬件资源的变化，而 HADR/HACMP 模式，除了能监控上述资源之外，还能监控应用的变化。例如：在实际的应用中，经常需要监控数据库实例的运行状态，一旦数据库实例的状态发生 failover，将同样触发接管事件，从而保证整个应用的正常运行。而单纯的 HACMP 模式不监控这一变化。

（3）提供的可维护性不同。单纯 HACMP 模式的 DBMS 由于逻辑上只存在一个数据库实体，因此，在 365×24 小时的系统上线之后将很难有进行系统维护的时间，特别是一些需要数据库停止后才能进行的维护工作。例如：调整某些性能参数，安装系统补丁程序等。这样，势必会引起整个系统由于维护工作不到位而导致的系统可靠性的下降。

HADR/HACMP 模式的 DBMS 则由于存在主机（Primary）和备机（Standby）的两个数据库实体，在 Primary 进行正常生产的时候，可以通过先对 Standby 数据库系统所在的结点进行维护处理，然后切换，再对另一个结点进行升级维护处理的方式，来实现整个系统在不间断应用服务的前提上进行维护操作，从而使整个应用系统具有较高的可维护性。

在确定实际配置方案和配置设备时，除了要满足 ERP 系统正常的运行和维护需求外，还要考虑开发和测试工作的需求、数据备份与转储的需求、数据分析与挖掘的需求、数据存储安全可靠性的要求、网络通信性能与可靠性等方面的要求，可能还需配置存储服务器、备份管理服务器和磁带库、数据挖掘服务器和数据仓库存储设备、开发及测试服务器以及存储网络交换机等。确定设备的性能参数和具体配置时可采用与同等规模企业系统运行平台类比的方法，也可采用厂商提供的经验公式估算的方法，在缺少第一手实践经验的情况下，最好进行必要的压力测试，以得到系统适用性的实在验证。

选用小型机（Unix Server）集群取代大型机主机（Mainframe），构建具有高可用性的三层结构的系统运行平台，数据库服务器可以选用两台，分别配置高端数据库产品，由相应的高可用性集群软件保证不出现单点故障；应用服务器可以选用两台或多台同时运行，配置交易中间件、通信中间件和高可用性软件，服务器热备并部署相应的应用软件模块。

## 3.2 应用软件开发方式的选择

应用软件开发一般有三种可供选择的方式，一是定制开发，即组织技术力量依据系统需求进行专用开发，建设专用系统（以下简称定制开发方式）。二是利用商品化应用软件作为平台，搭建企业信息系统（以下简称商品软件方式）。三是以上两种方式的结合使用，即应用系统的一部分定制开发，另一部分在商品化应用软件平台上搭建，而后将两部分集成（以下简称结合使用方式）。本节将讨论以上三种方式的选择，重点放在结合使用方式，不讨论传统的生命周期法、原型法等信息系统开发方法，也不讨论传统的结构化开发技术、面向对象的开发技术等具体的应用软件开发技术。

### 3.2.1 开发方式

本节简要介绍上述三种信息系统建设开发的方式。

#### 3.2.1.1 定制开发方式

在市场上出现商品化应用软件以前，企业信息系统都是定制开发的。随着应用软件的商品化，虽然商品化软件覆盖了越来越多的应用领域，但是定制开发的应用软件仍占有重要地位。一些具有很强的行业特性，与工艺技术及装备关系密切的应用软件，往往因为在市场上寻觅不到适用的软件产品，而采用定制开发的方式。这些应用软件由于是“量身定做”的，一般功能设计完备合理，用户界面友好，易理解、易掌握、可操作性强。例如冶金工厂的产销系统、生产线的制造执行系统 MES（Manufacturing Execution System）等，虽然市面上有商品软件，但是企业通常还是采用定制开发方式。

由具有冶金行业应用软件开发经验的专业 IT（Information Technology）队伍，移植以冶金工厂为背景的成熟应用软件，并进行必要的再开发，一样达到“量身定做”的效果，亦可视为定制开发。

在采用定制开发方式时要注意以下三方面的问题：一是要事先确定开发范围，即系统的边界。在定制开发的情况下系统的最终用户往往会在开发过程中由于受到“启发”，不断提出新的功能需求或扩大系统覆盖范围，不断增加新的接口，不仅使进度计划被迫不断调整，拖长开发工期，而且会影响应用软件质量，进而影响系统的完整性和健壮性。为此，系统需求分析阶段的工作一定要细致，问题、疑点要落实解决，系统概要设计完成后原则上不应再进行大的设计变更。二是系统开发建设前一定要有较完整的应用软件开发标准和规范，一定要将国际与国家标准规范“本地化”，变成适合企业实际的可执行、可检验的标准和规范，即便是较小规模的系统开发也要建立标准和规范，因为标准和规范直接影响应用软件质量，决定信息系统的运行。不论系统规模大还是小，都需要维护，都可能扩展或再建设，如果系统开发时没有标准规范、没有标准规范的文档，使得系统的可读性、可理解性非常差，则后续的运维扩展会异常困难。三是一定要客观冷静地评估开发队伍的真实能力和资质，从每个成员的素质到团队的业绩、经验和服务，包括企业自己的 IT 队伍和拟聘用的开发队伍。事实上，不论有何等严格的开发合同（协议）条款的制约，或有何等严密的检查验收制度的管控，当一切条件都具备以后，应用软件最终的质量与应用成效，以致信息系统建设的成败，归根到底是由应用软件开发队伍的整体水平决定的。

#### 3.2.1.2　商品软件方式

一般企业采用成熟的商品化应用软件平台除了为规避系统开发风险，缩短系统建设周期外，另一个重要目的是为了引入这些软件平台中固化的经应用实践验证的先进管理理念和流程。为了达到这一目的，企业信息化管理人员必须要尽可能地了解拟采用的应用软件平台能给企业带来什么样的变化或变革，对此必须要有清醒的评估和判断：知道使用该软件平台时，能给企业引入哪些先进的管理思想、管理机制或业务流程；同时还要搞清楚该应用软件平台哪些模块或流程不适合企业实际，大概需要进行哪些修改。

商品化应用软件平台因为要适合不同用户的不同需求，所以不可能如定制开发软件那样有较高的响应速度和运行效率，而提供给用户自行修改开发用的工具也是基于应用软件平台架构的，不可能如定制开发软件那样直接使用C或C++等语言。对商品应用软件的修改一般都会引起系统运行速度的下降，在开发人员对商品应用软件及其提供的工具掌握得不十分熟练，又未经程序优化的情况下，运行速度下降有时会很明显。因此，对引入应用软件平台的修改，应本着可改可不改的，则不改的原则。对于初步拟定需要修改的，应该再慎重地判断一下：是否引入的软件平台流程确实不如企业原来的流程更优？按软件平台提供的流程执行是否绝对不行？如果经分析软件平台提供的管理办法或流程，企业确实不能采用，这时再决定修改。对确定要修改的部分还要分析一下是在应用软件平台上“就地”修改，还是做接口转到平台外另编一段程序。如果总体修改量超过应用软件平台各功能模块的30%，就应该考虑采用该应用软件平台是否恰当。只有经过这样深入细致的分析，才能实现引入应用软件平台的初衷。

在采用商品化应用软件平台时还要防止两种偏颇，一是要防止企业信息化管理人员因为使用成熟的软件平台，而萌生懒惰变得浮躁，情况不明心中无数，事事依赖应用软件供应商或外聘的应用系统实施顾问，将供应商和实施顾问的意见奉为“金科玉律”，几乎忘记了企业引入成熟应用软件平台的目的和建设信息系统的期望目标。另一方面也要防止企业个别部门或人员过分强调本部门本岗位的特殊性，拒绝分析论证，听不进任何意见和建议，凡不符合本部门或本人管理习惯的就坚持要求修改，对应用软件平台提出“一大堆”修改要求，致使引入成熟应用软件平台期望的“亮点”掩埋在大量的不尽合理的修改当中。仅就了解的案例看，上述种种情况如果处置不当可能会使企业信息化建设目标不能全部实现，或建成的系统不适合企业应用而逐渐被“闲置”，甚至系统建设半途被迫停止。

总之，在引进成熟的商品化应用软件平台过程中，信息化主管部门应组织必要的培训，通过倡导、推动并用具体政策来鼓励、要求企业自己的开发人员掌握相关知识，主动承担重任；而企业信息化管理人员必须对管理业务有较深入的理解，同时又清楚应用软件平台体现的管理思想和具有的功能。这样，无论对当期的开发建设、后续的运维工作，还是对将来可能的自主创新，都是大有裨益的，也只有这样才能保证企业在系统建设过程中的主导地位，达到企业信息化建设的目标。

#### 3.2.1.3　结合使用方式

随着IT技术的进步和商品化软件市场的发展，定制开发与采用商品应用软件平台的结合使用逐渐成为企业经常采用的方式之一，而其中具有典型意义的莫过于定制开发的产销系统与在商品化应用软件平台上搭建的ERP运营管理子系统的集成。钢铁行业的产销系统是企业ERP系统的基础系统，与企业自身的设备配置、工艺技术应用及企业生产组织密切相关，具有很强的行业特征。特别是大型钢铁联合企业，产品种类多，产线亦多，不同产线的制造工艺、管理业务需求各异，而众多产线的资源配置、产能平衡和优化，更增加了产销系统在功能实现上的复杂性和难度。由于在市场上找不到适用的应用软件产品，很难采用通用的套装商品软件来实现企业产销系统的建设，企业往往依靠自己的技术力量或与其他钢铁企业有实践经验的IT队伍合作定制开发（移植）。

另一方面，基于应对经济全球化的激烈竞争态势，为引入国际上先进的管理理念和方法，改进和优化企业管理，提升企业核心竞争力，企业通过引入成熟的商务品化应用软件，用于完成具有较高业务同一性的管理职能，如财务、设备、采购供应等运营管理业务，以便利用先进的管理模式和成熟的技术资源，加速ERP系统的建设，支撑企业的国际经营活动，支持企业在经济全球化的过程中生存和发展。实现基于商品化应用软件平台搭建的ERP运营管理子系统与定制开发的产销系统集成，构建完整的钢铁企业信息系统应用平台，成为这种结合使用方式必须解决的课题。

### 3.2.2　结合使用方式接口层的建立

在采用结合使用方式建设信息系统时必须进行可行性研究，规划业务逻辑及数据的接口层，列出所有可能的技术难点，逐一确认解决方案，并尽可能落到实处，越具体越细致越好。由于产销系统是信息系统的基础，财务成本系统是ERP系统的核心，在这两者间采用结合使用方式影响的深度和广度以及实现的难度都十分典型。为此，下面以定制开发的产销系统与SAP商品软件平台上的财务成本系统集成为例，说明采用结合使用方式时构建接口层的思路。这一案例构建接口层的思路，对于采用此种方式的其他方案肯定会有启发，并有借鉴参考价值。

假设定制开发的产销系统已经上线运行，与各生产线的生产组织和生产过程紧密相连，不允许停运或宕机。欲在商品化应用软件平台上新建ERP财务成本系统，并在不影响产销系统的系统架构和正常工作的前提下，实现产销系统与SAP财务成本系统的集成，使信息系统达到物流、资金流和信息流的无缝集成。

财务成本系统所需的原始数据相当一部分是由产销系统提供的。为解决此课题，在ERP财务成本管理系统与产销系统间架设一个接口层，这个接口层由两部分组成，一个是技术接口层，一个是物流映射层。定制开发系统与财务成本管理系统集成架构示意如图3-5所示。

为了能更清楚具体地理解构建接口层的思路和方法，以定制开发的产销系统在IBM CICS（Customer Information Control System）中间件上运行，商品化应用软件平台选用的是SAP软件为例。

#### 3.2.2.1　技术接口层

将技术接口层搭建在SAP PI（Process Integration）上，PI是一种中间件技术，是为非SAP系统提供的与SAP系统进行跨系统的数据和流程交互的平台。一般商品软件都会为用户提供类似功能的平台。

在构建技术接口层时，首先确定财务成本系统需要产销系统提供的原始数据，而后分

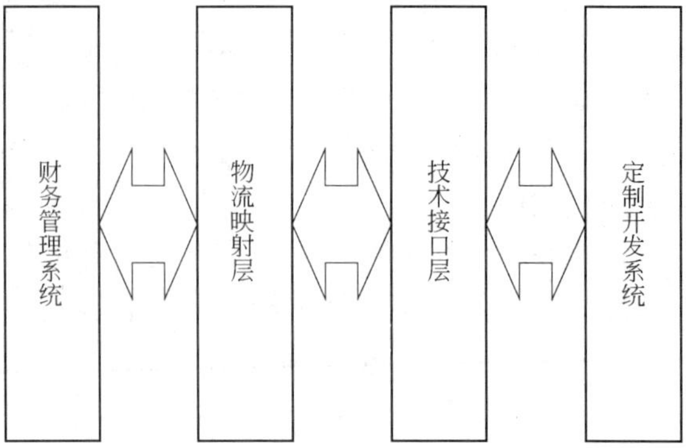


图3-5　定制开发系统与财务成本管理系统集成架构示意图

析确定产销系统中生成财务系统所需原始数据的功能模块和数据生成的时间节点，由此确定接口。在技术接口层的每个接口，当接收到或读取到产销系统数据后，根据财务成本系统的要求，按照财务系统的数据结构与格式，在确定的时序点，将财务成本系统所需要的产销系统数据传送到物流映射层。

#### 3.2.2.2　物流映射层

物流映射层是在SAP系统内，利用SAP商务套件现有的资源（模块），按照财务成本系统的要求，在每个接口处搭建产销系统特定功能处理的业务活动的映射。这些业务活动的映射不是整个产销系统的复制，只是根据财务成本系统的需求重新构建的产销系统相关业务活动的映射。这些映射透过技术接口层与产销系统连接，而且保持了产销系统所传送的数据信息的一致性、真实性、完整性与时序关系。由于物流映射层建在SAP商务套件内，用SAP商务套件的模块完全按财务成本管理的需求和数据结构格式搭建的，所以与SAP软件内的财务成本管理系统自然是无缝集成的，从财务成本管理系统角度看，等同于SAP系统内包含固有的（Build in）产销系统。而产销系统一直是独立运行的，集成后只是在确定的接口处按确定的时序与财务成本系统交换数据信息，在集成的过程中始终都正常运行，不过增加了一个与其伴生并行的财务成本系统。

#### 3.2.2.3　接口的技术实现

所有接口数据信息采用同步和异步两种方式进行传输。

在同步传输方式下，数据的传输与数据的生成同步进行，即当产销系统业务操作完成时，主动触发“数据发送”处理，将数据传送到技术接口层，技术接口层再转传给物流映射层，物流映射层处理后传给财务成本系统，并将“传输成功”标志返回给产销系统。与此完全类似，财务成本管理系统处理完成时，立即通过技术接口层将数据信息传输到产销系统，并向财务成本系统返回“传输成功”标志。

异步传输方式下数据是定时传输的，产销系统操作完成后将需传送的数据信息保存在数据库中，技术接口层定期读取数据，经物流映射层传送到财务成本系统。

### 3.2.3　集成应用的实现

钢铁企业的ERP产销系统通常由销售、质量、生产、储运、销售结算五个子系统组成，下面分述各子系统与财务成本系统集成应用的实现。

#### 3.2.3.1 销售和销售结算子系统与财务成本系统的结合使用

产销系统的销售和销售结算子系统与财务成本管理有着极密切的关联，其中销售结算业务实际上就是财务管理的一部分，这些应用通过接口层的一系列接口实现了集成应用。

客户数据创建接口与信用数据创建接口是实现两个系统之间基础数据同步的基本接口。当新客户提出开户申请审批通过后，管理人员在财务系统创建该客户的相关信息并确认，审核无误后透过物流映射层与技术接口层将客户信息传入产销系统，产销系统接收后自动生成客户档案。而信用由企业统一在财务系统中管理，通过接口控制产销系统的订货、发货流程。系统自动计算客户的信用可用额度，并透过物流映射层与技术接口层将客户的赊销额度传入产销系统，产销系统据此自动更改客户的赊销信用，实现统一控制功能。

此外，还有订单变更、发票更改、销售异议、保证金收取、保证金返还与罚没等诸多接口，通过这些接口实现了销售、销售结算与财务成本管理系统的高度集成。

#### 3.2.3.2 生产、质量、储运子系统与财务成本系统的结合使用

生产、质量、储运是产销系统的三个子系统，同样与财务成本系统透过技术接口层和物流映射层实现同步和异步数据通信，实现生产子系统与财务成本系统间的集成，在工艺路径确定、生产计划编制、物料缴库、生产合同分解等时序点设置接口，进行集成，实现结合使用。

#### 3.2.3.3 与生产实绩管理功能的接口

ERP 产销系统在财务成本系统划分的成本中心设定接口（抛账点），将生产实绩按投入与产出成对抛给财务成本系统，财务成本系统通过物流映射层的处理逻辑完成生产合同的创建、生产合同收货、生产合同发料的物流映射，并返回处理信息更新产销系统的传送日志。

#### 3.2.3.4 与质量管理功能的接口

ERP 产销系统将各产线产品改判、判废信息的相关数据透过技术接口层和物流映射层传送到财务成本系统中，在财务成本系统中进行相应的跟踪物料状态变化的操作及成本计算，记录操作结果并将结果返回产销系统中。

#### 3.2.3.5 与储运（发货中心）功能的接口

ERP 产销系统将发生物料正向和逆向移库（如发货与退货）操作的数据透过技术接口层和物流映射层传送到财务成本系统中，财务成本系统进行相应的物料状态变化操作，记录操作结果并通知产销系统。

## 3.3 实施路径的选择

信息化建设的实施路径是指在信息化建设过程中实施各项建设任务的先后时序安排，即先做什么，后做什么。钢铁行业信息化建设的实施路径实际是有一个探索过程的，特别是老企业的信息化建设一般都经历了一个由表及里，由局部到整体的探索过程。最初实现的往往是离线的信息化管理，基本没触及企业在线的生产、质量等方面管理内容，与过程控制、基础自动化完全脱节。随着装备水平的提高，在部分生产线出现了在线的制造执行

系统，实现了与过程控制系统、基础自动化系统的通信联系。后来人们对信息化的认识水平提高了，理解也加深了，于是有了企业整体信息化的理念，即所谓综合集成，才把企业钢铁主体生产线，从基础自动化、过程自动化直到制造执行系统 MES、企业资源计划 ERP 系统，从头到尾自下而上地集成为一个大的整体系统。

当前钢铁企业一般都会选择基础管理作为信息化建设的切入点，在概要设计开始以前，即对基础管理的各业务流程进行了梳理、优化、再造 BPR（Business Process Reengineering），使管理流程清晰、简洁、高效；在管理业务流程再造的实践中，完善制度的体系性，提高规章制度的执行力度；同时加强员工培训，提高员工的信息化认识水平和操作应用水平；规范员工行为，强化制度执行的内在保证。上述围绕信息化建设开展的优化业务流程、健全管理制度、强化教育培训等工作都属于企业管理范畴。而从技术路线角度考虑，企业信息化建设应从执行层装备的基础自动化做起，自下而上实施，具体做法就是：在主体生产线实现基础装备和过程控制自动化的基础上，从信息资源规划 IRP（Information Resource Planning）入手，整体建设制造执行系统 MES 和企业资源计划 ERP 系统，而后建设战略层各系统以及联结上、下游企业的供应链管理系统。

今天不应再重复过往的历程，不能再简单地用信息系统复制手工作业，或不顾信息化规划的约束“随性”地建设信息化孤岛，或者建设与过程控制和基础自动化脱节、离线的管理信息系统，这些做法显然都不是好的建设路径选择。

### 3.3.1　信息资源规划 IRP

信息与其他资源一样，是现代社会的战略资源。信息资源是信息化与工业化融合的结合点，企业只有充分开发利用信息资源才能实现对生产和管理流程中各要素的高效利用，才能挖掘出它们新的商业价值，最大限度地发挥信息化在生产、技术、管理、经营、战略决策等领域的潜力和优势。信息资源又是企业信息化建设的基础，没有统一一致的数据信息就不会有企业整体的信息化系统，因此，实施信息化建设首先要实施数据资源规划 IRP（Information Resource Planning）。实施数据资源规划 IRP 企业就必须要制定数据信息的标准规范，设立专门的管理部门，对数据进行管理。

#### 3.3.1.1　数据资源规划 IRP 简介

所谓企业资源规划 IRP 是指对企业生产经营活动中所需数据信息的产生、采集、处理、存储、传输和利用进行的全面规划。在企业主营业务不变的情况下，企业所产生、需要或使用的数据基本是稳定的，特别是数据库技术出现后，数据与程序分离，使得为企业设计一个相对稳定的数据模型就更有价值。通过 IRP 对企业经营活动所需的数据进行梳理、分类、命名，并在理清它们之间关系的基础上将这些数据合理地组织起来，即建立起企业的数据模型。理想情况下组织实施全面的数据资源规划 IRP 应先于企业信息系统建设，但是，由于不可能为了从管理职能、业务流程、数据信息等各方面进行调研分析活动，而在企业内部一遍又一遍的进行大范围重复的组织动员，所以大多数情况下企业数据资源规划 IRP 都是与信息系统建设一起实施的。尽管如此，丝毫不能改变数据资源规划 IRP 是企业信息系统建设的基础和先导的作用。

抛开实施 IRP 的组织管理工作，单从技术角度，实施 IRP 在系统需求分析、系统基本设计、系统详细设计等三个阶段有如下主要工作：

（1）需求分析阶段。系统需求分析阶段利用绘制业务流程图、系统功能层次图，进而绘制各层次数据流程图，完成对数据元的设计，得出数据的用户视图，并编制数据要求说明书，包括数据的逻辑描述和数据的采集说明。数据逻辑描述主要是将数据元进行逻辑分组，给出每一数据元的名称（包括缩写和代码）、定义、度量单位、类型、值域、格式等。数据采集说明主要是按数据元的逻辑分组说明数据采集的要求、范围、数据来源与采集方法、数据输入与输出形式、数据用户和用途、数据更新频度等。

（2）基本设计阶段。在系统基本设计阶段主要完成数据结构的设计，包括逻辑结构设计、物理结构设计，并给出数据结构与程序（系统处理功能）的关系。逻辑结构设计要给出数据结构的名称、标识符，它们中每个数据项、记录的标识、定义、长度，以及它们之间的相互关系。物理结构设计要给出每个数据结构中的每个数据项的存储要求、访问方法、存取的物理关系（索引、设备、存储区域），以及设计的其他考虑和保密条件等。数据结构与程序的关系是要说明每个数据结构与访问这些数据结构的各程序（处理功能）之间的对应关系，可以采用矩阵图形式绘制程序（处理）与数据表来表示。

（3）详细设计阶段。在系统详细设计阶段完成数据库设计，主要包括数据库外部设计、数据库结构设计和数据库运用设计。外部设计主要给出数据库的名称、标识符、版本、访问、使用此数据库的程序、运行需要的支持软件，以及数据库生成、测试、运维的技术指导与约定。

数据库结构设计某种意义上讲是信息资源规划的总结，包括概念结构设计、逻辑结构设计、物理结构设计三部分。数据库概念结构设计实际是汇总确认建立本数据库的每一幅用户视图，包括数据项、记录的标识符、定义、类型、度量单位和值域等内容。企业采用的数据库管理系统所支持的数据模型一般有关系数据模型、层次数据模型和网状数据模型，而数据库逻辑结构设计的过程实际是根据数据库的概念结构设计结果和数据库管理系统的特征导出数据库的逻辑结构，给出数据库的数据库管理员视图，即数据库的全局逻辑结构，包括确定关键字、属性、记录结构、相互关联等。数据库物理结构设计主要是建立数据库的系统程序员视图，设计出数据库在计算机内存及外存中的存储安排、空间组织、访问路径和方法等，严格地讲物理设计不属于 IRP 的范围。

详细设计阶段的数据库运用设计包括数据字典设计与安全保密设计两项内容，其中数据字典设计是 IRP 的一项重要工作。数据字典实际就是存储数据元相关信息的数据库，依据数据字典创建、维护、发布数据元，是企业统一管理数据资源的重要工具。

除了前述的业务流程图、功能层次图、数据流程图外，在进行数据分析和企业数据模型设计过程中常用的辅助工具还有实体-联系图，亦称 E-R（Entity-Relationship）图；输入-处理-输出图，亦称 IPO（Input-Process-Output）图；C-U（Creator-User）图等。

上述 IRP 的实施过程与信息系统建设采用的方式无关，无论采用定制开发、商品软件平台或结合使用方式中的哪一种，都必须对企业数据信息进行如上的 IRP 过程，这一过程既是企业信息化建设的一部分，也是所有后续建设的基础。

#### 3.3.1.2　数据信息的整理与规范

钢铁企业首要的信息资源是来自内部，来自企业的基础管理业务流程和生产过程中产生的数据信息。在完全依靠人工管理手工操作的情况下，企业规模越大越复杂，越容易存在“数出多源，口径不一”、“粗略数，精细算”等现象，就越说明信息资源规划IRP的必要。而实施IRP的基础是标准，是对企业数据信息的分类与编码、数据元、数据结构、数据库等制定适合企业实际的标准，包括设计过程中编制的文档也要参照国际及国家的相关标准制定企业自己的标准（样式）。有了标准才可能对数据进行规范化处理。在组织实施数据整理、规范化的过程中，作为企业CIO和信息化管理部门的工作人员必须关注并把握住如下四个要点：

（1）数据定义与内涵的一致性要求。所谓数据定义与内涵的一致性，简单地说就是相同的实体要有相同的数据名称，反之相同的数据名称要指向相同的实体，即不能出现同义异名或同名异义的现象。其本质是企业要有统一一致的分类方法和统一一致的命名方法。此外，企业还应该利用进行数据整理、分类的时机将分类细化，例如将传统的按物料大类、规格组距等的统计核算、财务核算模式，改变为按明细物料（即物料最小单位）进行，为企业实现精细化管理奠定基础。

（2）数据格式的一致性要求。数据格式的一致性要求是指在企业信息系统中相同定义的数据要具有相同的名称、标识符、类型、值域、度量单位、格式等，因为只有这样，企业信息系统内各模块或子系统间相互调用或重用数据信息时，才能保证数据信息的通用性与正确性，才不致出现歧义矛盾的数据信息引发系统应用的混乱。

（3）数据的完整性与准确性要求。做到以上两点某种意义上讲还是概念性的，必须与企业的实体联系起来才有意义。因此，企业要对各部门与单位的资产、设备、备品备件、材料、燃料、原料、在制品、产成品等进行全面系统的盘点，对企业所有员工的详细信息进行登记，对历史积累遗留下的问题数据进行处理，彻底理清、摸清“家底”，以保证数据的全面性、完整性和数据数值的准确性。最终目的是要保证企业信息系统中的数据信息与企业的实体之间建立起严格的一一对应关系，即系统内数据信息是企业实体的全面真实完整的描述。

（4）原始数据来源的唯一性要求。“数出一源”是企业基础管理追求的目标之一，在企业实际运行中，反映同一事物的数据从不同角度出发产生不同数值的事情并不少见。例如，生产过程中某一量值就可能存在人工估计值、理论计算值和仪表与磅秤的测量或计量值三种，可能甲班采用一种，乙班又采用另一种，甚至同班组不同人员都可能采用不同的方法，显然不规范。又如，企业生产过程中，往往上下工序对同一物料都进行测量或计量，由于采样时间不同得出的量值常常差异很大，上工序以物料到达时刻采样为准，下工序以使用物料时刻采样为准，对大宗物料如铁精矿、焦炭、煤等差异最为明显。在企业生产组织的过程中，因为上下工序间对同一物料持有不同的品质测量数值和重量计量数值，单位间发生争议也是常见的事情。企业是一个运行着的“活的实体”，描述企业所有实体的数据数值也是变化的。因此，“数出一源”不仅要确定由哪个岗位负责、采用哪种方法采集获取，而且还要包括在哪个确定的时序点采样。针对测量与计重方式、上下工序与生产线间供料实物和数据信息采集点的时序与同步等问题，企业必须要进行一致性的规定，以保证数据数值的一致性，做到数出一源。

从以上四个要点不难看出，数据信息的标准化规范化是企业信息化建设的前提与基础，并贯穿于企业信息化建设的始终。事实上，制定标准规范本身就是一个渐进的过程，而推动执行标准规范也是一个渐进的过程，不可能毕其功于一役。负责企业信息化建设的管理人员必须认识到，标准规范要以共同的看法在统一认识的基础上形成，但又不能迁就落后。标准规范要力求简明，要具有可执行性，但标准规范又不是绝对的，不可能有适用于所有情况的标准规范，个别例外肯定存在，有例外并不等于可以没有标准规范。标准规范必须遵守，但可以有灵活性和扩展性。

#### 3.3.1.3 数据管理和数据管理部门

要实现数据的标准化规范化，保证企业信息系统数据的完整、准确、一致、及时，就必须要有专门的数据管理机构负责组织企业各部门、各单位实施数据的标准化规范化工作，并进行后续的统一管理。事实上，企业是通过完备的组织和一套具有约束力的制度及管理流程来保证数据标准规范的贯彻执行和持续保持的，进而才能保证信息系统数据的完整性、一致性、准确性和时效性。特别是随着企业扩张与多点布局的实施，信息系统覆盖范围逐步扩大，新进入的各企业信息系统应用平台或开发所用软件很可能不尽相同，对数据的统一管理就提出了更高的要求，也格外重要。如果不进行统一的数据管理，则无法实现信息的集成与共享，信息系统就不能发挥出应有的作用。为了实现数据的统一管理，除上述组织措施外，还应考虑建立信息化的数据管理平台，将涉及全局性的数据或者跨管理域、跨系统的数据，从企业各应用中分离出来，构建一个集中的、独立于企业各应用的数据资源管理平台，依托平台对数据统一创建、统一维护、统一发布，实现数据的同步一致性管理。

### 3.3.2 基础自动化与过程自动化

钢铁企业的管理信息化是与企业的管理水平及装备水平密切相关的，只有当管理适应工业化大生产，装备基本实现基础自动化和过程自动化时，才能实现真正意义上的管理信息化。

钢铁企业的信息化包含生产信息化和管理信息化两方面内容，两者的一体化构成了当代钢铁企业信息化的全部内容。其中生产的信息化又包括生产装备的信息化和生产过程的信息化，生产装备是信息化与工业化融合的载体，提升企业生产装备的信息化水平是构建新型工业化钢铁企业的基础。钢铁企业只有在炼钢、连铸、轧钢等主要生产线、工序和机组实现了基础自动化和过程自动化，才能实现基层生产单位的生产实绩和业务数据的自动采集处理，保证数据信息的实时性和正确性；才能依托信息系统提高控制精度、优化工艺流程，实现对产品质量的提高和改进；才能生产出满足客户个性化需求的高附加值、高端化、具有竞争力的钢铁产品。

钢铁企业基础自动化和过程自动化一般还包括化检验信息、计量信息和能源信息的自动采集。各生产线工序化检验结果、能源计量和过程物料称量数据的自动收集、传输、处理和存储是企业信息化建设的重要内容和基础，一般将覆盖这些过程的系统划归制造执行系统 MES 的范畴，称为化检验 MES、能源计量管理系统。在生产过程中对原料、在制品、产成品物理化学性质性能的化检验，对生产过程中物流的精确计量、跟踪，以及对能源消耗的精确测量、记录，与生产管理、财务成本管理等密切相关，不仅为生产管理和财务成本核算管理等业务提供及时准确的数据，而且为保证生产顺行，优化服务，提高能源利用率，节能环保监测和报警提供依据。

企业应不断进行装备改造，持续提升整体装备水平，在新建钢铁产品生产线时，同步完成工艺设备和过程控制的自动化建设；并通过技术改造等方式，对尚未装备基础自动化设施或过程自动化系统的主要生产线配齐相关设施、设备或系统。

### 3.3.3　制造执行系统 MES

生产制造过程是企业竞争力实现的基础，制造执行系统 MES 是对生产执行层的管理和生产运作的手段，同时也是衔接企业生产执行层与企业运营层的桥梁和信息纽带。所有决定企业能否成功竞争的优势，如价格、质量、产品上市时间、产品创新、售后服务等，这些优势能达到什么程度最终都取决于企业对生产制造过程的设计、控制以及管理的实施。如果产品及其生产制造过程的有关信息可以及时收集、存储并得到处理，就能保证高质量的产品能在最恰当的时机送到最需要的客户手中。另外，在企业管理流程中，将执行层面的信息传送到企业领导核心越精确越及时，信息的实用性越强，企业的决策者就越能够利用这些信息做出重大决策。因此一个好的信息系统必须要与生产过程之间有双向、无缝的信息交换，这样企业各层面人员就可以利用系统得到一切所需的生产制造过程状况的实时信息，从而使系统真正发挥巨大作用。

制造执行系统 MES 将过程控制系统与企业运营层的管理信息系统无缝集成，实现管理模式与管理手段的高效整合，使企业能以信息技术为手段，通过管理信息化和生产过程自动化，实现精细的产品制造和严密的质量控制。企业 ERP 系统正是通过制造执行系统 MES，实现全面、实时、在线、动态的监测、管理和记录生产过程，实现对生产过程和产品质量的量化分析，促进持续改进；也是通过制造执行系统 MES，实现排产优化，保证在生产状态良好稳定的时候，生产质量要求高的产品，以达到减少废次品，提高产品质量的目的。

企业在新建钢铁产品生产线时，除完成工艺设备和过程控制的自动化外，最好同步建设 MES 系统，实现与过程控制系统及基础自动化的集成，否则将失去最佳的系统集成时机。事后的系统整合集成将会出现一系列意想不到的问题和技术难点，主要在设备、系统间的通信，例如出现设备型号各异，或生产厂家各异，或施工队伍各异的情况，很难协调组织实现整合集成。又如，出现技术资料是否齐全，系统与设备是否留有上联的信道或空余通道，是否具备通信条件等都是未知的情况，而且没有人能准确地描述清楚。更难的情况是为满足通信的需要可能必须修改过程控制系统原有的程序，但是有些系统可能因为技术封锁而无法修改，有些系统的控制程序可能还需要请原生产厂家技术人员来修改。这些问题的解决都是有相当难度的，而这部分费用也很难估算把握。

ERP 系统应与 MES 同步设计，最好同步建设，如果规模较大，考虑到施工组织的困难，至少 ERP 产销系统应与 MES 同步设计实施。根据掌握的案例，将 ERP 系统的财务、设备、采购等子系统分别逐一开发建设不仅建设周期长，造成人力、物力、财力和时间的浪费，而且开发过程中预留接口等设置往往不尽合适，有时还会考虑不周，遗漏未来的需求，给后续的开发建设带来不必要的困难。在一些情况下可能还会出现应用服务器、数据库服务器处理能力不够，或存储服务器容量不够的问题，需要对运行的系统进行扩展，同样也存在各种困难。事实上，在预留业务需求时必须考虑企业未来的要求，可能因为该管理域尚未计划实施信息系统建设，当前并未实施业务流程再造 BPR 或者业务流程尚在优化设计之中，不能提出明确的预留需求，其结果是或则预留需求不准或则将迟滞建设进程。鉴于以上种种可能的情况，在组织信息系统建设时推荐采用“打包”方式。这种方式不只适用 ERP 系统，而是适用于执行层、运营层、战略层，企业所有信息系统的建设都应将系统或模块按耦合的紧密程度分组，在企业资金、人力资源和组织能力等条件允许的情况下尽量按较大的分组“打包”进行建设。

## 3.4 企业扩张中的信息化建设策略

企业的兼并收购不仅是资本、组织机构、管理权限、企业运营、运行机制等方面的重组整合过程，而且也是不同企业文化的融合过程，在这一过程中企业应该采取适宜的策略，利用信息化手段，支持企业在产业规模和布局变化的情况下实施有效的管控，以支撑企业重组后管理模式的实现。

钢铁企业在实施兼并收购时的信息化建设大体可分为两种情况，一种是母企业和新进入的企业都还没有实施整体的信息化建设，另一种情况是母企业已经建立了较完整的信息化系统。按目前国内钢铁行业的情况看，属于后一种的居多。前一种情况大体等同于完全新建信息系统，处理策略比较单纯，本节主要针对后一种情况进行讨论。

### 3.4.1 信息系统的整合

一般母企业的信息系统已经覆盖了企业的主要管理领域，母企业原有的核心制造基地或厂矿也已经建立了较完整的信息化系统。兼并重组时，母企业可以依靠自身成熟完整的信息系统，将成熟的信息系统作为“标准模板”推广到新进入的企业，利用信息系统实现快速覆盖，透明获取这些企业的经营管理信息，强化集团管理，防范风险，支持兼并收购，达到企业整合的预期效果。具体地讲，对于尚未建立成熟完整信息系统的新进入企业，根据新进入企业的具体情况和重组后对该企业的管理要求，将企业运营层共享系统按管理需求有选择地进行推广，快速提供给新进入的企业；对于已经拥有成熟信息系统的新进入的企业，采用信息系统接口方式，达到管理快速对接的目的，以支撑企业运营需要。

在企业兼并收购过程中财务、人力资源、行政办公、规划、投资等方面的管理需求往往是首当其冲的，尽管由于企业重组后的管理模式不同，管控深度和范围会有所不同，但是上述管理领域肯定是企业高层关注的重点，为此，亦应成为信息系统整合的着力点。

#### 3.4.1.1 财务成本管理系统

对于财务管理应从总账管理、资金管控和预算审批入手，在这三个方面依托信息系统首先实现集中管控。而后利用企业自身的财务系统作为标准，按重组后的管理模式和管理要求，扩大覆盖范围，逐步建立起支撑企业财务管理体系运行的信息系统。例如，统一财务系统接口，并依托系统实现总账、报表、应收、应付在全企业统一；实现企业统一管理、批准会计科目，统一核算方法，统一客户与供应商等全局性编码；实现资金集中管理，预算透明等。

#### 3.4.1.2　人力资源管理系统

对于人力资源管理不论管理权限如何划定，建议最好采用人力资源管理系统集中部署，按管理权限分层操作的模式。这样，如果管理需要，可利用系统的刚性约束，在重组后的企业中建立起统一的岗位编制架构体系，统一组织机构编码和员工编码，依托系统实现人力资源核心管理业务的集中管控，保证企业人力资源管理业务的规范化运作。

#### 3.4.1.3　办公自动化

在企业重组过程中，快速建立起顺畅的行政管理信息通道是企业高层非常急迫的需求。不论通过原有系统对接或新建，都应尽快建立覆盖整个企业的办公自动化系统，首先要实现公文流转，如果可能还应尽快建立覆盖重组后各下属单位及企业的视频会议系统，这些系统对于增强企业执行力、加快企业文化融合、凝聚员工思想、提高企业认同意识都大有裨益。在以后的建设中可以再逐步形成纵横贯通的协同办公平台，支撑企业所属各单位及企业的协同办公（自动化）应用，实现通讯名录和内网邮箱统一，进而还可以通过电信运营商实现短信平台和移动办公服务共享。

#### 3.4.1.4　规划管理系统和项目管理系统

这两个系统均可沿用母企业原来的专项应用系统，扩大覆盖范围，按管理权限以分层操作的模式，支持企业进行战略规划管理，以及实现重大项目的管理和投资管控。

#### 3.4.1.5　执行层系统

在企业实施兼并收购前，就应将母企业核心制造基地或厂矿主体生产线、工序及机组的基础自动化、过程自动化、制造执行系统 MES 的应用软件标准化、产品化，提高其适应性，尽量降低复制移植的实施难度，以缩短将来实施时的建设工期。待企业实施兼并收购时，利用这些系统为载体，迅速及时地把母企业核心制造基地的系统建设经验推广到新进入的企业，同时也就把母企业执行层的管理模式渗透到新进入的企业。

宝钢是国内钢铁行业信息化的排头兵，在以信息化支持企业兼并重组方面同样做的也很成功。宝钢 1978 年开工建设时，即与主体工程同步实施了生产线级和制造区域级的信息化建设；1992 年起进行了以财务为中心的四级信息系统建设；1998 年宝钢集团联合重组了上钢和梅山钢铁公司；2000 年宝钢集团就启动了面向客户，以提升企业竞争力为中心的产销一体化系统建设；2005 年宝钢股份增发收购上钢和梅钢的股票，同年即启动了一体化经营管理系统建设。接着，宝钢成功地进行了一系列兼并扩张，2007 年宝钢集团重组新疆八一钢厂，2008 年宝钢集团并购入了韶关钢铁，2009 并购了宁波钢铁，2010 年并购了德盛镍业。在实现跨越式发展的过程中，宝钢运用母企业完整成熟的信息化系统，支持了集团的兼并收购战略举措，支撑了内外部的企业协同和信息服务共享，支撑了集团管理模式的实现。

### 3.4.2　数据资源的整合

企业重组后数据的整合是个十分难解的课题，但又必须解决。不论重组前各企业是否有成熟的信息系统，可以肯定重组前一定拥有各自的数据体系。而从企业重组的需要看，数据必须要实现统一，至少涉及企业运营的主要数据和在各个管理领域间共享的数据，其定义和内涵必须在整个企业范围内保持一致。这一点是企业整合的最低管理要求，甚至与是否实施信息系统整合无关。

#### 3.4.2.1 数据整合规划

在企业重组过程中，为实现信息系统集成与信息共享，必须对涉及全局性的数据进行统一规划。由于进行重组以前，企业的数据体系是分别独自建立的，不论是否有信息系统，数据的定义、内涵、格式等不可能完全一致，目前企业一般都会有信息系统，数据则存在于多个异构或同构的系统中。而企业重组后，由于管理的需要，一定存在不同单位及企业、不同业务域需要交互使用的数据信息，存在不同系统间信息共享的需求，即企业内一定存在跨管理业务域重复使用的有价值的数据。为此，必须有效协同信息化基础管理，在调研的基础上，重新规划设计数据体系，并组织好后续的数据管理工作。

数据定义的一致性是数据整合的首要任务。在进行数据整合规划时，首先圈定必须要具有一致、统一定义的数据，集中对这些数据进行处理。一般以母企业数据体系为标准模板，对经重组新进入的企业的数据重新整理定义，与母企业数据重合的一律执行母企业原定义，新增部分对母企业原数据体系进行扩展。数据格式包括数据名称、标识、类型、度量单位、值域、格式等，原则上也应以母企业为准，与母企业保持一致。对受内部或外部管理的制约或系统的制约，调整格式确实存在“绕不过去”的无法解决的难题，可以采取中间“翻译表”方式进行转换。对于短时间内不可能实现所有数据整合的情况，可采用现实可行的方法，先确定有哪些涉及全局性的必须整合的关键数据，即这些数据不整合将影响企业运营，分析这些数据上的差异，寻找出理顺、统一这些数据的办法和具体的调整方案，先行整合，其他数据再选择适当时机分步实施整合。

#### 3.4.2.2 整合数据的管理

对数据的统一管理是实现数据整合和信息系统整合的基础与前提。在进行数据整合和信息系统整合时，必须对数据进行集中统一管理。在实施数据整合的同时必须明确重组后企业各层级数据管理的职责和权限，明确数据维护单位及其任务范围和权限，以便同步做好数据管理维护工作，避免产生新的数据歧义和信息混乱。下面以企业重组时 ERP 系统的数据为例，说明需要统一管理的数据。

（1）产销系统。从产品销售价格制订的依据、市场占有率及客户关系管理角度考虑，对于材质的分类及钢牌号等产品描述部分的编码、有关销售渠道分类、客户信息的数据需要集中统一管理。

（2）财务系统部分。为实现财务集中管控及合并报表等业务需要，对于公司代码、成本中心、产品成本核算对象等编码需要统一制订，对于主管机关统一编制的编码如会计科目等则必须引用。

（3）物资采购系统部分。考虑到集中招标采购的需要，为有效减少资金占用，加速资金周转，对与有关供应商信息的数据需要集中统一管理，实现供应商和价格的信息共享。物资采购中的物料信息数据，则需根据企业采购管理模式以及集中采购管理涵盖的范围和深度，来确定需要统一管理的数据。

（4）人力资源系统部分。一般在人力资源系统中对于人员编码、组织机构编码需要集中统一管理。整合后，企业要通过数据规则的统一、流程与制度的统一、管理的统一、维护的统一，使数据始终保持一致。

### 3.4.3　数据仓库系统的整合

钢铁企业在长期的管理和生产实践中，特别是应用ERP系统以后，积累了大量的财务、营销、生产、质量、设备、能源、运输等各个领域的数据信息，这些数据信息是企业宝贵的知识财富，如何充分利用这些数据，实现从数据到信息、信息到知识的提炼，为企业的生产经营决策服务，是企业十分迫切的需要。国内不少企业非常重视系统中数据信息的利用，在“十一五”期间即安排了建设数据仓库与数据挖掘系统的内容，并开展了相应的工作。利用数据仓库中积累的数据，通过及时高效的数据挖掘与分析，搭建商务智能平台，为企业提供决策信息已经成为钢铁企业信息化建设的重要内容。但当实施企业重组时，如何处理数据仓库则又成了一个新的课题。

建立重组后整个企业范围内完整、统一、标准的企业级数据仓库平台是一个至关重要的原则。数据仓库是在企业管理和企业经营决策中面向主题的数据集合，主要用于支持经营管理中的决策制定过程，是实现商业智能平台的核心技术。企业利用数据仓库和数据挖掘技术及其工具，整合内部所有分散的原始业务数据，建立独立于管理流程的为企业各专业和管理域人员服务的数据集市，存储企业生产、经营、管理的各种基本数据信息，并通过便捷有效的数据访问手段，支持企业内部不同层次、不同部门、不同需求的用户随时获取自己所需的信息。建立在数据仓库基础上的商务智能可以有很多不同类型的应用，面向的最终用户也可以是多个层次的，包括公司领导决策层、中层各领域主管领导，直至基层每个员工。公司领导层关注企业整体运营与战略方面的问题，中层领导关注其管辖区域及横向相关单位及部门的问题，基层员工更关注生产经营过程中具体的生产、质量、技术和管理业务问题。对于最终用户的不同需求，商务智能可以采用不同的技术和表现形式满足各层次用户的需求，但不同类型的商务智能应用必须建立在完整、统一、标准的数据基础上，才能保证支持决策的所有数据都出自一源。特别是钢铁企业战略管理一般都是高度集中的，而数据仓库又是企业战略决策数据信息的重要来源，如果数据仓库不能提供统一、完整、一致、准确可信的数据信息，做出的决策将大打折扣。为此，企业重组后，必须建立统一的数据仓库，提供出自一源，具有一致统一的定义和内涵、互不矛盾、可信的数据信息，据此做出的决策才有意义和价值，也只有这样才能推动企业数据的逐步整合。

数据仓库及数据集市必须统一管理是企业实施重组的又一原则。企业级数据仓库平台一般由一个企业级的数据仓库和多个部门级的数据集市组成，从各种不同类型的数据源中按照统一的标准抽取、清洗、转换和装载数据到企业级数据仓库中，这就需要在建立企业级数据仓库的过程中进行元数据管理和主数据管理。数据集市是企业级数据仓库的一个子集，它主要面向部门级业务，并且只是面向某个或某几个特定的主题。部门级的数据集市的数据则由数据仓库按照“部门”各自要求的数据范围和粒度定期分发。部门级的数据集市可以和企业级数据仓库利用同一台服务器，也可以部署在不同的服务器，但是数据仓库及数据集市必须统一管理。如果各单位根据自己的需要，绕过企业统一的数据仓库分别建立自己的数据仓库和数据集市，不仅会产生大量的数据冗余，而且极有可能造成数据定义和标准的不一致。

一般将应用信息系统分为操作型、事务型、分析型三种类型，数据仓库与数据挖掘技术应用属于分析型，分析型应用特别是数据仓库与数据挖掘技术应用有别于其他两种类型应用信息系统，它不是一个按设计好的流程去进行系统实现的应用，而是一个需要运用系统提供的平台和工具，根据企业决策管理需要进行创新的应用，是一个需要长期开发的应用。随着数据仓库系统应用的扩展，用户将从应用的过程中获得更多的启发，需求会逐步增多，数据仓库系统的作用才会逐渐显现出来，使数据仓库系统应用的深度和广度逐渐加大，最终成为企业决策支持的重要工具。正因为数据仓库系统应用具有长期过程这样的特点，使得在企业重组过程中数据仓库的整合会出现十分棘手的情况，例如，可能出现母企业虽然开发了数据仓库，但是尚在初期阶段，短期内不具备为新进入的企业提供决策服务的能力；而新进入的企业正在开发建设自己的数据仓库，或者即将启动并急需开发数据仓库进行辅助决策等情况，总之，不能统一同步地建设企业级数据仓库系统，这时贯彻上述两项原则就会很难。面对这种情况，建议企业在抱定最终要实现上述两项原则的前提下，采取灵活的策略，允许新进入的企业先行建设自己的数据仓库。为了减少后续处理的工作量，最好统一挖掘统计工具，使用同一型号软件产品，并将抽取、清洗整理后的数据放在透明层，以便在具备条件构建统一的企业级数据仓库时，可以方便地从新进入企业数据仓库的透明层调用数据，将数据仓库透明层以下纳入最终的企业级数据仓库。

# 第4章

# 钢铁企业战略决策系统

## 4.1 企业发展战略决策

### 4.1.1 概述

企业高层主导的、对企业经营绩效有重大影响的、需系统实施的重要决策和系列行动，可称为企业战略。企业战略是与企业经营特点紧密相关的。企业战略中最重要的是企业经营战略。

为了实现企业的长期经营目标，企业需要制定经营战略。所谓经营战略，即在分析企业的外部环境和内部条件的基础上，为了企业的生存和发展，对企业的发展目标、达到目标的途径和手段作长远的总体规划。企业的经营战略，应该是企业经营思想的集中体现，它也是制定企业规划和计划的基石。

制定企业经营战略的目的就是要在激烈竞争中壮大自己的实力，使本企业在与竞争对手争夺市场和资源的竞争中占有相对优势。因此企业经营战略就是针对来自环境及竞争对手等各方面的冲击、压力、威胁和困难，为迎接这些挑战而制定的长期行动方案。企业必须使自己的经营战略具有竞争性特征，以保证自己战胜竞争对手，保证自己的生存和发展。

制订企业经营战略要在认真分析企业外部环境及内部条件基础上进行。因此企业要对外界宏观、中观、微观环境搜集足够的信息，才能制订出正确的经营战略。

企业战略管理的最终目标是帮助企业决策者制定正确的战略并确保战略的正确执行。

企业的信息化属于企业战略中的一个重要子项。钢铁企业的发展战略中必须含有信息化内容，包括信息化的目标、方针、内容、任务和技术路线。

### 4.1.2 企业战略制定步骤

首先，要分析企业外部环境，收集信息把握企业所处的微观环境、地域环境及国际国内大环境的现状和发展趋势。

其次，分析企业的实力，评价企业在经营中已具备的和可取得的资源的数量和质量，把握企业的优势和劣势。

第三，在研究企业内外部条件的基础上，确定企业的经营方向和范围，形成企业的经营思想，提出企业的经营目标。

第四，进行机会分析，提出几种不同的经营战略方案，对这些方案进行评估和比较。

第五，把企业的经营战略方案分解落实到企业职能部门，制定具体的行动计划。

第六，通过企业的行政和经营手段，组织企业员工采取一些行动，实施企业经营战略。在实施中适时评测战略本身，必要时作适当调整。

### 4.1.3 企业战略规划的信息化支持

企业可以利用信息化手段对企业战略方案的落实提供支撑，其方法是：

（1）明确公司的战略，明确保障战略执行的机制和方法。

（2）围绕组织输出成果，确定支撑战略实现的价值链和关键业务流程，根据增值性安排活动及先后顺序和依赖关系，将部门割裂的流程串联起来，形成以流程为中心的管理模式。

（3）根据流程变化形成配套的岗位、部门、绩效考评、IT 支撑的变化并贯彻实施。具体的做法是：

1）进行组织与部门调整、岗位职责的设定，以保证流程运转的责权利的匹配；

2）确定结果和过程性绩效指标，保证关键点的控制，将绩效考核指标落实到具体的部门和岗位上；

3）针对管理需求选择合适的 IT 系统进行支撑。

## 4.2 关键绩效指标

### 4.2.1 概述

通过对企业关键生产经营指标趋势性变动的判定，综合性地反映企业总体运行的质量和状况。内容包括生产经营指标与指标同期，指标增速与指标同期增速、指标间增速的变化情况，并通过直观的图形报表界面展示预警监测结果。

对于企业的绩效管理而言，目前最为常用的是关键绩效指标、平衡计分卡、岗位绩效这三种绩效管理的方法和工具。

关键绩效指标（Key Performance Indicator，KPI）是通过对组织内部流程的输入端、输出端的关键参数进行设置、取样、计算、分析，衡量流程绩效的一种目标式量化管理指标，是把企业的战略目标分解为可操作的工作目标的工具，是企业绩效管理的基础。

平衡计分卡（Balanced Score Card）则是一种从战略角度切入，强调全面性和平衡的一种绩效管理工具和方法。强调从财务、顾客、内部营运和学习及发展四个维度来考核企业各个层次的绩效水平。

岗位绩效则是针对某一具体岗位或个人的绩效考核体系。

上述三种主要绩效管理方法其切入点或者说关注点各有不同。关键绩效指标切入点是内部流程，是对流程的考核；平衡计分卡的切入点是企业的整体运营，适用于对部门或团队的考核；而岗位绩效的切入点是某一具体岗位，适用于对个人的考核。

### 4.2.2 KPI 指标的设定

企业的关键绩效指标的实例参见图 4-1。

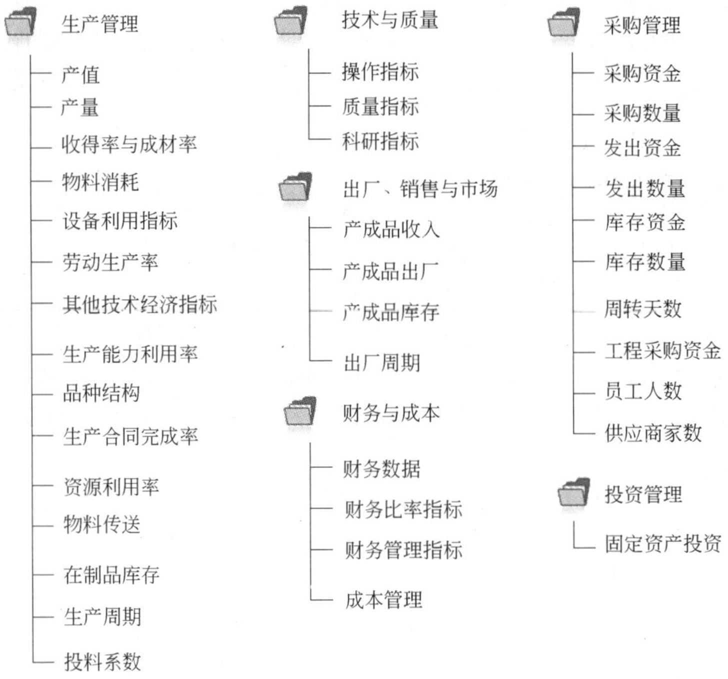


图 4-1　企业的关键绩效指标的实例

各种 KPI 指标可以由分析得到，这些分析包括：

（1）经营分析：包括主营分析、存货分析、资金分析、授信分析、费用分析、会计分析、账龄分析。

（2）运营分析：包括采购分析、销售分析、营销预案、库存分析、大客户分析、单据分析、质量异议分析。

（3）生产分析：包括指标汇总统计分析、机组产能分析、加工量分析、生产质量分析、计划值项目统计等。

（4）绩效分析：包括各单位 BSC（平衡计分卡）绩效考核结果分析、各单位综合评价结果分布、各体系加扣分项得分情况分析、指标完成度分析等。

（5）对标分析：包括各单位核心指标清单、各单位核心指标排名等。

### 4.2.3　平衡计分卡

在评价企业绩效的时候，存在不同的企业业绩评价模式，有财务模式、价值模式与平衡模式等。目前最普遍使用的是平衡模式。其重要的工具便是平衡计分卡。

平衡计分卡（Balanced Score Card，BSC）是由美国哈佛商学院教授、会计学家罗伯特·S·卡普兰和戴维·P·诺顿于 1992 年首创的，BSC 将财务指标与非财务指标进行有机地结合，在考虑了影响企业战略经营成功的主要因素的基础上建立了比较科学的业绩评价指标体系，这一指标体系由财务、客户、内部生产经营过程和学习与成长四个方面评价指标所组成，从四个不同的侧面，将企业的远景和战略转化为目标和考核指标，从而实现对企业绩效进行全方位的监控与管理，而不仅仅局限于财务指标（参见图4-2）。

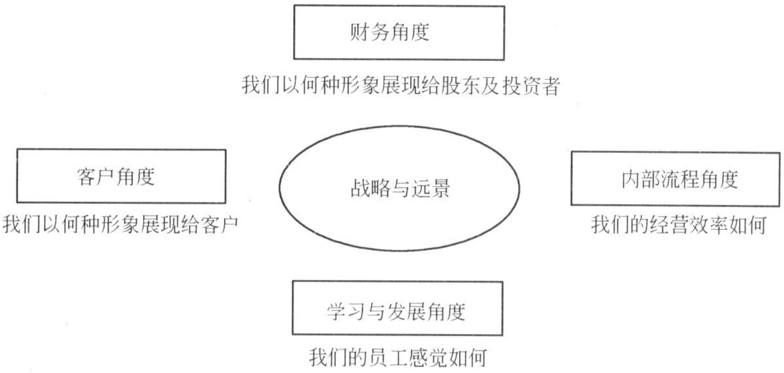


图4-2 平衡计分卡

这四个侧面分别为财务角度、客户角度、内部流程角度和学习与发展角度。每个角度又有自己衡量的指标，如图4-3所示。

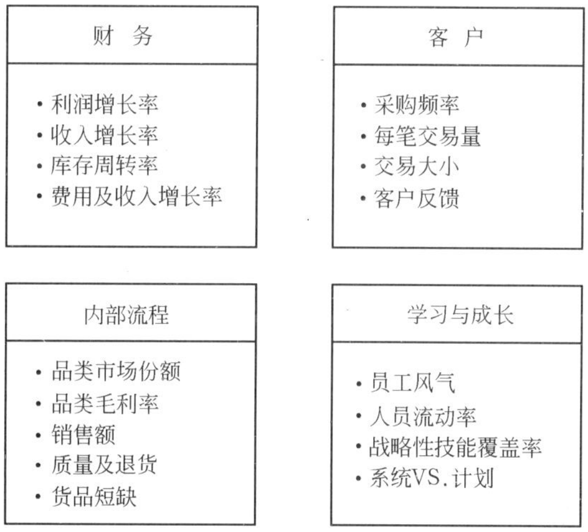


图4-3 平衡计分卡的衡量指标

以平衡计分卡为主要工具的平衡模式引入了非财务指标，从深层次上以战略目标为导向，要求企业从整体考虑营销、生产、研发、财务、人力资源等部门之间的协调统一，强调整体最优而非局部最优；企业必须从长期和短期、结果和过程等多个视角来思考问题。通过指标间的各种平衡关系以及战略指标或关键指标的选取来体现出企业不同利益相关者的期望，从而实现企业价值最大化的目标。

### 4.2.4 企业驾驶舱和管控中心

企业驾驶舱是企业关键数据和资料的显示中心，即一种可视化的企业中心。

管理驾驶舱（Management Cockpit，MC）实际上是一个为高层管理者提供“一站式”

(One-Stop) 决策支持的管理信息中心系统。它以驾驶舱的形式，通过各种常见的图表形象地展示企业运行的关键指标，直观地监测企业运营情况，并可以对异常关键指标预警和挖掘分析。通过一系列量化指标使企业高层管理人员能及时、准确地把握和调整企业的发展方向。

企业驾驶舱是建立在统一全面共享的企业信息平台上的，它的资料和信息都是来自企业的各个业务流程，动态地反映企业的生产经营实况；它也是利用数学工具、多媒体技术、可视化技术、数据仓库、联机分析和数据挖掘技术对信息深加工的结果。一句话，企业驾驶舱是成功的企业信息化的一个窗口。

管理驾驶舱以一套动态的企业关键指标为内容，以图形化的方式直观、具体、形象地呈现，构建企业的“平衡计分卡”模型的指标体系，并支持“钻取式查询”，实现对指标的逐层细化、深化分析。管理驾驶舱窗口如图4-4所示。

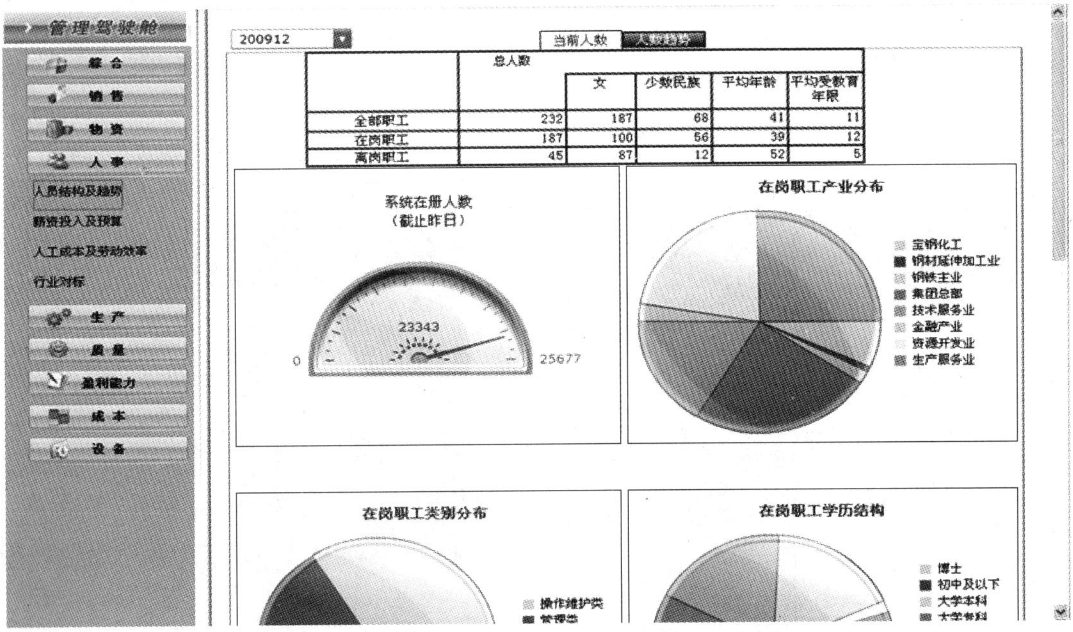


图4-4　管理驾驶舱窗口

当前，各类钢铁企业在建设过程中，都不同程度的注意到了管控中心的重要性。随着计算机及通信技术和多媒体技术的发展，信息的共享变得越来越方便，通过建立集中的管控中心平台，可以实现企业生产组织和调度指挥的集中一贯、扁平高效、快速协调和安全经济的管控方式。这种管控方式有以下好处：

(1) 对企业的生产、质量、设备、库存、安全等重点管理对象，有一个更系统、更全面、更直观的展现。

(2) 为生产管理人员提供生产技术信息、决策分析信息和指导信息。实现系统间的信息共享，以提高工作效率和工作质量。

(3) 形成一个统一的信息系统平台，以支持生产管制中心日常业务工作，跟踪全企业生产、设备、质量、物流、安环等动态信息，协调企业生产物资、物流运输的供需问题以及各单元的生产组织、物料平衡，确保生产过程中物流、信息流的畅通。

近年来，钢铁企业在建设过程中，都不同程度地注意到了建设企业管控中心的重要性。随着钢铁企业生产规模的扩张，生产线不断新增，作业区域不断扩大，生产工序环节增多，各相关环节的连接越发紧密，统一的综合指挥调度要求不断提高。同时，由于生产是个整体的系统工程，涉及众多不同专业，如能源，运输，设备等，传统的分散独立调度，难以满足精细化管理的要求，因此，建立统一的集中管控中心越发显示出其重要性。

管控中心的基本任务是依据企业生产计划，负责企业日常生产的组织和调整工作。对企业所属生产厂实行生产计划的跟踪与生产过程的指挥，直接参与生产组织、生产管理、协调工序间的生产关系，对生产中的突发事件或薄弱环节进行集中调度，统一协调，使生产秩序找到一个新的平衡点，保证生产有序地正常进行。

随着计算机及通信技术和多媒体技术的发展，信息的共享变得越来越方便，钢铁企业通过建立集中式的管控中心平台，可以实现整个企业生产组织和指挥调度的集中一贯、扁平高效、快速协调和安全经济。

管控中心示例如图 4-5 所示。

图 4-5 管控中心示例图

### 4.2.5 绩效管理系统架构

绩效管理系统架构如图 4-6 所示。

### 4.2.6 绩效管理系统功能

绩效管理系统主要功能是创建并定义指标的维度和属性信息，根据定义的取数逻辑和计算规则进行指标计算，同时提供指标数据查询。

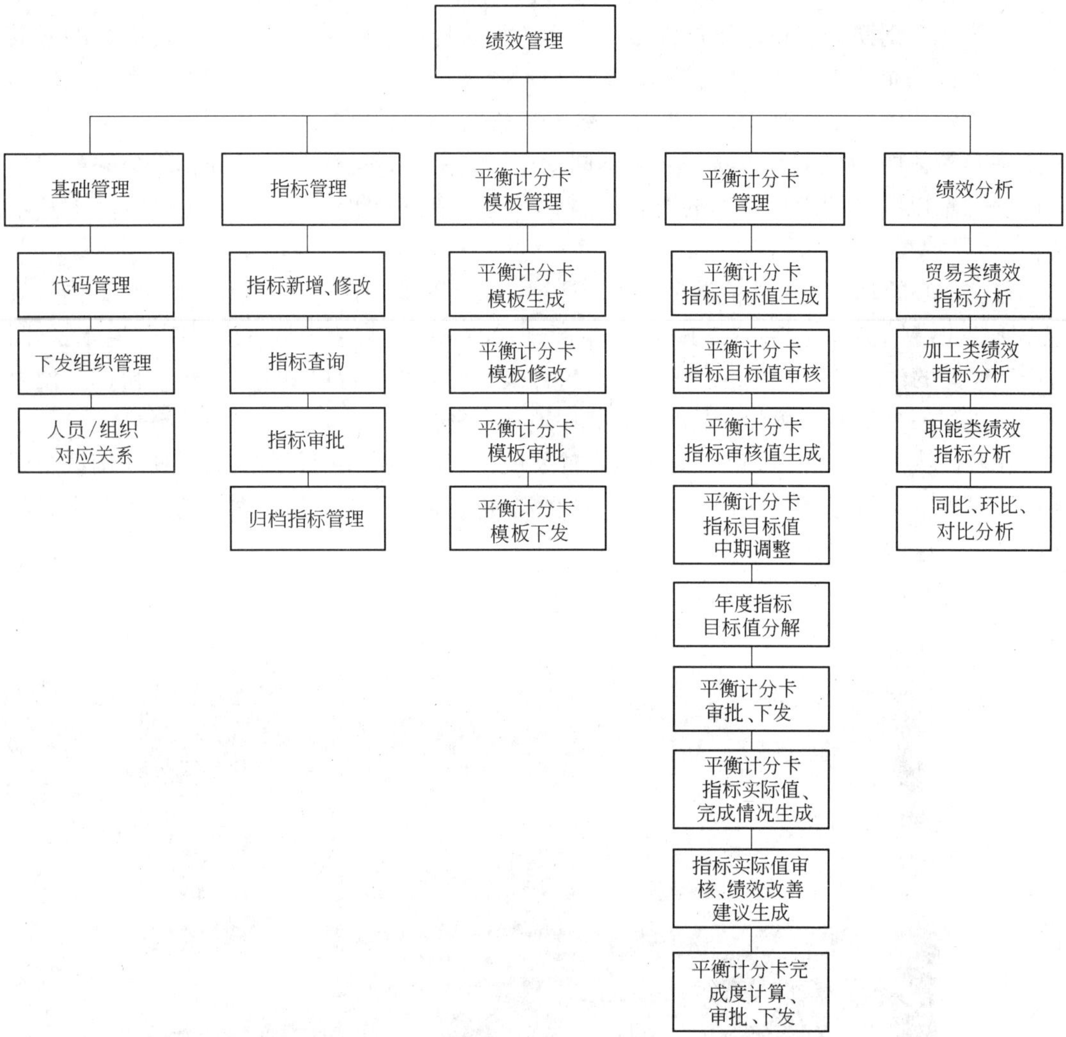


图4-6　绩效管理系统架构

其次是对平衡计分卡的管理，包括平衡计分卡指标目标值的生成、审核和调整以及平衡计分卡完成情况的计算、审批和下发。

最后是对绩效的分析，包括同比、环比和对比等功能。

## 4.3　决策分析体系

### 4.3.1　概述

企业的经营决策是指企业为了实现某一特定目标，依据客观情况特别是所占有的市场信息，参照以往经验，在拟定的几种方案中进行选择或抉择。企业的经营决策，可以是事关全局的战略决策，也可以是为实现战略目标而进行的阶段性决策，也可以是涉及经营计划、人力资源开发、生产与产品调度、物资供应、设备升级等具体问题的决策。

决策支持系统是辅助决策者通过数据、模型和知识，以人机交互方式进行半结构化或非结构化决策的计算机应用系统。它是管理信息系统向更高一级发展而产生的先进信息管理系统。它为决策者提供分析问题、建立模型、模拟决策过程和方案的环境，调用各种信息资源和分析工具，帮助决策者提高决策水平和质量。

把数据仓库、联机分析处理、数据挖掘、模型库、数据库、知识库结合起来形成的决策支持系统，即将传统决策支持系统和新决策支持系统结合起来的决策支持系统是更高级形式的决策支持系统，称为综合决策支持系统。综合决策支持系统发挥了传统决策支持系统和新决策支持系统的辅助决策优势，实现更有效的辅助决策。综合决策支持系统是今后的发展方向。

### 4.3.2　决策方法

按照人们对决策对象认识程度和对它的未来信息收集掌握的是否齐全，可以区分为确定型决策、风险型决策和非确定型决策。

针对决策对象未来活动规律的复杂程度，即它出现的例行性及可重复性程度，决策过程可以是结构化的、半结构化的或者非结构化的。结构化的是例行公事，取决于制度的完善和执行者的责任心。非结构化的决策有极大的原则性和偶然性思想火花，需要决策者的灵感和机遇。半结构化决策是经常发生的，需要经验、智慧和专家素质。

决策支持系统是人们用来进行决策的辅助工具。决策支持系统的基本含义是指用计算机来达到如下目的或者说是具有如下特征：

（1）帮助企业高层管理者在半结构化或非结构化的任务中作出决策。

（2）支持企业高层管理者的决策，但不替代企业高层管理者的判断力。

（3）改进决策效能，而不是提高它的效率。

决策过程也有很多不同的方法，一般使用三个决策规范表示这一过程：一是经济规范（合理规范），它通过各种决策的投入、成本和风险等的比较，使决策的期望值最优；第二种规范是利用简单的启发而不是搜索方法来寻找成本-效益最佳的方案；第三种规范把决策描述成一连续的局部比较过程，通过它来寻求对某个方案的妥协。显然，不同的决策规范意味着不同的决策支持系统的设计思想。

### 4.3.3　决策步骤

决策的进程一般分为以下四个步骤：

（1）发现问题并形成决策目标，包括建立决策模型、拟定方案和确定效果度量，这是决策活动的起点。

（2）用概率定量地描述每个方案所产生的各种结局的可能性。

（3）决策人员对各种结局进行定量评价，一般用效用值来定量表示。效用值是有关决策人员根据个人才能、经验、风格以及所处环境条件等因素，对各种结局的价值所作的定量估计。

（4）综合分析各方面信息，以最后决定方案的取舍，有时还要对方案作灵敏度分析，研究原始数据发生变化时对最优解的影响，决定对方案有较大影响的参量范围。

决策往往不可能一次完成，而是一个迭代过程。决策可以借助于计算机决策支持系统来完成，即用计算机来辅助确定目标、拟定方案、分析评价以及模拟验证等工作。在此过程中，可用人机交互方式，由决策人员提供各种不同方案的参量并选择方案。

## 4.3.4　决策分析应用举例

### 4.3.4.1　营销价值分析

营销价值分析围绕销售渠道、用户、产品结构、合同及销售价格等进行结构分析、客户价值分析、周期分析、营销 KPI 运行监控，帮助企业进行产品结构优化、产能平衡、产品定价、渠道优化以及制定营销策略。

营销价值分析功能架构如图 4-7 所示。

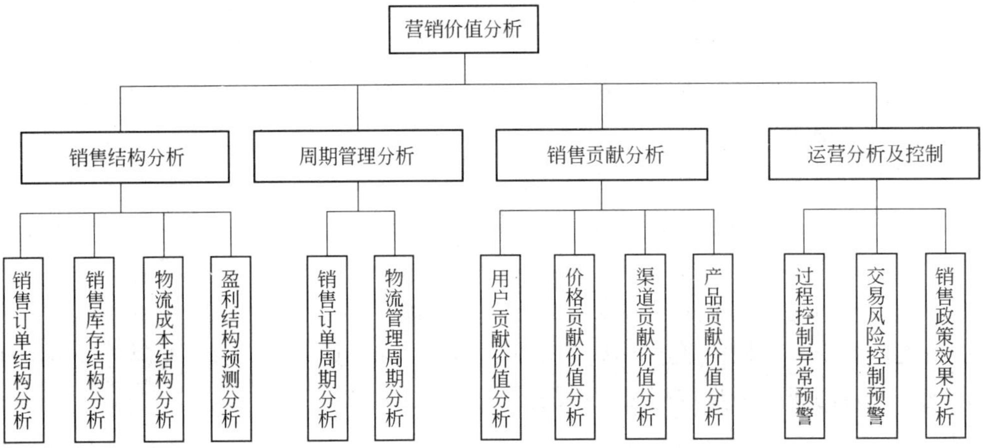


图 4-7　营销价值分析功能架构

营销价值分析主要功能包括：

（1）销售结构分析。对销售订单结构、销售库存结构、物流费用结构等进行分析。

（2）周期管理分析。对合同管理周期、物流管理周期、库存周转周期等进行分析。

（3）营销贡献分析。对客户贡献度和客户等级进行细分。

（4）运营分析及控制。对过程控制异常预警和销售政策结果分析。

### 4.3.4.2　采购及采购物流分析

采购及采购物流分析是针对采购业务，从计划申请到采购供应全过程所进行的业务分析。主要通过建立适用的采购业务应用分析体系，全过程跟踪和监控采购供应业务的执行，以达到提高采购供应效率，降低采购供应成本，为采购业务提供分析支持，提升采购供应管理和服务水平的目的。采购及采购物流分析功能架构如图 4-8 所示。

采购及采购物流分析主要功能包括：

（1）采购物料关系分析。全面跟踪整个企业采购物料状况，统计分析历年采购物料、当年新增采购物料、有效采购物料、呆滞采购物料等信息，还可及时了解采购物料的供货渠道和供应使用生产现场等信息。

（2）供应商关系分析。查询供应商信息，分析供应商与采购物料、现场用户及采购业务部门的合作关系，跟踪供应商的订单执行情况。

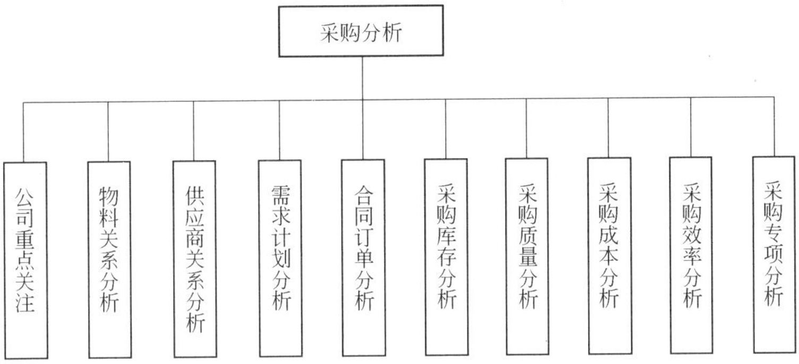


图 4-8 采购及采购物流分析功能架构

（3）需求计划分析。跟踪分析现场提出的采购需求计划，及时了解需求状况，组织采购，满足现场需求。

（4）合同订单分析。跟踪合同订单执行情况，分析各种合同类型的执行占比。

（5）采购质量分析。跟踪分析采购物料的质量状况，使用户掌握质量状况，提高采购质量管理水平。

（6）采购库存分析。对库存资金、库存业务进行统计分析，使各级用户及管理者及时掌握库存状况，有效利用库存，降低库存储备。

（7）采购成本分析。跟踪分析物料采购成本，为有效降低采购成本、制定优化采购策略，提供有效的参考依据。

（8）采购效率分析。采购系统流程中重要的业务环节，统计分析作业效率，使各用户部门能够有的放矢，优化管理流程，提升作业效率。主要效率指标包括：计划完成率、订单及时交付率、订单协同率、拟选拟签率、计划审批天数、拟选拟签天数。

（9）采购专项分析。根据业务及管理的需要，对某一专题应用，从各专业业务层收集汇总相关数据，形成某一采购专题分析，如生产现场年修项目备件跟踪分析、生产现场采购资金占用实绩分析、生产现场库存资金占用实绩分析。

#### 4.3.4.3 财务分析

财务分析针对企业财务会计的业务，以财务会计系统总账、应收、应付、税务、票据、内部交易、固定资产、报表管理等模块数据为基础，为企业财务部门收集、整理、存储、统计和分析各种数据信息提供自动化的分析支持；通过综合使用对比分析、因素分析等多种方法，对企业的资产结构、负债结构、现金流、资产变动趋势、收入支出（费用）变动趋势、收入支出（费用）结构、货币资金、存货、偿债能力等进行分析。

财务分析功能架构如图 4-9 所示。

财务分析主要功能包括：

（1）财务基本信息分析。对财务指标、财务报表和基本账务信息的分析。

（2）资金分析。对资金流入与流出、银行借款、货款回笼率的分析。

（3）债权债务分析。对债权债务类科目的余额、发生额、账龄的分析。

（4）税务分析。对税务纳税信息的分析。

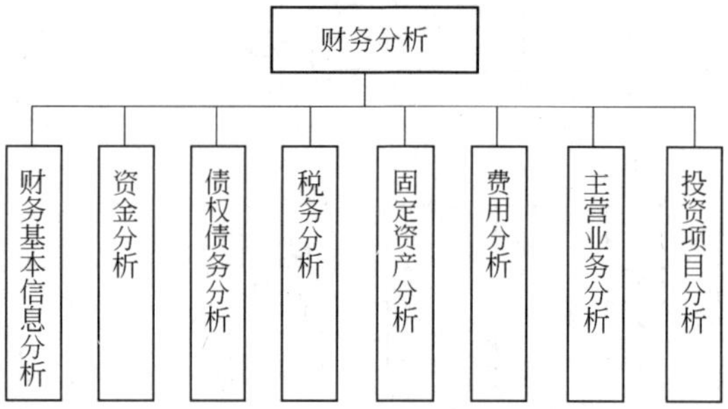


图4-9 财务分析功能架构

（5）固定资产分析。对企业固定资产的构成与使用情况的分析。
（6）费用分析。对企业在生产经营活动中发生的各项费用的分析。
（7）主营业务分析。对企业主营业务和其他业务收入、成本和毛利的分析。
（8）投资项目分析。对工程项目投资状况和执行情况的分析。

## 4.4 审计管理

### 4.4.1 概述

审计是监督企业管理优劣的一项重要手段，也是帮助企业发现经营问题的重要手段。企业需要进行的不只是财务审计，还包括管理审计，管理审计的目的是提高被审计单位的管理水平，帮助他们挖掘提高经济效益的潜力。

管理审计是指以计划、组织、决策和控制等管理职能为对象的一种经济效益审计。它通过对各种管理职能的健全性和有效性的评估，以考查管理水平的高低，管理素质的优劣以及管理活动的经济性、效率性，并针对管理中所存在的问题，提出改进的建议和意见。如对决策职能的审查，主要应查明是否制定科学的决策和程序，是否遵守合理的决策原则；决策的方法是否科学、恰当，决策的结果是否正确等。对控制职能的审查，主要应查明有无健全和科学的内部控制制度，各项控制制度是否严格执行，其实际效果如何等。

审计一般还分为企业内部审计和外部审计，不管是内部审计还是外部审计，最好都应纳入系统管理。

### 4.4.2 系统实施要点

在进行审计系统考虑时，最主要的是要关注审计项目管理。它和辅助审计管理、远程监控管理等模块要结合起来，实现以下审计技术的转变：在审计方式上，实现以事后审计为主，向以事中、事前审计为主转变；在审计手段上，实现以手工操作为主，向以计算机和网络技术为主转变；在审计行为上，从一般的规范性，向规范化、系统化和科学化方向转变。让审计效率更高、质量更好，提高审计项目实施的效率，提高审计报告的质量。

审计项目管理以年度计划制定、审前准备、现场审计、审计终结整个审计过程。它以审计项目执行过程为管理的主线，以审计业务领域的实际情况为基础，结合项目管理的思路，综合各类审计项目的异同点，实现对各类审计项目和相关信息的日常管理。

辅助审计管理实现对各种实用的审计工具、方法和手段的集成，满足审计人员对被审计单位进行审计过程中的业务操作需要，并帮助公司领导全面及时地掌握各方面的信息和动态。

### 4.4.3 审计管理系统架构

审计管理系统架构如图4-10所示。

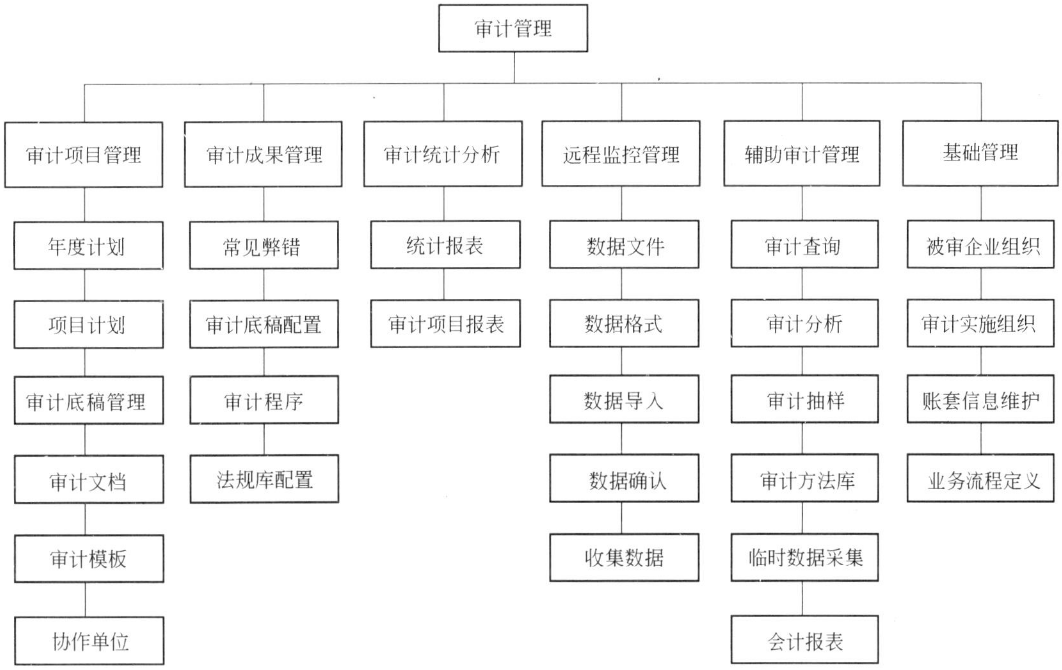


图4-10 审计管理系统架构

### 4.4.4 审计管理系统功能

#### 4.4.4.1 审计项目管理

审计项目管理以审计项目执行过程为主线，支持审计人员在整个审计过程中对被审项目实现管理，主要通过年度计划管理、项目计划管理、审计底稿管理、协作单位管理等完成审计人员的全部业务处理。具体功能如下：

（1）年度计划。年度计划是审计部门对下一年度将执行审计项目制定一个清单，在实际执行的过程中可以再根据情况进行调整，添加项目或者取消项目。具体功能应包括：

1）审计项目创建。年度计划是由多个审计项目组成的，年度计划的录入人录入每个审计项目的基本信息，选定审计项目的审计范围，初步指定审计项目的组长、主审及其审计人员。

2）审计人员维护。审计人员维护，包括审计人员的增加、审计人员的删除。

3）年度计划审核。提供年度计划审核的功能，审核下级审计部门提交的年度计划清单。

4）任务转移。将审计组织分为多个审计小组，审计项目发生审计小组变更时，则由审计组织中的系统管理员执行任务转移。

（2）项目计划。项目计划是在年度计划确认后，开展审计项目工作时首先制定的工作计划。项目计划以审计范围为依托，确定审计对象、审计人员、审计时间范围、审计方法等，内容包括：项目计划编号、被审单位、审计时间范围、实施时间范围、审计类型、审计内容、备注、审计人员、审计状态。项目计划安排具体功能有：

1）配置外协人员。在项目审计时，会安排一些外部人员（如会计师事务所）协助审计。包括外部审计人员的增加、删除、增加事务所等功能。

2）审计方案制定。制定审计方案，本项目的目标，参考的标准、审计的重点和拟执行的审计程序等，即审计方案的维护功能。

（3）项目关闭。项目结束后补充审计发现信息、考核事务所和外协人员以及关闭项目的功能。项目关闭包括：保存项目的实际执行时间、正常关闭项目、异常终止项目。有的类型的审计项目需要添加项目相关信息后才能关闭。关闭后的项目可以退回，状态变更为执行中的项目。项目关闭具体功能有：

1）审计发现信息录入。录入项目的实际执行时间、问题发生金额、外协费用等一般信息。某些类型的审计项目需要补充其他相关信息。

2）项目关闭。项目完成后，关闭审计项目，分为正常终止和异常终止两种情况。

3）项目退回。项目关闭后，需要重新再打开时，要退回这个项目。

（4）审计底稿。将工作记录进行整理，对违反国家的法律、法规，以及根据集团的规章制度等需要整顿的事项形成审计底稿，作为形成审计意见的依据。审计底稿主要包括审计底稿的编制和审核，以及底稿相关凭证和资料收集功能，具体功能有：

1）工作记录。工作记录管理是将现场审计时审计人员执行的每项审计程序和结果记录到审计方案对应的审计程序执行结果中，它包括工作记录的增加、修改、删除、查询等功能。

2）创建审计底稿。创建审计底稿，审计底稿的内容包括：企业名称、检查事项、问题发生时间、问题类型、问题原因、产生的影响、主要责任、解决方法、编制人、编制日期、法律依据、事项内容、审计建议、发现问题个数、管理建议个数、被采纳建议个数、增加效益金额（万元）、问题金额（万元）、移交司法条数等。

3）审计问题整改。查询结果包括：审计底稿编号、整改情况说明、责任人、责任部门、整改时间。

审计底稿中需要被审计单位整改的审计事项，由被审计单位在后续审计中进行整改，记录整改情况及其反馈结果。它包括新增、修改、删除等功能。

（5）审计文档。实现对各类审计相关文档的分类存放与分级授权管理，保证文档的一致性，便于文档的查找与保存及按权限共享。审计文档管理包括文档目录的维护、文档维护以及文档权限维护、文档检索等。

#### 4.4.4.2 审计成果管理

审计成果是审计人员在审计实践中通过实施审计，汇总工作成果而形成的审计结论与建议，是审计机构、审计人员在依法履行职责过程中形成的工作结晶，审计成果管理是审计人员的审计成果的沉淀，是为审计人员提供的信息共享平台。

审计成果管理分为两部分内容，一部分是历史的审计项目信息的共享，包括年度计划、审计报表、审计底稿、项目资料等；另一部分是审计人员的经验积累的信息共享，包括审计法规库、审计参考等。

#### 4.4.4.3 审计统计分析

审计统计分析实现审计项目报表的分析，包括审计项目统计、项目计划统计、审计底稿统计等。

#### 4.4.4.4 远程监控管理

通过数据定义，实现在企业内部建立标准的审计数据接口，通过远程监管方式能自动采集被审计部门的相关数据。远程监控管理具体功能应包括：

（1）数据采集接口定义；

（2）数据导入管理；

（3）导入过程中按规则预警；

（4）数据采集转换工具等。

#### 4.4.4.5 辅助审计管理

辅助审计管理主要应实现对各种实用的审计工具、方法和手段的集成，满足审计人员对被审计企业进行审计过程中的业务操作需要，具体功能应包括：

（1）财务账、表的查询；

（2）常用审计方法库；

（3）自定义审计方法的维护；

（4）疑点凭证管理；

（5）样本筛选、分层；

（6）与审计相关法律法规的查询。

#### 4.4.4.6 审计基础管理

审计基础管理是利用审计方法库、审计抽样、报表综合分析等审计工具，以满足审计人员对被审计企业进行审计过程中的业务操作需要，为审计工作提供高效安全灵便的信息化手段，及时发现企业内部发生的问题。

利用被审企业导入的财务数据，实现对财务数据的基本查询、分析。

以账套为单位管理被审企业的财务数据，并通过审计系统生成的财务报表与被审企业导入的财务报表进行比较，以便快速的发现被审企业的问题。

此外还应能够动态采集被审企业的数据，因此系统必须具备临时收集数据的功能。

审计基础管理具体功能应包括：

（1）财务指标模版、公式定义；

（2）各年度标准财务指标维护；

（3）项目管理审核流程、审计底稿复核流程定义等；

（4）审计部门基本信息维护；

（5）被审计单位基本信息和配置信息维护；

（6）报表模版、公式定义。

## 4.5 集团管控

### 4.5.1 概述

自我国加入世贸组织以来，我国企业的国际化进程逐渐加快，为了加强企业的国际竞争力，应对新经济时代和经济全球化带来的挑战，制造业通过产能增加和兼并重组等手段，不断扩大企业规模，以获得规模效益，降低交易成本，共享关键资源，增强市场竞争力。国内钢铁企业快速向集团化方向发展，采用集团化运作模式将是未来钢铁企业发展的一种趋势。

集团企业由于其跨地域、跨行业、经营多元化的特点，使其具有普通单一企业所无法比拟的资金、技术、市场优势。但同时，集团企业由于其规模的庞大、组织层级的增多，各销售渠道与集团总部之间，集团总部与各制造中心之间由于在空间、时间范围上的距离，造成集团成员间信息断链，影响到集团企业内各营销体系各单元间的资源共享及业务协同。因此需要通过信息化的手段，加强总部的管控能力，充分发挥集团企业集约经营的优势。

对于集团企业来讲，拥有一套适应企业发展战略的集团管控经营管理系统是十分必要的。此信息系统要能够适应集团企业的发展规模自由扩展和灵活组合，为企业高层的决策提供及时准确的信息，为企业的战略发展提供强有力的支持。

### 4.5.2 集团管控模式

根据总部的集、分权程度不同，可以把总部对下属企业的管控模式划分成资本（财务）管控型、战略管控型和经营管控型三种管控模式。

#### 4.5.2.1 资本（财务）管控型

资本管控模式主要以财务指标对成员企业进行管理和考核，总部一般无业务管理部门，关注投资回报。这种管控模式下集团主要通过投资业务组合的结构优化来追求公司价值最大化，管控的主要手段体现为财务控制、法人治理和企业并购行为，是一种分权管控模式。

#### 4.5.2.2 战略管控型

战略管控模式主要以战略规划为主，总部可以视情况设置具体业务部门。这种管控模式下集团主要关注集团业务组合的协调发展、投资业务的战略优化和协调，以及战略协同效应的培育，通过对成员企业的战略施加影响而达到管控目的，主要管控手段为财务控制、战略规划与控制、人力资源控制，以及部分重点业务的管理，是介于集权与分权之间的一种管控模式。

#### 4.5.2.3 经营管控型

经营管控模式主要通过总部业务管理部门对下属企业的日常经营运作进行管理，其关注重点包括成员企业经营行为的统一与优化、公司整体协调成长、对行业成功因素的集中控制与管理。这种管控模式下集团主要管控手段包括财务控制、营销与销售控制、网络与技术控制、新业务开发、人力资源等，是一种集权的管控模式。

经营管控模式和资本（财务）管控模式是集权和分权的两个极端，战略管控模式则处于中间状态。根据实际运用情况，通常又将战略管控型进一步细划为战略控制型和战略设计型，前者偏重于集权而后者偏重于分权。

根据不同的管控力度和管控模式，总部和下属企业应对信息系统的核心功能进行正确的定位，其大致的划分情况如图 4-11 所示。

图 4-11 总部和下属企业应对信息系统的核心功能定位

### 4.5.3 集团管控系统指导思想和实施要点

集团管控系统应以 ERP Ⅱ 管理思想为指导，以战略管理为龙头，以客户为主导，将自身业务从纵向的、高度集成的、注重内部功能优化的大而全模式向更灵活、更专注于核心竞争力的实体模式转化，从而使企业可以在这个供应链和价值网络中优化其经济和组织结构，把客户需求同企业内部的制造活动以及供应商的制造资源整合在一起，充分体现按用户需求进行制造的思想。

大型集团企业信息系统要满足以下特定需求：

（1）在业务上，信息系统如何支持多元化的业务，并促进产业链上相关业务的有机整合。

（2）在管理上，信息系统如何有效支持集团公司的战略管理和集中管理，特别是实现集团公司内财务、人力资源、物资采购等的集中管理。

（3）在运营上，信息系统如何支持异地分布的企业机构，进行快速有效的沟通，进行异地协同工作，提高运营效率，实现业务运作的协同。

（4）在决策上，信息系统如何及时采集各类业务数据，并进行有效的综合分析，使集团高层能够获得必要数据和信息进行宏观决策。

（5）在信息和知识上，信息系统如何在集团范围内实现信息资源的共享和知识管理。

（6）在信息化本身上，如何合理利用、有效配置集团现有的 IT 资源，如何消除集团企业内众多遗留系统的异构性和标准规范的差异性，如何协调集团内多主体的职责、任务和关系。

基于以上大型集团企业信息系统的特定需求，在系统建设时需注意的要点是：

（1）适合多组织、多账套的架构设计。多组织、多账套是目前应用软件产品设计趋势，主要解决：

1）大型企业或多家企业共享信息资源的问题；

2）联合（集团）企业集中管理的问题；

3）企业组织机构变化（或扩张）带来的系统整合问题。

（2）经营层管理系统与制造执行层系统的合理划分。应用系统的数据是否集中，在哪个层次集中，会直接决定应用系统的体系结构和部署方式。大型集团企业的信息化规划要从集团管理模式和业务模式需要出发，结合 IT 技术发展和企业 IT 现有系统与基础设施的现状，合理划分数据的集中层次。

以企业总部共通管理的功能和企业总部集中管理功能为主的系统和功能，原则上应在经营层管理系统之中；以执行层面的功能和分散管理功能为主的系统和功能，原则上在制造执行层系统之中。

### 4.5.4　集团管控的信息化系统架构

集团管控的信息化系统架构如图 4-12 所示。

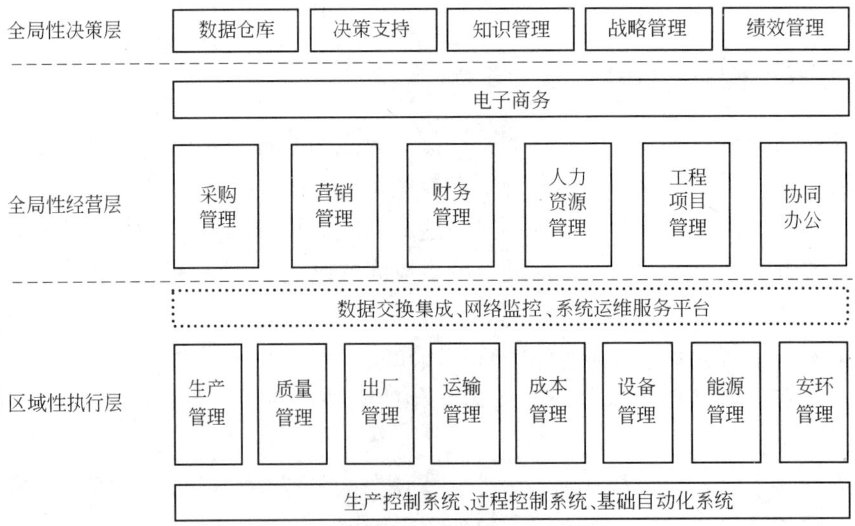


图 4-12　集团管控的信息化系统架构

集团管控信息系统架构宜分为两个层次，分别为集团集中经营管控和区域性执行。其中集中经营管控部分还可以分为全局性决策层和全局性经营层。

## 4.5.5 集团管控信息系统功能

### 4.5.5.1 营销板块

建立一体化销售管理系统、一体化销售物流管控系统，支持集团公司对市场、客户、渠道和物流的统一管理和协调；支持从客户到客户的全程合同跟踪，提高全程物流、库存管理的透明度。同时支持不同品种产品的分品种差异化销售执行。

### 4.5.5.2 采购板块

建立采购供应链系统，支持战略寻源和谈判业务，支持寻源和执行的职能分离；覆盖集团公司所有生产单元，支持大宗原燃料、备件、资材的统一采购。建设采购物流管控系统，支持现场需求管理和库存管理，支持采购物流的全程跟踪和管制。

### 4.5.5.3 财务板块

建立集团公司级财务管理系统，统一会计科目，支持公司对多组织（单元）的统一的预算、资金、会计、核算的管理。

### 4.5.5.4 人力资源板块

建立集团公司一体化人力资源管理系统，集中于各类管理制度的制定、专业化管理工具模板设计和管理、管理指标的汇总、控制和分析、全局化的人力资源管理业务。

### 4.5.5.5 商务智能板块

建立商务智能系统，在集团公司层面上，利用现代信息技术收集、管理和分析结构化和非结构化的商务数据和信息，改善商务决策水平，采取有效的商务行动，完善各种商务流程，提升各方面商务绩效，增强综合竞争力。

### 4.5.5.6 电子商务平台

建立集团企业的电子商务平台，通过与营销体系相关业务系统的集成，整合分散的信息资源，从而支撑供应链各业务主体之间的高效协作，并实现企业面向不同客户群体的个性化服务策略，支撑企业与供应商高效协作，对接海关商检、银行支付、CA 认证等电子商务配套环节，并且成为企业品牌宣传、产品推广以及实力展现的窗口。

### 4.5.5.7 协同工作平台

以员工为中心，建立一个企业全员协同工作的平台和沟通平台，实现统一用户管理，员工可以真正地在网上办事，改造公文管理、邮件、科研协同管理等系统，以适应集团公司的新格局。合理和有序的管理信息发布平台，并逐步形成知识管理，为员工提供一个学习和服务的平台。

### 4.5.5.8 工程项目管理

管理工程建设的全流程，包括工程建设过程中的规划、立项、建设（设备采购、建安采购、施工等）、完工（实物交接、交工验收、竣工验收）等全部业务。实现多投资主体、多项目组织的项目群管理，对多个有关联项目的总体进度、投资等进行有效的把握，建立起风险和问题的识别、监控及应对策略的体系，为工程项目顺利实施提供保障。

## 4.6 风险管理

### 4.6.1 概述

随着钢铁企业经营管理的国际化、集团化、一体化、扁平化，风险管理正在成为企业进行优化运营、提高风险感知度与规范风险控制的桥梁和纽带，是提升企业软实力的重要手段之一。

风险管理在企业信息化系统中处于核心位置，将企业风险管理平台与企业内部ERP系统进行集成，同时将企业内部与外部信息有效贯通，实现从信息收集、风险识别、风险评估、监督改进的全过程的风险管理与指标体系、相关业务数据的跟踪分析与模型评估。

近来，国资委发布了《中央企业全面风险管理指引》，要求各企业提高风险意识和抗风险能力，大力推动企业风险管理的建设。

对于企业来说都是追求经营回报的，但在经营过程中也面临着诸多风险，而风险往往与资产、脆弱性和威胁有关，企业面对这样那样的风险，该如何应对？对于企业来说，最适合的方法之一是通过内部控制，来降低风险发生的可能性，把风险降低到可接受的范围之内，因此建立一套完整的基于风险的内控体系是企业应对风险的重中之重。

### 4.6.2 风险管理系统实施的指导思想

风险管理平台强调通过内部控制和评估方法及建立有效的行动控制机制，衔接业务、审计等信息并实现相互交互。具体来说，就是通过风险管理将各业务系统、财务系统、人事管理系统、审计系统自动获取风险管理所需的相关数据，将风险与损失事件和关键风险指标进行横向、纵向对比，形成定性、定量分析风险发生可能性、对目标影响程度的企业风险坐标图，从而达到对风险管理的优先顺序和控制策略提供指导，实现确保规避和转移各项风险优先安排实施方案及应对策略的最优化配置，实现对于多项风险的精确预警，为最终全面实现规避运营风险、提升运营效率提供最有力的保障。

通常，风险评估可分为按照风险发生的可能性高低、风险发生后对目标的影响程度以定性、定量两种方法进行。定性方法是直接用文字描述风险发生可能性的高低、风险对目标的影响程度；定量方法是对风险发生可能性的高低、风险对目标影响程度用具有实际意义的数量描述。两种方法各有利弊，定性法可采用情景分析、专家判断得到风险程度，但缺少量化分析数据的支持；定量法可采用收集历史数据，建立风险变量在未来变化的概率模型，但需要根据实验数据验证模型的正确性，需要在实践中不断修正、完善模型。

综合评估算法的主要思想是将一个复杂的多层次风险评估分解为具有树状递阶结构的评估指标和评估对象，对于同一层级上的元素，通过对同一树结点下的风险等级的比较，组成风险比较矩阵。因此在纷繁复杂的风险管理体系中，采用先进的风险管理思想和信息技术相结合，建立一套能够全面、科学、客观评估风险管理的定量化评估模型有着重要的意义。应用一种定性和定量相结合的思维，将多层风险管理树综合评估算法应用于风险评估的指标选择和评价，为风险模型协调与控制提供控制参数条件。

### 4.6.3 风险管理系统架构

钢铁企业风险管理需要注意以下信息技术的应用，包括企业内部评价（ICM）、风险与控制自我评估（RCSA）、合规自评（RRSA）、关键风险指标（KRI）、损失数据收集（LDC）、风险监测与应对等不同风险管理过程，企业风险管理的整体功能架构如图4-13所示。

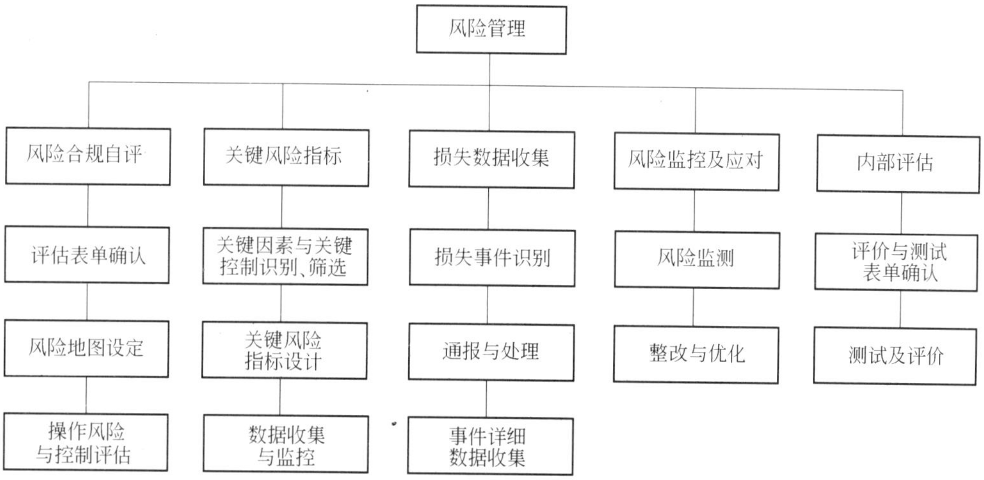


图4-13 企业风险管理的整体功能架构

### 4.6.4 风险管理系统功能

一项风险事件发生可能有多种成因，但关键成因往往只有几种。关键风险指标管理是对引起风险事件发生的关键成因指标进行管理的方法，具体操作步骤如下：

（1）分析风险成因，从中找出关键成因。

（2）将关键成因量化，确定其度量，分析确定导致风险事件发生（或极有可能发生）时该成因的具体数值。

（3）以该具体数值为基础，以发出风险预警信息为目的，加上或减去一定数值后形成新的数值，该数值即为关键风险指标。

（4）建立风险预警系统，即当关键成因数值达到关键风险指标时，发出风险预警信息。

（5）制定出现风险预警信息时应采取的风险控制措施。

（6）跟踪监测关键成因数值的变化，一旦出现预警，即实施风险控制措施。

综合评估技术采用基于层次分析法的多层风险管理树综合评估模型和算法。

### 4.6.5 企业风险预警

在做好风险识别和风险源收集这些风险管理基础工作的前提下，企业全面风险管理更重要和更关键的是如何监控、预警重大风险。

企业生产经营预警功能是监测其经营运行状态的一项重要的辅助性功能，通过对有关生产经营指标趋势性变动的判定，综合性地反映总体运行的质量和状况，为深入了解和认识企业情况提供具有科学依据的参考。

预警功能的设计所要达到的目的，是按照全面、综合、突出成效的原则，选取能够从总体上反映生产经营运行状况的综合性指标作为基础监测指标。根据现行企业统计报表制度，确定基础监测指标，诸如营业收入、出口产品销售收入、营业成本、营业利润、利润总额、资产总额、负债总额、资产负债率等指标。

# 第5章

# 钢铁企业经营管理系统

## 5.1 成本管理

### 5.1.1 概述

在激烈的市场竞争中，市场决定了产品的价格，产品成本的高低也就决定了企业效益的高低。因此，改善成本管理就成为提高企业竞争能力的内在要求和现实选择。

企业在生产经营过程中，必然要发生费用。在某个会计期内企业发生的费用包括生产成本（或称为制造成本）和期间费用。生产成本是本会计期内生产产品所耗费的直接材料费用、直接人工费用和间接制造费用的总和。所谓成本管理，就是对企业生产经营活动中所发生的成本，有组织、有系统地进行预测、计划、决策、控制、核算、分析和评价等一系列的科学管理工作。

成本管理目标是以先进的成本信息管理系统为平台，通过成本对标，挖掘成本潜力，推进成本持续改善，对成本实行全过程控制，从而提升产品成本竞争力，实现面向市场、面向流程、持续的价值增值。

为了减少消耗、降低成本，对成本要进行事前控制、事中控制和事后控制。事前控制的要点是设定目标成本。事中控制发生在成本形成过程中，通过成本预测、成本决策，编制成本计划并实施。成本的事后控制则是对成本目标与成本实绩进行考核、对成本目标与成本实绩进行对比分析，找到差异发生的原因，并提出改进措施。

### 5.1.2 成本管理系统设计的要点

#### 5.1.2.1 产品存货管理及抛账

钢铁企业生产流程长、过程复杂，加工过程从矿石起，到最后各种不同形态、品种的成品出厂，成本管理范围包括所有生产工序和各种费用发生的业务领域。成本会计的要义是全面覆盖和精细精确。因此，产品存货管理所涉及的产品，应该囊括企业用于销售的全部制成品，包括钢铁主产品和其他副产品。

成本核算对象，可以分为：

（1）半成品，如铁水、连铸坯等。

（2）产成品，如热轧板卷等。

（3）副产品，如焦炉荒煤气、高炉水渣等。

（4）回收产品，如废品、次品、渣钢等。

各业务领域发生的费用包括：

（1）人工费用：工资、奖金、职工福利费等。

（2）修理费用：材料费、备件新品领用、外协检测费等。

（3）燃料费用：重油、柴油等。

（4）公用设施费：氧气、氮气等。

（5）服务费用：转炉和电炉砌筑费、中间包砌筑费等。

成本核算所需要的生产线工序数据来自生产管理系统中的存货管理子系统和销售管理系统中的出厂管理子系统。由存货子系统和出厂子系统通过抛账，分别建立起产成品实物账、副产品实物账和在制品实物账。实物账的主要信息包括：产副品标识、名称、类别、生产厂或车间、会计期、存货数量、单位、入库量、出库量、变动日期时间等。

成本抛账的要点是抛账点和抛账时机：

（1）抛账点的定义是每个会使资产、负债、资本、收入、费用发生增减的经济行为或事项，均构成一个抛账点。

（2）抛账时机的择取是每当以上事项发生时，即为抛账之时机，务必使信息与实务（实物）同步。

#### 5.1.2.2　成本管理系统的建设原则

在建设成本管理系统时，要注意以下原则：

（1）成本会计与普通会计既要相互分离，又相互联系。成本会计与普通会计从账务上讲，数据应该存在一致性，不能相差一分一厘。但成本会计本身还应具备管理功能，具体反映在成本科目中，可以相应设置得比会计科目要细，这与业务费用管理有着密切的关系。费用控制得细，成本科目可以相应设置得细些，也就是说成本科目设置的粗细程度视管理要求而定。成本科目和会计科目之间可设对照关系来进行勾连。

（2）各存货系统采用线上实时抛账，产副品每日动态反映存货异动。成本系统的大量生产线数据来自于生产管理中的存货子系统。在没有存货系统的时候，成本核算需要的生产数据不能及时得到，只能由各厂每月通过统计得到，及时性差，而准确性也掺杂了人为的因素。通过存货系统及时向产副品系统抛账，则回避了上述问题。

（3）尽可能实现成本信息收集自动化。要实现成本信息收集自动化，必须打消的一个传统观念是“谁要数据自己去找，自己去加工”。而要建立起一个新观念，是“谁产生数据，谁负有为下游系统加工数据的责任，做到数据不落地”。

（4）要充分利用侦错设计以防错误资料输入。对于一个数据来源自动化的系统来说，数据侦错功能非常重要，因为数据自动化收集使得数据量会大幅度增加，它记录的是每一笔明细交易记录，不经过汇总，靠人工侦错难度较高，所以要求系统具有侦错设计以减少人的繁琐劳动。

#### 5.1.2.3　成本核算模式

成本管理的基础是成本信息，而成本信息的准确性取决于选择一个适用的成本计算方法。因此，选择不同的成本计算方法就意味着选择了不同的成本管理模式。

不同的成本计算方法的区别主要有以下三点：

（1）如何确定成本计算对象。

（2）如何确定成本计算期。

（3）生产费用在完工产品和期末在产品之间是否分配以及如何分配。

#### 5.1.2.4 标准成本法和实际成本法

企业在进行成本核算时，可能会采用不同的核算模式。企业的成本核算必须遵从国家的法律规定，不同的国家会有不同的会计准则。一般而言，成本核算方法有实际成本法、计划成本法、标准成本法等不同的方法。

中国的会计法规，认可的是实际成本法。而大多数外资企业和国外 ERP 软件，往往要求采用标准成本法，所以其间产生了矛盾，同时，也产生了需求：在中国投资的国外企业，要求会计体系符合中国会计制度要求，即实际成本法。同时提供国外母公司的报表要求，即标准成本法。

实际成本法是指在进行产品成本计算过程中根据生产过程中实际消耗的价值进行产品成本计算。

计划成本法是指企业存货的收入、发出和结余均按预先制定的计划成本计价，同时另设“材料成本差异”科目，作为计划成本和实际成本联系的纽带，用来登记实际成本和计划成本的差额，同时计划成本法下存货的总分类和明细分类核算均按计划成本计价。

标准成本法是首先制定正常和高效率的运转情况下制造产品的目标成本。在进行产品成本计算的过程中，以目标成本为基础，通过把实际发生的成本与标准成本进行对比，揭示出成本差异，以标准加差异的形式来最终得到产品生产成本的一种成本核算方式。

标准成本法和实际成本法有以下差异：

（1）制订目标成本的依据不同。实际成本以定额作为依据，定额成本是按现行定额以及计划单位成本、分成本项目（即原材料费用、生产工资费用和制造费用）来制订的，而标准成本的制订比较灵活。标准成本的制订，通常从直接材料成本、直接人工成本和制造费用三方面着手进行。但与定额法不同的是，直接材料成本包括标准用量和标准单位成本两方面；直接人工成本包括标准用量和工资率两方面（计时工资时）；制造费用分为变动制造费用和固定制造费用两部分，都是按标准用量和标准分配率来计算。

（2）制订目标成本所依据定额的稳定性不同。由于实际成本所依据的消耗定额就是现行定额，是企业在当时生产技术条件下，在各项消耗上应达到的标准，所以任何一项生产技术有所变化时，现行定额都应予以修订。也就是说，定额法下的定额是可能变化的。而标准成本是有效经营条件下发生的一种目标成本，也称“应该成本”。它具有较强的稳定性和约束性，一般在一个会计年度内是固定不变的，因此也不用设计相应方法来计算其变动差异。

（3）实际成本与目标成本差异的揭示方法不同。实际成本法下的差异是通过每一笔领料或加工零件来揭示并通过差异凭证来反映。而标准成本法往往根据一定时期实际产量的实际消耗量和实际价格与实际产量的标准消耗量和标准价格的计算比较来揭示差异，没有专用的差异凭证。

（4）实际成本与目标成本差异的账务处理方法不同。实际成本法下对成本差异的核算较为简单，只核算各成本项目的差异。而标准成本法要为各种成本差异专门设置许多总账科目进行核算。

（5）实际成本与目标成本差异的分配方法不同。实际成本法下，要将成本差异在各种产品之间、完工产品与在产品之间进行分配。而标准成本法下，对各种差异分别设差异账户单独归集，在年终予以处理，或者转为销售产品成本，或者直接计入损益。

（6）提供产品成本的资料不同。实际成本法下，定额变动差异要分摊到产品成本中，将定额成本调整为实际成本。也就是说，定额法下提供的产品成本是实际成本资料，产成品、在产品在资产负债表中以实际成本列示。而标准成本法下，产品的实际成本是按标准成本列示的。实际成本与标准成本之间的差异只对改进管理有作用。因此，一般只计算产品的标准成本，不计算产品的实际成本，产成品、在产品在资产负债表上以标准成本列示。这是标准成本法与定额法的根本性区别。

#### 5.1.2.5　标准成本还原成实际成本

根据中国的会计法规，在企业进行成本核算时，有必要将标准成本还原成实际成本。其管理流程如图5-1所示。

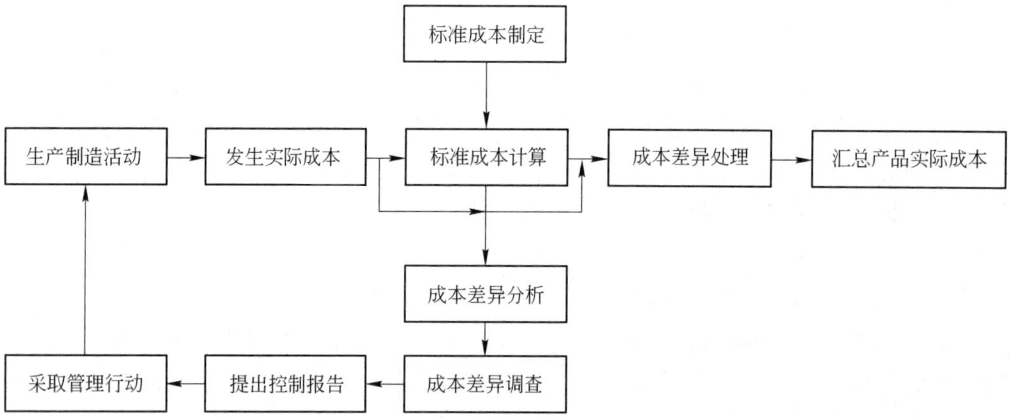


图5-1　标准成本还原成实际成本的管理流程

根据成本核算结果按照生产工艺流程通过非生产性成本中心还原、生产性成本中心还原、能源介质还原、产品还原等步骤完成成本还原，体现成本构成的原始结构，为成本分析提供依据。

#### 5.1.2.6　成本核算单位的粒度

成本核算可以在诸如集团公司、公司、厂、车间、工序、机组、物料（产品）等不同的范围内或级别上进行。一般以独立核算单位（如公司）为最高级别的核算粒度，在一级核算体系下，可以在最高级别的核算粒度（如公司）下，设置若干个成本中心，核算粒度细到车间、炉窑、生产线，成本中心被定义为本企业中负有成本责任的基层结构体。图5-2所示为企业中能形成的不同的核算粒度。

在标准成本制度中，成本中心是成本归集的最小单位，是成本的责任部门。

成本中心依据其功能或性质可以分为：

（1）生产性成本中心，如1号高炉、1号转炉等。

（2）服务性成本中心，如维修、运输等部门。
（3）辅助性成本中心，如磨辊车间、质检站等。
（4）生产管理性成本中心，如厂部综合。
（5）销管研性成本中心，如管理、销售、科研等部门。
（6）虚拟性成本中心。

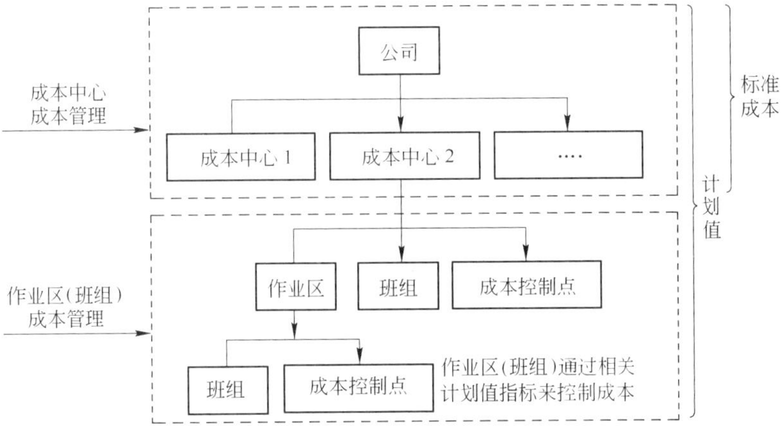


图 5-2 企业成本核算粒度

### 5.1.3 成本管理的功能

成本管理系统的功能架构如图 5-3 所示。

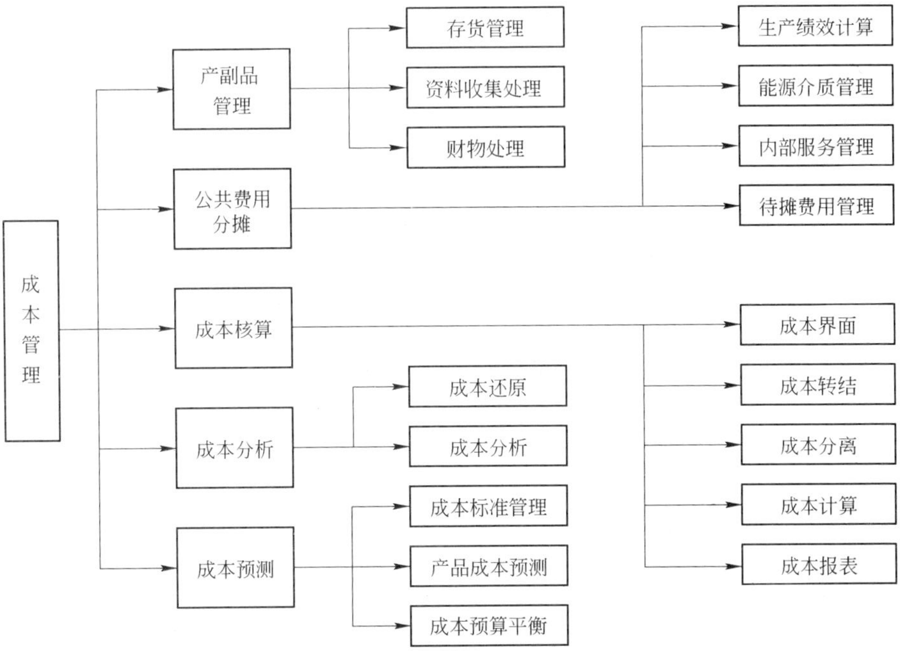


图 5-3 成本管理系统的功能架构

### 5.1.4 成本管理的功能说明

#### 5.1.4.1 产副品管理

（1）存货管理。

产销资料计算：将存货系统抛过来的详细资料按产副品代码、细类产品代码进行归并计算。

存货变动分析：存货变动历史状况分析。

产品状况统计：产品统计信息，为整个公司提供产量、在制品量等的信息。

存货管理：产成品、自制半成品、外购半成品、在制品、副产品、次级品等实物账。

（2）资料收集与处理。

从存货系统收集：通过系统间接口来实现自动收集数据。

从出货系统收集：通过系统间接口来实现自动收集数据。

从销售系统收集：通过系统间接口来实现自动收集数据。

（3）账务处理。

资料归集：将产销数据按照财务系统的要求（成本系统、会计系统）进行归集处理。

抛账处理：将经过归集的数据配上抛账规则分别写入财务系统。

#### 5.1.4.2 公共费用分摊

（1）生产绩效计算。

实际预算因子量收集：收集产品实际作业小时。

挣得预算因子量收集：产品挣得（标准）作业小时。

生产绩效计算：挣得作业小时/实际作业小时。

抛成本账务处理：上述数据为供成本用之非账务性数据，不抛会计。

（2）能源介质管理。

能源供需量收集：由能源系统提供各生产厂、成本中心之能源耗用量数据，通过系统接口或媒体将数据传给公共费用分摊系统。

能源耗用量分配：成本系统要求得到各成本中心的能源耗用数据，但对一些没有表计的成本中心，必须将一个表计的耗用量进行分摊得到每一个成本中心的耗用量。

能源耗用标准成本结转：在得到每个成本中心能源耗用量的前提下，将能源耗用的标准成本结转给受益的成本中心。

抛会计和成本账务处理：将结转的能源耗用成本向成本系统、会计系统抛账。

（3）内部服务管理。

服务量收集：由服务部门的系统提供各生产厂、成本中心之提供服务的数量，通过系统接口或媒体将数据传给公共费用分摊系统。

服务费用标准成本结转：在得到每个成本中心接受服务量的前提下，将服务耗用的标准成本结转给受益的成本中心。

抛会计和成本账务处理：将结转的服务成本向成本系统、会计系统抛账。

（4）待摊费用管理。

摊销计算：对大件备件等不能一次进成本的消耗数据，要进行分期摊销进入成本，该功能通过摊销规则进行计算得到每期的摊销成本及保存库存待摊量。

抛会计和成本账务处理：将本期摊销成本抛成本系统和会计系统。

#### 5.1.4.3 核算管理

（1）成本界面管理。

各外围系统数据搜集：产副品、公共费用分摊、固定资产、材料、备件、原料、维修费用、人力资源等系统中和成本系统相关的资料的收集以及各对照表的建立。

资料检核：各外围系统中不符合成本核算要求的数据打印并修改。

成本资料过账：将检核后的资料以多种方式汇总。

主要数据库更新：成本中心费用、成本中心挣得、产品费用等数据库更新。

（2）成本结转。

辅助部门费用结转：运输、热力动力等主要辅助部门发生的费用向各使用单位结转。

生产厂费用结转：原料及中间品生产应根据各生产单元的实际耗用情况向下工序结转费用。成品厂费用则根据各产品的实际去向向相关部门结转费用。

（3）成本分离。

产品分离系数计算：按不同产品在不同成本项目上的分离方法计算各产品对于不同成本项目的分离系数。

产品成本分离：将各成本中心发生的费用按照产品分离系统分配到各产品中。

（4）成本计算。

产品差异分摊：按下列公司计算价差：

单位价差 =（期初价差 + 本期入库价差）/（期初库存量 + 本期收入量）

本期库存价差 = 单位价差 ×（期初库存量 + 本期收入量 − 本期发出量）

本期发出价差 = 单位价差 × 发出量

半成品成本计算：计算本期产出，供下工序消耗的产品单位成本。

产成品成本计算：计算本期可供销售产品成本，并提供给销售财务，以便于计算本期销售成本。

（5）报表管理。

成本中心成本报表：成本中心发生的明细费用列表。

半成品收发存报表：半成品本月期初收入、发出的数量、金额、单位成本报表。

产品成本报表：半成品对应的明细成本项目列表及产量、单耗、单位成本列表。

制成品成本报表：产成品本期产出明细成本费用列表。

生产费用报表：各成本中心发生的生产费用明细列表。

#### 5.1.4.4 成本分析

（1）成本还原。成本还原是将产成品耗用各工序半成品的综合成本，逐步分解还原为原来的成本项目，从而真实反映生产该产出产品所消耗的各个成本费用的构成，为分析各产出产品的成本构成，产出产品成本变动情况提供依据。

辅助部门成本还原：运输、热力、动力、煤气等主要辅助部门的成本还原。

产品成本全部还原：产品成本还原至直接直用项目。

产品成本分厂还原：产品成本在分厂范围内的还原。

（2）成本分析。

成本考核报告：根据成本指标与本月实际的对比，考核各成本中心发生的费用。

成本管理报表：包括各期成本对比报表等。

#### 5.1.4.5 预算管理

预算管理主要包括：

（1）成本标准管理：

生产作业标准：单位产品作业时间。

原料标准：单位产品原料耗用量。

附加成本标准：成本中心各类附加成本费用耗用标准。

价格标准：原料标准价格、物料标准价格。

（2）预算平衡：

基准资料建立：预算的基准，如历史资料或上年资料进入系统。

预算产量输入：按大品种的年度预算产量输入。

产能平衡：在公司年度计划下达的基础上，平衡各产线、成本中心的产量计划。

附加成本平衡：服务与被服务部门之间附加成本预算的平衡。

（3）产品预算：

成本中心成本预算：根据预算产量，预算每个成本中心的总费用及明细科目费用。

产品成本预算：根据预算产量，预算每个产副品的生产成本。

销售利润预算：根据预算产品的产量，产品销售价格计算年度销售利润。

### 5.1.5 成本管理系统与周边系统关系

在企业中，成本系统不是孤立的，它与其他很多系统都有紧密的关系。只有其他系统都具有坚实的基础了，成本系统才能搞好。如图5-4所示，这些系统包括销售、采购、生产、出厂、设备、物资、运输、能源、人力资源和固定资产等方面，可以说，涵盖了企业管理的所有领域。

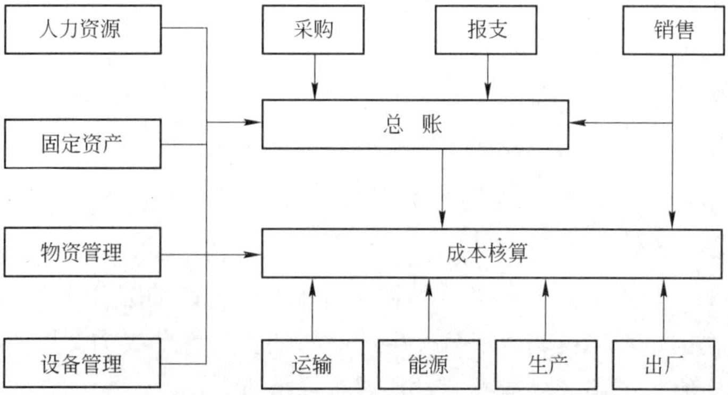


图5-4 成本管理系统与周边系统的关系

## 5.2 财务管理

### 5.2.1 概述

财务管理是一项综合性的管理工作，事关企业的生存和发展，它与企业各方面都有密切联系。因此，在企业信息化中，通常会提出“以财务管理为中心”的原则。

从财务软件发展到企业管理软件，从 MRPⅡ（制造资源计划系统）到 ERP（资源计划管理系统），财务管理始终是企业管理软件的核心模块。财务管理的对象是企业资金流，是企业运营效果和效率的衡量和表现。因而，财务信息系统一直是企业实施 ERP 时关注的重点。

新一代 ERP 系统中的财务管理系统，必须完成从事后财会信息的反映到财务管理信息的处理，再到多层次财务管理支持的转变。这种转变可以改善企业会计核算和财务管理的业务流程，加快期末结账的速度，使得财务管理的效率得到提高。同时要求财务系统不仅自身内部各模块要充分集成，还必须与供应链和生产制造等系统达到无缝集成，使得企业各项经营业务的财务信息都能及时准确地得到反馈，从而加强对资金流的全局管理和控制。

### 5.2.2 财务管理系统设计的要点

财务管理最主要的目标是提高企业运作效率，实现企业价值最大化。在建设财务系统时，应该遵循以下原则：

（1）企业运作的所有业务环节与财务紧密相关，相关的基本管理和业务信息的集成化，包括跨部门数据的充分共享。

（2）实现财务文件的电子化，利用计算机来代替传统的手工操作，提高工作效率与准确性。

（3）企业运作的所有业务的过程状态都能实时、如实地反映到财务上。

（4）通过对业务数据的提取和分析，财务结果能如实地反馈给企业各级管理者，支持企业的绩效考核和决策功能。

（5）强化企业的内部财务控制，实现在线的业务审批和监控，规避或降低内部营运风险。

（6）建立企业的对外信息平台和交互渠道，通过企业间的在线合作，降低自身的经营成本，并增强市场竞争力。

### 5.2.3 财务系统功能架构

财务系统功能架构示意图见图 5-5。

财务信息系统基本涵盖了企业会计和财务管理的主要职能。一般分为账务和成本两大块。其中账务管理包括了会计账务子系统、资金管理子系统和预算管理子系统。

会计账务子系统包括总账、应收、应付、票据管理、固定资产管理等几大模块。总账是最核心的模块。除应具有最基本的凭证处理、账簿管理等核算职能外，还应提供诸如支

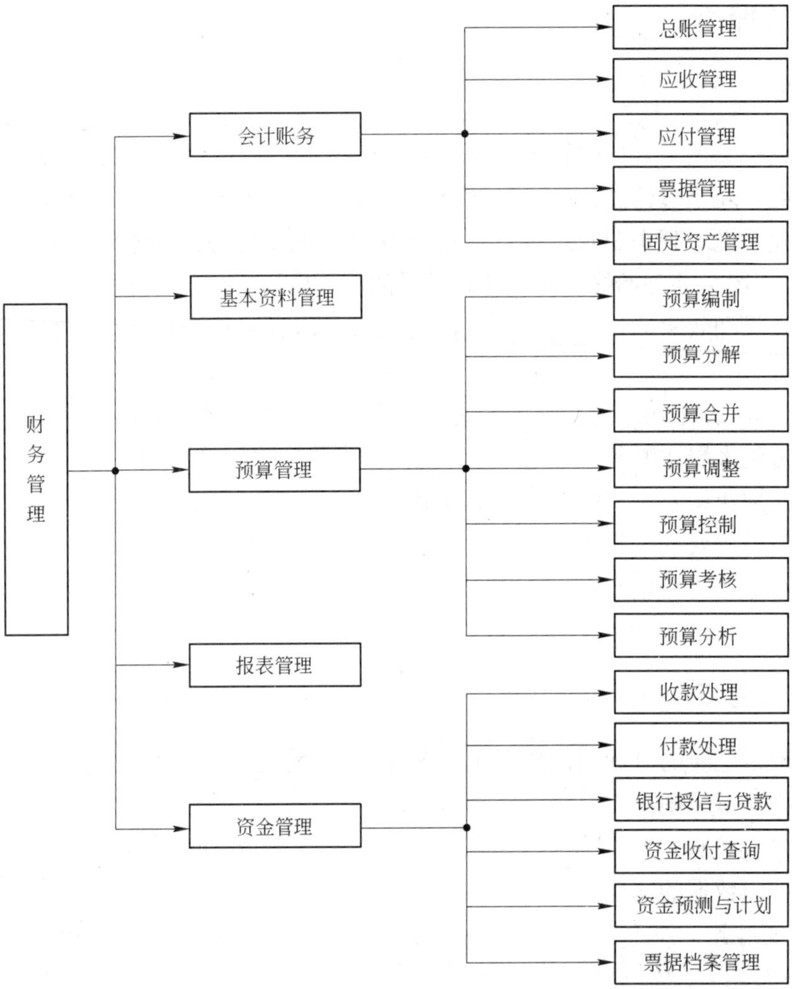


图 5-5　财务系统功能架构

票控制、预算控制、出纳管理、部门收支分析等管理职能。

应收应付款模块可以处理多种币种，适应多国税制以及多种付款方式，应收应付账款的管理应该可以实现对全球化经营的支持。

固定资产模块与采购、库存、总账等模块，能相互传递有关资产和设备库存的信息，能支持各种资产的折旧、重估、清理的会计处理和报表编制，为企业确定有利的资产管理策略提供服务。

企业的资金管理涉及财务的各个方面。资金管理模块与应收账款模块、应付账款模块和总账模块是集成的并提供与银行的数据接口，从而实现对每笔资金的管理，支持对整个集团的资金进行统一的规划和运用。

财务计划的核心作用在于分析预算和实际执行情况的差异并帮助作出必要的调整。这在传统财务系统中是比较薄弱的环节。利用总账和财务分析模块，可以做到公司级和部门级的预算和预测，还能支持自上而下、自下而上以及分布式的预算生成。利用财务分析模块，企业各层次员工及外部有关人员在得到授权的前提下，可以对财务数据进行建模分析。更复杂的财务分析可以利用在线数据分析处理工具（OLAP）进行多种角度的数据建模。例如，可以将销售数据分别按照地区、产品类别、销售人员进行比较，对影响销售的各个因素（如价格）进行敏感性建模分析，从而实现决策的科学化。

## 5.2.4 财务管理系统功能说明

### 5.2.4.1 会计账务

（1）总账管理。总账作为财务系统最终的数据接收端，主要功能在于会计数据汇总与分析，并为决策支持系统提供基础数据，同时生成满足外部和内部使用要求的各项报表；总账系统与前端业务系统及财务内部各模块都有集成。用计算机处理总账的要点有：

1）总账管理系统凭证信息应该采用自动抛账的原则，注重的是在管理业务发生时，自动生成会计核算信息。通过各系统抛账规则的建立，从各相关业务系统自动采集数据，减少手工会计凭证量，实现会计信息收集的全面自动化。

2）不在同一平台下的各相关业务系统应以接口的方式抛入总账系统。

3）总账基础数据管理主要包括会计科目、会计期、核算辅助参数如银行账户、币种、工程项目号、供应商代码、销售用户代码等。

4）总账凭证管理主要包括凭证录入、审核、记账、红冲、查询等标准功能。

5）总账月/年结管理主要包括月末和年末的标准账务结转和结账作业，从而为企业的主要财务报表产生奠定基础。

6）总账账簿查询主要为企业进行总分类账、明细账、日记账、凭证汇总等查询而设置的功能。

7）总账报表处理包括标准报表的实时查询以及相关的打印功能，以及定制部分相关报表，以方便企业管理和比对各项数据之用。

（2）应收管理。应收账款是企业财务管理的重点之一，应收管理与销售模块、出厂模块集成，在合同管理全流程中进行财务资金控制，杜绝应收账款的坏账。应收管理模块承接出厂发货的实际单据进行财务结算，同时根据相关数据在金税系统生成发票，并向总账抛收入凭证。

销售结算是应收系统的核心功能，按合同进行相关业务结算是管理目标，因此对于合同管理模块要求有合同明细条目的支撑，并且能根据合同明细体现货物的物流状态，系统通过对合同明细条目所处状态自动进行判别或提示财务人员进行应收账款的确认。

货款管理主要是根据收款分配到合同后，根据合同定义的收款方式，对合同全流程进行资金控制，包括销售合同订立后财务评审、出厂计划编制前的资金控制等，杜绝企业主营产品应收账款的坏账，控制企业销售产品的资金风险。

应收管理接收销售回笼资金，一般体现为票据，由销售业务人员接受，录入系统，并在校核后转给资金财务，以此满足系统对应收票据的全流程管理要求。

应收统计主要从多维度视角出发统计客户交款情况，收款种类，合约开票结算情况，及时了解客户的资金执行情况，为合约的正常执行提供必要的保障。

（3）应付管理。应付账款主要管理企业对外原辅料采购、设备采购和员工、行政费用报销等业务，其特点为将所有资金出口进行统一管理，以利于资金付款和集中管控。

应付采购结算所覆盖的范围包括原辅材料采购、零星固定资产采购、工程建设采购的财务结算工作，通过接收采购系统和设备系统抛入的采购发票清单或由人工在应付管理模块录入的采购发票清单，在经过原料会计、工程会计等会计人员的审核后，抛出转账凭证到总账管理模块，并为下阶段的付款做好基础数据准备。

应付管理不仅需要涵盖采购结算相对应的功能，还要担负企业内部员工、部门等费用报销的职能，并将前端费用报销单的填写向全公司开放，满足全员网上自助报销功能的实现，在费用支出模块中应支持先借后核的业务流程。

付款申请是付款执行的必要前提，金额越大，所涉及的审批流程也相对较多。在付款申请后，将产生付款申请单与之前入账的发票清单的对应，作为下一步付款执行的切实依据。

付款管理应与采购合同主线对应，将所有付款事宜与采购合同明细对应，明确采购合同的付款进度以及相关付款周期管理。同时对预付账款和应付账款进行核销、允许对应付账款做其他转账业务，譬如应收应付抵款等操作。

应付分析的功能主要是应付账款的账龄分析、采购历史价格的追溯，为付款提供依据，为采购前期询价比价等业务的开展提供数据上的支撑。

(4) 票据管理。票据是流动着的资金的载体。企业间大额资金的往来走票据，安全便捷。票据管理子系统通过对应收、应付票据的集中统一管理，实现资金及时回笼、统一调度、合理分配，使资金管理更加及时、有效，确保公司资金的安全性、完整性。

票据管理模块覆盖收取票据、票据的兑现、贴现、延期、换票、退票、背书、结算、红冲等业务。票据管理的功能设置应突出集中、有序、可控的特点，以保证资金安全。

票据的数据结构应包含票据标识，票据类型，银行标识，用途摘要，金额，起用期，有效期，票据处理状态，票据接收部门，票据移交部门等内容。其中票据标识是关键字，票据处理状态有“接收”、“移交”、“确认”、“兑现”、“贴现”、“延期”、“换票”、“退票”、“背书”、“结算”、“红冲” 等。

(5) 固定资产管理。钢铁工业是一个技术含量高、投资大的行业。装备是生产的基础，装备的技术改造和项目投资数额相当大。包括装备在内的固定资产在企业总资产中所占的比例较大，历来是财务管理的主要组成部分之一。

固定资产管理模块是对固定资产的增、减、变动及其折旧费用的计提、分摊，实现账务的集中管理，建立固定资产的财务信息档案，如实反映公司固定资产形成直至减少的账务处理全过程。其基本功能应包括对固定资产的增加、折旧、变动、闲置、报废、调拨以及对错误作业的撤销等。固定资产在计算机中依靠元数据进行管理。固定资产的元数据，指的是为管理固定资产而规定的参数及规则，包括“固定资产的类别”、“固定资产的成本分摊”、“固定资产的处置方式”、“固定资产的移动方式”、“固定资产的折旧算法”、“固定资产的报废方式”、“固定资产的闲置方式”、“固定资产的状态设置”、“固定资产的抛账点”、“固定资产的抛账规则” 等。固定资产管理功能中应包括对这些元数据的定义、删除、修改和查询。

（6）财务分析。基于上述，面向过程的财务管理子系统抽取企业关注的专题数据，进行集中报表展示。它包括：

1）根据标准的财务分析指标（譬如杜邦财务分析指标），编制相应的财务标准指标分析报表。

2）根据财务系统收集到的产品销售收入数据和销售成本数据，出具相关盈利分析报表，其明细度和产品成本核算明细相关，包括环比和同比报表。

3）根据财务系统收集到的费用数据，对费用进行多方面的分析，譬如按照费用类别分析，按照部门进行费用分析等。

4）根据财务系统应收、应付等模块数据，可以进行资金流量分析和出具资金流量表和现金报表等。

#### 5.2.4.2 预算管理

预算管理是钢铁企业普遍采用的一种管理模式，它包括全要素、全过程、全方位的预算，通过预算为企业内各部门、各岗位提出经营目标，使之明确自己在预算年度内的努力方向。建立全面预算管理制度，能够以成本为基础，以现金流量为核心，对生产经营各个环节实施预算编制、执行、分析和考核；严格限制无预算资金支出；最大限度地减少资金占用，保证企业控制资金的流向；偿还到期银行贷款和扩大再生产所需资金。

企业全面预算管理是涉及全方位、全过程和全员的一种整合管理，具有全面控制和约束力，它不仅是一种管理制度和控制方略，也是一种管理理念。全面预算管理是企业管理的核心内容之一，也是行之有效的管理方法。它是企业协调的工具、控制的标准、考核的依据，是推行企业内部管理规范化和科学化的基础，也是促进各级经营管理人员自我约束、自我发展的有效途径。

企业财务预算管理，是指对与企业生产、经营、发展等与企业存续有关的各类投资活动、经营活动和财务活动的未来情况进行目标预期，并根据设定的有关预设指标来监督、预警或控制企业日常业务运作的管理行为。也就是说，企业财务预算是在预测和决策的基础上，围绕企业的战略目标，对一定时期内经营成果及其分配等资金运动所作的具体运作和控制措施的安排。

因此，从全面预算的角度来看，企业的财务预算管理，是企业全面预算管理的有机组成部分。企业财务预算管理的有效实施，需要依赖于全面预算管理措施和业务的全面实施、推进，需要有其他经营业务预算作为基础进行支撑。

在企业财务管理中，财务预算能全面、综合地协调、规划企业内部各部门、各层次的经济关系与职能，使之统一服从于未来经营总体目标的要求；同时，财务预算又能使决策目标具体化。系统化和定量化，能够明确规定企业有关生产经营人员各自职责及相应的目标。财务预算作为全面预算体系中的最后环节，可以从价值方面总括地反映经营期特种决策预算与业务预算的结果，使预算执行情况一目了然。

财务预算处理方法有以下几种方法：

（1）静态预算法。静态预算法又称固定预算法，以预算期内某一固定业务活动水平为基础，来确定相应预算指标的预算编制方法。

（2）弹性预算法。弹性预算法又称变动预算法，是企业根据预算期间可预见的多种不同业务量水平，分别编制相应预算的方法。

（3）增量预算法。增量预算法在基于成本费用水平的基础上，充分考虑预算期内各种因素的变动，结合预算期业务量水平及有关降低成本的措施，通过调整有关原有成本费用项目而编制预算的方法。

（4）零基预算法。零基预算法是在编制预算时，所有收支均以“零”为出发点，在综合平衡的基础上编制当期预算的方法。

（5）滚动预算法。滚动预算法是随着时间推移和预算执行，预算时间不断延伸，预算内容不断补充，整个预算处于永续滚动状态的预算方法。

一般钢铁企业的预算编制方法以静态预算为主，以滚动预算为辅，以期较好地适应市场变化条件下预算的准确性。

预算项目是财务预算管理的基本对象，预算单元是财务预算管理的基本单元，两者是财务预算管理的两项业务前提，开展财务预算管理必须先对预算项目和预算单元进行界定，两者缺一不可。财务预算管理通过预先针对不同的财务预算报表定义不同类别的预算项目，对不同预算单元的预算进行多维度管理。以财务预算报表为载体，预算项目的财务预算在各个预算单元不断流转。在审批合并之后逐级汇总形成预算发布稿。因此，财务预算管理必须支持灵活的审核驳回流程。另一方面，在对通过审核的预算报表进行预算合并的过程中，对预算报表的穿透式查询是预算合并环节的一个重要要求。而基于预算发布稿的预算比较分析、预算执行与跟踪都需要各预算单元的数据能够以预算项目为单位进行区别存储。这就要求预算报表的数据在满足灵活在线编制的基础上能够实现可识别的结构化存储。

财务预算管理系统应具备以下功能：

（1）预算编制。支持上下互动的全面预算编制。按性质将各单位设置为利润中心、成本中心、购销中心、费用中心、投资中心、劳务等分别进行预算编制。系统除支持财务预算外还应支持业务部门的专业预算。专业预算包括但不限于如下内容：

1）预算大纲编制；

2）销售预算编制；

3）大中修计划编制；

4）生产计划编制；

5）价格预算编制；

6）采购预算编制；

7）成本预算编制；

8）其他专业预算编制。

（2）预算分解。在目标下达的过程中，科目体系能够从粗到细进行设置，如在集团层面建立整体的收入、费用等指标，下达到各预算部门时指标则细化到具体的收入、费用明细。

另外预算系统提供的辅助细项功能可以在科目不调整的情况下，进一步针对不同业务部门的情况灵活细化科目。

（3）预算合并。通过预算系统中的业务规则和系统架构，可以清晰地定义科目间、成员间的勾稽关系。同时，系统会根据这种多级架构自动进行架构间的数据汇总，得出架构中任意成员的汇总数据。比如，成本中心组、业务系统、业务单元及集团级的预算汇总。

(4) 预算调整与滚动预算。因企业经营现状或经营目标的调整，需要定期或不定期地进行预算调整，能支持单项调整、总额调整分配两种调整方式。调整完后年度预算重新运行一次，形成新的预算版本（主要是半年调整）。

预算调整要求任何一个预算指标调整，其相关预算指标的自动调整，并能自动计算汇总整个集团公司各种预算表。

(5) 预算审批。预算可以有多种状态，如：初始、初步通过、正在审查、确认、未确认、已批准。预算审批通过后，预算编制周期也就完成了。

预算系统能够与电子邮件系统和系统办公系统集成，根据当前的预算责任人系统自动触发电子邮件的发送功能。这样，可以使当前的责任人及时了解到预算审批情况，并通过点击邮件的地址登录到系统中进行审批。

(6) 预算控制。项目预算控制分为事前监控、事中监控和事后反馈。事前监控主要是在各项收入及成本费用发生之前，由各个项目部和财务部门根据预算进行控制，确保完成收入及控制成本费用；事中控制是指收入、成本费用发生时，各个项目部和财务部能够随时反馈预算的执行情况；预算的事后控制是指预算执行期结束后的执行情况能及时反馈到各个项目部，以便及时进行总结，分析原因，为下一个预算周期提供参考与调整依据。

(7) 预算分析。预算分析包括月度、季度和年度预算分析，通过对预算执行情况的分析，可以帮助管理层全面掌握预算的执行情况，研究、落实解决预算执行过程中存在的问题。对于预算执行的偏差进行分析，提出解决措施或建议。

(8) 预算考核。预算考核是预算管理中重要的一环，其基本目标是实现预算的激励与约束机制。根据公司的绩效考核制度与经营计划，结合预算管理体系，设立项目预算考核指标（包括确认的收入、费用等），进行期末的预算实际执行情况与期初的指标设定之间的差异分析。通过将预算目标作为考核指标并进行考评落实，真正激发预算责任主体的积极性。

#### 5.2.4.3 资金管理

资金管理的目标是实现资金集中管理。其主要功能有资金计划管理、票据管理、银企对账功能、外汇管理、资金报表等。

资金计划基于采购、销售、费用、投资等业务上报编制相关资金使用计划，资金计划在经过审批后用于指导企业付款行为。

应收、应付票据信息登录到系统后，对其进行兑现、贴现、托收、承兑、支付等业务点进行管理，同时记录票据在支撑应收、应付系统中相关功能的操作履历。

通过导入银行的电子对账单，使企业可以方便地对企业银行账户借贷记录和银行电子对账单进行快速核对，最终生成银行余额调节表。

资金外汇管理模块管理公司银行账户中的外币账户，对外币进行套汇等操作，同时可以做资金汇兑损益等操作。

(1) 资金集中管理。建立银企直联系统，可以实时查询、监控、上收和下拨企业下属各单位所有账户的资金。

查询和监控企业各单位在银行账户的头寸、账户交易情况、资金流动量、流动方向等信息，并且可以进行统计汇总。

(2) 收款业务。企业成员单位的收款业务可以包括现金、银行存款、银行票据接收等多种方式。可以针对一个客户进行现金、银行存款、银行票据的收款操作。可以针对销售发票进行收款，也可以处理预收款。出纳可以通过出纳专用的操作权限进行相应的收款处理，系统将根据预先设定的入账规则自动入账并传递到应收模块。

通过银行账户使用途径的规范，以及资金管理系统与应收模块的集成，可实现将银行中的业务收款到账信息，通过资金管理系统自动创建为应收款发票，优化收款处理过程。

(3) 付款业务。企业成员单位如果针对采购进行支付，可以在应付模块中进行相应的现金、银行存款、票据的付款处理。由出纳根据专门的出纳付款职责按实际业务单据进行付款操作。应付模块中的付款信息传到资金管理系统，资金管理系统再将银行成功支付的确认信息回传应付模块。上述系统集成后，应付模块将通过流程确认付款的有效性，自动将确认的可支付的款项传到资金管理系统，通过银企直联进行付款处理，并同时自动生成相关付款财务凭证。

(4) 银行授信与贷款管理。支持银行授信管理。每笔贷款从录入借款合同→生成借款单→生成借款会计凭证，都有序地反映出借款发生过程，计息、付息都准确无误，能够在计息日与银行金融系统测算数据一致。系统自动生成计息数据，生成计息、付息会计凭证，直至借款合同的结束。

(5) 资金收付查询。针对收款、付款、票据业务，提供查询功能。可以根据录入的收款、付款，使用多重条件进行组合查询。比如，可以按日期、金额、币种、往来单位、收付款账户、状态等进行组合条件查询。在现金模块中，还可以使用多重查询条件进行基于银行账户收付款的明细流水查询。

(6) 银行对账：资金管理系统应提供银行对账功能。通过与银行的直联，可取得银行日记账的数据和银行账的详细信息，通过相关业务环节的规范，发挥银行自动对账的功能。

(7) 资金预测及计划。资金计划涵盖了资金的流入和流出方面。使用资金预测功能可以自动完成未来资金收付信息的收集和汇总。

可以基于如下的业务源头进行现金数据的预测。

现金流入方面：

1) 销售预测；

2) 销售订单；

3) 销售发票账期；

4) 票据收款；

5) 项目现金流入预算。

现金流出方面：

1) 采购申请；

2) 采购订单；

3) 采购发票账期；

4）费用报销；

5）票据付款；

6）项目支出预算。

在基于业务源头进行资金流入流出进行预测的同时，系统也应该支持由人工对流入流出进行补充和调整，以适应特殊业务和临时性现金流量预测的需要，使系统具有更广的适应性。

（8）票证档案管理。能够录入和查询现金支票、转账支票、电汇凭证、商业承兑汇票、业务委托书等凭证的购置、领用、留存信息。

## 5.3 营销管理

### 5.3.1 概述

在成熟的市场经济条件下，企业经营的出发点不是自己，而是市场；不是产品，而是顾客的需求。市场营销导向是以市场为中心、以客户为导向的先进的经营理念。企业的营销活动包括市场研究、营销规划、产品规划、广告促销、市场开发、销售业务、存货控制、出厂发货、销售财务、售后服务等。

为了把握好市场，企业必须首先进行充分的市场调研，了解用户对产品和服务的需求，做好市场研究、营销规划、产品规划工作。

销售活动面向市场，它是工厂生产制造活动的引擎。销售业务中以订货合同的方式记录对客户服务的承诺和约定，用执行合同的方式引导生产制造过程，通过完成合同的方式来回收资金。

销售管理的对象是客户、价格、合同、销售资源和销售账。合同是销售活动的初步结果，它同时是生产制造和财务结算的重要依据。

### 5.3.2 营销管理系统设计的要点

营销管理系统是以财务为中心、以合同为主线，按用户要求进行产品设计、生产组织，全方位的整合质量、生产、出厂、财务等其他子系统提供的信息，对合同予以生产前的充分评审，以合同状态为主题来管理和控制合同，确保用户所订的合同能够按期、按质、按量完成，从而开拓、占领市场，提高企业效益。

### 5.3.3 营销管理功能架构

营销管理功能架构如图5-6所示。

### 5.3.4 营销管理系统功能说明

#### 5.3.4.1 市场管理

市场管理的主要任务是提出市场营销战略规划、目标，制定具体市场调研工作，编制相应的调研计划和方案，实施市场调研，收集和分析调研信息，形成正式调研报告，提出建议，根据调研结果制定市场开拓计划和方案，得出市场开拓结论，组织商务谈判。

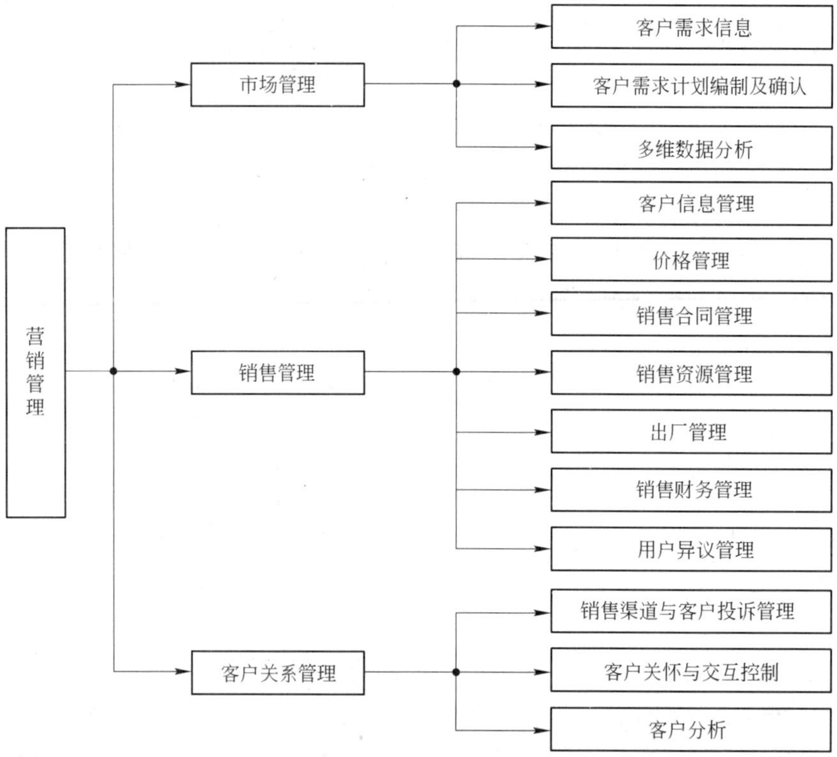


图5-6 营销管理功能架构

（1）客户需求信息收集。客户需求信息的收集是销售预测的前提。收集的方法既可以用人工方法录入客户的原始需求，也可以基于系统，即根据客户的历史订货实绩，按照已设定的预测方法及基准范围，预测未来新的市场需求。不同产品可选择不同的预测方法，以产生高精度的系统预测作为需求计划的参考。不同营销渠道的分销人员在客户原始需求的基础上结合系统预测和人工经验对客户的需求做初步的确认，同时，与用户申报的需求和实际订单进行图形化比较，寻找差距，以提高系统预测的准确性。最终的需求确认可以作为各期需求计划形成的依据。

（2）客户需求计划编制及确认。营销人员根据确认的需求预测，编制当期的需求计划并做最终的审核，审核后的最终需求计划作为指导接收销售合同的依据。

（3）多维度数据分析。按照客户、产品、渠道、指标、时间等多种数据维度自由组合对需求计划进行分析，供业务人员查询。

#### 5.3.4.2 销售管理

（1）客户信息管理。建立清晰完整的客户基本数据档案，包括客户基本信息（名称、地点、联系人）、付款方式、资金账户、销售业务信息（价格列表，发运方式，发运优先级）、付款信息（付款方式等）、销售的规模大小等主要信息，并实现客户信息与财务的共享，减少销售和财务对账的困难；同时可以随时根据销售订单情况获取动态交易数据。

按不同的分类规则对客户进行分类管理，例如用户企业性质（国营/集体等）、用户类型（订货用户/结算用户/收货用户/最终用户）等，多方位的为企业提供用户基础数据。

对客户进行信用等级的管理，可以根据以往同客户业务往来的历史记录，来判定客户的信用情况，为不同表现的客户划分信用等级，并定义相应的信用控制规则和信贷额度。

（2）价格管理。价格是企业营销的重要手段。钢铁产品的定价方法很多，有成本加成定价法、通行价格定价法等。

价格管理模块有两大任务，一是要支持企业形成一个快速安全完备的定价机制；二是要构成灵活有效的成交价约束控制机制。

系统需要在统一定义产品代码的基础上，建立并维护各类钢铁产品的内销价格表。价格管理应充分体现各价格信息的时效性，保证价格在任意时点的唯一性，保留价格变更轨迹，以利历史价格追溯。价格信息将采用叠加法，即针对影响产品价格的主要质量参数信息建立价格基价表和加价表，在合同录入时根据录入的具体信息自动获得产品价格；对影响价格的常用政策和特殊产品工艺，可通过在特殊加价信息中建立相应记录，进入价格表。对于特殊的情况，例如延期理赔、后期返利和异议理赔等，可通过价外的方式实现。主要功能应包括：价格版本管理、价格模型管理、价格表维护、产品价格询单管理等。

（3）用户合同管理。用户合同管理是销售业务系统的核心功能模块，应支持对客户期货、现货、预合同、抵用合同、统货合同等各种合同的接收、评审、确认、下发、变更操作，以及对合同优惠、合同延期、异议的处理。用户合同管理包括订单从合同评审、产品设计、订单下达审批、执行跟踪、发运管理、交货确认、财务结算、订单关闭的全流程业务管理。为此系统需设置必要的合同状态代码，对销售合同从订货、变更及结案的全生命周期状态进行管理和跟踪。

（4）销售资源管理。钢铁企业的可销售资源包括现货资源和期货资源两方面。

因为钢铁生产是一种长流程的生产，生产周期需长达好几周。一般，从投入原料生产到合格产品交付，至少需要客户提前 1 ~ 2 个月进行订货。所以正常的钢铁产品生产都是以期货方式进行的。为此，钢铁企业的资源管理首先要对市场需求进行预测。应在充分预测的基础上，综合考虑客户需求与企业实际可供的计划资源之间的差异，对可供资源实现合理的分配、最好是在市场预测的基础上形成企业的期货资源计划，由期货资源计划指导销售部门接受订货，避免生产与销售间的脱节。

所谓现货往往是企业计划外生产的余材或边角材、小卷、尾卷、包装材等。现货资源应由生产部门按一定的周期申报，以便销售部门及时掌握进行推销。

资源管理模块需包括如下功能：

1）数据管理。维护资源管理所必需的基础数据信息，如期货资源计划和现货资源量等。

2）资源配置。根据收集确认后的市场需求计划和平衡后的产能计划，形成期货资源配置初案，通过制定好的业务规则（如客户优先等级等），将资源合理配置到各客户上。资源配置初案中应包括各客户可分配到的产品、资源量及相应资源的预测交货期。

3）期货资源计划的执行和评估。系统应可以定期发布销售资源的配置情况，允许资源被订单消耗。在客户资源发布之后，系统接受业务员或者客户录入的询单，对期货资源计划和现货资源分别进行动态管理。同时，根据销售计划的实际情况，对销售计划的执行进行评估，帮助管理人员提高销售计划执行的准确度。

（5）出厂管理。产成品出厂管理是企业销售业务的组成部分，它包含了产品制成后交付到客户手中的全部活动。出厂功能要能保证出厂活动中涉及库存、财务、运输的各种制约功能有效，又要使各种信息变化迅速到位，加快出厂速度。

其主要功能包括：

1）交库作业。产品完成制造全过程后，将在制品变成产成品。修改物料和合同的状态，使之变成准发状态。同时触发相应客户合同资金到位状态的检查，为出厂计划提供信息。

2）成品库存管理。对产成品的入库、出库及库位情况进行管理，同时进行实物和信息的校核工作，为产品出厂作准备。

3）出厂计划管理。对等待出厂的准发成品资源按客户规定的交货方式和运输要求进行分流。为了加快出厂速度，需要对准发成品资源进行适当的组批，安排出厂时间、运输方式，开具提货单。同时与客户及承运单位联络形成出厂计划。

4）发货管理。根据出厂计划，在客户或承运单位前来提货时，验核提货单，制作并出具码单。码单是出厂证明，按汽车、船只、集装箱、车皮等运载工具为单位进行开具。码单上标注物料名称、装载时间、物品数量、重量、合同标识、客户标识等信息。

5）结算单据管理。这一模块包括厂内运输费率计算、开具运费单、在码单、质量保证书和运费单已经收齐的时候向销售财务抛账。

在整个发货出厂作业运作过程中，任何环节发生异常情况时，要允许数据回退，物料和合同状态同时回退，包括准发红冲、码单红冲等。

（6）销售财务管理。在业务发生时产生相关的财务信息，对相关合同进行信用证管理、结算管理、核销管理，出口税务管理及信息查询等。

1）货款管理。支持对产品销售合同的资金管理。在票据管理中立足控制与服务结合，对客户票据分票据种类、票据用途、票据状态及票据承兑期进行明细管理；建立与会计账务系统的接口，实现资金收入的自动抛账；提供多条件组合的票据统计及查询功能。实现以合同为主线对资金流转的过程进行全程跟踪和管理的目的。

2）结算管理。实现销售出厂实绩与财务开票结算的对接，以每次出厂实绩的配单结果作为一次结算开票的依据，实现开票的准确性与自动化。实现与金税开票系统的对接，同时以正式发票数据为基础向会计账务子系统以及成本管理子系统抛账，进行销售收入账务确认。提供客户结算相关信息的查询和统计功能。

（7）用户异议管理。对客户的异议进行立案并分类。对不同类别的异议，通过异议处理单的方式交由相关部门处理。相关异议处理部门（质量部门的质量异议，计量部门的计量异议等）的异议处理结果反馈后，异议处理人员负责对异议处理结果的最终裁定，确定并记录异议处理结果类型。对异议处理结果类型，采取相应的理赔方式（降价/退货等），并决定理赔数量和金额。通过异议理赔通知单的形式，交由销售财务实施异议退赔。按异议种类、部门分类对企业售后异议情况进行统计、分析，为加强管理提高企业产品形象提供依据。

#### 5.3.4.3　客户关系

所谓客户关系管理（Customer Relationship Management，CRM）是利用信息技术，通

过有针对性的交流来了解并影响客户的购买行为，提高对客户的招揽率、客户的保持率、客户的忠诚度和企业赢利水平的信息系统，它的目的是建立健全企业与客户之间的关系。其内涵是企业利用信息技术和互联网技术实现对客户的整合营销，是以客户为核心的企业营销技术的实现。CRM 提倡个性化服务，企业为客户提供一站式的服务，提出完整的解决方案。

CRM 软件的基本功能包括客户管理、产品管理、时间管理、联系人管理、营销管理、潜在客户管理、销售管理、电话销售、电话营销和客户服务，有的还涉及到了工作流管理、呼叫中心、合作伙伴关系管理、知识管理、商业智能、电子商务等。

客户关系管理包括客户信息管理、客户需求分析，客户分类管理、关键客户管理、客户投诉管理、客户满意度管理等多个方面。具体功能包括：

（1）销售渠道与客户投诉管理。帮助企业加强对销售渠道的管理，为多种业务提供一种包含所有可用信息的客户信息源。所有这一切使企业可以在所有业务单位中实施统一的业务实践，从而帮助企业更有效地管理渠道和客户关系。

（2）客户关怀与交互控制。客户关怀是 CRM 的中心，未来系统客户关系交互，通过管理客户交互过程和信息，提供一流的服务，从而创建、保护并增强有益的客户关系，实现对潜在的销售机会信息收集与确认。

（3）客户分析。CRM 的主要含义之一，就是通过对客户详细资料的深入分析，来提高客户满意程度，是提高企业的竞争力的一种手段。它主要包含以下几个主要方面：

1）客户概况分析（Profiling），包括客户的层次、风险、爱好、习惯等。

2）客户忠诚度分析（Persistency），指客户对某个产品或商业机构的忠实程度、持久性、变动情况。

3）客户利润分析（Profitability），指不同客户所消费的产品的边缘利润、总利润额、净利润等。

4）客户性能分析（Performance），指不同客户消费产品按种类、渠道、销售地点指标划分的销售额。

5）客户未来分析（Prospecting），包括客户数量、类别等情况的未来发展趋势、争取客户的手段等。

6）客户产品分析（Product），包括产品设计、关联性、供应链等。

7）客户促销分析（Promotion），包括广告、宣传等促销活动的管理。

先进的 CRM 理念，不仅关心产品质量，准时交货，而且十分关心客户期望；研究什么样的新客户对产品感兴趣，他们愿意接受哪种销售方式、交货方式和付款方式，哪些客户是企业的重要客户和战略客户，哪些客户容易投向竞争对手等问题，从而建立起一套实现客户价值的营销体系。CRM 提倡个性化服务，企业与客户之间不再是简单的交易关系，而是为客户提供贴身服务，留住老客户、吸引新客户。这是实施 CRM 的根本出发点。

## 5.4 资源及经营计划管理

### 5.4.1 概述

钢铁企业的生产计划分为长期生产计划、中期生产计划和短期生产计划。其中中期生产计划的任务是在正确预测市场需求的基础上，充分利用现有生产能力和资源，均衡有效地组织生产活动，控制库存水平，以达到尽可能满足市场需求和获得最大利润的目的。企业的资源及经营计划属于这种类型。

钢铁企业的经营计划的制定大致经过市场需求预测、生产能力核定、生产计划制定等步骤。由于钢铁产品生产属于流程性产品生产，钢材分类多样，规模复杂，品种繁多，因此，如何准确地把握各类产品的市场需求对于企业内的生产计划显得尤为重要。近几年来钢铁市场的需求波动非常大，如何准确制定经营计划，以适应市场需求是很困难的，比如，当市场需求旺盛，企业生产能力不足时，可以按照客户的优先级，最大化地满足客户需求，充分发挥生产能力，降低企业制造成本；当市场需求低迷，生产能力富余时，可以选择最佳产品组合，实现销售利润最大化，同时通过限制生产能力来降低库存，控制生产成本。这就要充分发挥信息系统的作用。

### 5.4.2 系统设计的要点

紧密结合生产与市场，在产能限制、品种限制、市场限制等限制条件下，结合生产实际及市场需求，进行优化排产，形成资源计划，同时达成最大需求满意度及企业利润的最佳化。按照产销平衡后的资源计划，并基于企业的业务规则将各大类产品资源落实到具体客户，形成客户、产品大类、品种、瓶颈工序及数量的资源明细计划，以销售资源计划来统揽全局并指导销售部门接单，大幅提高准时交货，提升客户服务水平。

### 5.4.3 系统功能架构

资源与经营计划管理系统功能架构如图5-7所示。

### 5.4.4 系统功能说明

客户需求信息资源可分为一手信息和二手信息两种：一手信息是销售人员直接接触市场和顾客所得到的各类信息，其特点是真实性、可靠性较强。二手信息是企业间接得到的信息，其特点是成本低，较容易获取，但与一手信息相比，真实性、可靠性较差。

需要收集的信息内容应包括：供应信息、需求信息、进出口信息和宏观经济信息等。

#### 5.4.4.1 需求管理

通过网络与客户在共同的平台上对需求进行高效沟通、协同，快速准确掌握客户需求；结合历史订货实绩，利用预测模型对计划期需求进行预测；生成各业务单元一致认可的需求计划；改进需求预测手段和方法，提高需求预测的准确度。

(1) 系统预测。根据用户的历史订货实绩，按照已设定的预测方法及基准范围，不同产品可选择不同的预测方法，产生高精度的系统预测作为需求计划的参考。同时，还应该与用户申报的需求和实际订单进行图形化比较，寻找差距，以提高系统预测的准确性。

(2) 客户原始需求申报。客户原始需求申报是最终客户录入需求预案的过程，也是营销人员形成各期需求计划的重要资料参考。客户原始需求申报功能可以在电子商务平台上实现，通过数据接口将数据导入系统。

(3) 营销渠道需求确认。按照业务授权范围，提供按不同营销渠道的需求确认功能，

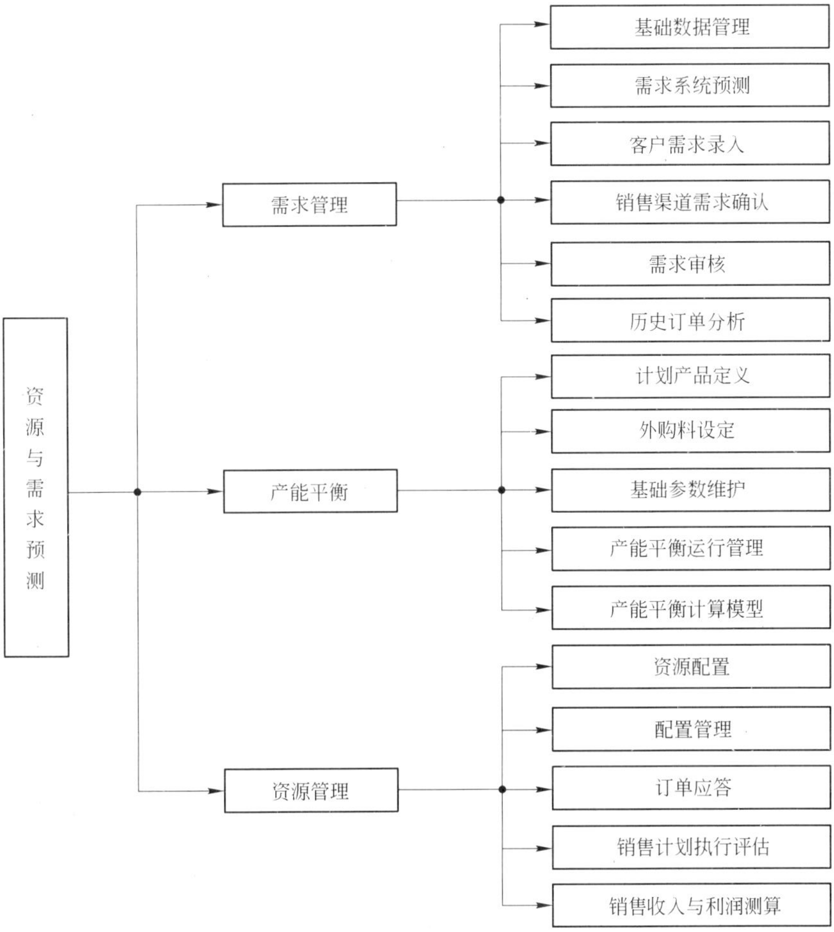


图 5-7 资源与经营计划管理系统功能架构

不同营销渠道的分销人员可在客户原始需求的基础上结合系统预测和人工经验对客户的需求做初步的确认，为最终的需求计划形成打好基础。

（4）需求计划审核。营销人员在客户原始需求及各营销管道需求确认的基础上，结合系统预测和人工经验判断，对当期的需求计划做最终的审核，审核后的最终需求作为产销平衡的依据。

（5）战略客户需求收集。营销人员收集并维护战略客户的中长期需求信息，例如长期供货协议等。该信息将作为产销平衡的输入信息。

（6）多维度数据分析。按照客户、产品、渠道、指标、时间等多种数据维度自由组合对销售计划数据进行分析，提供报表供业务人员查询。

#### 5.4.4.2 产能平衡

基于需求管理模块所最终确认的需求预测，并结合在线订单及库存信息，考虑机组产能、物料供给、产品工艺路径、产能限制条件、品种限制条件、市场限制条件等，按照设定的业务目标进行产能平衡计算，形成一个最优的产能资源平衡计划，包括需求的预测交期，满足该预测交期下的具体排产计划，机组的能力使用计划等。

（1）计划产品定义。对构成产能平衡最小单元的产品进行定义，可以将产能相同的某一类产品定义成一种产品。

（2）机组及工艺信息维护。维护系统涉及的机组及其生产工艺路径信息，包括机组信息、工序信息，机组上下游关系等。

（3）建立产能平衡模型。根据生产工艺要求及约束条件，对生产过程进行数学建模，按照已设定的约束和目标，基于最终需求并结合在线订单及库存信息，考虑机组产能、物料供给等信息，对需求进行优化排产，在业务认同的一个时间范围内给出最优的计划，包括需求排产情况及预测交期、机组能力使用计划等。

平衡模型的输入信息应包括：

1）需求信息：产品的量和规格、交货期、工艺路线、库存量等。

2）产能参数：如机组定检修信息，机组日均产能，机组作业率、收得率等。

3）限制条件：产能限制、市场限制、品种限制、预留产能信息等。

4）产品及工艺路径信息：根据预定义产品及其工艺路径构建排产模型。

5）业务目标：排产优化目标，如利润最优、需求最大满足、产能最大化等。

模型输出结果应该包括：

1）资源计划：月度可供资源计划，按照计划产品的细度，给出不同产品分旬、分周或分日的资源计划。

2）产能计划：按照分旬、分周或者分日的方式，给出关键机组产能利用计划。

3）库存计划：对于关键库存，可按分旬、分周或分日的方式给出库存变化情况。

4）战略客户需求预排产计划：根据战略客户的中长期需求，展示即时的、近期、远期的排产情况。

（4）业务优化目标制定。在产销平衡时，为了得到最佳的资源产能平衡结果，需要对计划运行的业务目标进行指定，可以根据业务要求制定相关目标。如，利润最大化、资源量最大化、机组产能最大化、减少物流交叉等。业务目标之间的先后顺序可由人工设定。

（5）业务分析报表。产能平衡运算完成之后，将计划的运行结果以报表形式体现出来，包括资源类报表、生产规模类报表、物流平衡类报表、库存类报表等。

#### 5.4.4.3 资源管理

资源管理模块负责资源的分配、动态的资源管理以及实时询单(销售意向书)的应答。

资源管理模块主要应包含如下功能。

（1）数据管理。数据管理是维护资源管理所必需的基础数据信息，如客户评价等。

1）客户评价：根据从系统中获取的客户实绩（利润、销量），根据预定的逻辑，对客户进行评级打分，该信息将作为系统资源配置的依据。

2）资源配置：根据收集确认后的最终需求和平衡后的资源计划，通过制定好业务规则（如客户优先等级等），对资源进行自动分配，将资源合理地配置到各客户上，形成系统初案。系统初案中包括了各客户分配到的产品、资源量及相应资源的预测交期。

用户可以查看每个用户对不同产品上的需求量以及细分到周的资源计划，其中，对于未满足的需求，会以红色突出显示差异量。资源配置细度除上表中的产品划分以外，还可以细分到机组、孔型、品种、瓶颈等，具体细度，可根据业务需要进行定制。

3）公布月度销售资源：在最终确认资源预案的结果后，进行资源发布操作，从而允许资源被订单消耗。

4）客户资源管理：在资源发布后，营销业务人员根据实际订单的录入情况，继续对客户资源进行局部调整，使客户资源适应最新的订单需求。

5）资源到期提醒：在资源发布后，系统会根据客户资源配置及接定订单的信息，自动查找即将过期的资源，提示用户尽快录入合同。

（2）询单应答。在客户资源发布之后，系统接受业务员或者客户录入的询单，根据预先制定的应答规则以及最新的客户资源情况，进行校核，并实时地返回应答结果。返回内容包括：

1）承诺交期及承诺量。

2）询单产品所需经过的机组、孔型及瓶颈工序。

3）同品种（精确到机组工序）的在手资源情况，如最新的未执行量、在执行量（包括各工序在处理量）、可用资源量等。

询单得到确认后，可直接传递到ERP系统形成订单。

询单录入及应答功能可通过电子商务系统向客户延伸。同时将应答情况统计成各类分析报表供营销业务人员参考。

（3）销售计划执行评估。根据销售计划的实际情况，进行销售计划执行评估，帮助管理人员提高销售计划执行的准确度。

资源计划执行情况的评估：根据ERP系统中的已接订单信息，计算资源计划的执行情况，包括最新未执行量、在执行量（包括各工序在处理量）、可用资源量等。

## 5.5 设备管理

### 5.5.1 概述

生产设备是生产力的重要组成部分和基本要素之一，是企业从事生产经营的重要工具和手段，是企业生存与发展的重要物质财富，也是社会生产力发展水平的物质标志。生产设备无论从企业资产的占有率上，还是从管理工作的内容上，以及企业市场竞争能力的体现上，它都占有相当大的比重和十分重要的位置。管好用好生产设备，提高设备管理水平对促进企业进步与发展有着十分重要的意义。

在企业的生产经营活动中，设备管理的主要任务是为企业提供优良而又经济的技术装备，使企业的生产经营活动建立在最佳的物质技术基础之上，保证生产经营顺利进行，以确保企业提高产品质量，提高生产效率，增加花色品种，降低生产成本，进行安全文明生产，从而使企业获得最高经济效益。企业根据市场需求和市场预测，决定进行产品的生产经营活动。在产品的设计、试制、加工、销售和售后服务等全过程的生产经营活动中，无不体现出设备管理的重要性。为赢得和占领市场，降低生产成本，节约资源，生产出满足用户需求、为企业创造最大经济效益的高质量的产品，设备管理是保证。设备管理水平是企业的管理水平、生产发展水平和市场竞争能力的重要标志之一。

钢铁工业企业是高技术高投入的原材料工业，设备是企业技术进步的一个标志；也是企业投资的重点。保持设备的高开工率才能维持生产计划；保持设备的良好运行状态才能生产合格的产品。在钢铁企业中，设备的管理和维护从来都是十分重要的业务。

设备管理是企业产量、质量、效率和交货期的保证。在市场经济条件下企业往往是按合同组织生产，以销定产。合同一经签订，即受到法律保护，无特殊情况不能变更，违约将受严厉的经济制裁。如果没有较高的设备管理水平和良好设备运转状态做保证，是不可能很好地履行合同规定的。一旦违约，给企业带来的就不仅仅是经济上的损失，还往往失去市场，对企业的发展带来严重的影响。

### 5.5.2　设备的一生管理

设备从采购、安装、测试、使用、维修、更新、调拨、直到报废所经历的全部时间是它的生命周期，设备管理要覆盖其整个生命周期，设备管理应贯穿设备一生管理这根主线（参见图5-8）。从设备的一生管理来看体现了三方面的属性：状态、过程和效益。一般设备运行的初期和后期磨损较快，中间为稳定期。

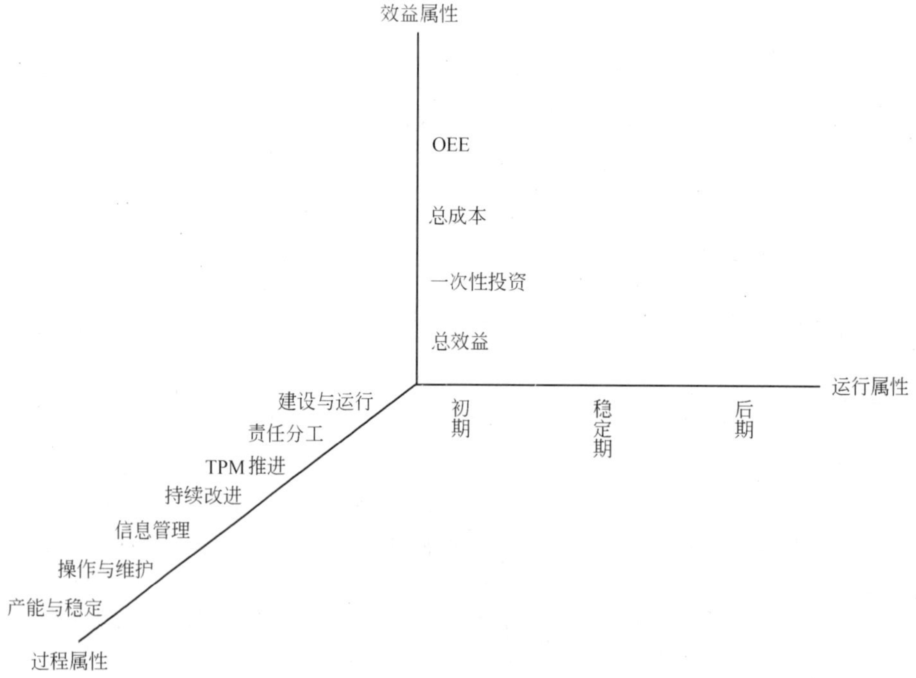


图5-8　设备的主线：设备一生管理

设备管理系统的根本出发点就是要通过对设备全过程的有效管理以充分发挥设备一生的经济效益和效率。在建设设备管理系统时，应考虑以下原则：

（1）设备一生管理实质上也是企业的供需链关系。因此，在进行企业ERP资源计划整合工作时，从系统最优、流程最短、不受行政区域为限的项目制的拓展来思考整合方案，以解决供需矛盾、重叠管理、效率不高，费用难以控制的系统问题。

（2）在设备一生管理链环中，要研究建立一套衡量上、下工序之间的服务质量、工作效率综合评价体系，使设备一生管理的主体思想贯穿公司整个设备管理活动中。

（3）设备系统要通过内部流程的不断优化，以不断提高用户满意度为宗旨，为产、销、研系统提供最优化的设备支持。

### 5.5.3 设备管理系统设计的要点

设备管理系统的指导思想是以信息化推动管理业务，实现企业设备管理数据共享，保证数据一致性和数据处理的高效、迅速，提高分析的准确性，减少维修管理业务的处理时间，提高工作效率，以此减少管理层次，为降低维修成本、创造良好效益提供先进的管理手段。

其具体的实现目标是要完善设备管理模式，建设统一的设备管理信息平台。为企业管理提供一个先进、完整、综合、动态的工作体系、一个信息共享体系、一个知识管理体系和一个经济技术分析体系；实现设备全生命周期管理；建立健全的 TPM 全员维修制；实现全程费用控制，确保以最优备件库存保全设备最佳状态；实现对设备全过程动态管理，以预防维修/状态维修管理方法与工作体系为基础，以预防性检查、维护、故障分析和状态监测为主要手段，为设备维护维修工作提供定量管理依据。

### 5.5.4 设备系统支持的管理模式

设备系统支持的核心业务模式应包括：

（1）点检定修制。将点检定修制这套制度化的比较完善的科学管理方法固化到系统中，提供按照设备标准与周期对设备规定的部位进行检查的系统平台，利于早期发现设备故障隐患，及时进行处理，使设备保持其应有的功能。

（2）TPM 全员维修制。提供支持 TPM 全员维修制的管理平台，通过全员全设备监控信息采集、分析、处理、设备状态修正、点检计划调整等手段完成设备状态管理 PDCA 循环，确保生产设备完好。

（3）设备全过程动态管理。实现对设备全过程动态管理，以预防维修/状态维修管理方法与工作体系为基础，以预防性检查、维护、故障分析和状态监测为主要手段，来为设备维护维修工作提供定量管理依据。

（4）全程费用控制。提供对设备维修过程中发生的料、工、费进行计划、使用、跟踪全方位的控制跟踪功能，通过项目立项、定额及预算控制、检修计划、合同签订、委托单、委外报支的全流程管理达到企业维修费用可控。通过维修费用分析功能提供费用趋势分析及费用控制依据。

### 5.5.5 设备管理流程及其功能架构

设备管理流程及其功能架构分别如图 5-9 和图 5-10 所示。

### 5.5.6 设备管理功能说明

设备管理系统主要包括以下功能。

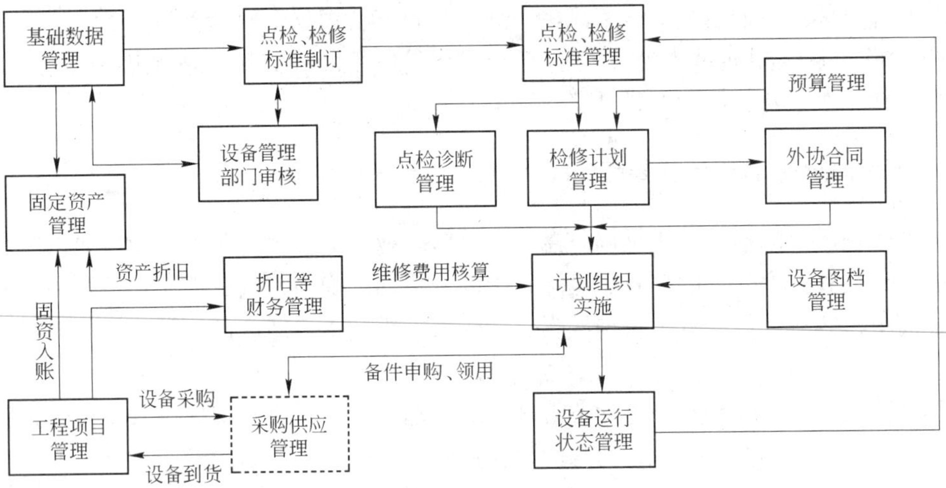


图 5-9 设备管理流程

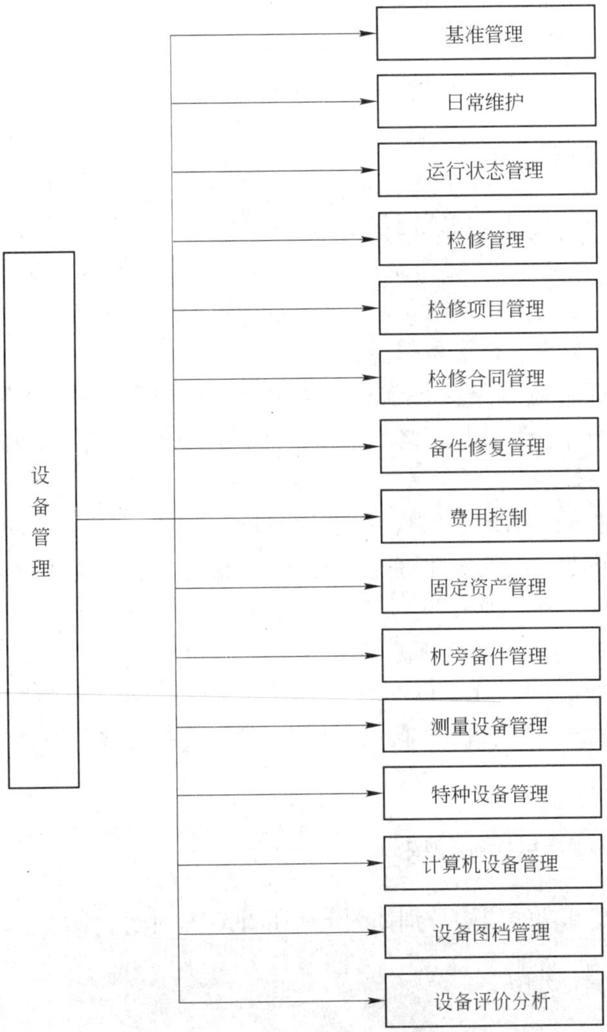


图 5-10 设备管理功能架构

#### 5.5.6.1 设备基准管理

设备档案的建立是对设备进行一生管理的开始和基础。为了充分体现设备一生管理及 TPM 管理理念，设备管理应该从接收工程项目管理的设备设计、采购、仓储、安装、调整等信息开始，并与设备的运行信息合并保存，便于设备的全生命周期跟踪管理。设备基准信息库是整个设备管理的基础和前提保障，所有的设备管理活动都将基于此进行。设备档案、点检标准、维修作业标准、维修定额是完成设备日常保养和检修委托的前提和保障。

#### 5.5.6.2 日常维护

设备点检制即设备日常保养是一种以点检为核心的设备维修管理体制，是实现设备可靠性、维护性、经济性达到最佳化、实行全员设备维修管理（TPM）的一种综合性的基本制度。在设备日常保养方面，系统首先应建立点检标准，点检标准是编制设备日常保养计划的依据，包括点检编码、点检项目、点检方法、点检周期、点检工种等点检基础信息库。有了点检标准，设备管理人员对设备的特性会有比较好的掌握。同时在点检标准中也应该定义给油周期及给油量。系统应提供多层次的闭环的日常保养体系，通过点检标准建立包括自动形成点检任务计划（工单）和设备点检任务指令，通过对点检异常的处理，形成闭环的隐患整改管理体系。

#### 5.5.6.3 运行状态管理

设备运行状态管理的主要目标是动态掌握设备运行状况。通过运行记录、停机记录、点检、定期检查、故障记录、事故记录、状态监测、作业线监控等常规管理方法和现代化技术手段，记录设备以往的状况并准确监控设备当前状况，分析设备运行的可靠性、经济性，为制定合理的维修保养措施提供充分的科学依据。

#### 5.5.6.4 主作业线监控

通过实时数据采集，从下位系统收取作业线信号，对信号进行判定监控，实时展现到管理者的监控平台上。

#### 5.5.6.5 检修管理

设备检修应以集中一贯管理为原则，按照分层、分类管理模式实施检修管理。

检修管理模块应包括以下主要功能：

（1）检修计划管理。检修计划管理是整个检修工程的核心工作，包括检修模型维护、检修计划编制、检修项目立项、检修计划（项目）审定。检修模型可由设备管理部门根据已有的生产设备检修实绩的情况制定，根据设备的运转周期安排各部门的设备检修时间，从而更好地指导设备管理部门平衡各生产单位的检修计划。检修计划模型一旦确定，计划制定部门根据检修模型的设定，参照生产部门提出的停机检修日，并考虑生产的具体情况，设备运转的具体情况合理制定适合自己部门的检修计划。检修模型是周期生成检修计划的前提和基础，检修计划生成后，由生产、设备等相关方对生成的检修计划进行平衡和调整，经过审定的检修计划是实施检修任务的约束和指导。

（2）检修工单管理。各生产单位根据检修计划由设备维护人员编制各自维护设备的检修工单，并将自己的检修工单挂入自己生产单位的检修计划中。在经过检修计划项目的层级审核后，进入具体实施阶段，在检修工单实施过程中可以对计划中的各项目进行进度跟踪，直至最后委托完工。

检修计划是周期性开展检修任务的时间跨度、检修区域等整体信息的框定，而检修工单是在某次检修计划中具体任务的罗列，在检修工单中包含检修内容，所需工种、人数、工时，所需用料、工器具等。

（3）检修实绩管理。检修任务实施结束后，需要在系统中登录本次检修工单的实绩信息，主要为实绩消耗（时间、工种、人数、工时、用料、器具等），同时对检修结果进行综合性评价，最终检修工单形成设备的检修履历，便于设备检修信息的跟踪与查询。

#### 5.5.6.6 备件修复管理

建立对机旁备件修复过程和修复费用的跟踪和管理，解决备件从修复出库到修理完毕入库这一过程的无序杂乱及无法跟踪管理的盲点。

备件修复管理模块应包括以下主要功能：

（1）备修委托管理。当现场有机旁备件需要修复时，业务人员可以通过备修委托申请对机旁库存中的备件进行修复，当备修委托单审核通过后，可以进行修复出库操作，修复出库的备件进入实际的修复过程。

（2）备修核价管理。对承修单位提出的计划修理内容及配件清单进行确认，确认后的修理内容及配件清单交由主管部门的备修业务员，业务员根据备件的修理类别确定修复人工费，并对承修单位提出的配件计划价进行确认，确认后交给主管部门的备修核价员核价，核价确认后确定修复合同价交给承修单位实施。

（3）备修实绩管理。备修实绩验收分实物的验收和修复金额的报支。

备修实物验收包括确认完工的数量及完工实绩的评估，实物验收后转入机旁修复件入库流程。

备件修复金额报支时，首先确认实际的修理内容及更换的配件清单，如果实际与计划相符，则作实绩验收审核并交由主管部门的备修业务员作为结算的依据。如果实际与计划不相符，则对实际修理内容及更换的配件清单作变更确认后，作实绩验收审核并交由主管部门的备修业务员对变更的内容进行决算确认，在主管部门的备修核价员审核后作为结算的依据。

#### 5.5.6.7 检修项目管理

针对投资项目及与设备维修有关的项目进行管理，实现项目的精细化管理，同时为了达到项目预算费用可控的目的，在系统总费用控制额度指导下，在项目管理、检修管理和合同业务之间建立一个费用传递控制桥梁，通过控制项目预算，达到对投资及检修实绩费用和签约合同金额的控制。

检修项目管理模块应包括以下主要功能：

（1）项目申请管理。检修项目管理业务的起始点从申请项目开始，项目申请时根据业务需要可以将一个项目分别和不同的中标（或承包）单位签订合同，项目的实施跟踪以合同为单位进行，项目的信息收集完全依赖于合同信息的集成。

项目的创建是为项目实施管理服务的，项目的建立为合同的创建建立了前提条件。项目、合同的管理应该是互动的，可以通过对项目预算费用的控制达到对合同费用进行控制的目的。

（2）项目实施管理。项目实施部分的业务由项目下达、项目费用调整构成。

项目可以下达给业务执行人员进行委托单开单施工及订立合同，下达以后的项目，可以进行预算费用调整，预算费用同样受到年度预算费用的控制。在项目实施过程中可以对项目进行实时跟踪，可以通过项目号查询出该项目下已签订的合同信息或合同施工的委托信息。

（3）项目验收管理。项目验收的业务可以分为项目验收和验收审核。

项目验收必须填写项目验收结论和评价信息，验收后的项目报送上级主管部门审批，只有通过终审的项目才能标志为项目结束。

#### 5.5.6.8 维修费用管理

以设备一生管理为主线，遵循“总成本”、“价值增值”、“长效投入”的管理理念，既要关注维修投入，又要关注设备产出，以“设备综合效率”衡量设备管理效果。将各维护部门及相应的受益成本中心发生的设备维护之料、工、费，依据维修成本科目加以归集、整理，生成维修成本综合信息，以满足大量、快速、实时查询数据的需求。

维修费用管理模块应包括以下主要功能：

（1）年度预算管理。年末各维护部门编制下年度计划预算，申报至费用管理部门，费用管理部门汇总并申报至公司，公司根据企业生产和设备情况制定企业下年度的设备维修费用。由费用管理部门将下年度的维修费用下达至各维护部门，维护部门根据下达额度再编制该维护部门下年度的执行预算，并作为各业务环节在下年度使用维修费的依据。

（2）月度预算管理。月度预算是由各维护部门在月末申报下月需要发生的各类设备维修费用，并申报给费用管理部门和财务部门审核。作为该维护部门在下月使用维修费用的依据。

（3）费用实绩管理。维修实绩管理是对备件领用、维修成本的收集。维修成本主要包含：检修人工费用的投入，检修备件消耗以及生产备件成本分摊，检修人工费消耗来自于检修合同的发票报支、检修备件消耗来自于物料仓储的实际领用、生产备件成本分摊来自于财务依据生产备件消耗计算的成本分摊结果，将上述成本进行归集，形成检修成本的全部。

#### 5.5.6.9 检修合同管理

目前设备维修大多实施专业化的社会协作方式。通过商务合同实行维修资源分配、使用、调控的集中管理，这样可以统一规范维修市场的经济管理秩序和运行模式。在保障生产设备稳定运行的前提下实行主辅分离、减员和降本增效等方面起到了积极和重要的作用。商务合同是将设备维修工程项目和维修资金融合在一起的桥梁和纽带。

#### 5.5.6.10 固定资产管理

固定资产是物化了的资金，是企业开展生产经营活动的物质基础。固定资产管理应实现固定资产实物和账务管理的高度集成，实现固定资产系统化和全过程的管理，从源头上保证固定资产数据的准确性和账、物一致性。固定资产管理应贯穿从固定资产实物验收开始直至报废处置完毕的整个过程。

固定资产管理模块应包括以下主要功能：

（1）资产转固管理。固定资产转固管理主要用于固定资产新增和增值验收。固定资产转固根据资金来源分为零购固定资产转固和工程项目（含基建、技改等）固定资产转固，还有租赁外单位的资产租赁到期转固，固资清查对盘盈资产的转固，抵债类转固。转固后资产形成资产台账，依据资产台账和设备现场管理需要，可以对资产进行拆分，最终形成设备台账。设备台账是设备开展日常维护工作的前提和基础。

（2）资产调拨管理。固定资产调拨管理操作对象是资产台账中同一账套内部门之间的固定资产调动。若是因体制调整或使用单位等发生变化时，不牵涉到固定资产的价值信息变化，此时可通过固定资产调拨方式进行更改。

（3）资产闲废管理。固定资产闲废管理包含固定资产闲置或固定资产报废，固定资产闲置的业务操作对象是固定资产台账中所有非报废、闲置状态的设备。固定资产报废分全部报废和部分报废两种，固定资产在部分报废以后，固定资产的剩余部分还可以进行所有适用于固定资产的业务操作。

（4）资产回收处置管理。固定资产处置管理业务操作对象是所有在用、闲置、报废状态的资产，由使用部门提出处置申请，终审后由固资管理员生成固资处置单，最后固资处置信息发送财务系统。

（5）资产清查管理。固定资产清查管理业务是由使用单位对资产进行盘点，盘点后形成资产的盘点信息，与系统资产信息核对后，进行资产盘盈或盘亏的处理。

（6）资产折旧管理。按照国家或企业自身制度规定，对固定资产的每月折旧进行系统自动计算，计算结果直接影响固定资产的价值信息，并可将计算结果抛送财务系统。

（7）资产财务变动管理。固定资产的财务变动方式有：金额更正、减值准备、折旧年限改变、重估增值、补提折旧和残值率变更等。当固定资产需要财务变动时，由固定资产价值管理部门业务员进行财务变动申请，申请递交固定资产价值管理部门主管审核，审核完毕，可将固定资产的变动信息抛送财务系统。

#### 5.5.6.11　机旁备件管理

备件消耗主要发生在设备维修活动中，备件供应作为设备维修活动的重要组成部分，是保证生产设备正常运转的基础之一。其管理目的是从供应链整个系统出发，研究其储备量与设备投资量、年消耗量之间的关系，使在供应链上的每一个环节保持供应率与需求率均衡一致，及时供应满足维修要求的备件品种、数量、质量，提高资金周转率。备件消耗跟踪主要体现在机旁仓库的管理当中。

机旁备件管理模块应包括以下主要功能：

（1）出入库管理。期初入库、从总库领用入机旁库是机旁备件的两个来源，物料需要经过入库确认操作进入机旁仓库，入库确认时系统应能识别库存已经存在的相同物料，并对该物料进行数量上的累加以及入库单价、入库总价的更新。

若需要领用备件，则需要进行备件出库确认操作，需填写出库数量，机旁备件出库后，根据出库去向不同选择不同的流程，如出库修复则进入修复流程；如出库上机则进入上机流程；如出库报废则进入报废流程。

（2）上下机管理。上下机循环管理以使用者提出上机申请为业务起始点，经确认后物料从机旁库出库并形成机上信息，当物料下机时须由使用者根据机上情况提出下机申请，经确认后物料从机上回到机旁库中。如下机物料已达到报废标准，则直接进入报废信息中。

修复循环管理以备修管理中提出备修委托为业务起始点，系统根据备修委托生成修复出库申请，申请经确认后物料从机旁库出库或从机上直接下机修复。当备修委托完工验收后系统形成修复入库申请，申请经确认后物料回到机旁库中。

（3）报废管理。由于物料的过期、失效或设备更新等原因，在机旁库存管理中会出现报废的业务操作，报废从报废申请信息生成的业务点开始，报废申请信息需要通过上级主管部门的审批，审批通过后，业务人员再对相关的报废信息做处理，报废信息的处理是直接在机旁库存中做出库操作。报废处理是整个报废业务流程的业务结束点。

（4）库存管理。库存综合查询，机旁库收发存报表。

#### 5.5.6.12 测量设备管理

实现对测量设备各状态的管理，在系统中反映测量设备检校计划、检校、报废、封存、修理等业务变化，跟踪设备的历史信息，指导测量设备管理工作。通过这套系统的投入使用，可以有效地积累各设备状态数据，优化管理标志，避免以往经常发生的局部过维修和欠维修，达到完善设备管理、稳定生产质量的预期目标。

#### 5.5.6.13 特种设备管理

特种设备是纳入国家法律法规管理范畴的设备，与一般设备相比其在管理上具有一定的特殊性。特种设备的管理，管理上体现国家法规的要求，同时满足企业正常生产所需，使各相关管理部门能准确、全面了解和掌握特种设备的使用状态、检验检测结果。特种设备管理解决现场存在的特种设备延期检验及相关职能管理部门对检测信息掌握不及时、不完全等问题，并实现特种设备基本资料信息、特种设备注册、检测计划排程、实绩登录、复检计划、复检实绩登录、证书上传等信息化管理。

#### 5.5.6.14 计算机设备管理

完成计算机设备的日常点检工作、计算机设备的状态跟踪与记录、计算机设备的检修过程跟踪。上述功能的实现可以完善计算机设备管理手段、有效提高计算机设备管理效率。

#### 5.5.6.15 设备图档管理

对设备投资时期的档案、设备维修改造过程中的资料、设备运行过程中的异常事故图片等资料进行管理，包括基础档案、版本管理、应用管理等功能。

#### 5.5.6.16 评价分析

提供基础管理报表以及设备管理中通用的各类指标统计以及趋势分析，图形化显示各类分析数据。比如设备综合效率（Overall Equipment Efficiency，OEE）的统计分析：OEE＝可用率（B/A）×表现指数（D/C）×质量指数（F/E）；可用率＝实际生产时间/计划生产时间；表现指数＝（理想节拍时间×产品生产数）/实际操作时间＝生产数量/（理想速度×实际操作时间）；质量指数＝合格品数/生产数量。

## 5.6 采购与供应管理

### 5.6.1 概述

工厂作为一个物料加工增值系统，如果说销售是它的输出端，采购则是它的输入端。

钢铁企业原材料消耗数量巨大，物料费用在产品成品中占有很大份额。钢铁企业要取得好的效益，采购是一个极其重要的环节。当今企业的竞争是供应链之间的竞争，只有整个供应链的成本最低，才能达到企业价值最大化。钢铁企业利用信息化要达到的一个重要目标便是降低采购成本、加强物流管理、降低储备占用，并最终为企业带来良好的经济效益。

钢铁企业需要采购的物料包括：原料、燃料、辅料、备品备件、资材、消耗品等，对不同的物料，其采购的策略会有很大的不同。采购管理信息化的一个重要方面是实现策略性采购。策略性采购可让采购员在充分了解市场信息和内部用户需求的基础上，在“总体成本”理论的指导下，制定物料采购策略，运用公平公正的流程选择最符合采购管理要求的供应商并签订合同。采购部门通过策略性采购为公司创造最大的价值。

物料采购管理的最终目标是在保证企业生产经营管理正常进行的前提下，最大限度地简化日常事务，降低原材料成本和运营成本，降低库存和占用资金，减少财务收支差错或延误，使物料管理人员把更多的精力集中在诸如供应商选择、合同谈判和效益分析等战略性决策任务上。

### 5.6.2 采购策略与采购模式

采购的总策略是在保证供应的情况下，使采购成本降至最低。采购的物品不同，实现采购总策略的方法也不相同。策略性采购关注采购的策略性，依托物料分类、供应商分级和采购合同类型的差异化，制定采购策略和供应商选择策略，并通过不同的运作模式，形成不同策略的采购流程，有效降低采购管理成本，提高对市场波动的应对能力。钢铁企业采购的物料根据需要的情况，可以大致进行如图 5-11 所示的分类。

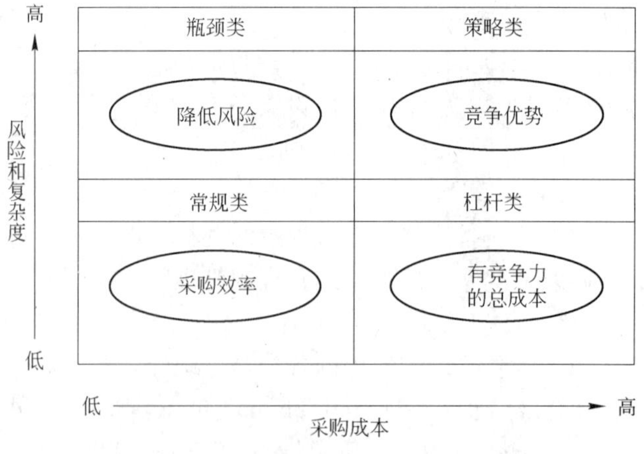


图 5-11 物料分类—采购策略矩阵

### 5.6.3 采购流程

企业主要采购流程如图 5-12 所示，分为采购计划编制、采购合同管理、到货验收入库作业、采购合同结算及供应商记录等。

采购需求计划有多种来源。大宗原料的需求来源于铁前生产系统，主要涉及炼焦煤、

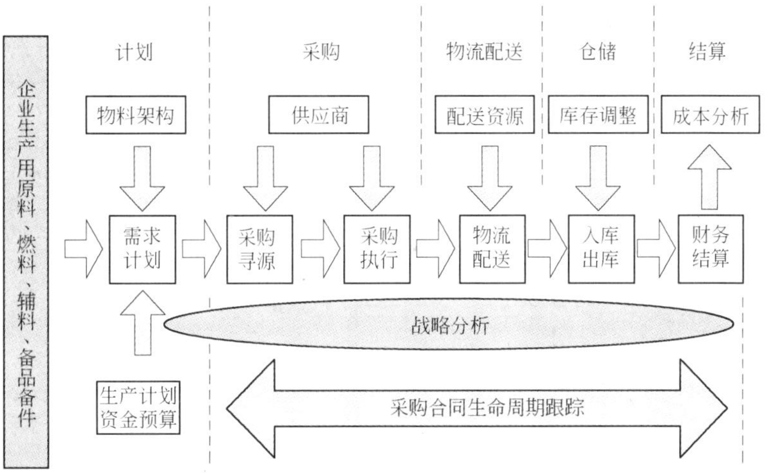


图 5-12 企业采购流程

铁矿粉、铁矿块、石灰石；一部分来自炼钢生产，如废钢、铁合金、萤石。联合企业的能源有自备和外购两部分，外购能源有煤、电、重油、汽油、水等。生产中所需要的工具和消耗品，特别是轧辊，由各生产单位的生产管理系统提出。设备和备品备件由设备管理和维修管理系统提出。

物资使用单位的有关系统提出采购需求计划后，经物资供应管理部门和财务部门的审批，形成物资采购计划递交给采购部门。

采购部门依据采购计划和采购策略向采购人员下达采购单，启动采购流程。经过询价和比价，谈判签约，形成采购合同。此后则是执行采购合同的过程。采购物品按合同规定交货后，经过运输，到达企业指定场所。

采购物资到货后要计量、计数、检验物资质量，提出验收报告。检验合格后，原料进入料场，进行堆料管理；材料备件进入库房，进行库存管理。

采购合同完成后，要进行合同结算，包括费用结算和费用差异分析，属于企业财务的应付管理子系统的业务范畴。同时对供应商进行记录、评估。

### 5.6.4 采购与供应管理的功能架构

采购与供应管理的功能架构如图 5-13 所示。

### 5.6.5 采购与供应管理的功能说明

#### 5.6.5.1 基础数据管理

（1）供应商管理。建立完备的供应商管理档案，记录和跟踪供应商的交易概况，建立健全适合企业本身管理要求的供应商评估体系，集中管理供应商资源。

供应商类别主要包括：原料需求方、原料供应商、承运商、船东、港务公司、货代、船代等。不同类别的供应商还可以依据管理需要做细分。比如原料供应商还可以依据原料的类别来细分为矿石供应商、煤炭供应商、辅料供应商。

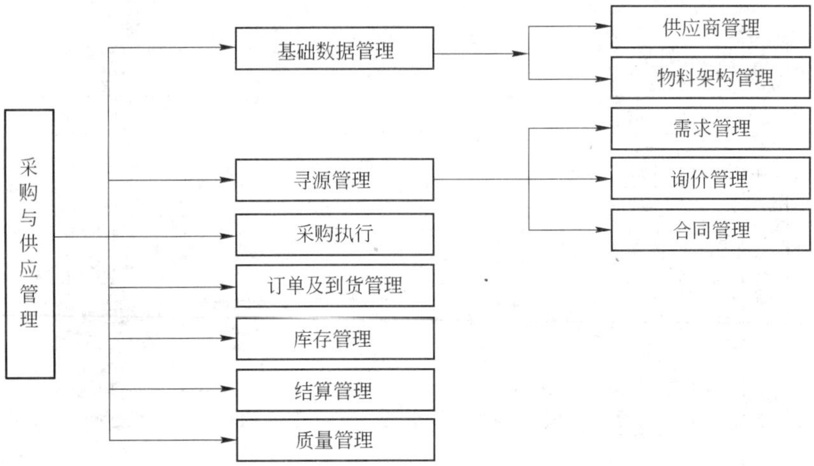


图5-13　采购与供应管理的功能架构

基本信息项包括：供应商代码、供应商中文名称、供应商英文名称、供应商简称、供应商类别、注册地址、联系地址、邮编、电话、传真、E-mail、网址、国别。

供应商联系人信息项：代码、名字、联系电话、手机、传真、E-mail、联系地址、邮编、管理业务属性，有效标识。

供应商财务信息项：银行账户、开户行、税号等。

（2）物料架构管理。建立完整、可靠、易于搜索的物料代码体系，以分类架构的模式实现物料的分类分层管理。

物料信息主要包括物料类别，并区分物料的大分类、中分类和小分类，如大分类可以分成矿石、煤炭、辅料等。

基本信息项：物料代码、物料中文名、物料英文名、物料类别等。

此外，还应建立物料和供应商的关系表及物料和质量指标关系。

#### 5.6.5.2　寻源管理

寻源管理的内容主要有：

（1）需求管理。编制物料申请计划时，选择计划类型，根据计划类型，确定采购策略。通过寻源管理模块，建立一套标准的寻源体系、合同管理体系。

（2）询价管理。通过询价、谈判过程的标准化、合同管理的规范化，达到信息化高度集成的目的。

询价与谈判管理包括的主要功能有拟选管理、询价管理、报价拟签管理。

（3）合同管理。合同维护与审批包括的主要功能有合同模板管理、合同主信息管理、合同明细信息管理、合同审批。

#### 5.6.5.3　采购执行

支持对库存量允许的需求手动或自动预约，对库存不能满足需求的，通过平衡，对缺口部分生成采购订单。

支持对采购订单的财务结算。

支持对采购、仓储、使用过程中质量异议的处理。

采购执行管理主要包括需求申请管理、订单管理、预到货管理、结算管理、查询、配置管理。

#### 5.6.5.4 订单及到货管理

订单管理包括：货物订单、货代订单、服务订单、委外加工订单、寄售补库订单、合同订单。

到货管理包括：货物报关、开箱验收、货物检验、采购质量管理等。

#### 5.6.5.4 库存管理

支持与库存管理相关的财务账务处理；支持与财务等其他周边系统的集成。

支持库存管理的多组织、多地点及多部门的架构及其成本核算。

支持库存预测和制定库存补货计划。

支持多种库存计价模式。

为优化企业的库存结构及库存分析提供数据及基本功能支持。

库存管理物料从到货开始到物料入库，库存中的变动，直至物料出库的所有库存管理操作。

库存管理覆盖普通收货入库流程、正常/销售/加工/寄售领用发料流程、自助采购发料流程、盘库报废流程、退库流程、库存移驳流程等。

库存管理支持对普通采购、修复件、服务采购等各种业务的库存管理，既可以管理实物库存，也根据业务类型的不同支持不同库存的财务账务处理。

#### 5.6.5.5 结算管理

结算管理包括：主发票、杂费发票、预付款发票、尾款发票、红冲发票。

查询包括：订单查询、订单明细查询、预到货查询、预到货明细查询、发票查询、发票明细查询。

预付款管理：预付款在国内采购业务中发生的比较多。支持采购订单预付款和采购合同预付款两者模式。订单预付款只能在该订单结算的时候核销，合同预付款能在该合同下所有的订单结算的时候核销。对于预付款的金额严格按照合同中的要求进行控制。申请预付款和核销预付款都必须向财务系统抛账。

应付票据管理：实现信用证、汇票、保函等的申请，开证、使用跟踪管理。如支持信用证对发票支付总额的控制。

主发票：供应商根据送货物料、单价、数量、金额开具发票，业务人员将发票输入系统，系统根据合同、采购订单、入库量等信息进行发票校验，通过校验的发票信息传送给财务系统。

杂费发票：杂费发票的录入。

预付款发票：供应商提供的预付款发票录入。

尾款发票：供应商提供的尾款发票录入。

红冲发票：供应商提供的红冲发票录入。

物流费用结算包括：

远洋运输首款结算：在远洋航次装运开航后能依据物流订单信息新增首付款结算清

单，首款主要包括运费和油价补贴。能依据物流订单信息自动估算首款金额，通过和承运商的首款发票比对，避免支付差异。依据结算清单和发票信息，生成报支清单向财务系统抛账。

远洋运输尾款结算：在远洋航次完结后能依据物流订单信息新增尾款结算清单，尾款金额主要包括运费、油价补贴、滞期费、佣金等费用。能依据物流订单信息自动估算尾款金额（全款－首款），通过和承运商的尾款发票比对，避免支付差异和风险。依据结算清单和发票信息，生成报支清单向财务系统抛账。

国内运费结算：在国内航次装运开航后能依据物流订单信息新增运费结算清单，能依据物流订单信息自动估算运费金额，通过和承运商的发票比对，避免支付差异和风险。依据结算清单和发票信息，生成报支清单向财务系统抛账。

其他物流费用结算：其他物流费用主要包括港使费、堆存费、装卸费、亏仓费、装港滞期速遣费、卸港滞期速遣费等。

其他采购费用结算：其他费用主要包括进口关税、进口增值税、保险费、商检费、报关费等。

#### 5.6.5.6　质量管理

对到货物料进行质量检查，对不合质量要求的物料进行异议处理。

## 5.7　工程项目管理

### 5.7.1　概述

用于支撑企业生产经营活动的设备、工具、厂房、管道、铁路、线路、道路等均需通过固定资产投资项目实施建设。项目建设一般分为基本建设和技术改造两种类型。

企业需要制定投资项目的长远（五年）计划和年度计划。项目计划由使用方提出草案，经过科技、环保、财务等相关部门的论证、评估、筛选，形成固定资产投资项目计划。

列入项目的计划需要进行可行性研究，确定项目的目标、任务、内容、投资、进度、收益、风险和责任者。

项目进入实施阶段，陆续完成设计、采购、施工、安装、调试、试运行。

项目验收后，交付使用者，形成固定资产。

工程管理的核心是工程项目管理，主要包括工程设计、工程实施管理，通过对工程项目全过程（可行性研究、立项、初步设计、施工图设计、工程施工、竣工验收、后评估）的监控和管理，及时获取相关信息，从而加强过程管理，加强项目投资管理与控制。让企业管理部门及时、清晰地了解掌握各项目投资、进度、质量、安全等情况，做到事前计划，事中控制，事后评估，通过IT手段提高风险防范水平，提高工程管理效率和管理水平。

### 5.7.2　工程建设项目的总体业务流程图

工程建设项目的总体业务流程（参见图5-14）包括以下几个阶段：

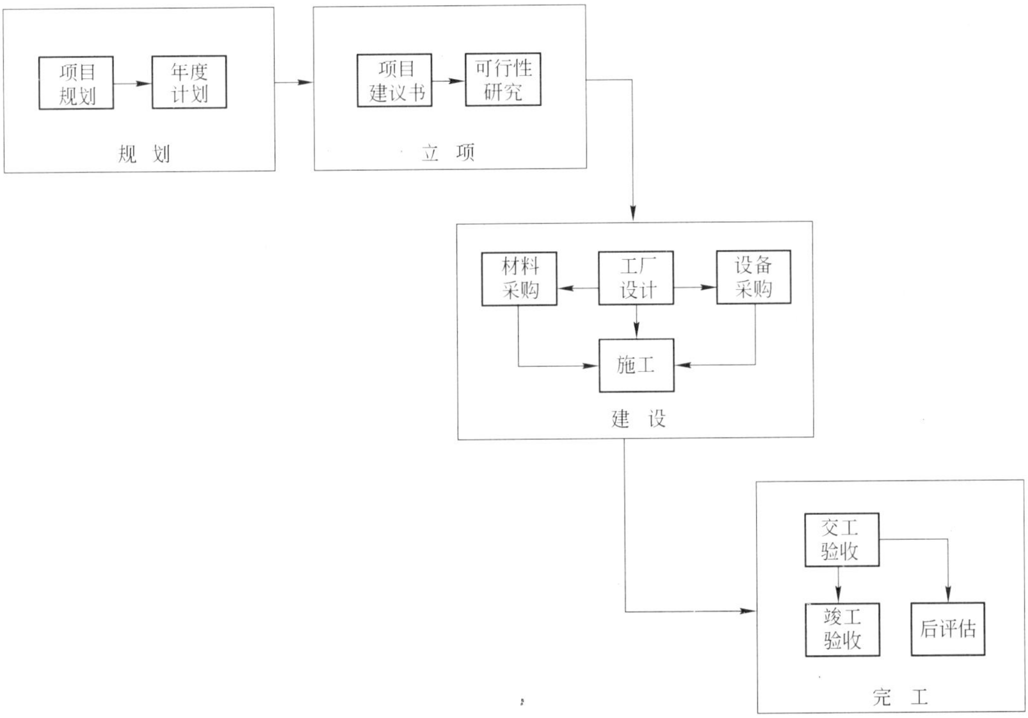


图 5-14 工程建设项目总体业务流程

(1) 规划阶段：投资管理部门对所确定的基建项目的范围、目标和投资进行细化，并同时收集作业层的常规技改项目需求，经过审核与修改，最终形成企业建设项目规划。投资管理部门按照企业要求，根据项目规划及在建项目的进度情况，对第二年需要开展的项目工作进行计划，对形象进度、投资预算及资源需求作出描述，形成项目年度计划并上报审批。

(2) 立项阶段：项目单位根据建设项目规划和年度计划组织对技术改造设想进行研究，编制技改项目建议书初稿，经过投资管理部门审核后形成项目建议书。设计单位在投资管理部门、设计部门和其他相关部门的配合下，根据项目建议书进行项目可行性研究，编制项目可行性研究报告，经评审后形成可行性研究报告及可研批复。在立项阶段确定项目范围（WBS、设备总表、建安实物量清单）和估算内容。

(3) 建设阶段：设计管理部门根据可行性研究报告以及对报告的批复委托设计单位进行相关的初步设计并编制初步设计报告，经评审后形成初步设计批复。在初步设计阶段进行项目范围的细化并确定项目概算内容。在获得初步设计批复后，设计管理部门组织相关部门进行施工图设计、设备设计、三电软件设计，并下发设备清单进行设备采购，下发施工图进行项目施工和材料采购。在施工过程中由施工单位根据施工合同每月报工程量清单，经业主方审核后支付进度款。

(4) 完工阶段：施工单位与监理单位按要求准备各类交工材料，工程管理部门审核后签发交工验收证书，并组织相关职能部门对工程建设情况进行竣工验收。投资管理部门在交工验收后组织各单位进行专业评估，并负责完成后评估报告。在完工阶段需完成建安结算、竣工决算、固定资产编码入账等工作。

### 5.7.3　生成项目数据结构的辅助方法

工程项目管理中涉及进度管理、投资控制、设备采购管理、甲供料管理、设计图纸管理等任务，在实际的业务运作过程中，上述各项任务是互相关联的，如何通过一定的方法，把工程项目管理过程中涉及的任务有机地进行整合，形成一个有机的整体，是整个项目的关键。作为生成项目数据结构的方法有以下几种。

#### 5.7.3.1　项目定义和 WBS（工作分解结构，Work Breakdown Structure）方法

对项目进行标准化分解，形成项目分解结构（参见图5-15）。例如可以对具体设施进行分解，形成物理分解结构 PBS，如图5-16所示。

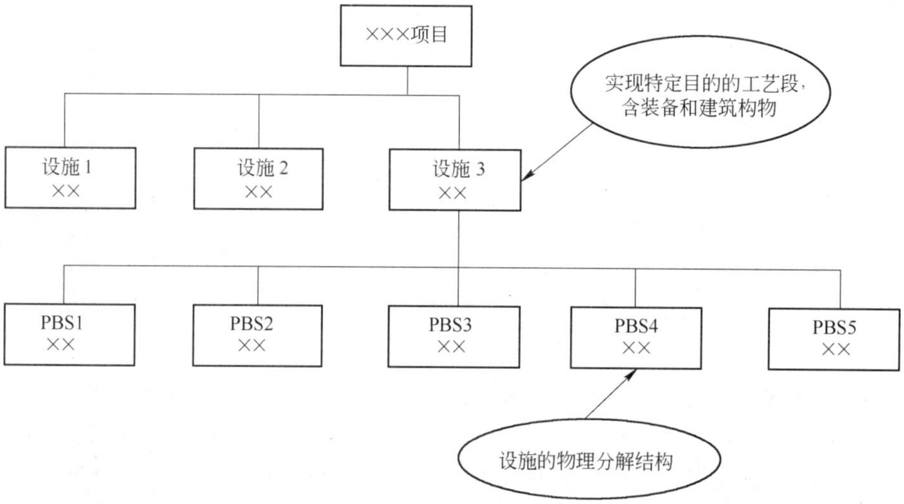


图5-15　项目分解结构

工程项目被分解为任务组，任务组可进一步分解成下层任务组。各任务组构成 WBS 的元素。WBS 的每个元素按层次分解方法编码，形成一个结点。元素结点内容包括目标定义、功能描述、时间要求、项目成本等。整个工程被表现为树结构。

#### 5.7.3.2　网络计划方法 NETWORK

用网络计划（NETWORK）方法描述工作及其相互之间的顺序关系，用于项目进度管理。在形式上，网络计划是由元素结点构成的网状图，每个元素结点表示一项“工作”。各个“工作”之间有一定的逻辑联系和时间联系，如标记“开始”的工作 S(Start)，标记“结束”的工作 F(Finish)，“前一项”工作 L(Last)，“后一项”工作 N(Next)等等。

网络计划方法一般有三条原则：元素结点表示的“工作”是唯一的，“工作”和它的一个 L，一个 N 构成了一项活动。网络图不允许有闭路。

#### 5.7.3.3　项目进度管理方法

在工程项目管理中，如何管理好项目进度是一项重要的工作。下面是几种常用的项目

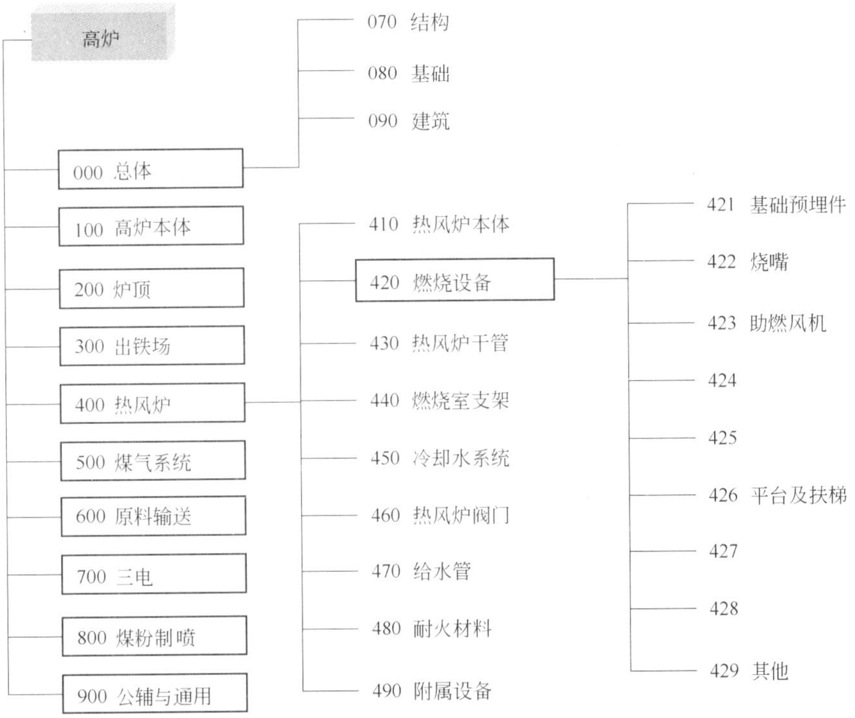


图 5-16 具体设施的物理分解结构

进度计划的方法：

（1）关键日期表。这是最简单的一种进度计划表，它只列出一些关键任务和进行的日期。

（2）甘特图，也称为线条图或横道图。它以横线表示每项任务的起止时间。在甘特图上，可以看出各项任务的开始和终止时间。在绘制各项任务的起止时间时，也考虑它们的先后顺序。但各项任务之间的关系却没有表示出来，同时也没有指出影响项目生命周期的关键所在。因此，对于复杂的项目来说，甘特图就显得不太适应。

（3）关键路线法（Critical Path Method，CPM）和计划评审技术（Program Evaluation and Review Technique，PERT）。CPM 和 PERT 是 20 世纪 50 年代后期几乎同时出现的两种计划方法，适用于复杂的工程项目。这两种计划方法是分别独立发展起来的，但其基本原理是一致的，即用网络图来表达项目中各项活动的进度和它们之间的相互关系，并在此基础上，进行网络分析，计算网络中各项时间参数，确定关键活动与关键路线，利用时差不断地调整与优化网络，以求得最短的建设周期。同时，还可将成本与资源问题考虑进去，以求得综合优化的项目计划方案。因为这两种方法都是通过网络图和相应的计算来反映整个项目全貌的，所以又叫做网络计划技术。

### 5.7.4 工程项目管理的功能架构

工程项目管理的功能架构如图 5-17 所示。

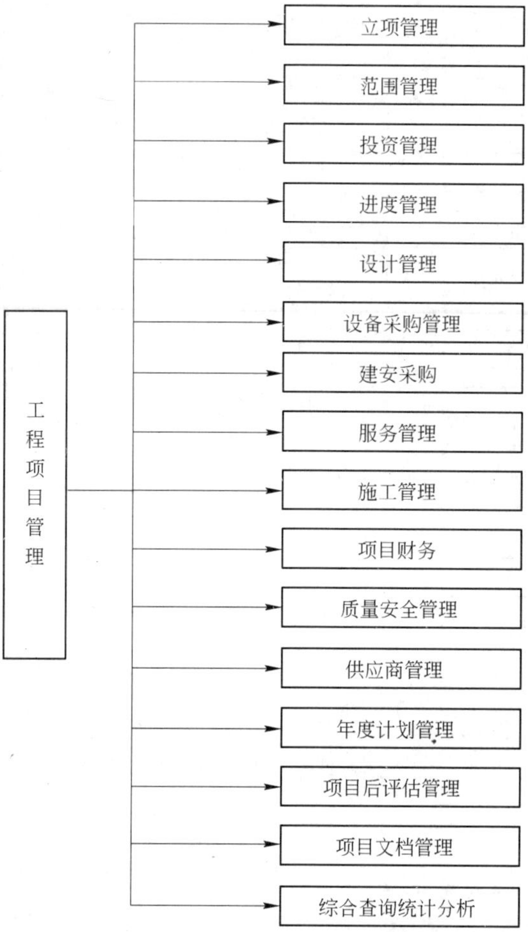


图5-17　工程项目管理的功能架构

## 5.7.5　系统功能说明

### 5.7.5.1　立项管理

从项目单位的项目意向开始，对项目的整个立项过程进行跟踪管理。主要内容包括新项目申报、项目建议书、项目团队定义、可行性研究批复。

### 5.7.5.2　范围管理

以WBS（工作分解结构）为中心，对整个项目的范围以及各专业的采购范围进行定义，作为项目范围、投资或进度控制的基础。主要内容包括定义项目分解结构、设备总表（项目设备采购范围控制的依据）、工程量清单（项目建安采购范围控制的依据）、范围变更。

### 5.7.5.3　投资管理

对工程项目的投资控制、投资计划、总投资决算等业务提供功能支撑。其中，投资控制是投资管理的核心，支持基于项目范围形成项目投资控制指标，并按照项目阶段逐步分解下达，如可研阶段形成项目估算，提前下达引进以及长周期设备控制指标；初步设计阶段形成项目概算，下达整个项目的投资控制指标。在执行过程中，通过投资实绩实时归集、超指标预警/开关、投资预测、多维度投资分析等手段，辅助各级管理层实时监控项目投资执行情况，变项目投资事后分析为事前预算、事中控制。主要内容包括估概算底稿、投资控制指标设定、投资预测、投资过程控制与分析、月度投资计划与已完成投资实绩、总投资决算。

#### 5.7.5.4 进度管理

以企业项目总进度计划为龙头，衍生出设计、设备、施工网络等专业实施计划，各专业实施计划以网络进度计划为中心，确保网络进度计划更好执行。在执行过程中，通过进度实绩及时反馈、进度脱期预警、准点率分析等手段，辅助管理层实时监控项目进度进展情况。主要内容包括项目总进度计划、施工图发图计划、网络进度计划、设备专业计划、实物量基线计划、竣工验收计划等。

#### 5.7.5.5 设计管理

对业主方设计管理相关工作提供功能支撑。主要内容包括设计委托、初步设计批复、设计变更申请、设备清单管理、规划报建、消防报审、总图申请等。

#### 5.7.5.6 设备采购

以收到委托采购的设备清单或非标设计任务书开始，经过采购计划下达、询报价或招投标/集中采购、合同签订/生效等业务环节，到合同执行过程管理，最后以设备的到货、领用、问题处理以及尾款支付为终点，涵盖工程设备采购业务流程的所有节点，对工程设备采购的全业务过程进行功能支撑。主要内容包括设备采购计划管理、设备询报价/招投标管理、设备合同管理、设备到货管理、设备仓储管理、设备合同支付申请等。

#### 5.7.5.7 建安采购

以概算工程量清单为依据细化分解形成招标工程量清单，经过标段定义、招标、投标、中标、合同签订/生效等业务环节，到合同执行过程管理（如工程量签证、进度款支付等），最后以建安合同结算为终点，涵盖建安采购业务流程的所有节点，对建安采购的全业务过程进行功能支撑。主要内容包括招标实物量清单、施工标段定义、建安招投标管理、建安合同管理、建安实物量签证、建安结算、建安合同支付申请、甲供料款抵扣。

#### 5.7.5.8 服务管理

对工程项目咨询服务采购的业务提供功能支撑。主要内容包括服务合同管理、服务合同支付申请、无合同费用的支付申请。

#### 5.7.5.9 施工管理

对业主方施工管理相关工作提供功能支撑。主要内容包括开工准备、开工审批、施工报建、实物交接、交工验收等。

#### 5.7.5.10 项目财务

对与工程项目财务会计相关的业务提供功能支撑。主要内容包括资金计划编制和执行情况分析、竣工财务决算、固定资产入账，包括设备/构筑物固定资产编码、资产价值分摊、资产暂估/正式入账等内容。

#### 5.7.5.11 质量安全管理

对业主方质量安全管理相关工作提供功能支撑。主要内容包括施工质量准备、施工质量控制、安全及标化准备、安全标化控制。

#### 5.7.5.12 供应商管理

对工程项目管理涉及的各类供应商按照专业分类集中管理，如设备类供应商、施工类供应商、设计类供应商、监理类供应商等，并建立合格供应商库。主要内容包括供应商分类、各专业供应商引入、合格供应商管理、供应商绩效评价。

#### 5.7.5.13 年度计划管理

对企业的建设技改项目年度计划工作提供功能支撑。年度计划内容包括项目的年度投资计划和形象进度计划，年度计划项目范围包括新建项目和在建项目。主要内容包括年度计划编制、年度计划执行分析。

#### 5.7.5.14 项目后评估管理

制定项目后评估计划、对后评估计划执行情况进行跟踪、对后评估成果应用情况进行记录和管理。

#### 5.7.5.15 项目文档管理

对工程项目涉及的文档、工程设计图纸进行管理；对文档审批过程、变更及修改进行记录和管理。

#### 5.7.5.16 综合查询统计分析

对项目执行过程中的进度、投资、质量、付款情况按项目、按阶段、按任务进行查询，统计分析。

## 5.8 供应链管理

### 5.8.1 概述

供应链管理（Supply Chain Management，SCM）是指围绕核心企业，主要通过信息手段，对供应各个环节中的各种物料、资金、信息等资源进行计划、调度、调配、控制与利用，形成用户、零售商、分销商、制造商、采购供应商的全部供应过程的功能整体（参见图5-18）。

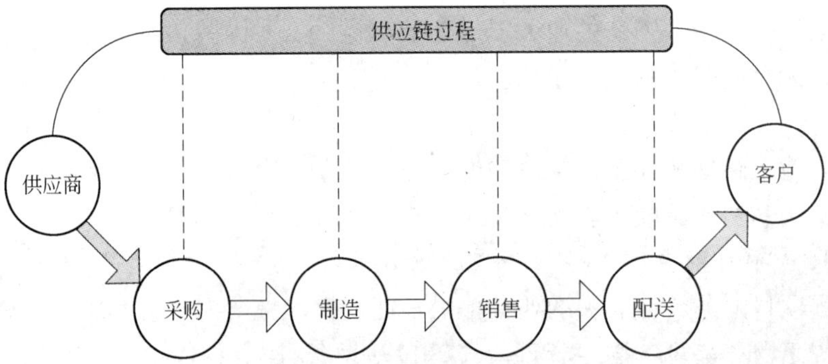


图5-18 供应链过程示意图

它的内涵主要在于“以供应链为主线”。它以“链”的形式将制造商、用户、零售商和供应商连接在一起，形成一条不可分割的整体，沿着这条链，对物流、信息流、资金流、价值流以及工作流进行计划、组织、协调与控制，以寻求建立供、产、销企业以及客户间的战略合作伙伴关系，最大程度地减少内耗与浪费，实现供应链整体效率的最优化。它强化与供应商的集成，实现企业、供应商、重要客户之间信息共享，从而优势互补，共担风险，降低成本。

在钢铁生产中，主体是钢铁企业，但是钢铁企业的生产并不是孤立的，上游离不开原料的供应，下游则为广大的其他行业提供基础原材料。三者形成一个完整的供应链。

钢铁企业的信息化首先构建的往往是企业的 ERP 系统。ERP 系统的主要目的在于解决特定企业的内部管理需求，而供应链管理系统 SCM 需要解决的则是与特定生产供应和销售流通领域相关的一群企业的共性及个性化需求，满足上下游企业之间、物流服务委托和承包方之间的信息共享与交流需求。

SCM 的实质在于将企业与其相关企业形成融会贯通的整体，对市场作出快速反应。企业如果缺乏高效率的内部资源整合，不建有良好的 ERP 系统，将无法面对市场作出快速反应。同样，ERP 虽解决了企业内部供应链的问题，却无法处理企业间集成协作的问题。两者是相辅相成的。

### 5.8.2 钢铁企业的内部供应链

钢铁企业历来重视物资供应问题，有专门的物资供应部筹划和管理企业的物流，从而形成一个从原料运输进厂、堆放、配送到产品入库、出厂、发运的系列流程，即比较完整的企业内部供应链。在企业信息化中，一个完整的信息系统一定是产、供、销、人、财、物紧密集成的，一定包含了企业内部的供应链管理。

如图 5-19 所示，企业内部供应链是将企业内部经营所有的业务单元如订单、采购、库存、计划、生产、质量、运输、市场、销售、服务等以及相应的财务活动、人事管理均纳入一条供应链内进行统筹管理。企业的 ERP 系统就是解决这一问题的。

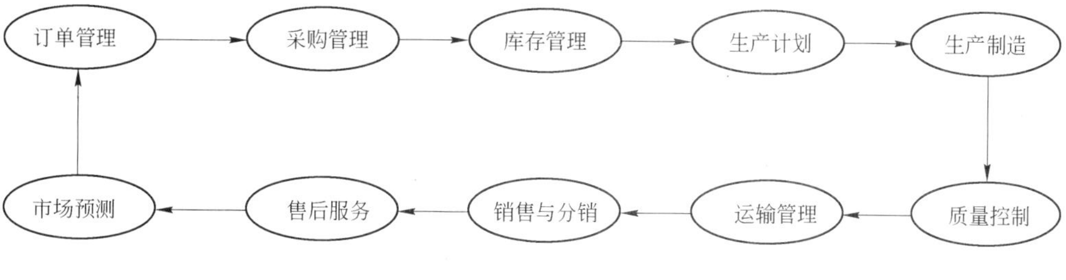


图 5-19 钢铁企业内部供应链示意图

### 5.8.3 钢铁企业的外部供应链

钢铁企业的核心工序是炼铁、炼钢和轧钢。铁水、钢水、钢坯分别是炼钢、连铸和轧钢的原料。高炉的原料主要包括块矿、烧结矿、球团矿、焦炭、喷吹用煤粉等，此外还用到大量的辅料和能源。除钢铁企业自身供应的原料外，大部分矿石、煤、辅料等都需要靠外部供应，加上设备、备品备件、轧辊、资材等物资，形成了钢铁企业的采购供应链。

而钢铁产品向下游延伸的问题，也是一个重要的课题。

钢铁企业要占领市场，一个重要方面是不但要向下游企业提供优质的产品，还必须为下游企业提供良好的服务。为此必须在最恰当的时间、以恰当的质量、最恰当的尺寸、最佳的运输路线为客户提供钢材，这就要求钢铁企业必须打造全新的销售供应链，以达到与下游制造业双赢的目的。

在供应链统一的计划下，上下游企业可最大限度地减少库存，使所有上游企业的产品能够准确、及时地到达下游企业，这样既加快了供应链上的物流速度，又减少了各企业的库存量和资金占用，还可及时地获得最终消费市场的需求信息使整个供应链能紧跟市场的变化。

### 5.8.4　采购供应链管理

采购供应链系统，将生产需求、库存管理、采购执行、采购供应商/物流服务商体系紧密结合。支持战略寻源和谈判业务，支持寻源和执行的职能分离；覆盖公司所有生产单元，支持大宗原燃料、备件、资材的统一采购。建设采购物流管控系统，支持现场需求管理和库存管理，支持采购物流的全程跟踪和管制。

实现对原料采购物流运作各环节的标准化和规范化管理，平衡资源，参照厂内库存，控制在途、在港库存，制定装期计划、配送计划，实现企业分、子公司提出的需求与原料供应间的平衡；实现将物流计划分解、执行、反馈、全程跟踪；实现物流资源调度、远洋运输、原料配送以及外轮排港计划；实现基于物流活动的费用管理，加强资金流通的控制和监控，通过采购资金预算控制、领用资金预算控制、财务报支结算等实现资金流向的分析与控制，通过订单、预到货、收货等实现对物流信息的跟踪，降低物流成本，体现供应链管理思想。

集团采购物流管理系统包括资源平衡、物流指令及协同、物流资源及计划调度、物流费用管理等模块。

### 5.8.5　销售供应链管理

销售物流管理系统符合新一代现代物流管理思想，是企业物流高度协同运作的系统，系统应以“高效协同运作”为原则，以“提升物流管控水平”为目的，以“资源优化、全局掌控、分层作业”为支撑，形成具有快速响应能力的物流运作体系。

它致力于事前、事中、事后等多时态的物流管控，主要功能包括物流计划管理、物流作业管理、物流费用管理、产成品库存管理、外销业务管理、物流资源管理、第三方物流平台，可视化全程物流跟踪等。

销售供应链管理的功能架构如图5-20所示。

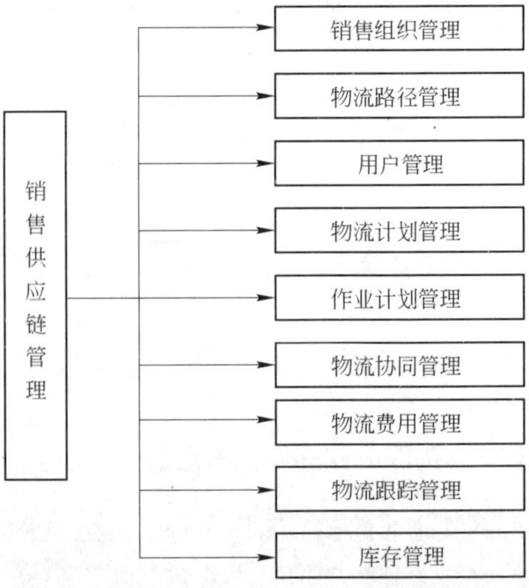


图5-20　销售供应链管理功能架构

## 5.8.6 销售供应链管理功能说明

### 5.8.6.1 销售组织管理

定义销售管理模型各要素及各要素之间的关系。

### 5.8.6.2 物流路径管理

定义产品从产地到最终用户的运输路径。

### 5.8.6.3 用户管理

对与企业往来的各类客户信息进行集中统一管理，包括统一客户开户申请、统一客户资料维护、客户类型区分等；通过对客户类型的区分（销售类、供应商、承运商等），将客户信息传递至相关系统，达到客户信息统一管理、使用的目标。

### 5.8.6.4 物流计划管理

制定并管理物流方案、物流主计划和集批计划。

### 5.8.6.5 作业计划管理

根据物流计划及运输路径，编制具体的作业计划，包括全程涉及的所有作业。

### 5.8.6.6 物流协同管理

与第三方物流企业业务的协同。为负责承运的第三方物流企业提供服务平台。

### 5.8.6.7 物流费用管理

支持企业集中财务结算模式下的物流费用处理。包括物流费率规定、物流单据收集、物流费用结算等。

### 5.8.6.8 物流跟踪管理

通过对物流异动实绩数据的整理，汇总多维度物流执行的状态及位置。包括车船的跟踪、交期脱期的预警等。有条件的话，最好提供可视化手段。

### 5.8.6.9 库存管理

支持企业所有外部成品库的库存管理，通过收集销售渠道中滞留在各个环节的产品库存数据来反映库存的分布及层级结构。包括各类产成品仓库的入库、出库、调拨、库存统计、库存对账、盘盈亏处理等。

## 5.8.7 钢铁生产向后端行业的延伸

近年来，一些钢铁企业已经整合了下游行业的部分制造工艺，生产出的最终产品不单是原材料，而已经是用户的最终产品。例如轮箍、轻轨、重轨、无缝钢管、钢丝绳等金属制品。另外还包括不锈钢用具、钢网、建筑模板、脚手架及紧固件、彩涂钢瓦屋顶等。这是产业链的延伸。

另一方面，面对高附加值的薄板，钢铁企业开始与汽车制造厂和家电生产企业筹划建立加工配送中心。目标是按照下游用户的需求，提供钢种、规格、尺寸质量更加符合上述制造业需求的原料，通过打造全新的供应链，以期在最恰当的时间，以恰当的质量、最恰当的尺寸，最近的运输路线向薄板用户提供材料，达到钢铁业与下游制造业的双赢。可以说，这是现代供应链的一个必然的发展趋势。

在这种形势下，出现了由钢厂和下游制造企业共建薄板配送中心及其系统的方案。薄板配送中心系统主要成为连结钢铁企业产销一体化系统和下游制造企业信息系统的桥梁，构建出两类上下游企业的一个供应链。

薄板配送中心系统可以支持以下的业务流程：薄板配送中心按照下游企业所需要的钢板的化学成分、厚度、宽度和力学性能的要求，按照数量、交货期和批次向钢厂提出供货要求；钢厂在其产销一体化系统的支持下，按质按量按时地生产出钢板，交给配送中心。配送中心按照具体型号对下游企业所需的材料进行剪切，直接送到冲压作业线。

配送中心信息系统的输入信息主要包括：薄板订货信息和到货信息、到货预报信息、下游制造企业的薄板库存信息、产线维护检修信息等。输出信息主要为：所需冲压薄板的规格、数量和库存信息、剪切薄板的消耗信息等。

配送中心信息系统的主要功能包括下游制造企业订货信息查询、钢厂薄板出货信息查询、所需冲压薄板的规格、数量和库存信息查询、剪切薄板的消耗信息查询；剪切生产线的计划和调度；剪切生产线的控制系统；原板钢卷库管理；剪切板库管理等。

## 5.9　人力资源管理

### 5.9.1　概述

现代企业的人力资源管理思想与以往人事管理的概念有着根本的区别，体现于其对人力资源的更深入、更全面的管理。在观念上，其视人为企业的资源，而非成本。在管理模式上，摒弃被动反应型的操作式管理，而提倡主动开发型的策略式管理。其管理重心已从过去重视对“事”的管理转为重视对“人”的管理。同时，其管理方法也从孤立的静态管理转变为全过程的动态管理。因此，人力资源管理系统绝对不应只是简单地实现人事管理的计算机化和无纸化，也绝对不是用计算机对现行企业内部人事管理流程的简单模仿，而是自始至终应当贯彻以先进的人力资源管理思想为主线，合理的组织功能分布，以达到高效管理的目的。

### 5.9.2　人力资源管理的设计要点

人力资源管理的指导思想是用人力开发、人力配置、人力使用、人力评价各种环节来实现人力的合理分配使用和人力扩大再生产，强调以人为本的理念。不但管人力成本，更重要的是开发人力资源。

#### 5.9.2.1　人力资源开发的途径

首先，要维持适量的人力投入。不能盲目投入人力，造成因人设事、人浮于事；要根据生产的特点、企业的特点选择适量人力。做到人人有事做，事事有人管。

其次，要合理调配人力，调整和优化企业的劳动组合，使各环节人力均衡，人力和岗位匹配，有利于个人作用的充分发挥。

第三，要通过教育培训，提高人员素质。

第四，要通过选聘条件、晋升政策、考核指标、薪酬制度、奖励办法、培训计划、福利保险措施来实行人才激励，吸引人才、留住人才，使人尽其才。

#### 5.9.2.2 人力资源规划

人力资源规划的任务是根据企业经营战略和目标，预测未来企业对人才的需求，并使人力供求关系平衡。企业的长期战略规划是人力资源规划的基础，通过分析企业人力需求、企业内部人员、外部人力供给分析来决定人力开发的目标和政策。

根据企业战略规划所需要的资源、组织、开发项目编制人力结构和数量需求计划、设计组织结构和工作任务，计算人力净需求量。

#### 5.9.2.3 人力组织管理

人力组织管理就是对企业的组织机构、岗位和定员进行管理，建立并维护企业组织机构数据库，建立并维护岗位数据库。

#### 5.9.2.4 人力调配管理

人力调配管理承担人员的招聘、调配、离职及员工合同管理，建立人事信息数据库，跟踪人员进入企业后至离开企业前的工作变动全过程。

#### 5.9.2.5 劳动工资和人事管理

做好员工的物质激励工作，是人力资源开发的重要一环，其中搞好工资利益分配工作尤为重要。对企业员工来说，几乎没有其他问题比物质利益、工资分配问题更为敏感。关于物质利益、工资分配问题，其核心在于通过合理的分配与运作机制，来调动劳动者的积极性、智慧、能力、创造精神，进而提高企业劳动生产率和经济效益。

劳动工资管理包括对员工薪酬、劳资统计、福利和各种保险的管理。

#### 5.9.2.6 绩效考核和培训

做好人事考核工作，强化绩效考核，是有针对性地进行人才开发的中心环节。它不仅是员工岗位职务聘任和工资奖金评定的基础，而且是制定人才培训和交流计划的重要依据。

对于绩效考核，目前国际上流行的是用平衡计分卡 BSC，这种方法是分别按照考核项目、考核指标、最高分数、所占权重、所得分数以及合计分数对员工进行考核。这种方法在指标设置、计分评价方面追求长期目标与短期目标之间、财务与非财务之间的平衡，它和关键绩效指标联合使用能够比较科学的评价业绩。

关键绩效指标 KPI（Key Process Indication）采用“头脑风暴法”和逐级分解法找出企业级关键绩效指标、部门级关键绩效指标和岗位级关键绩效指标。要求关键绩效指标具备 5 个特点，即具体、实在、可度量、可实现、有时限。

教育培训管理是现代企业不可或缺的一个重要部分，是企业提高员工素质、发掘员工潜力以实现经营目标的重要途径。通过有目的的教育培训，可以使员工适应新的工作环境需要，从而实现人力资源的不断升值。

### 5.9.3 人力资源管理系统目标

人力资源管理信息化目标是“围绕人力资源战略，调整优化人力资源结构，为建立企业与员工共同协调发展的人力资源环境提供信息化支撑”，具体表现在：建立人力资源管理平台，实现基础数据共享，支撑企业人力资源配置、人才培养和储备机制，及时掌握和支持人员结构和新增生产力的需求；建立基于 BSC 和 KPI 的企业绩效管理系统，为实现企业对部门（单位）和员工的有效激励，提供绩效管理平台；为企业信息化（使用者）提供统一规范的组织机构、岗位和人员基本数据，成为ERP其他子系统的数据基础平台。

## 5.9.4　系统功能架构

人力资源管理系统功能架构如图5-21所示。

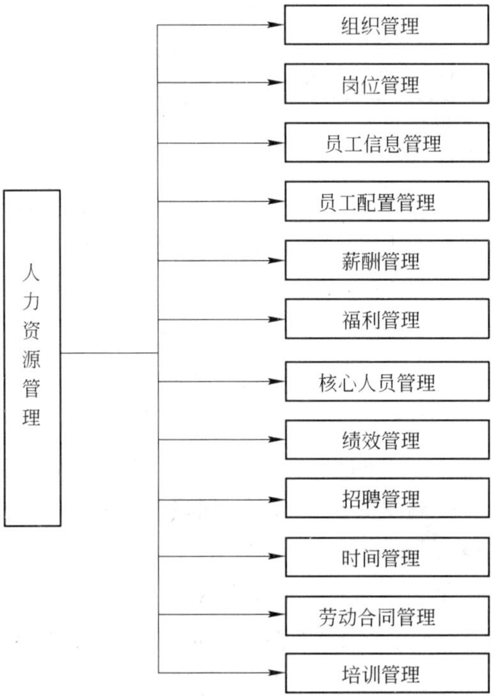


图5-21　人力资源管理系统功能架构

## 5.9.5　人力资源系统功能说明

### 5.9.5.1　组织机构管理

建立多层次、可灵活配置的组织架构管理体系，主要功能为：组织基础设置，组织机构的设立、变更、划转、撤销以及机构职能管理，机构浏览管理。

### 5.9.5.2　岗位定员管理

建立并形成一套完整而可度量的岗位管理体系，从不同角度、不同的视野来对岗位进行描述，且对整个公司的人力资源配置情况进行宏观的调控。主要功能有岗位序列、标准岗位目录以及分岗位目录新增、审批，岗位新增、审批、变更、撤销，日常定员维护上报、审核，岗位目录浏览以及岗位信息浏览、规划定员与计划定员管理。

### 5.9.5.3　员工信息管理

有相应权限的用户通过员工信息维护管理模块可以实现对人员信息的浏览。在信息浏览的基础上，分别通过选择新增、修改、删除等功能模块实现对人员信息的维护。通过权限的设置，可让信息专员只维护部分信息集，其他信息则在相应模块中进行维护。

#### 5.9.5.4 员工配置管理

对员工从进入企业到离开企业的全过程进行管理，涵盖人员报到、定岗、离职、退休、待退休、离岗、直接调动以及商调等功能。

#### 5.9.5.5 人力资源规划

主要包括基础信息设置、对标数据管理、规划信息管理、规划评估管理。

#### 5.9.5.6 薪酬管理

薪酬管理模块涉及薪酬标准设置、初始化、计算考勤相关、奖金等因素，涵盖现金和非现金的各种报酬的管理。实现员工薪酬参数设置、工资补发、单宿扣款等一系列工资计算前的准备操作，工资计算、工资发放；进行业务对象授权，对权限进行控制。

#### 5.9.5.7 福利管理

实现福利开户、变更、销户管理，公积金以及社保的补发补扣，社保账户的查询。

#### 5.9.5.8 财务管理

实现工资奖金银行报盘及薪资、社保数据对财务系统的抛账及报支功能。

#### 5.9.5.9 劳动合同管理

主要是对劳动合同的签订、变更、续订、变更、中止、终止、解除等过程进行管理，并记录相关结果，同时对员工在企业中的各种相关协议、劳动争议等进行管理。

#### 5.9.5.10 培训管理

培训管理是对企业培训全过程进行动态跟踪管理。包括培训资源管理、培训规划、培训需求收集、培训计划制定、培训实施、培训效果评估、培训费用管理。同时对培训相关业务进行管理，包括人才引进、业余进行、培训实施、新员工培养以及受教育年限管理。

#### 5.9.5.11 核心人员管理

对企业的核心人员以及核心人员后备进行管理。其中核心人员管理包括候选人管理、核心人员任职管理、核心人员任期管理；后备人员管理包括后备人才管理，后备人才培养。

#### 5.9.5.12 招聘管理

从招聘需求汇总、招聘计划生成、招聘岗位发布、候选人筛选及人员面试，到员工到职以及结果分析，形成一个快捷、便利的招聘流。主要包括：招聘计划管理、招聘实施管理、招聘效果评估、招聘渠道管理、招聘专家管理。

#### 5.9.5.13 时间管理

对考勤进行管理，为薪酬管理提供基础数据，同时还对休假包括探亲假、加班等进行管理。

#### 5.9.5.14 绩效考核管理

对员工的绩效考核进行管理。包括绩效结果维护、绩效结果查询功能。

# 第6章

# 钢铁企业制造管理和执行系统

钢铁企业的制造管理和执行系统，包括从订货合同到生产合同的转换处理开始，到生产的产成品出厂为止的所有生产活动，是钢铁企业生产管理的核心部分。

根据钢铁企业的生产特点，钢铁企业的制造管理和执行系统，有很特殊的处理内容，这与其他行业有很大的不同，例如：

（1）在其他行业订购某一产品时，只要列出产品的名称、型号、规格，其产品的所有属性（该产品的所有零部件的名称、规格、质量标准等）和生产流程就可以确定。而钢铁行业在订购某种产品时，不可能确定该产品在哪个炼钢炉生产、由哪块（根）坯料生产出来，也无法确定由哪条生产线进行生产，这是钢铁企业的生产与其他行业的生产的最大的不同。

（2）其他行业在签订销售合同时，只要与客户确定名称、规格、型号、交货期，就可以签订合同，但钢铁行业在签订销售合同时，需要对销售合同进行评审，要对用户要求的产品的规格进行质量设计和生产线的设计，看能否满足用户的要求。另外销售合同还要生成产线质量设计的信息。

（3）钢铁行业的生产计划的排产，需要考虑很多的因素，除各个生产线的生产能力的匹配外，还要有很多工艺技术条件的限制，而其他行业编制生产计划时，只考虑本产线的生产可能性。

（4）在钢铁企业中，炼铁及以前的生产工序，在生产的特性上，是要“稳定生产”。要求供给高炉的原料成分和特性稳定、高炉的运行参数稳定、各个工序的生产量稳定。但从炼钢开始，则要求各个生产工序进行变钢种、变规格进行生产，由此产量也有很大的变化，因此炼铁以前（包括炼铁）的各个工序的生产管理和炼钢以后（包括炼钢）的各个工序的生产管理有很大的不同。

（5）钢铁行业在生产过程中，有很多计划外的事件发生，需要对原定的生产计划进行调整，而且这种调整是经常性的。其他行业的生产过程基本没有这些调整的问题。

因此，在设计钢铁行业信息化时，从销售合同的处理开始，到产品出厂为止，由于其特殊性，目前还无法用一些套装软件来实现，需要定制开发，并且由于销售与生产的密不可分的特性，往往将销售管理和生产管理系统在设计时进行整体考虑，俗称为产销一体化系统。

钢铁企业的制造管理和执行系统主要包括以下内容：

（1）生产合同管理系统；

（2）质量管理系统；

（3）材料设计系统；

（4）生产计划系统；

（5）物料跟踪系统；

（6）设备运行管理系统；

（7）库管理系统；

（8）成本管理系统；

（9）生产实际数据收集系统；

（10）数据通信系统。

下面对其功能进行简要的说明。

## 6.1 系统架构

系统架构主要包括三个部分，即系统的应用功能分配、软件架构、软件平台（中间件）。

### 6.1.1 应用功能的分配

关于产销一体系统的功能分配，根据目前国内实施产销一体化系统的经验，基本上有三种系统的功能分配：

（1）销售管理系统在 ERP 系统中实施，而其他的功能，全部分配在 L3 系统中。

（2）产销一体化系统全部在 L3 系统中实施，也可包括成本管理。

（3）产销一体化系统的生产计划执行、物料跟踪和生产实际数据的收集，在 MES 系统中实施，其他功能在 ERP 系统中实施。

这三种功能分配方式，各有优缺点，各个公司在实施信息化系统时，要根据公司的具体情况及现有的系统环境，采用适合本公司的系统架构。根据目前国内实施的信息化系统来看，以第一、二种方案为好。

### 6.1.2 软件架构

关于应用软件的架构，目前大多采用三层架构，即 S/B 架构，但从系统运行的情况来看，一般都发生运行速度慢的问题，因此近来考虑将一些只有本部门操作的功能采用 S/C 架构，而需要给各个部门操作和查询以及报表等功能，采用 S/B 架构，这样系统的运行速度将会提高。

### 6.1.3 软件平台（中间件）

在开发产销一体化系统时，为了提高开发效率、规范程序结构，需要采用一些中间件软件，这些中间件软件，可以在各个大的计算机公司购买，也可由实施方提供。为了对各个公司开发的应用软件的知识产权的保护及便于今后的系统的维护和软件的升级，最好采用由钢铁企业自行开发的中间件软件。

## 6.2 生产合同管理

在钢铁企业的生产过程中，是以生产合同的形式进行生产管理的，所谓的生产合同其属性如下：

（1）同一个产品的品种和规格；

（2）同一个生产路径（制程）；

（3）相同的生产工艺及控制要求。

这样的产品的属性就赋予一个生产合同号。

一个销售合同中，可以包括同一产品大类下的多种产品和规格，因此，一个销售合同可以对应多个生产合同。但在小批量生产的条件下，为了集约生产，一个生产合同也可能对应多个销售合同。

### 6.2.1　销售合同转换成生产合同

销售合同下达到生产管理系统后，由生产管理人员，通过人机对话方式，按生产合同的属性，将销售合同转换成生产合同，并建立销售合同与生产合同的对应表。

### 6.2.2　合同的跟踪

合同跟踪以生产合同为对象，进行合同全生命周期实时跟踪。合同跟踪的任务，就是动态收集生产过程发生的各种事件，实时掌握合同的进程，反映合同状态、生产实绩的变化，合同欠量的变化，达到了解合同执行情况、控制生产节奏、合理组织生产计划的目的。

合同跟踪在生产组织过程中发挥着重要作用。从合同录入开始，至合同产品出厂、财务结案为止，合同跟踪自始至终对全流程实行实时动态事件跟踪，收集合同在组织生产过程中发生的事件，记录合同经过工序处理的材料在库量、计划量、封锁量、转用充当量的变化，真实反映合同在各工序的材料欠量，动态刷新合同状态。合同跟踪通过修正合同状态和合同工序生产欠量，来控制合同的可编计划量，从而调整生产节奏，平衡物流。通过合同跟踪功能，可以查询合同在各工序的明细信息，以及合同的生产履历信息。

合同跟踪要实现的目标是：在管理过程中，进行合同事件跟踪；在生产过程中实时、动态地跟踪合同、材料信息，做到抛账准确、查询方便，为缩短生产（管理）周期、提高合同完成率和保证交货期提供方便。

合同跟踪支持合同变更管理要求。对于未下达给生产管理系统的合同，合同属销售部管辖范围，合同变更后，按新合同下发给生产管理系统。对于已经下达给生产管理系统，但未投料的合同，由销售人员电话通知生产人员（或通过系统间联动），通过将合同回退后，进行合同变更处理。变更后的合同，重新下发给生产管理系统。对于已经下达给生产管理系统并已经投料的合同，先由销售人员通过系统发出变更请求，生产管理系统收到请求后，停止合同准发，生产人员再根据生产情况，规定可变更类型，通知销售系统，销售系统按规定进行合同变更处理，变更后的合同信息重新下发给生产管理系统，生产人员按变更后的合同组织生产。

对于钢板或钢卷合同，按订货件数进行合同跟踪管理；外供坯合同，按订货量进行合同跟踪管理。

生产按全程合同跟踪进行控制管理，实现了从销售合同录入到销售合同结案的全程跟踪管理。

合同跟踪通过掌握合同的累计超投块数、交货件数负公差和合同材料累计改判块数，根据合同交货件数正负公差控制合同投料量的计算方法，自动实现合同的补投料管理，使生产的补投料更及时合理。

### 6.2.3 生产合同计划处理

生产合同计划以合同处理成功后的生产合同为对象。在生产过程中，为了平衡各个生产工序和机组的负荷。需要根据工厂设备运转状况，决定生产合同的加工工艺路径，确定生产合同工序最晚加工日期，编制指定周期的生产合同的生产计划。确定各工序生产合同的计划日期、生产合同的投料量，计算投料生产合同对各工序的能力占用，时间占用。通过调整投料生产合同的时间、数量、规格品种，达到按指定周期平衡工序汇总合同欠量，保证合同的生产物流平稳顺畅的目的。

一般生产合同的工序分成以下类型：

管理前工序：如合同投入，订单材料设计，材料申请等。

各生产工序：如转炉、精炼、连铸、加热、轧制、精整、热处理等。

管理后工序：产品的“形合”，“材合”，“准发”，“出厂” 等。

一般各个工序的时间分为标准耗用时间，还有特殊耗用时间。

标准耗用时间：根据每一个工序进行定义。

特殊耗用时间：每一个合同，质量设计的结果后，由各种质量因子，得到 $N$ 个工程负荷数。每一个工程负荷数，针对每个工序有一个修正值。对于某一个合同，会匹配其中的某几个负荷数。最后把几个负荷下的修正值，根据工序汇总起来，得到每一个工序的特殊耗用时间。因此

$$\text{工序耗用时间} = \text{标准耗用时间} + \text{特殊耗用时间}$$

通过合同计划功能，能够合理安排计划，进行合同与产能平衡，使合同的生产过程处于受控状态，进而保证合同交货期和合同完成率，并提高“按周交货” 合同的比例。

生产合同的计划，只是对各个生产工序的生产能力进行平衡。一般通过人机交互的方式进行处理。

### 6.2.4 生产合同制程管理

在产品的质量设计时，确定了产品生产的生产工序，这通常称之为“生产制程”。一般对同一合同只支持按照一条主制程及最多两条辅制程进行生产。在生产过程中，常由于质量控制的要求、生产线的状态的变化，需要对原定的生产制程进行变更，因此需要对生产合同的制程进行管理。

生产合同的制程管理功能包括对生产合同进行制程新增、制程变更、制程删除、制程再处理。

（1）制程新增：当用户需要按照辅制程进行生产时，从冶金规范摘要体系中提供的其他制程中选取符合要求的制程进行追加，并对该辅制程进行质量设计、生产设计。

（2）制程变更：制程变更是以一条备用制程替换原有主制程。

（3）制程删除：是将一条合同的原有辅制程删除。

（4）制程再处理：是对原有主制程重新进行质量设计与生产设计，此时需要将合同上的材料全部脱合同，并将合同状态回到质量设计以前的状态。

### 6.2.5 产品的转用充当

转用充当的管理对象是成品坯和成品材。转用充当的任务就是建立或取消合同和材料的关系。通过转用充当处理，能够合理、快速调整材料与合同匹配关系，改善库存结构，减少余材，提高市场响应速度。

转用充当的前提条件是材料不在计划中，并且不是处于封锁状态。

转用充当包含两个主要功能：

（1）合同成品材料的脱合同功能：成品材料和合同之间解除关系。

（2）成品余材的挂合同功能：成品材料与满足条件的合同进行比对，建立材料与合同的对应关系。

### 6.2.6 合同准发

合同准发的管理对象是坯料和成品料。合同准发由三部分功能组成：现货申报、成品准发、转库计划。

成品准发管理是合同管理模块与成品出厂管理模块的一个业务界面。合同产品在完成生产过程、并具备条件后（成品质量已综合判定、已按规定要求包装完毕），就可作为准发资源进行管理。通过准发资源管理，可加速成品材料的出厂速度，压缩成品材料的库存，确保物流平衡、畅通和合同按期完成。系统采用人机对话方式进行准发资源管理。

计划人员通过人机对话进行在线编制准发计划，按指定的合同准发条件，查询显示所有满足要求的成品材料明细信息。计划员通过画面指定的成品材料，进行准发计划建立处理，产生预准发计划。

计划员可以根据库区、合同查询显示通过准发建立处理生成的准发计划明细，对准发计划进行编辑处理，调整计划内材料顺序、增减准发材料、指定准发日期，然后把准发计划下发给仓库管理员，进行准发材料的核对处理。

对于未下达的准发计划，可以进行计划退池操作。

仓库管理员按库区、合同查询显示的准发计划一览表，按指定准发计划号，打印准发计划清单和产品标签，通过现场进行实物和信息核对，然后按指定计划号查询准发单据明细；按准发材料进行准发确认或吊销处理。

计划人员通过人机对话，可以对准发计划的履历进行查询。按准发计划号、单据号、合同号、材料号，可对准发确认后的计划明细信息进行查询显示。

在发生“红冲”的情况下，进行准发红冲处理，对红冲材料进行管理封锁，待质检人员确认放行；对红冲合同进行状态修正，如果合同已经生产结案，需要重新打开合同。

现货申报管理是对无合同的成品余材进行消化分流的一种有效手段，生产管理部门通过把无合同的成品余材，上报销售管理部门进行挂牌出售，最终形成现货合同，使成品余材转换为现货合同材料；然后对现货合同进行准发管理，达到降低余材库存的目的。

材料转库管理是调整原料库、中间库、成品库的库存压力的一种手段，通过对指定库区的材料（成品或者在制品）编制转库计划，并下发生产厂和运输部门，组织车辆和吊运设备，把指定材料在指定日期、时间，移到指定目的库区，达到理顺物流的目的。

## 6.3 质量管理系统

### 6.3.1 概述

钢铁企业的产品的质量管理，通常称之为“质量一贯制”管理，即在该产品所经过的生产工序、机组中进行生产时，按统一的质量标准进行生产。因为各个工序和机组，都是标准化地进行生产，所以就能保证生产出来的产品的质量。因此，各个钢铁企业必须具备所生产的产品的质量标准，这是企业信息化的基础。钢铁企业的质量标准包括产品的规格、生产的工序流程、化学成分标准、各个工序的工艺参数、机械性能标准、检验标准、包装标准等等。

质量管理是企业信息管理系统的一个重要组成部分，而质量设计是质量管理的关键，质量设计系统遵循并强化一贯制质量管理的原则，使得各产品工程师能够根据用户的需求，对各工序进行一贯制质量设计。同时全面跟踪产品生产过程，与生产管理密切配合，在各个生产阶段对产品进行检验，并最终对产品进行质量判定，在产品出厂时为用户提供质量保证书。

质量管理主要包括：产品规范管理、冶金规范管理、质量设计、检化验管理、质量判定、质保书等业务管理功能，质量管理与各模块之间的关联关系如图 6-1 所示。

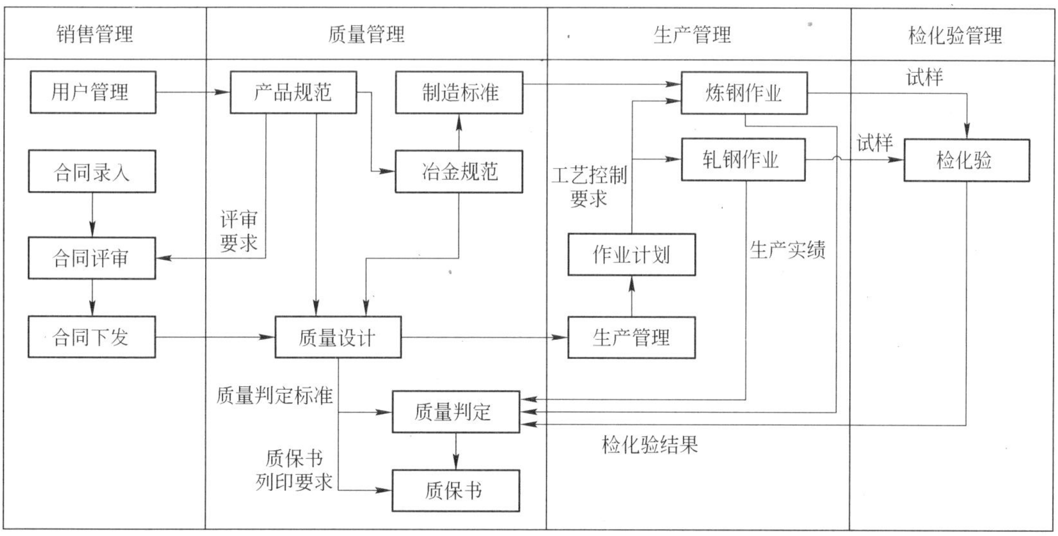


图 6-1 质量管理与各模块间的关联关系

### 6.3.2 产品规范管理

产品规范是企业的产品目录，是对某一产品（钢铁类产品或副产品）的具体描述。

为了对全厂产品进行统一集中管理，产品按种类、形态、标准、牌号和顺序号进行统一编码，即形成产品规范码。对产品规范的管理就是对产品规范码及其所代表的产品的具体描述进行管理。具体描述包括：标准、牌号、表面特性等。对产品规范的说明应该有严格的标准。合同、质量证明书等使用到的产品规范的内容均应从产品规范系统中得到。

产品规范码用于合同的整个生命周期，由质量管理部门建立面向用户的产品规范和面向生产厂的冶金规范的对照关系，为销售订货及全厂生产提供指导。

可以通过人机界面对产品规范码进行查询、新增、修改、删除。另外需要对产品规范码的数据库表进行维护。

产品规范管理的主要功能和内容及相关的静态参数，举例如图 6-2 所示。

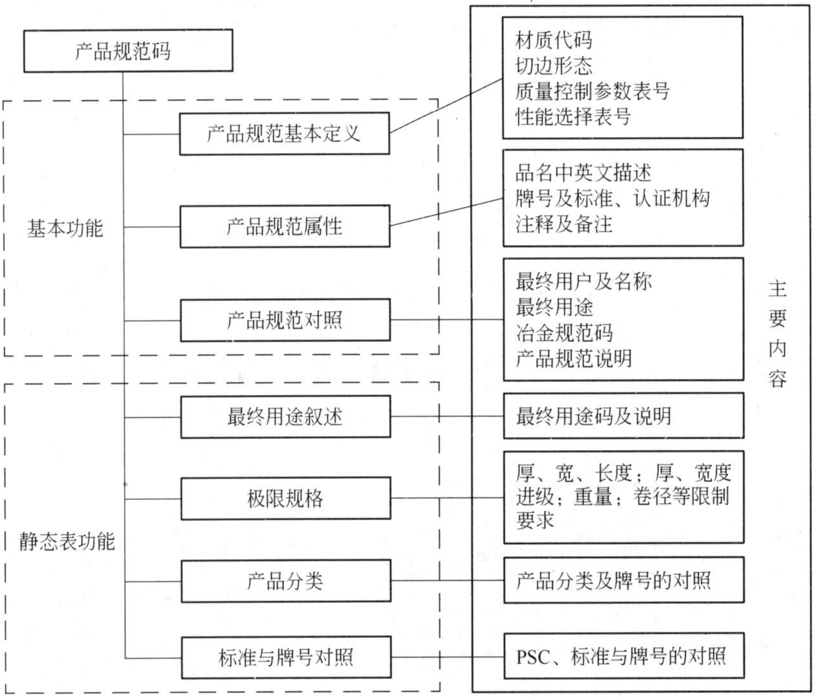


图 6-2　产品规范管理的主要功能、内容及相关的静态参数举例

### 6.3.3　冶金规范管理

冶金规范是提供质量设计、材料设计基本数据的来源，其主要特点是将所有工艺和质量控制参数均作为常有资料存档，通过用户的需求，将这些资料排列组合并串联起来。冶金规范码（MIC-NO）就是串联组合资料的索引，它灵活简单，易于维护扩充，并可作为支持合同处理与质量设计的基础，把合同与生产工艺要求联系起来。

冶金规范管理的功能和内容及相关的静态参数表，举例如图 6-3 所示。

### 6.3.4　质量设计

钢铁企业的产品，在订货时，通常以国标或其他标准进行订货，但在生产时，是以比

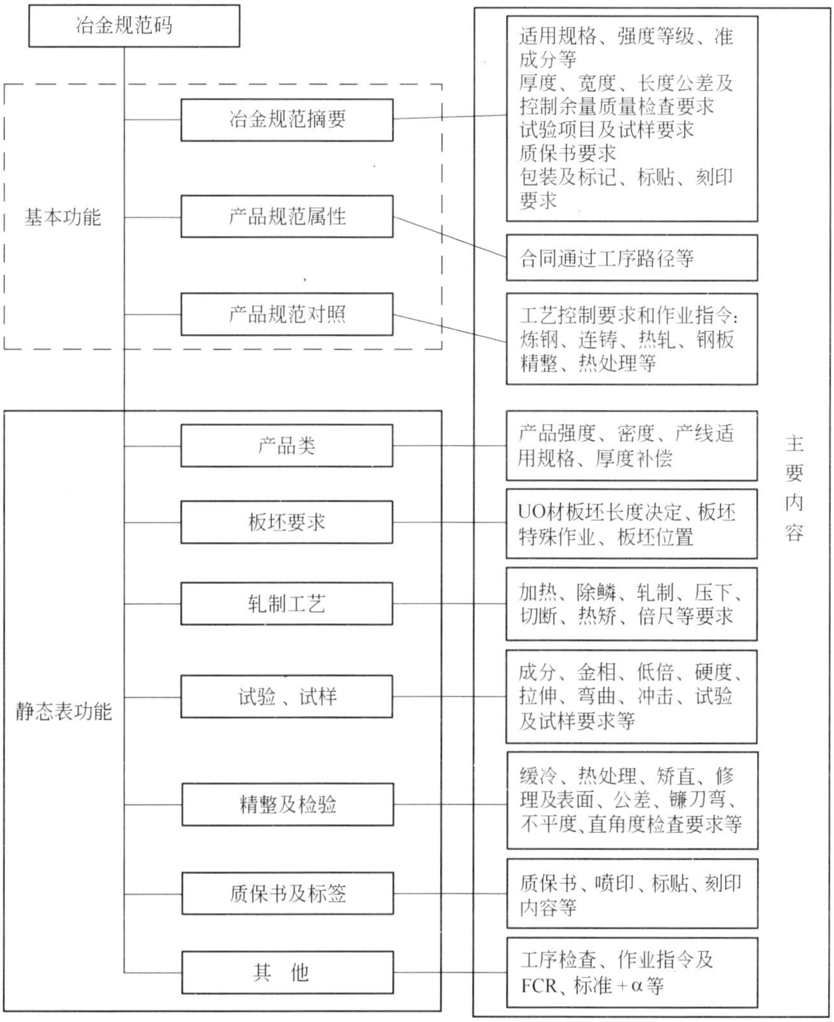


图 6-3　冶金规范管理的功能、内容及相关静态参数举例

国标严格得多的内部标准（企业标准）进行生产的；另外，在产品订货时，用户往往还有一些特殊要求。因此，在接受产品订货后，在提交生产之前，首先要对产品的质量进行设计，确定产品在生产时的技术标准、生产路径和各个工序的工艺参数。

经质量设计后，才能将质量相同的产品进行集约化生产以及对余材的转用充当处理。

在系统中，有产品质量设计时所用的冶金规范体系的基表数据，这些就是企业所有产品的技术标准数据。这些技术标准数据，是企业根据长年生产的各种产品生产的技术数据的总结。这些技术标准数据，也会根据企业生产水平的不断提高，进行修改和变更。

下面根据国内一些钢铁企业实施信息化的案例，说明产品质量设计的流程。

销售合同输入时，必须确定 PSC（产品规范码）、APN（最终用途码）、最终用户代码及产品的规格，根据这三对一关系（PSC，APN，最终用户代码，冶金规范的对照表），系统能自动勾联出冶金规范码（MIC）。根据合同所确定的 MIC，以及 MIC 和产线之间的对应关系，得到合同可能采用的多条产线，并推荐主制程，对主制程进行质量设计。

生产合同的质量设计分为以下三种情况：

（1）若合同性质属于统货合同，则不做质量设计。

（2）若合同性质属于现货合同：

1）确定成品交货形态要求，喷印要求，质保书要求等。

2）确定检化验判定放行标准。

3）现货不设计生产途径与工序控制参数要求。

（3）合同性质属于期货合同或预合同：除现货设计的所有内容外，要求设计出多条产线及相关工序控制参数要求。

质量设计过程中若遇到出错点，则记录出错状态、出错原因、处理时间等。若合同的质量设计成功，则合并该合同来自销售的信息以及质量设计得到的信息，形成生产合同信息（参见图6-4）。

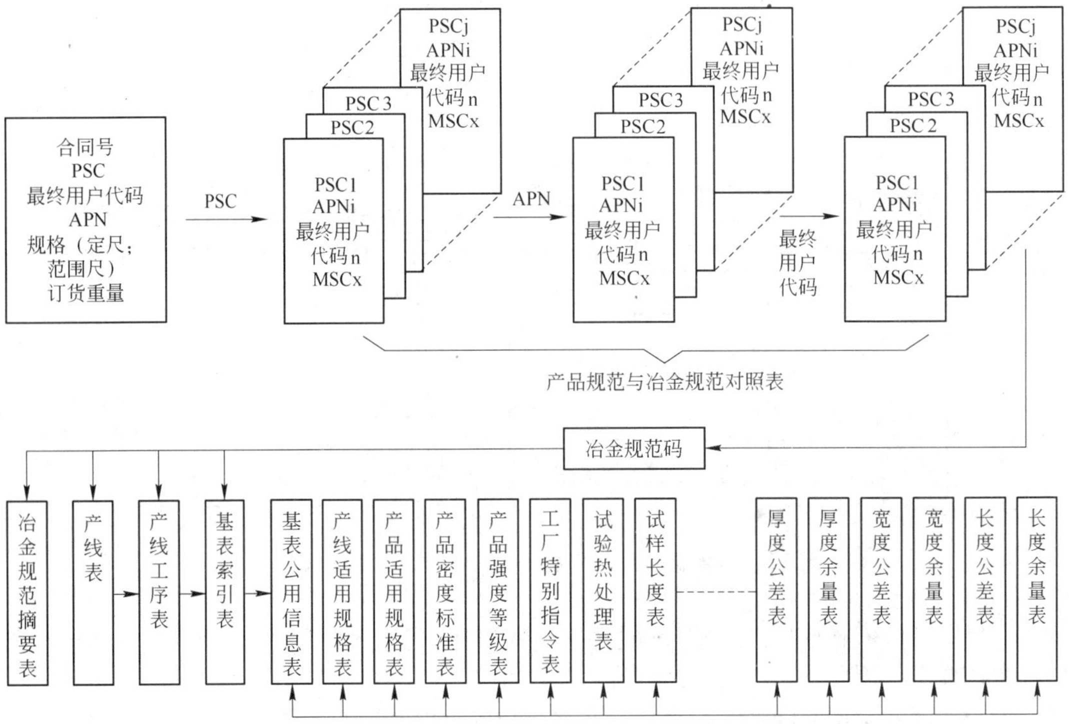


图6-4　各种工艺参数表

通过质量设计后，即进行生产设计并进入生产管理阶段，在编制作业计划并下发相关机组L2的同时，将质量设计的内容附在材料信息上下发至各机组，由机组按计划要求进行控制。

此外在合同的质量设计后，系统中生成了合同材料的质量检查、检化验等相关信息和要求，对板卷的表面、尺寸、外形检查，以及成分、性能试验要求和判定提供依据。

### 6.3.5 质量管理键码

在产品的质量设计中，出钢记号或内部钢种是一个关键代码。国内的很多钢铁企业，还没有建立起“质量一贯制”的管理体制。另外，炼钢生产时，还是按钢种来炼钢，这就存在以下问题：

（1）前后工序采用不同的质量管理标准，难以保证产品的质量或质量的稳定。

（2）对于很多钢种及小批量的产品，很难组织生产。也会造成很多余材，形成大量的库存。

因此在国内先进的钢铁企业中，往往采用“出钢记号”或“材质代码”作为质量管理的键码，另外炼钢不是根据钢种炼钢，而是根据“出钢记号”或“材质代码”进行炼钢。其原理就是将钢种进行“集约”，钢水化学成分的波动范围很小，但均在集约的钢种的波动范围之内。这样，在组炉和组连浇次时，只要“出钢记号”或“材质代码”是一样的，就可以组在一个炉次或一个连浇次中进行生产。对小批量的订货，就比较容易组织生产。本书中根据国内一些钢铁企业实施信息化系统的案例，暂且使用“出钢记号”这一名称。

### 6.3.6 检化验管理

根据质量设计的要求，形成现场取样的指令（包括取样频率、取样位置、取样长度、取样个数等）和试验室试验指令（包括做何种类型试验，根据何种试验标准做等），并在取样后将试验要求下发至相关试验室。检化验记录管理主要分为化学性能与物理性能两大类。化学性能主要是指原料、炼铁、炼钢过程中取样以及成品取样后所得的化学成分数据；物理性能包括拉伸试验、弯曲试验、冲击试验、金相试验、杯突试验、扭转试验、低倍及硫印试验等。在试验室完成检测后，向质量管理系统上传检化验实绩，质量管理系统将根据质量设计而形成的判定标准进行性能（或成分）判定。

按试验顺序划分，检化验实绩分为准备试验实绩、初样试验实绩、复样试验实绩。实绩数据按放行标准判定。

（1）准备试验：根据合同质量设计中检化验要求结果，决定是否需要作准备试验。

（2）判定结果：若合格则可参与试验组的判定，待代表物料所有试验组的项目准备试验都合格后，则可作初样试验，下发初样试验指令。

（3）若不合格则不再作初样试验，且判该试验组下所有物料都不合格。

（4）初样试验：根据合同质量设计中检化验要求结果形成初样试验指令。

（5）判定结果：如存在不合格，若人工判定不合格且不作复验，则作为最终不合格处理；若人工判定不合格且作复验，则自动下发复验试验指令。

（6）复样试验：若初样试验结果要求复验，则根据合同质量设计中检化验复样要求结果形成复样试验指令。

### 6.3.7 质量判定

在生产的实际过程中，需要对产品做取样分析，进行质量判定，当质量符合标准时，产品按正常生产途径，进入下工序进行生产。当质量不符合标准时，需要对不合格的产品进行处理。在不同的生产工序，其处理是不一样的，下面分别介绍。

#### 6.3.7.1　炼钢系统的质量判定

炼钢系统的质量判定功能有：

（1）代表成分判定。

（2）钢种变更处理。

（3）炉次判定。

在炼钢系统的整个工序过程中，需要对钢水进行多次取样分析，每次取样分析的各个化学元素的成分数据不尽相同，但每炉钢只能有一组化学成分数据。在钢铁企业，一般取每炉钢水在连铸机上浇铸一半时的分析数据为基础，参考其他工序的成分分析数据，由人工调整确定该炉钢的代表成分数据。

当炼钢系统的钢水质量出现问题，需要进行钢种变更处理时，一般处理方法有两种：

（1）制造命令变更：根据钢水的实际质量数据判定，无法继续按原制造命令生产时，系统将根据一定的判定规则，在浇注顺计划内、出钢计划外，找出未生产的制造命令中与之相匹配的所有炉次，选定并替换该炉次的钢种。同时对现有的生产计划作相应调整，对已产生的实绩作相应处理。

（2）出钢记号变更：在实际的出钢记号与预定的出钢记号不符时，需要进行出钢记号的变更。对于新的出钢记号，如果按上述处理无法找到相匹配的制造命令号，则不进行制造命令号的变更，按照原来的制造命令号进行生产，生产出产品后再进行判定。

当该炉钢水全部浇铸完毕时，进行炉次判定处理：

（1）人工输入该炉钢的残钢量，根据浇铸出板坯的实际重量，计算该炉钢的钢水收得率。

（2）统计该炉钢的“良坯”量、“废坯”量、需要精整的板坯量以及余材坯。

（3）如果制造命令号及出钢记号均不变更，但钢水质量异常，则该炉次的等级为“保留”。

（4）如果无法确定出钢记号是否变更，则该炉钢判为“待判钢种”。

#### 6.3.7.2　轧钢系统的质量判定

轧钢系统的质量判定主要功能有：以实物的物料号为单位，进行封锁、正常释放、降级、脱合同、判废、工序变更、形合判定、钢板性能材质判定。

实物的质量判定后，人工决定物料的释放去向（多选一）：

（1）放行：可继续生产（编入下一工序的生产计划或作业命令）。

（2）降级：脱离原合同变为余材，且执行标准和钢种都变更，等待人工决定是要追加小工序继续生产还是配新的合同，按照新合同的要求继续生产。

（3）脱合同：脱离原合同变为余材，等待人工决定是要追加小工序继续生产还是改配新的合同，按照新合同的要求继续生产。

（4）判废：脱离原合同变为废品，不可再继续生产，不可再改配新合同，等待人工决定出库。

物料表面判定合格（形合）后，才以物料号为单位，针对物料进行材质（性能）判定，其材质判定结果随同所在试验组判定结果。在表面判定合格和材质判定合格后，即判定物料综判合格。

### 6.3.8 质保书管理

质保书是代表企业质量信誉的一个窗口，具有法律约束力。质保书管理采用统一格式、集中管理的原则，直接由质量部门负责设计、生成、确认。质保书是在产品出厂时根据发货的物料信息、结合用户的合同信息，根据合同处理有关质保书格式、数据项目要求将出厂、销售、质量等系统的信息汇总在一起打印出质保书。质保书管理包括质保书预打印、正式质保书打印、质保书补打印、质保书备份管理等。

分质量保证书和质量说明书。对符合标准规定的产品开具质量保证书；对有一项或多项不符合标准，但符合某供货协议的产品开具质量说明书。

一般在产品准发之后（完成全部生产工序后）就可以开具质保书。

### 6.3.9 标准 + α

所谓 α 即用户订货时超出标准之外的附加技术要求。一般 α 的内容主要包括：

（1）化学成分要求：指定某个或全部化学元素成分范围；增加某些化学元素（包括复合元素、$C_{eq}$、$P_{cm}$等）的检验要求。

（2）性能要求：增加某些物理性能检验要求；指定某些性能范围。

（3）尺寸公差：在标准规定的公差基础上加严要求或指定产品的目标厚度。

（4）交货状态：在标准规定的热处理状态基础上提出特殊的交货状态要求。

（5）表面质量要求：表面喷丸处理或喷丸涂漆等。

根据用户的要求，形成标准 + α 的 PSC，并挂上对应的 MSC。其中 MSC 下的相关基表必须根据 α 内容进行维护。

标准 + α 的质量判定：对于标准 + α 的合同，可以通过冶金规范体系以及质量设计得出不同的放行标准，判定的依据也就不同，必须对 α 的内容也作判定。

### 6.3.10 质量控制

目前钢铁企业的质量控制，还只能做到静态控制，采用静态参数设置，使每个生产工序按规定的参数进行生产。一旦本工序生产的质量出现差错，就无法对下工序的生产参数进行调整，来满足最终产品的质量要求。工序生产的质量有问题时，一般按如下方式进行处理：

（1）判废或产品降级处理。

（2）改变下游工序。

（3）增加处理工序，如增加平整处理或热处理。

现在随着计算机技术的发展，“内存数据库”“内存处理”等开始应用，以前只能离线处理的功能（如统计分析处理），在现在的技术条件下，有可能在线处理，因此当本工序的生产质量出现偏差时，有可能通过实时的统计分析计算，调整下工序的工艺参数，以使最终产品的质量能够符合要求，以实现真正的产品质量控制。这项新技术的应用，还刚刚开始，有待于开发。

## 6.4　材料设计系统

根据产品的不同，签订销售合同时，有些要求按量来交货（如长材、型材、钢卷等），有些是要求按件次来交货（如中厚板）。但不管交货形态如何，需要把用户需要的产品，分成一块块钢板、一个个钢卷、一块块板坯、方坯、圆坯、一炉炉钢进行生产，因此需要将用户要求的产品的量，进行组板、组卷、组坯、组炉设计。这就是材料设计。

材料设计，对钢铁企业的生产有着极其重大的意义，不但是产品质量判定时的“形合”的重要保证，也是钢铁企业提高材料收得率的重要保证。

因为不同的产品形态，其材料设计的难易程度相差很大。其中最难的是中厚板的组板设计，比较容易的是长材的材料设计，因此，将考虑不同的产品形态，对材料设计分别叙述。

### 6.4.1　中厚板产品的材料设计

一般将厚度3mm以上的钢板产品称为中厚板，其宽度可以达到5m，这类产品在订货时，其订货量，往往会是一块钢板。因此生产的批量小，对钢板的尺寸（厚度、长度、宽度）都有具体要求，因此这类产品在组织生产时，会将各个生产合同的产品，进行材料设计（组板设计），以提高生产效益。

中厚板材料设计包括两大块功能，即连铸出钢材的材料设计和余材的组板充当。

连铸出钢材的材料设计的主要目标是将质量设计和生产合同的生产需求转换为从炼钢到最终成品的整个工序材料的生产控制要求。根据生产合同的订货信息、质量设计信息、生产合同计划信息（包括生产合同欠量信息和生产合同的生产工序时间信息）进行组合组板——订货的成品小板组合为轧制大板，进而设计出进厚板加热炉的板坯尺寸和重量，设计出相应的生产命令信息指导生产。总之，通过材料设计，可以将厚板每一份生产合同的要求转化为材料的一整套生产控制目标数据，从而保证生产合同的生产可行性。

余材组板充当即对于余材（包括余材钢板和余材板坯）进行充当，对生产过程中各个环节产生的余材（其形态为长尺板坯、短尺板坯、钢板），进行材料设计，最大限度地充当期货生产合同，降低余材库存，实现利益最大化。余材组板充当要实现的目标是：在生产过程中及时消化余材资源，压缩库存，为缩短生产（管理）周期、提高生产合同完成率和保证交货期提供方便。

中厚板在组板和生产过程中，有以下几种形态：

（1）小板：经过剪切后的成品板，一般为向用户交货形态的钢板。

（2）大板：由小板组成的钢板，但因冷床的宽度限制，一般长度不小于50m的钢板。

（3）母板：为提高轧制效率，往往将同厚度、宽度的大板组成母板进行轧制，在轧线后部经热剪剪切成大板。

因此，中厚板的组板除了将小板组成大板外，在一定条件下还要将大板组成母板。另外，由小板组成大板时，有的只是长度方向组板，但有些还需要宽度方向组板，所以，中厚板的组板，在技术上是很复杂的，往往需要采用组板模型来进行处理。

#### 6.4.1.1 组板的方式

组板的方式有以下几类：

(1) 同厚、同宽的钢板且宽度方向是一块钢板的组板：这种类型的组板可以采用软件自动组板和人机交互的方式进行组板。

(2) 同厚、异宽的钢板但宽度方向是一块钢板的组板：这种类型的组板一般采用人机交互的方式进行组板。

(3) 同厚、同宽、同长的钢板但宽度方向是两块等宽钢板的组板：这种类型的组板可以采用软件自动组板和人机交互组板的方式进行组板。

(4) 同厚、上下小板异宽、同长的钢板（宽度方向两块不等宽但等长），且固定侧钢板较移动侧窄，固定侧所有小板同宽，移动侧所有小板同宽的钢板进行组板：这种类型的组板一般采用人机交互的方式进行组板。

(5) 同厚、同宽、异长，宽度方向两块等宽等长的钢板进行组板：这种类型的组板一般采用人机交互的方式进行组板。

#### 6.4.1.2 组板的条件

组板的过程有以下限制：

(1) 生产合同组板欠量：生产合同组板欠量（生产合同待组板或充当的剩余小板块数）大于零（>0）。

(2) 组板块数极限：根据经验，组板时，大板内的生产合同小板块数最大为95块，大板内生产合同个数最多为9个。这要根据小板、大板、母板的板号来进行定义。

(3) 范围尺生产合同组板：根据用户的要求，钢板的尺寸一般有定尺和范围尺两种。所谓定尺是要按用户指定的钢板尺寸（长度、宽度、厚度）进行生产；而范围尺是指用户要求的钢板尺寸（宽度、长度）可以在一定的范围内，但交货的重量需要按合同规定的重量交货。

自动组板范围尺生产合同的长度也可在组板时修改，范围尺生产合同尽量放在大板的尾部，前面尽量按定尺生产合同，剩余长度=最大轧制长度-定尺生产合同总长度，范围尺生产合同组板时按订货目标长度组板。

宽度范围尺生产合同组板：如果主生产合同是宽度范围尺生产合同，则以订货目标宽度作为组板的小板宽度，该板后面所有小板宽度与其相同；如果主生产合同是宽度定尺生产合同，该板后面有宽度范围尺生产合同的话，其宽度为定尺主生产合同宽度。

(4) 余材组板充当的组板：余材资源已经入库，未处于申报现货计划，未处于转库计划。对钢板余材（大板、母板、小板）而言，必须是成品（钢板形合以后才能组板）。

#### 6.4.1.3 材料的二次设计

组板的实现过程是分两步实现的，首先进行材料的一次设计（即通常所说的组板），将订货小板组合设计成大板和母板后，计算板坯尺寸，再由材料申请模块进行组炉、组CAST。然后由质量模块在大板上进行试样添加，因为添加了试样，就需要进行材料尺寸二次设计。

材料尺寸二次设计是指质量模块在材料第一次设计好的大板上添加试样后，大板尺寸有了变化，需要根据大板新的尺寸重新计算大板的尺寸和重量，并重新计算相关板坯的尺寸和重量以及板坯长度上限和下限。

对特殊形状板，一个大板上只能组一个生产合同的材料，一般不考虑多个生产合同进行组板。

6.4.1.4 板坯计算

大板或母板组板完成后，需要附加母板的切头切尾的量以及切边的量，按此确定母板的生产尺寸。由此，根据母板生产的材料收得率，计算生产此母板的板坯重量。根据连铸生产板坯规格的条件限制及轧制条件的限制，计算板坯的规格（厚度、宽度、长度）。

### 6.4.2 钢卷产品的材料设计

在钢卷产品订货时，一般用户只要求产品的规格和总重量，有些客户还会规定钢卷的最大重量或其他要求。在做钢卷产品的材料设计时，首先根据用户要求的钢卷总重量，按产品规格（产品的宽度尺寸要考虑宽度余量）所允许的钢卷最大重量，计算钢卷的个数，在无法整除钢卷重量的情况下，剩余的钢卷重量要大于产品所允许的钢卷最小重量。这个处理过程一般采用人机交互的方式来完成。

计算出钢卷的数量后，根据钢卷的宽度按轧机的宽度集约标准，确定板坯的宽度。在有SP（定宽或大侧压）轧机的情况下，宽度集约量最大可以达到300mm左右。在没有SP轧机的情况下，宽度集约量一般为0~50mm。为保证钢卷边部质量，碳钢一般考虑板坯的宽度要大于钢卷的宽度，需要有一定的侧压量。

确定了板坯宽度后，根据板坯的厚度规格确定板坯厚度，然后计算板坯长度，在计算的板坯长度大于板坯所规定的长度范围时，需要重新调整板坯的宽度数据，使板坯的长度能符合规定的范围，这种调整乃至需要重新调整钢卷的重量，直至钢卷的重量和尺寸、板坯的重量和尺寸都满足要求为止。为了提高连铸的生产能力，热轧所要求的板坯的宽度级应该越少越好，热轧钢卷的材料设计，最主要的是要解决板坯宽度的集约问题。

### 6.4.3 长材产品的材料设计

对于长材（包括棒线材）产品，用户一般在合同中要求供货的材质、重量和规格（直径、长度）。生产合同经过质量设计、余材处理后，就进入产品的材料设计，一般称之为组轧制批。

将同一材质代码（出钢记号）、同样轧制规格（直径、长度）的产品，按重量、交货期等组成一个轧制批，然后按此轧制批的材质、重量、管坯的规格（圆坯的直径、长度；方坯的尺寸和长度）、材料收得率计算管坯或方坯的数量。

### 6.4.4 钢管产品的材料设计

对于钢管产品，用户一般在合同中要求供货的材质、用途、钢管的直径、壁厚、长度范围。生产合同经过质量设计、余材处理后，就进入产品的材料设计，一般称之为组轧制批。

将同一材质代码（出钢记号）、同样轧制规格（直径、壁厚、长度范围）的产品，按重量、交货期等组成一个轧制批，确定该轧制批的钢管的规格（直径、壁厚、长度），然后按此轧制批的材质、钢管的规格、重量、管坯的直径、材料收得率计算管坯的长度、重量及总的管坯的数量和重量。

### 6.4.5 组炉

经过上述的材料设计，得到每个板坯的材质、规格和管坯的材质、规格，按此进行坯料的充当处理，如果有与此相同的坯料余材或经过处理（切割等处理）后可以使用的余材，则进行坯料的充当处理。剩余的坯料加上根据生产实绩需要补充的坯料一起向前工序提出材料申请。

对于板材的组炉，根据质量设计确定的“出钢记号”，将同一“出钢记号”、相同宽度、厚度的板坯进行收池，按炼钢炉次重量的限制，将设计好的板坯组成炉次，并给出一个记号，即通常所称的“生产命令号”。

对于棒线材、钢管的坯料的组炉，根据设计好的轧制批进行组炉，同一轧制批的坯料，按炉次的重量进行组炉。组成的炉次给出一个记号，即通常所称的“生产命令号”。

在组炉的过程中，根据合同的订货量来进行组炉时，往往会出现不足一个炼钢炉次重量的情况，此时要根据生产进度的安排，补充余材量，使之能满足一个炉次重量的规定。

组炉次设计，一般在生产预计划阶段进行。

## 6.5 生产计划系统

钢铁企业生产是非常复杂的，在高炉以前的生产工序（高炉、烧结、焦化、原料场等），其生产的特性是稳定、连续生产；而在从炼钢开始到生产成品出厂为止的生产工序，基本上是变规格、断续生产。另外，各个生产工序之间的物流复杂，往往多个上工序对应多个下工序，在生产管理中需要考虑物料的交叉供应。因此生产计划管理需要考虑：

（1）订单的交货期；

（2）各个生产工序的物料平衡；

（3）各个生产工序的产能最佳化；

（4）总体的能源生产、供应和需求的平衡；

（5）用户的要求和生产能力的平衡；

（6）生产发生异常时的计划的变更处理；

（7）物料的供应和生产消耗的平衡。

钢铁企业的生产计划编制，各个钢铁企业，均有自己的一套生产管理技术，因此在各个钢铁企业，在进行生产计划编制时，有不同的编制流程和不同的编制规程，本节将根据一些比较先进的生产管理理念，介绍比较先进的生产计划编制技术。

钢铁企业的生产计划编制，对应于各个生产工序不尽相同，为此下面以典型的炼钢、连铸、热轧带钢的生产为例，介绍其计划编制的概要流程。其计划编制的流程根据生产的不同进程，可分为以下几个阶段：

（1）月生产计划；

（2）预计划；

（3）初计划；

（4）终计划。

下面将对各个不同阶段的计划编制进行说明。

### 6.5.1 月生产计划

月度生产计划一般由人机结合编成，主要考虑市场需求（合同资源）及各个生产工序的生产能力的平衡和物料平衡、能源平衡、物资供应平衡等。月度计划中是以“日”为单位编制的，规定本月中，每天的生产量，特别是关于生产难度大的产品的生产安排以及热装生产的安排。月计划中的内容如下：

（1）每日的生产钢种和生产量；

（2）每日生产所需的原料量和坯料量；

（3）特殊钢种的生产安排；

（4）检修计划；

（5）热装生产的安排。

### 6.5.2 预计划

预计划一般是提前4～7天编制炼钢的炉次计划和浇注计划、热轧的预轧制计划。每天将根据前一天的产生实际情况，进行滚动编制，不断地进行变更、补充、修正。

在热轧的预计划中，因为板坯还没有生产出来，因此轧制计划中的板坯采用经过材料设计的板坯数据，板坯号采用组炉形成的虚拟板坯号。

在炼钢的预计划中，因为还没有进行生产炉次的指定，因此使用经过材料设计的组炉数据，每炉钢采用“预制造命令号”或“预生产命令号”进行管理。

编制好的预计划不下达给各个生产工序，作为初计划编制的依据。

### 6.5.3 初计划

初计划一般是每天根据前一天的生产实际情况，对以前的“预计划”进行修正、补充乃至重新编制生产计划。

根据生产的需要，一般编制4个班的生产计划，下达给炼钢、连铸、热轧的各个生产工序。在有的钢铁企业中，如果生产部门节假日无人值班时，则需要编制2～3天的生产计划，下达给各个生产工序，作为生产准备之用。

因为冷装的热轧的初计划，是以板坯库中实际的板坯进行编制的，因此其计划中采用实际的板坯数据和实际的板坯号。

### 6.5.4 终计划

对于钢铁企业的生产，往往在生产过程中发生一些计划外的情况，必须对生产计划进行必要的调整，使生产能顺利地进行下去。因此，每班对下达的初计划，进行调整后作为“终计划”，下达给各个生产工序指导生产。一般每个班下达两次“终计划”。

生产计划编制的总流程如图6-5所示。

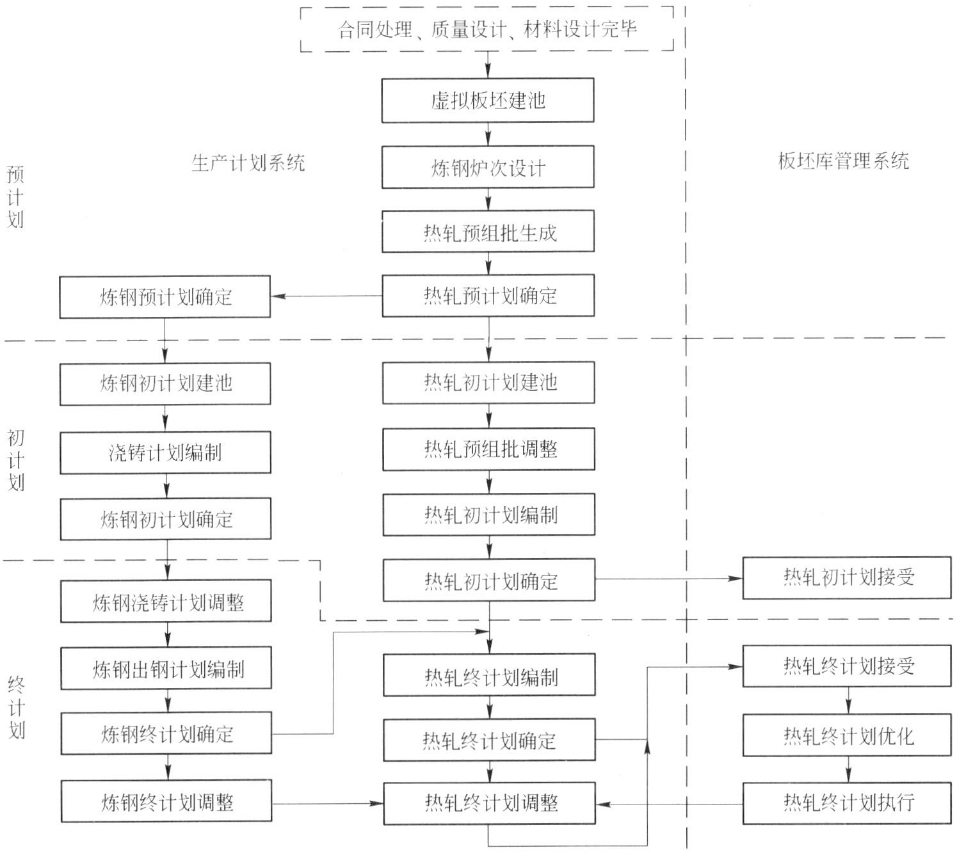


图 6-5 生产计划编制流程

## 6.5.5 计划编制的条件

在编制热轧带钢轧制计划时，需要掌握以下信息：

（1）现场生产、设备动态：

1）炼钢生产实绩数据；

2）热轧生产实绩数据；

3）板坯库库存数据；

4）钢卷库库存数据；

5）炼钢厂各工序设备运行情况（分铁水预处理、电炉、转炉、精炼和连铸）；

6）出钢计划执行情况；

7）炼钢厂生产设备使用情况（如钢包、铁水包、中间包、结晶器设备、精炼等设备管理信息及使用信息）；

8）炼钢厂各工序设备定、检修情况；

9）炼钢厂各工序设备机时能力；

10）热轧厂各工序设备运行情况；

11）热轧厂计划执行情况；

12）热轧厂各工序设备定、检修情况查询；

13）热轧厂各工序设备机时能力。

（2）生产合同信息：

1）生产合同完成进度信息；

2）拖期生产合同信息；

3）欠量生产合同信息；

4）紧急生产合同信息。

（3）生产合同和材料条件：

1）经过合同计划，已放行生产、有欠量的合同；

2）是可编入计划的实物板坯或虚拟板坯；

3）周炼钢计划（含板坯精整计划）；

4）周热轧计划；

5）周设备定修计划；

6）炉龄（炉役期）、支撑辊换辊周期等。

对于钢铁企业的热轧带钢生产，其轧制计划的编制，要求非常严格，这主要是热连轧机本身的工艺特性所要求的，如果热轧的轧制计划，不按照必要的规程来进行编制，不论该轧机装备了多么高水平的宽度控制、厚度控制、板型控制系统，都无法生产出质量和尺寸精度合格的产品，因此，热轧带钢的轧制计划的编制，需要严格按规程进行编制。通常轧制计划编制的规程有以下几种：

（1）轧制计划种类：根据钢种（硬度）、加热制度及钢卷厚度、宽度等轧制条件组成的轧制计划种类。

（2）产品的宽度接续基准。

（3）产品的厚度接续基准。

（4）温度接续基准（包括出钢温度、终轧温度和卷取温度）。

（5）烫辊材基准。

（6）过渡材基准。

（7）同宽轧制公里数基准。

（8）轧制计划间接续基准。例如，支持辊换辊后，第一个轧制计划为“厚轧制计划”；“厚轧制计划”之后不能接着轧制“薄轧制计划”；不能连续轧制3个“薄轧制计划”；支持辊换辊后，轧制3个轧制计划以后才能轧制“薄轧制计划”等。

（9）薄规格组批基准。

（10）支撑辊换辊后轧制规格限制基准。

（11）磨辊能力限制基准。

对炼钢来讲，编制炼钢计划要考虑以下规程数据：

（1）炉龄基准。

（2）各个工序设备生产能力的限制参数。

（3）生产特殊钢种保温能力限制。

（4）异钢种连浇的基准。

（5）热送钢种基准。

如果要进行热装的生产计划的编制，还需要考虑其他的基准。

下面对炼钢—热轧一体化作业计划编制的内容做简要说明。

### 6.5.6 预计划编制

预计划的编制，一般按生产的日期提前4~7天进行编制。由于此时板坯还没有生产出来，因此编制计划时的对象板坯是经过材料设计的预定板坯（或称之为虚拟板坯）。进行预计划编制的目的是：

（1）保证产品的交货期。在钢铁企业，生产管理水平高的可以做到按周交货。这就要提前安排生产。

（2）尽早地协调前后生产工序的生产平衡。

（3）保证物流的顺畅。

（4）保证各个生产工序做好生产准备工作。

预计划编制的主要步骤包括板坯建池，生成炼钢炉次，热轧预计划编制，炼钢预计划编制。

#### 6.5.6.1 板坯建池

所谓板坯建池，就是按照一定的条件，在所有生产合同中经过材料设计的板坯中进行选取，形成一组板坯集，而后的工作，就在这组板坯集中，进行处理，编制生产计划。

在编制炼钢预计划时，考虑建池的一般条件是：

（1）板坯和轧制产品的宽度或范围，板坯厚度一般由质量设计指定。

（2）出钢记号。

（3）产品的交货期范围。

（4）板坯去向和冷、热送区分。

板坯收池后，对池内的板坯进行排序。其排序一般是按板坯的宽度从宽到窄的原则进行。

#### 6.5.6.2 生成炼钢炉次

将板坯池内的虚拟板坯，按下列条件，进行组炉次：

（1）同一出钢记号。

（2）同一板坯厚度。

（3）同一连铸宽度。

（4）每炉钢水的额定重量。

根据生产的板坯的规格数据，计算板坯的理论重量，根据此钢水经过的炼钢、精炼、连铸的生产工序，按其钢水的收得率，得到炉次的钢水重量，并给出一个“制造命令号”或“生产命令号”。另外根据连铸机的流数，生成“虚拟板坯号”。

如果剩余的板坯组成的炉次不足一炉钢水的重量，则要提示人工处理，将其他符合条件的板坯组入或将剩余的钢水做余材处理。

#### 6.5.6.3 热轧预计划编制

在这里解释一个概念，即“轧制计划类型”：对一套热轧机来讲，不是所有的钢种，所有的不同厚度、宽度的产品都可以放在一个轧制计划（轧制单元）中进行轧制，应该根据不同的轧制条件（钢种、产品规格）、不同的工艺条件（热装或冷装），设置不同的轧制计划类型。另外，在支撑辊换辊后，对不同的轧制计划类型的轧制计划的执行顺序也有约束。根据各个钢铁企业的技术管理标准，有的企业的轧制计划类型，只考虑不同钢种的要求；有的公司的轧制计划类型除考虑不同钢种外，还考虑轧制产品的规格（厚度、宽度）。以下的叙述按后一种方式定义轧制计划类型。

在进行热轧预计划编制时，先由计划人员，向系统输入编制热轧计划的条件，此条件一般是：

（1）轧制计划类型（含钢种和产品的规格）。

（2）产品的交货期范围，或生产合同号范围。

（3）冷、热装区分。

按以上条件进行收池后，再将池内的板坯按产品的规格（宽度从宽到窄、厚度从厚到薄）等条件进行组批。

按此规则进行轧制批的组批处理后，赋予一个轧制预计划号。

以上热轧预计划的编制，在很多钢铁企业都采用由信息系统自动进行编制，人工进行调整确认的方式进行处理。

将编制好的轧制预计划，按照炼钢厂和热轧厂的生产能力按日进行分配，在预定生产日期后提交炼钢预计划编制。这部分处理一般采用人机交互的方式进行。

#### 6.5.6.4 炼钢预计划编制

热轧的预计划编制完毕后，进行炼钢的预计划编制，主要要考虑炼钢计划与热轧的计划衔接以及连铸的连浇次的组成。

根据以下条件，进行炉次（制造命令）的收池：

（1）出钢记号。

（2）浇注宽度。

（3）热轧预计划中确定的轧制日期。

（4）连浇炉数。

根据炼钢规程和连铸规程对连浇次进行编辑、调整，包括炉次的移动、删除、板坯的删除等，确定连浇次中炉次的顺序。如调整影响轧制日期则应请求热轧轧制计划作调整，调整后再作连浇次设计；连浇次处理完毕后，赋予一个连浇次号，即预 CAST-LOT。

连浇次处理完毕后，根据炼钢、连铸和板坯精整的工序时间、热轧预计划确定的板坯入库日期、炼钢连铸的生产能力，将连浇次按日进行分配。并将以日为单位，对日内生产的连浇次进行排序，确定生产日期。以上炼钢预计划的编制一般采用人机交互的方式进行编制。

### 6.5.7 炼钢初计划编制

炼钢的初计划是在预计划的基础上，根据前一天的生产实绩，对预计划进行变更、补充、修改乃至重新编制计划，其炼钢初计划的编制步骤如下。

#### 6.5.7.1 炼钢炉次的收池

首先要显示炼钢预计划编制的结果数据，对炼钢初计划的对象炉次进行收池，其收池的条件是：

（1）生产的日期。

（2）预 CAST-LOT 号。

（3）出钢记号。

根据收池的结果，确定计划生产日期内的炼钢炉次（以制造命令号为键码），如果炼钢炉次需要进行特殊工序处理，则要按此特殊工序的生产能力，确定炼钢的炉次。

#### 6.5.7.2 炼钢初计划的编制

炼钢初计划主要确定连铸的浇注顺序。因此根据经过收池处理并确定炼钢的炉次，对多台连铸机，需进行预 CAST-LOT 的分配。通过人机对话，进行以下处理：

（1）以预 CAST-LOT 为单位，调整浇注顺序。

（2）预 CAST-LOT 的拆分和合并。

（3）预 CAST-LOT 的各工序冶炼时间和连铸开浇时间的计算。

（4）精炼途径确定和调整。

（5）炼钢初计划的调整。这些调整包括计划的回收、删除、回退等。

#### 6.5.7.3 炼钢初计划的确定

对已确定的炼钢初计划，按浇注序列及各自的开浇时间形成正式的 CAST-LOT 号，并下达炼钢各 L2 系统。

### 6.5.8 热轧初计划编制

热轧的初计划是在编制的预计划的基础上进行修改、变更、补充乃至全部重新编制。热轧初计划的编制的步骤如下。

#### 6.5.8.1 由在库板坯形成初计划

对在库板坯编制热轧计划（即冷装计划），应先进行板坯收池，将符合条件的板坯收集起来，形成板坯集。

收池的条件，一般有轧制计划类型、产品规格（范围）、板坯号（或制造命令号）、合同号、出钢记号、垛位号、板坯数量等。

池内的板坯一般按宽度（从宽到窄）、厚度（从厚到薄）、垛位层号（从上到下）排序。

板坯收池后，可以对池中的板坯进行删除等调整处理，并形成初计划。

#### 6.5.8.2 由预计划形成初计划

先对预计划进行以下调整：

（1）板坯删除：对未编入炼钢初计划的虚拟板坯或未产出的板坯进行删除。

（2）轧制批内板坯的移动（应考虑板坯间的接续）。

（3）装炉方式变更：对因炼钢等原因导致不能 DHCR 或 HCR 的预装炉顺作装炉方式变更，修改热装标志。

初计划形成：初计划可以由人工选择一个或多个预计划合并形成。

#### 6.5.8.3 热轧初计划的编辑

对于调整好的轧制批，进行编辑，形成完整的轧制计划，这些编辑的内容如下：

（1）轧制批在轧制计划中的顺序移动。

（2）轧制批的删除、合并、拆分。

（3）在一个计划中插入一个轧制批。

（4）烫辊材、过渡材的设置。

（5）质量检验标志的设置。

在热轧的生产过程中，往往需要将一些特殊钢与普通钢在一个轧制计划中轧制，例如，将不锈钢与非不锈钢混合在一个轧制计划中生产，这称之为混合轧制。在编制混合轧制计划时要做特殊处理，需要制定混合轧制的基准，即那些钢材可以进行混合轧制，以及混合轧制时的宽度、厚度的接续标准。一般不锈钢是装入单独的加热炉中进行生产。这在计划编制中需要考虑。

#### 6.5.8.4　热轧初计划的确定

对编制好的热轧轧制计划，进行编制规程的检查，检查完毕后进行以下处理：

（1）形成正式轧制计划号及计划内板坯的顺序号。

（2）计算预定的轧制开始时间。

（3）计算本计划的总的轧制时间。

（4）计算本计划轧制终了时间。

（5）计算本计划预定装炉开始时间。

（6）计算本计划预定装炉结束时间。

至此，热轧初计划的编制结束，可以下发加热炉、轧机等相关 L2 系统。

### 6.5.9　炼钢终计划编制

炼钢的终计划，主要是对当天的炼钢计划进行适当的细化和调整，其主要的处理内容如下。

#### 6.5.9.1　出钢计划编制

（1）根据炼钢、连铸、热轧的设备状况及生产节奏，同时依据炼钢初计划内容，编制炼钢终计划。

（2）对连铸的浇注计划作确定，然后根据各工序参数，自动计算精炼和炼钢的生产顺序计划、各工序的生产时间和等待时间。实时调整制造命令的生产顺序，对生产运转状况和设备信息进行实时监控。

（3）出钢顺序的调整、确定和下达。根据需要人工变更出钢顺序内的数据项，以使计划最优；如计划不需再调整，人工对出钢顺序进行确定；将已确定的出钢顺序计划下达到炼钢 L2 系统。同时将对应的浇注顺序计划以 CAST-LOT 为单位，下达到连铸 L2 系统。

（4）出钢计划再回收。重大异常情况下，计划员在画面上操作，收回已下达给 L2 系统的但还未执行的出钢计划内容，进行出钢计划再编制。系统自动修改浇注顺序文件、出钢顺序数据和转炉铁水需求计划数据的内容。

#### 6.5.9.2　炼钢所需铁水量计算

系统根据下达的出钢计划内容（生产命令号、出钢记号）、各工序作业参数及铁水预处理制造标准，自动计算并生成与出钢计划中按生产命令号的顺序所对应的铁水预处理

（脱硫、脱磷）的作业顺序、处理完了时刻、处理完了重量、预定处理完了铁水成分和温度等计划内容。

#### 6.5.9.3 钢水返送（全量）

当连铸作业发生异常，未开浇的钢包中的整炉钢水被返送（全量返送）到二次精炼再处理后，要赋予返送制造命令，确定钢水返送去向（代码），根据返送去向进行处理：

（1）转送另一台连铸机继续浇注。

（2）经二次精炼处理后再上连铸机浇注。

（3）在转炉炉后进行重装入、轻装入后，继续炼钢生产。

（4）在转炉炉前回炉处理。

#### 6.5.9.4 炉次分割（部分返送）

当连铸作业发生异常，已开浇但符合一定量的钢包中的剩余钢水被返送（部分返送）到二次精炼再处理后重新（或直接）去另一台连铸机进行浇注，需要进行炉次分割处理，对剩余的钢水要赋予新的生产命令号。

#### 6.5.9.5 炉次确定

在以下情况下，表明该炉次的炼钢生产已经结束：

（1）炉次内最终板坯切断完了。

（2）炉次的代表成分确定完了。

（3）炉次的钢水量确定完了。

根据以上条件对炉次（以制造命令为单位）进行以下的“炉次确定”处理：

（1）在发生了炉次分割，前、后炉次具有两个制造命令号的情况下，需对前、后炉次分别作一次炉次确定操作后才可进行炉次确定。

（2）炉次确定后相应制造命令的作业已经完成，系统自动将该制造命令及有关计划删除。

（3）向合同跟踪系统抛账，进行合同跟踪处理。

### 6.5.10 热轧终计划编制

在钢铁企业，一般的当天编制第二天的生产计划，这就是初计划，在当天生产时，生产的实际情况会有很大的变化，因此对于已下达的当天的初计划，需要根据板坯实际的到坯情况和板坯的实际堆垛情况，进行调整，这就是终计划的编制。

热轧终计划的编制，主要是在下达的初计划的基础上，进行以下处理：

（1）确定计划执行的顺序。

（2）对计划中的板坯进行删除、追加。

（3）计划中板坯轧制顺序的变更。

（4）烫辊材、过渡材（含温度接续材）的追加。

（6）重新计算计划的装炉时间和开始轧制的时间。

（7）附试验组号。

终计划编制、调整完毕后，下达给板坯库管理系统，经板坯库管理系统对轧制计划优化后，下达给加热炉和轧线 L2 计算机系统。

在热轧的生产过程中，可以对热轧轧制计划进行调整，调整的主要内容如下：

（1）调整的条件：

对于 CCR 或 HCR 计划，吊车命令未生成前约 30min。

对于 DHCR 计划，装炉前两块板坯以外的板坯。

（2）计划内的板坯删除。

（3）整个计划或部分计划删除。

（4）计划的回退。

（5）插入一个小计划。

以上是炼钢、热轧的生产计划的编制，这种计划编制的方法和流程，除了能够适应一般的钢种，一般的生产流程的生产计划的编制，适当地增加一些处理内容，也能适应热装和直接热装的生产流程以及适应不锈钢的生产流程的生产计划编制。

### 6.5.11　热装计划编制

钢铁企业的热装生产技术，是 20 世纪 80 年代，由于能源危机，钢铁企业需要节省能源，因此开发了热装技术和薄板坯连铸连轧技术，关于薄板坯连铸连轧技术的有关计划编制问题，留待下一节论述，本节只是论述热装技术有关的计划编制问题。

以前的炼钢和轧钢生产，连铸生产出来的坯料（板坯、圆坯或方坯）需要冷却到常温后，才编入轧制计划进行装炉。这在现在一般称之为“冷装”。所谓“热装”，就是要将连铸出来的热坯（温度一般要在 500℃以上），装入加热炉。对于热装，现在一般有两种方式：

（1）热装或保温坑热装：简称 HCR，是将连铸生产出来的热坯在坯料库中堆放 8～16 小时（一般堆放在保温坑中，或在堆垛上加保温罩），等 HCR 坯料全部生产出来后，按照实际生产的 HCR 坯料，进行计划编制后，再将热坯装炉。

（2）直接热装：简称 DHCR，是将连铸生产出来的坯料，按照预定的热装计划，直接装入加热炉。

在很多钢铁企业实行了热装生产作业，但很多不是真正的热装。并不是将热的坯料装入加热炉就算是实行了热装，是否实行了真正的热装，要看以下几点：

（1）是否按预先编制好的热装计划进行装炉。

（2）加热炉是否节省了能源。

（3）是否能生产出合格的产品。

为实行热装，在生产工艺上必须有相应的设备和生产管理系统，才能很好地进行热装生产，以炼钢—热轧带钢生产线的热轧生产为例，其生产工艺上必须具备：

（1）炼钢连铸的生产必须稳定，炼钢的命中率或无缺陷率一般要达到 85%～90%以上。

（2）连铸具备“无缺陷坯料的浇注模型”，使能够热装的钢种的坯料，由控制系统自动进行坯料的质量判定。

（3）具有坯料库的计算机管理系统，能自动进行物流控制和操作，以支持热装生产。

（4）加热炉具有燃烧控制模型。

（5）加热炉具备长行程装钢机，以便进行坯料装入的缓冲。

（6）轧线具备大侧压立辊轧机或 SP 轧机，以便能实现坯料的宽度集约生产。

（7）在生产技术上能确定哪些钢种能进行热装，哪些钢种不能进行热装。并有完整的技术标准。

（8）至少有两座加热炉生产。

（9）有完整的从炼钢到热轧的生产管理系统（MES）。

另外，对不同的热装作业，加热炉的操作有所不同。一般热轧加热炉的生产组织方式有以下几种：

（1）冷装：所有加热炉都是冷坯装炉。

（2）HCR：所有加热炉可以都是 HCR 装炉。

（3）HCR + 冷装：有一座或两座加热炉进行 HCR 装炉，其余加热炉冷装。

（4）DHCR + 冷装：有一座加热炉进行 DHCR，其他加热炉冷装。

（5）DHCR + HCR：有一座加热炉 DHCR，其他加热炉 HCR。

（6）DHCR + HCR + 冷装：有一座加热炉 DHCR，一座或两座加热炉 HCR，其他加热炉冷装。

由于连铸机和热轧的小时生产能力有差异，以及炼钢连铸生产的命中率问题，一般是由一座加热炉进行 DHCR，其他加热炉实施 HCR 或冷装生产。DHCR 生产完毕后，该加热炉改成其他生产方法，因此相应考虑在加热炉内的热坯料和冷坯料的接续问题，以便加热炉能进行燃烧控制，以节省能源。

#### 6.5.11.1 热装生产计划编制的流程

根据以上论述，热装生产计划与冷装生产计划分开编制，热坯与冷坯分开入炉，但出炉时按一个完整的轧制计划顺序，向轧线供坯。一般我们通常称为夹花轧制。

6.5.7 ~ 6.5.10 节所述炼钢、热轧生产计划的编制说明，同样适用于热装生产计划的编制。但在初计划和终计划编制时，需要对热装计划进行特殊处理，如：

（1）对装炉顺序进行处理：对因炼钢等原因导致不能 DHCR 或 HCR 作装炉方式变更，修改热装标志。

（2）对于 DHCR 计划，需要做“夹花”轧制的处理。

（3）根据冷热坯的接续条件，确定“空炉”标志，即在此坯料装炉后，需要在加热炉内，空出一段距离后，再装入与前不同的坯料。以保证加热炉的燃烧控制。

（4）根据热轧轧制计划的轧制时间接续条件，计算 DHCR 坯料的装炉时间以及推算到连铸开浇时间和炼钢各个工序开始处理的时间。

热装生产计划的编制流程如图 6-6 所示。

#### 6.5.11.2 热装生产计划的调整

在实际生产过程中，需要根据炼钢、连铸各个工序的生产实际情况，实时地调整热装生产计划。热装生产计划的调整，由三个系统协同处理，这三个系统分别是产销一体化系统（MES）、板坯库管理系统（SYC）和加热炉 L2 计算机系统。

（1）产销一体化系统（MES）：

1）计划的部分删除或整个计划删除。

2）计划的插入。

3）计划内的板坯的删除。

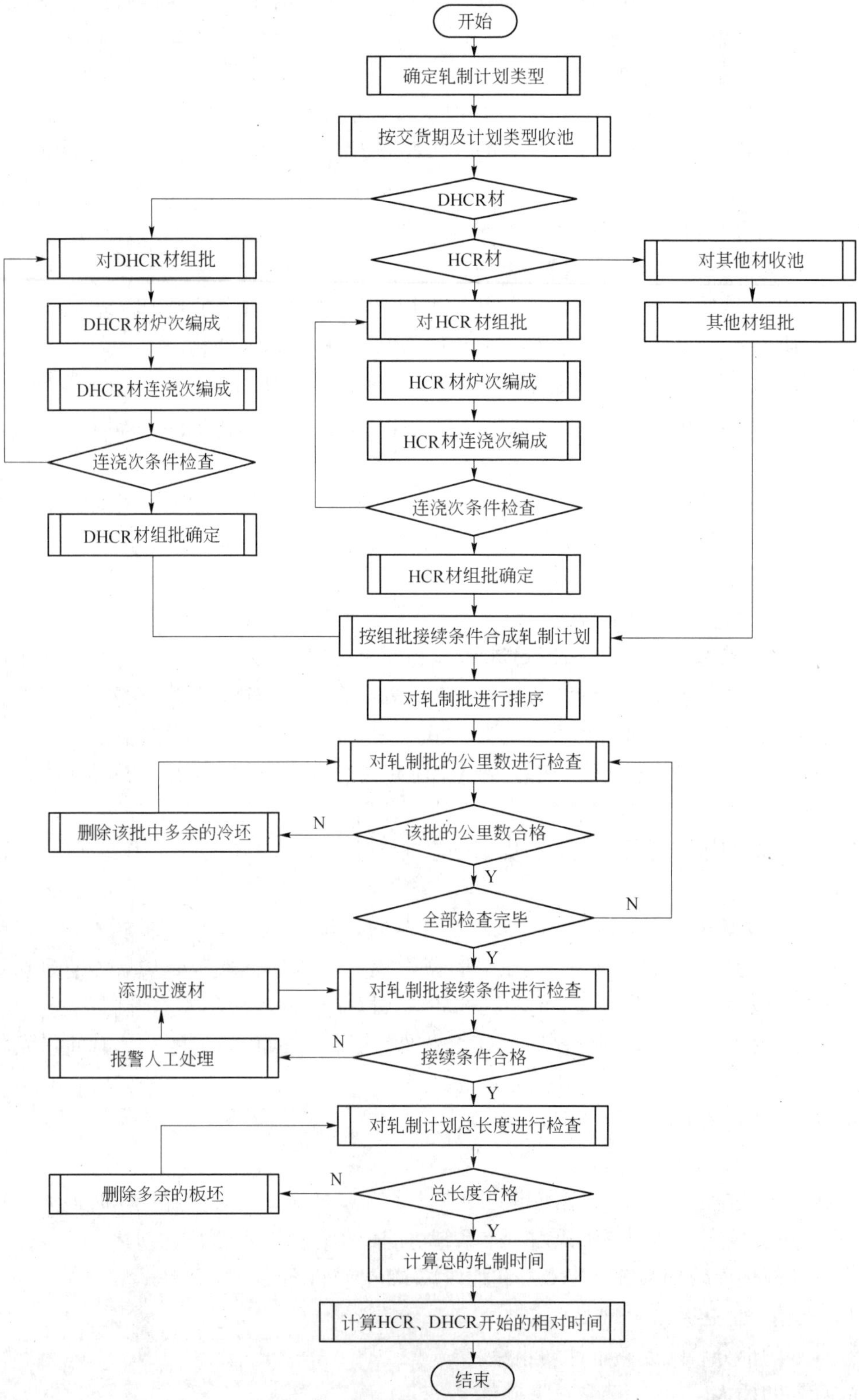


图6-6　热装生产计划编制流程

4）计划内插入一块板坯或一组板坯。

（2）板坯库管理系统（SYC）：

1）板坯到达加热炉入口时间预测计算。

2）板坯的删除。

3）板坯装入顺序的调整。

4）板坯抽出顺序的调整。

（3）加热炉 L2 计算机系统：

1）在有“空炉”标志时进行控制装炉。

2）根据抽出顺序，调整加热速度。

3）最佳化燃烧控制。

以上介绍了热装生产计划的编制和调整。热装技术是正在发展的技术，钢铁企业需根据自己的生产实践，对热装技术进行不断改进、完善、发展。

### 6.5.12 薄板坯连铸连轧作业计划编制

薄板坯连铸连轧（CSP）的生产，与普通的生产流程有很大的不同。另外，薄板坯连铸连轧生产工艺本身也有很大的不同，本书介绍的是坯料厚度在 70mm 以下的薄板坯连铸连轧的工艺，俗称 CSP 生产工艺，采用隧道炉进行生产，并且是两台连铸机对一条热轧生产线，这有些像普通热轧厂的直接轧制生产工艺。

CSP 生产线包括炼钢、精炼、连铸、隧道炉、轧线等工序，在编制生产计划时，需要将这些工序作为一个整体来进行计划编制。

#### 6.5.12.1 CSP 生产计划编制流程

CSP 生产计划编制的流程如图 6-7 所示。

CSP 生产线生产计划编制的要点如下：

（1）先按轧制计划编制的规则，编制好轧制计划。

（2）按两台连铸机交叉分配的办法，将轧制计划中的钢卷按顺序分配给每台连铸机。

（3）对每台连铸机生产的坯料，进行组炉。

（4）按连浇次组成的基准，生成连浇次（CAST-LOT）。

（5）计算每根带钢的轧制时间，确定每个 CAST-LOT 第一块坯料的开始浇注的时间。

（6）根据浇注顺序、每炉钢的工艺路径和每个工序的标准的生产时间，计算确定每炉钢在每个工序处理的开始时间和结束时间，并可以根据生产的实际数据进行自学习。

（7）计划编制完成后需经过人工调整和确认。

#### 6.5.12.2 CSP 生产计划的调整

CSP 生产线在实际生产过程中，需要根据生产的实际情况，调整生产计划。除与一般的炼钢计划调整相同外，还有些特殊的调整：

（1）收集炼钢区转炉、LF 炉及钢包实际的各工序生产时间，并根据标准的各工序作业时间，计算出下工序的原料实际达到时间，并通过自学习，对各工序的标准作业时间进行修正。

（2）各工序计划生产时间与实际生产时间的调整，主要是对精炼区的时间缓冲和连铸拉坯速度的调整。超出调整范围后，由人机交互方式进行干预。处理的概要流程图如图 6-8 所示。

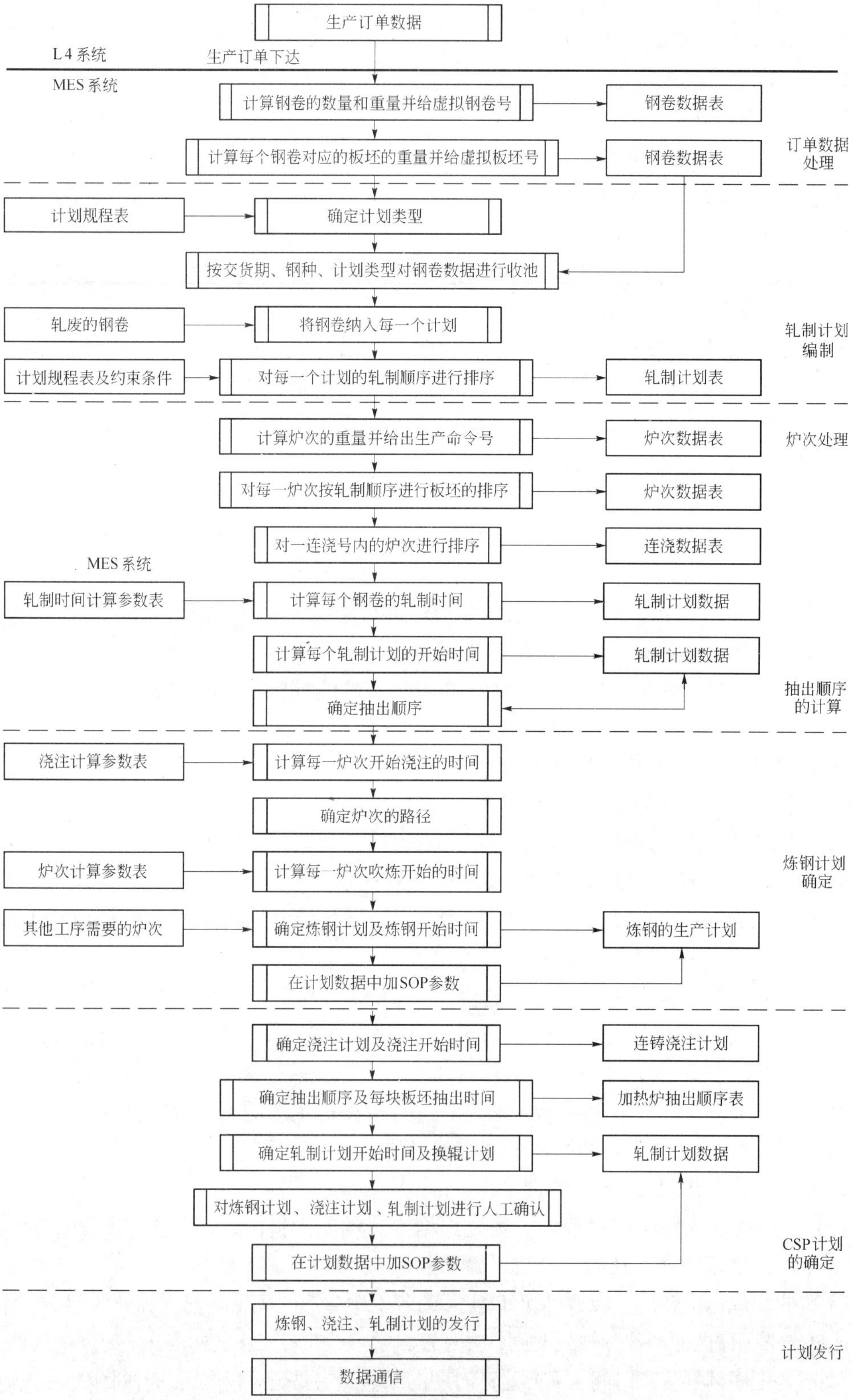


图6-7　CSP生产计划编制流程

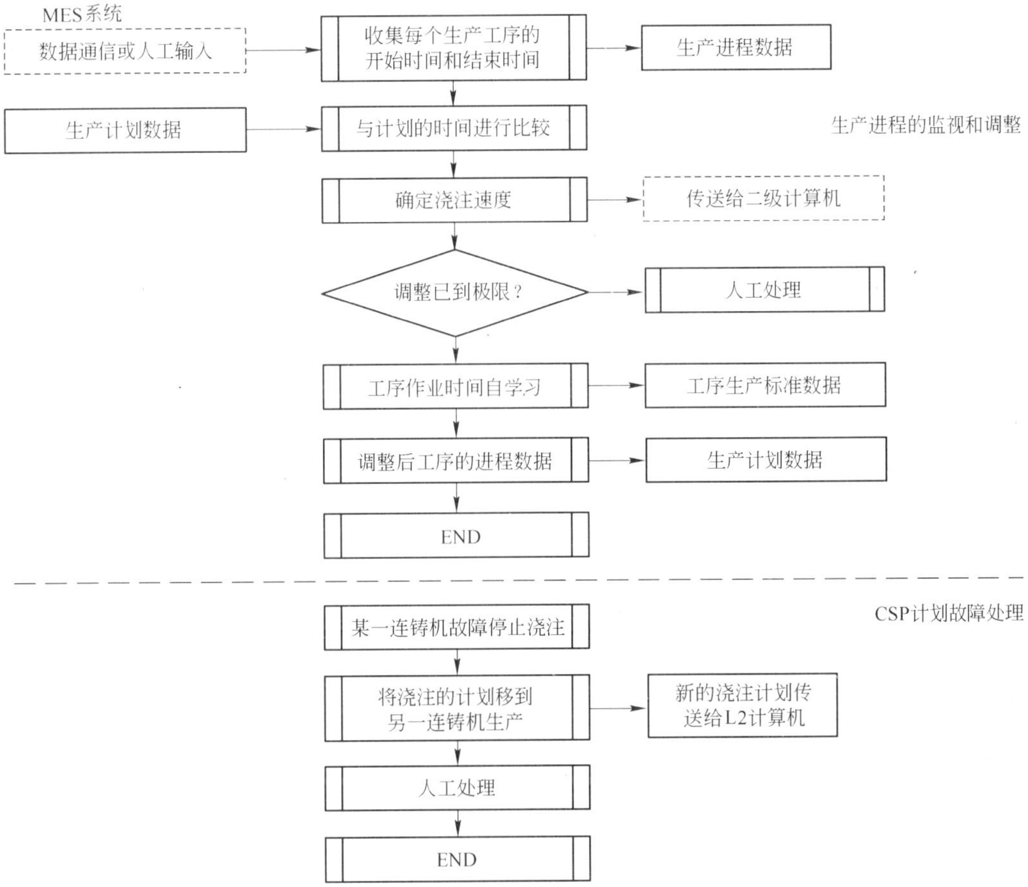


图 6-8　CSP 生产计划调整流程

#### 6.5.12.3　CSP 生产计划的终结处理

CSP 生产线，基本上是一条连续的生产线，不管炼钢、连铸的生产质量如何，都必须进行下工序的生产，轧制成钢卷出来，生产出来的钢卷，往往与计划不符，乃至与合同也不符，因此需要及时进行修正，这就是轧制计划的终结处理。其处理流程概要如图 6-9 所示。

### 6.5.13　中厚板生产计划编制

中厚板的生产工艺比较复杂，有板坯的二次切割处理、加热、轧制（含控轧、控冷）、精整（包括头尾剪切、边部剪切、定尺剪切等等）、火切、探伤、热处理等复杂工序，因此，其生产计划包括板坯二切计划、加热轧制计划、精整计划、火切计划、热处理计划等。

#### 6.5.13.1　板坯二切计划

在中厚板的生产工艺特别是厚板生产工艺中，板坯一般都比较宽、短，因此钢铁企业为了提高连铸生产线的效率，在连铸生产过程中，往往按长坯进行两块板坯或三块板坯切割，长板坯运送到厚板厂来之后，需要对板坯进行二次切割。如果连铸的生产工艺，已经

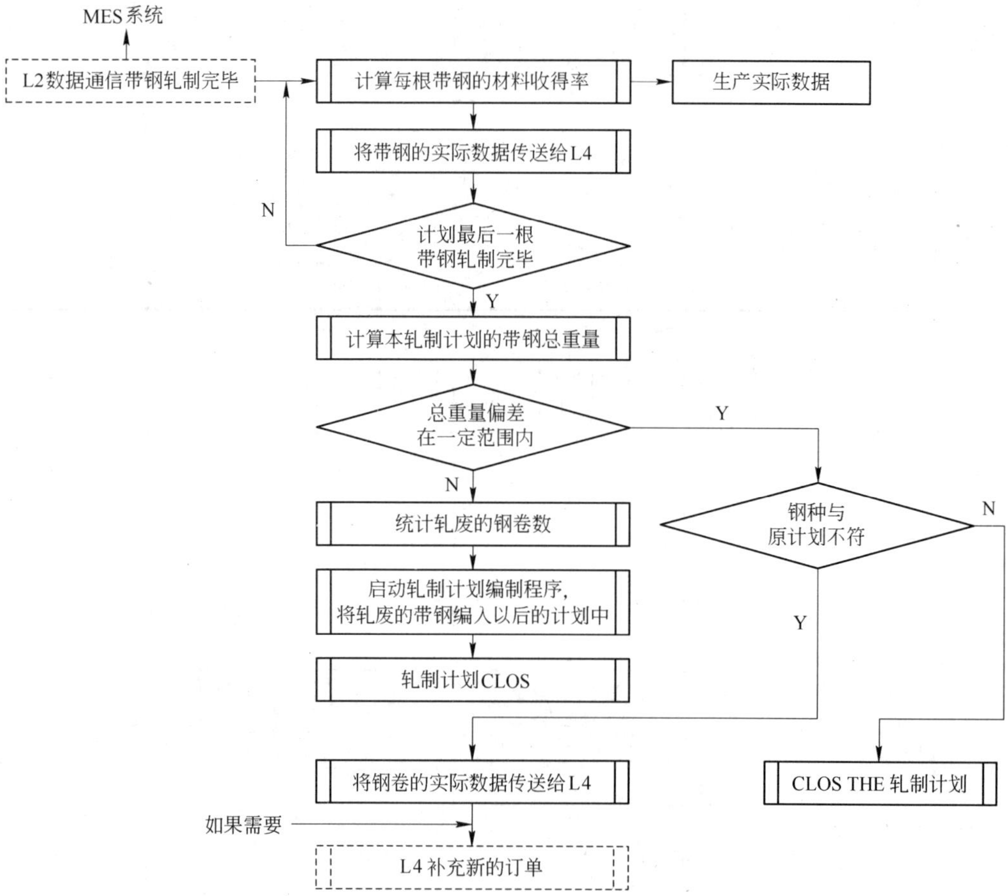


图6-9　CSP生产计划终结处理流程

能够完全按轧钢的要求进行切割板坯，则一般不需要对板坯进行二次切割，只有对轧制后的返回板坯或余材板坯进行切割。

二切计划编制时，应充分利用板坯二次切割线的能力。同时，注意尽量将整垛板坯编入，以使计划执行时倒垛量尽可能少。

#### 6.5.13.2　加热轧制计划

对于中厚板生产线，因生产工艺原因，往往存在不同类型的加热炉，有步进梁式加热炉、推钢式加热炉、车底式炉，主要根据不同的板坯或钢锭，配置不同的加热炉，因此，在编制加热轧制生产计划时，往往需要按单个加热炉进行生产计划的编制，然后汇总成轧制计划，其计划编制的流程概况如图6-10所示。

中厚板的生产计划与一般的热轧生产计划的编制方法相同，生产计划编制的约束条件的项目也类似，但约束条件的值要比热轧生产计划宽松得多，不像热轧带钢生产那样限制很严格。因此，中厚板的生产计划编制比较容易处理。

轧制计划编制时充分考虑交货期、轧制基准、流向平衡（库区能力平衡）等条件，同时注意尽量将整垛板坯编入，以使计划执行时倒垛量尽可能少。

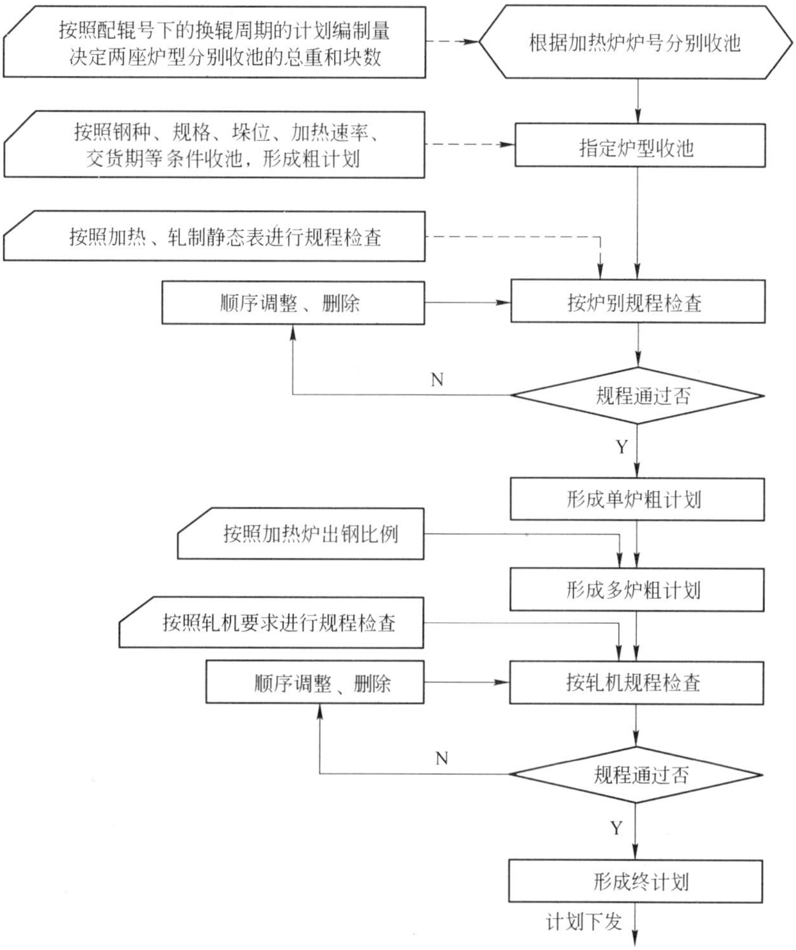


图 6-10 加热轧制计划编制流程

#### 6.5.13.3 精整计划

根据钢板的交货期、钢板的属性，对需要精整的钢板进行收池，尽量按整个钢板堆垛和顺序，进行精整计划的编制，编制完毕后，由计划人员进行调整，最后确定精整计划，下达给各个工序和操作点。

#### 6.5.13.4 热处理计划

对需要进行热处理的钢板，按一定规则进行收池，在确保交货期前提下，充分考虑热处理种类、热处理时间、热处理温度等作业规制的基础上，编制出热处理计划。

### 6.5.14 冷轧生产计划编制

冷轧的生产计划，将根据冷轧生产工艺的不同，一般有以下生产计划：

（1）酸洗连轧生产计划。

（2）罩式炉生产计划。

（3）连续退火炉生产计划。

（4）平整机组生产计划。

（5）精整线生产计划。

（6）热镀锌生产计划。

冷轧生产计划，主要根据产品的交货期，原料库和中间库的库存产品的钢种和规格，以及各个生产线的生产能力，进行周、日生产量和产品规格的平衡。确定各个生产线的生产量和生产规格后，再确定生产计划中的生产顺序。编制完毕后，经计划人员调整，确定各个生产线的生产计划。

对于酸轧、连退、热镀锌等需要焊接的连续生产机组，都应该有计划编制规程限制，以保证机组生产的连续性。如焊接规程（主要考虑钢种和厚度、宽度、截面积的接续）、退火曲线、酸洗方式、涂油量、锌层厚度等。若前后两个钢卷的生产工艺差异较大，则需要采用过渡卷过渡。

因为冷轧厂的生产工艺复杂，生产线多，相互之间有物流的交叉，因此，在冷轧厂的中间库比较小、存储的物料有限的条件下，在各个生产线的计划编制时必须考虑整个物料的平衡和物流的通畅以及各个生产线计划在时序上的衔接。

### 6.5.15　钢管及长材生产计划编制

钢管及长材生产线，按轧制批来组织生产，在材料计划时，就已经组成轧制批了，因此其轧制计划的编制比较简单，根据产品的交货期、坯料的库存情况，将相应的轧制批安排其生产顺序，形成其生产计划。

## 6.6　大型工器具管理

本书所说的“大型工器具管理”，主要是指高炉的铁水罐、炼钢的钢水罐、连铸的中间罐、轧钢的轧辊等的生产运行管理。

### 6.6.1　铁水罐管理

铁水罐管理的流程如图6-11所示。主要管理内容说明如下。

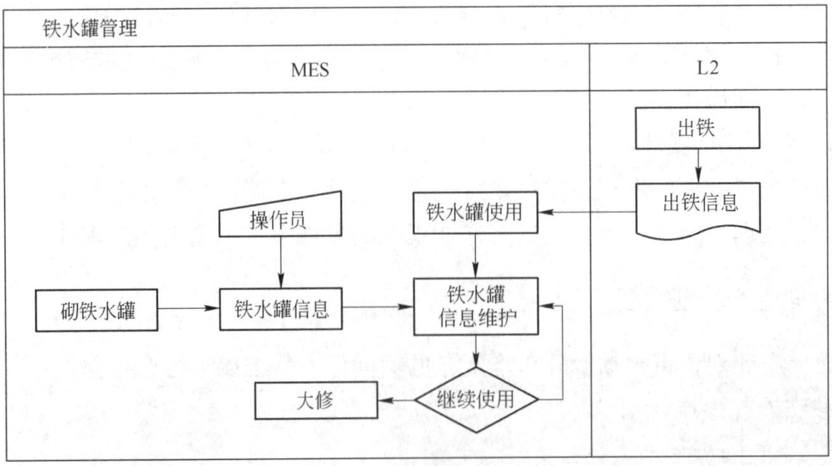


图6-11　铁水罐管理流程

##### 6.6.1.1 铁水罐登记

对新到的铁水罐进行登记备案，对于报废的铁水罐进行不可用设置。对于不可用的铁水罐，不能再次进行使用。操作员对铁水罐记录进行添加、删除和修改。

铁水罐登记主要包括的数据项有：登记日期、罐号、开始使用日期、重筑次数、最高罐龄、登记人、可用状态、备注等。

##### 6.6.1.2 铁水罐维修记录

当铁水罐到达使用期限后，对铁水罐进行维修，维修后操作人员进行记录，同时系统对使用次数进行清零处理。操作人员可以进行添加、删除、修改。铁水罐维修记录主要包括的数据项有：罐号、维修日期、维修次数、维修人、备注等。

##### 6.6.1.3 铁水罐罐龄管理

维护各铁水罐的罐龄，并设置其使用的报警期限，当该罐的使用次数到达报警期限时，系统进行提示，该罐需要尽快进行报废或维修处理了。罐龄管理主要包括的数据项有：罐号、使用次数等。

##### 6.6.1.4 铁水罐状态跟踪

跟踪每个铁水罐当前的状态，让现场人员了解当前各铁水罐的使用情况，哪些可以调用，哪些正在使用，便于现场调用铁水罐。

当出铁时，高炉二级计算机根据装铁水情况，将铁水罐号发往 MES，系统自动将该铁水罐的状态更新为正在使用，并将铁水罐的使用次数自动加一，当铁水到达炼钢并倒出铁水后，炼钢发送铁水倒出信息，系统自动将该铁水罐的状态更新为未使用状态。铁水罐状态跟踪主要包括的数据项有：罐号、状态等。

### 6.6.2 钢包管理

钢包管理主要有以下功能。

##### 6.6.2.1 钢包目录管理

通过人机对话方式，对新增的钢包及其子设备如透气砖、滑板等进行编号，将其设备的初始信息（生产厂家等）录入系统，并可以对其进行删除、修改。

##### 6.6.2.2 钢包跟踪

通过人机对话方式，对钢包的当前状态进行跟踪，钢包状态分为：烘烤、预备、在线受钢、热修、冷修 5 个状态，另外还对钢包及其透气砖、滑板的使用次数进行记录，并对该钢包每次所盛钢水的重量进行累计。

##### 6.6.2.3 钢包使用维修履历管理

建立钢包及其子设备的使用履历并且提供查询。

建立钢包的事故情况履历并且提供查询。

##### 6.6.2.4 钢包计划管理

预先编制一个钢包与炉次的对应关系，并在有关生产管理画面上显示。

### 6.6.3 中间包管理

中间包管理主要有以下功能。

#### 6.6.3.1 中间包目录管理

通过人机对话的方式，对新增的中间包及其浸入式水口、永久层耐材进行编号，将中间包及其子设备的初始信息（生产厂家等）录入系统，并可以进行删除、修改。

#### 6.6.3.2 中间包跟踪

通过人机对话方式，对中间包使用状态进行跟踪。中间包的状态分为：下线、修砌、离线烘烤、备用、在线烘烤、使用等六种状态。另外还对中间包的使用次数、本体大修的次数、当前中间包的永久层使用次数和浇钢时间的统计。

#### 6.6.3.3 中间包使用维修履历管理

建立中间包及其子设备的使用履历并且提供查询。

建立中间包的事故情况履历并且提供查询。

### 6.6.4 结晶器管理

结晶器管理的主要功能如下。

#### 6.6.4.1 结晶器目录管理

通过人机对话的方式，对新增的结晶器及其铜板进行编号，将结晶器及其子设备的初始信息（生产厂家等）录入系统，并可以进行删除、修改。

#### 6.6.4.2 结晶器跟踪

对结晶器及其铜板在连铸过程中通过的坯料的长度进行记录，并对结晶器铜板的状态进行跟踪，铜板的状态可分为：在线工作、离线修复、预备、库存四个状态。

#### 6.6.4.3 结晶器使用维修履历管理

建立结晶器及其子设备的使用履历并且提供查询。

建立结晶器的事故情况履历并且提供查询。

### 6.6.5 轧辊管理

磨辊间管理功能是对轧机的工作辊、支撑辊、立辊、调宽压力机的模块、卷取机的卷筒、助卷辊、夹送辊等进行库存管理、实绩管理。所有轧辊从入厂开始就进行登录，并按其研磨实绩、轧制实绩、使用机架实绩进行管理，直至轧辊报废。每个轧辊状态分为使用中、准备使用、研磨中三种状态进行登记与显示。

轧辊研磨者将根据轧制计划，实施研磨操作。同时在磨辊间的操作终端或从磨床自动化控制设备输入研磨实绩（轧辊号、辊径、凸度号），在确认研磨完了时，对研磨实绩履历进行管理。换辊时，直接从SCC（轧线过程计算机）接受轧辊轧制实绩信息，其他辊的轧制实绩由管理人员通过终端输入，然后，对轧制实绩进行履历管理。管理人员负责输入轧辊的报废信息。

钢铁企业的轧钢厂，其轧辊的消耗，在生产成本中占有很大比重，另外轧辊对提高产品的质量、产量有很大的作用，因此现代化的钢铁企业，都设置专门的轧辊管理系统。

#### 6.6.5.1 轧辊的入库管理

根据轧线生产的需要，磨辊间的管理人员根据各磨辊的消耗数据，定期或不定期的制定购置各类新辊的计划，以保证生产的正常运行。新辊购入后，必须登记到数据库系统，作为一根轧辊跟踪的起始，也是后续的磨削入库和出辊的前提。它录入的信息主要包括磨辊间分配的辊号、进厂的时间、进厂的直径、材质及生产厂家等。

根据轧钢生产的规程，轧制长度和轧制重量满足换辊条件时，轧线停止生产，开始换辊，在线辊换下后进入磨辊间，轧辊在磨床上磨削后入库。由于磨辊间的磨床有“数控磨床”和“人工磨床”，所以磨削辊的入库包括两部分：由“人工磨床”磨削后磨辊的数据由磨辊间技术人员人工录入；“数控磨床”磨削后的磨辊数据通过磨辊管理系统和“数控磨床”通信程序传输后自动录入数据库。磨削辊录入的信息主要包括该辊作为新辊购入时分配的辊号、磨削后的直径、磨工信息、磨床信息以及该磨削辊的状态等。

当在线辊出现故障时，或轧辊进行探伤发现异常时记录此辊的故障信息。故障辊入库也包含两部分：在线出现故障时由热轧操作工分析原因，录入故障判断结果；轧辊探伤异常由磨辊管理系统和“数控磨床”通信程序传输后自动录入数据库。

#### 6.6.5.2 轧辊的出库管理

按照轧制计划和磨辊工艺的要求，如果某一轧辊已无法满足生产需求，必须返回厂家处理或卖给其他厂，则该辊录入的信息主要包括作为新辊购入时分配的辊号、出辊时的辊径、出辊去向等。

当轧辊在计划工作周期完成或出现异常已无法使用时，对该轧辊做报废处理。由人工录入上述报废品的出库记录，主要包括辊号、报废时的辊径、报废日期、报废原因等。

#### 6.6.5.3 轧辊、轴承、轴承箱的库内移动管理

按照轧制计划的安排，完成必要的配辊计划后，以即将进行的配辊计划中的轧辊、轴承、轴承箱的库位移动作业优先级最高，其次是即将进入磨辊间的在线辊入库移动作业。当换辊作业完成后，再对换下辊进行相应的磨削、清理等再处理作业，实现磨辊间内各生产设备的合理存放和出、入作业的优先级管理。

#### 6.6.5.4 轧辊的组装管理

对典型的热轧带钢厂，当粗轧根据工艺的要求需要更换轧辊时，磨辊间需要记录该次换辊的信息。主要包括上下轧辊的辊号、上机时的辊径、相配的轴承箱号、安装机架等。而当该辊换下时，磨辊间需要补充以下信息：换辊原因、轧制吨位、轧制长度。组合成完整的数据后录入数据库系统，作为以后轧辊的分析，改善磨辊工艺，降低异常消耗。

根据精轧工艺和轧制计划的安排，完成必要的精轧 $F_1 \sim F_7$ 机架的配辊计划。它录入的信息主要包括组装的 $F_1 \sim F_7$ 机架上下辊的辊号、辊径、相配的轴承箱号，以及组装班别、轧制单位、轧制吨位、轧制长度、换辊原因等。由于精轧组装数据量大，且较为复杂，所以为了保证以后分析和统计的正确性，必须对该组装的数据进行正确性检查，即使用磨辊根据工艺预先设置的约束条件校核录入的数据，保证数据的正确。

#### 6.6.5.5 轧辊历史数据的查询管理

在数据库中查找已登记完却一次也没有使用的所有新辊的详细信息。

在数据库中查找已登记的所有废辊的详细信息。

在数据库中查找正在使用的所有轧辊的详细信息。

在数据库中查找某个轧辊从新辊入库到出库的所有历史记录的详细信息。

## 6.7 原料管理

钢铁企业的生产，需要消耗大量的原料，如铁矿石、烧结矿、球团矿、焦炭、煤、辅助料（石灰石、萤石、白云石和其他原料）、铁合金、废钢等。这部分原料的量非常大，而且占生产成本的很大一部分。管理好钢铁企业的原料，不但是保证生产能顺利进行的必要条件，而且对节省成本有很大的帮助。

在铁前区（原料场、高炉、焦炉、烧结等）的生产管理，基本是以原料为中心进行管理。向各个工序提供质量稳定的原料，是各个生产工序稳定生产的重要条件。因此，高炉、烧结、焦炉的原料的高位料仓，最好由原料场的管理系统进行统一控制和管理。

为了进行原料管理，必须要有原料的重量的称重设备、原料运送设备、原料的分配控制设备等。

原料管理的范围，从原料运输船舶到达码头或火车、汽车运输进场开始，到各个生产工序的高位料仓（如高炉、烧结、焦化、喷煤系统的高位料仓）及转炉的高位料仓（皮带运输）或低位料仓（车辆运输）为止。所涉及的区域几乎是钢铁企业总图范围的一半。

### 6.7.1 原料入库管理

原料的入库，一般有三种形式的入库：船舶、火车、汽车。

对于船舶运输入库，一般有船舶预期管理，需要预先得到船舶的信息，包括船号、运输的物种、吨位、预定到达日期等等。以便进行码头作业管理。当船舶到达码头后，进行原料入库，指定物料的运输目的地，选择皮带运输的路径，将运输命令传送给皮带控制系统，进行物料入库运输，并通过皮带秤读取物料的重量。

对于火车或汽车运输入库，在以前的系统，一般是人工输入火车或汽车的运输信息，物料的重量一般用轨道衡或汽车衡自动读取物料的重量，并有人工指定运输的目的地。火车、汽车卸料完毕后，还要进行“去皮重”处理。以得到物料的净重。现在有些企业，采用射频标签或条码读取装置，自动读取车辆、物料的信息。

原料入库后，原料管理系统收集物料的品名、重量、化学成分、物理性能、堆放地点等信息。

### 6.7.2 原料出库、运输管理

原料管理系统，根据各个工序（高炉、烧结、焦炉、炼钢等）的 L2 系统传送来的每个高位料仓的存量信息或高位料仓的料位信息以及高位料仓的物料分配信息，确定原料运输的起点和终点，选择皮带的运输的路径，将运输命令传送给皮带机系统和堆取料机，进行原料的运输控制，向各个工序输入原料；并将每个高位料仓输入的原料的品名、重量、物理性能、化学成分等信息传送给各个工序的 L2 系统。对于采用车辆运输的炼钢厂，一般采用条形码或射频标签方式，向炼钢厂传送原料的运输信息。

在进行原料运输时，原料管理系统按批次跟踪运输的原料流，并可以给控制运输皮带的 PLC 在需要变更原料的流向时，下达控制命令，进行原料流向的变更。

### 6.7.3 原料的料场管理

将各种原料在原料场，按一定的堆场范围进行堆放，并对其原料的品名、批次、重量等数据，根据原料的输入和输出的量，进行动态管理。

### 6.7.4 原料混匀管理

为了满足高炉和烧结生产工艺的需要，原料场需要将各种品名、化学成分的矿石或矿粉，按一定的比例，进行混匀处理后，送到烧结厂或高炉。这种混匀的设定计算，有些厂是在高炉进行计算，将计算结果传送给原料管理系统，原料系统按混匀设定计算的结果进行混匀操作。有些厂直接在原料系统进行混匀配比的设定计算。

### 6.7.5 原料质量管理

对每一批次的原料，需要进行取样分析，将所取的样品送至检化验系统，分析以下数据：

（1）矿石、烧结矿、煤的化学成分。

（2）辅助原料成分。

（3）焦炭的分析值：水分、C、H、N 值。

（4）焦炭的灰分分析值。

（5）焦炭的物理性状：粒度分布、粒度的平均值、灰分、挥发成分、TS、发热量、强度。

（6）煤的灰分、挥发成分等。

（7）烧结矿的物理性状：水分、粒度分布、粒度平均值、还原率、强度等。

原料管理系统与检化验系统的计算机进行数据通信，接受原料的各个批次对应的化学成分数据、物理性状数据，进行原料的质量管理。在原料运输完毕后，将相应批次的原料的质量数据传送给各个工序的 L2 计算机系统。

### 6.7.6 皮带运输最佳化路径选择模型

如果原料场有庞大数量的皮带运输设备，原料运输时，如果已经确定了运输的起始点和目的地，则可以有很多条运输路径可供选择，系统需要根据目前皮带运输的实际情况，自动选择一条最佳的运输路径进行作业。

## 6.8 发货管理

产品处于准发状态后，就可以编制发货计划，进行发货管理。

编制发货计划时，需要考虑运输工具的情况，根据产品的交货期、用户的到站、运输形态（水运、汽车、铁路）等编制发货计划，并向运输部门提交车辆等运输工具的申请，以便运输部门落实所需的运输工具。

根据运输部门落实的车辆等运输工具的信息，修改、补充原来的发货计划，下达给库管理系统。其发货计划的主要内容有品名、提货单号、合同号、准发号、运输方式、交货地点、用户名、捆包号、产品规格、车船号、预计发货时间等信息。

发货计划下达到库管理系统后，库管理系统根据发货计划、到达的实际车船情况、提货单等进行发货作业，发货完毕后，将发货的实际数据传送给产销系统，由产销系统打印发货的码单及质保书，并进行产品销账处理，将结算凭证传送给财务系统，进行财务结算。

## 6.9　物料管理

在目前的钢铁企业，产品的产量很多都已达到千万吨级的规模，而其物料的量会数倍于此，因此物流和物料的管理将非常重要。为了进行物流和物料的管理，必须对物料进行识别，以便能完成基本的对物料和物流的跟踪。另外对物料的重量计量也是物料和物流管理的基本条件。因此钢铁企业，为了能够很好把握全企业的物料和物流情况，对提高生产效率，降低成本是非常重要的，为此进行物流和物料的管理，必须解决物料的跟踪和重量计量问题。

我国目前很多钢铁企业，上述问题没有得到解决，很多还是人工跟踪、人工或半自动进行重量计量。这是钢铁企业信息化必须解决的基础问题。

### 6.9.1　物料的识别和跟踪

我国钢铁企业目前的物料识别和跟踪一般是采用“流转单”、号码（喷印或手写）的方法进行物料的识别和跟踪。现在很多钢铁企业试验采用射频标签（RFID）、IC卡、条形码等对物料进行识别和管理。

射频标签（RFID）一般采用无源标签，读取信息的距离最大可以到5m，读取信息比较方便，并且因为是封装的，因此对环境比较适应，但成本较高。一般可以用在汽车、火车等车辆运输系统、轧辊管理系统、钢板的库管理系统等，对物料进行识别和管理。

IC卡，成本较低，一般用于车辆运输系统，但在读取信息时，距离要求很近，一般由驾驶人员持卡进行读取，读取信息不太方便。

条码标签，一般用于成品管理，用手持式条码读取机，读取信息比较方便，成本比较低廉，但条码粘贴的位置有一定要求，以方便信息的读取。现在有些企业，试验在热板坯上喷印条码，对板坯进行识别，但喷印的设备和材料比较昂贵。

上述设备一般通过无线传送的方式，将读取的物料信息，传送给信息管理系统，用于对物料进行跟踪和管理。

### 6.9.2　物料的计量

物料的重量计量，对钢铁企业信息系统非常重要，只有对物料重量的精确计量，才能实现工序的成本核算。

对车辆所载物料的重量计量，现在均采用轨道衡和地磅秤。很多厂对轨道衡和地磅秤进行集中监控和自动计量，取消了现场的操作人员。

对采用皮带运输的物料，一般采用皮带秤进行运输物料的重量计量。

从炼钢生产开始，一般在生产线上均设置称量装置，包括炼钢吊车秤、大包回转台的电子秤、连铸线上的坯料（板坯、方坯、圆坯）秤、热轧线上的钢卷秤、钢板秤、精整线上的称量设备等。均可以自动读取物料的重量，并基于对物料的自动跟踪，可以自动地将物料的重量信息与物料号进行匹配。目前生产线上设置的称量装置，其计量精度都达到了三级计量标准，因此其计量的重量数据，可以作为贸易结算用。有些企业在生产线上已设置称量设备。另外还专门设置离线的称量设备进行重量计量，实在没有必要。另外，离线进行物料重量的计量，因为无法对物料进行自动跟踪，必须用人工将物料重量与物料号进行匹配，在此过程中，很容易发生信息差错。

## 6.10 库管理

钢铁企业从炼钢开始，到成品出厂为止，在生产线上的物料是很少的，90%以上的物料，在各种库里存放。有些库内的物料，需要有一定的库存量，才能很好地组织生产，例如板坯库。但库存量大后，除占用场地外，还占用了企业的大笔资金，因此，减少库存量，这是钢铁企业生产管理的一个最重要目标；在保证生产的前提下，最大限度地减少库存量，以取得最佳的经济效益，也是库管理的重要目标。

自1985年开始，宝钢的2050mm热轧工程在我国第一次实行自动化的库管理以来，一些钢铁企业先后不同程度地实行了自动化的库管理系统，取得了一定的效果，但也存在不少问题。库管理不只是对物料的数据和堆放位置进行记录，最重要的是要对库的运行进行控制和管理。必须要按此理念来设计库管理系统。下面介绍板坯库（包括热轧和厚板的板坯库）、其他坯料库、钢卷库、钢板库、长材库的管理。

### 6.10.1 板坯库管理

热轧带钢生产线的板坯库，在钢铁企业内具有代表意义，其管理的技术水平要求最高，自动化水平也最高，下面以热轧带钢厂的板坯库管理为例进行说明（中厚板厂的板坯库管理与此类似）。

#### 6.10.1.1 板坯库的工艺设计

在板坯库管理系统设计时，必须了解有关工艺设计，如果发现工艺设计有不合理的地方，需要提出来与工艺设计人员进行讨论，因为如果在工艺上有不合理的地方，则无论如何，板坯库管理系统的运行是难以达到应有效果的，这也是板坯库管理系统运行的前提条件。在板坯库管理系统设计时，需要了解和核算以下工艺问题：

（1）板坯库的容量：根据热轧带钢厂的工艺要求，板坯库的存储板坯的量要大于2～2.5天的热轧的生产量。如果小于这个量，则无法组织生产。当然板坯库的容量太大也没有必要，多占了厂房面积，增加了不必要的投资。一般板坯库的容量以3～5天的热轧机的生产能力为佳。

（2）板坯库每跨的吊车：为了解决吊车运行的干扰问题，一般板坯库均设计成多跨，同时为了满足热轧的生产节奏，板坯库跨的长度以短为好，以减少吊车的运行时间，实际上板坯库的跨数与长度，都与总图布置有关，因此，必须核算吊车的运行节奏，看是否能满足热轧生产节奏的要求。如果不能，则要增加吊车。

（3）板坯的运送设备：板坯从连铸厂运送到板坯库以及板坯库向加热炉运送板坯，最好均采用辊道运送，这样便于进行板坯跟踪，另外，向加热炉运送板坯的“上料辊道”和从连铸来的板坯的“卸料辊道”一定要分开，避免上料作业与卸料作业互相干扰。

板坯库内及热轧板坯库与连铸板坯库之间一定要设置过跨台车，这样非正常的跨间板坯移动就不需要通过辊道进行，而通过过跨台车进行，使得板坯的物流互不干扰。

(4) 连铸精整用的板坯库要与热轧板坯库分开，对不合格的板坯，需要在连铸侧下线，进行板坯精整处理，处理完毕后，成为合格的板坯。合格的板坯（包括经精整完毕合格的板坯）才运送到热轧板坯库堆放。

(5) 对于新设计的板坯库，其向加热炉上料方式，最好是采用直接向辊道上装载板坯的方式，不要采用老式的垛板台上料方式。

(6) 在库内，必须划分板坯堆放的位置，并给出位置的坐标（$x$ 坐标一般指大车移动方向；$y$ 坐标一般指小车移动方向）值，其坐标值是固定的；另外板坯堆垛的区域尺寸，均按最宽板坯的宽度和最长板坯尺寸来划分，并且堆垛与堆垛之间的间隔，要考虑吊车夹钳起吊的需要。

(7) 板坯库的布置，建议最好与轧线成‘丁字’型布置，使板坯的物流基本能通过辊道进行自动运送，板坯的跟踪也比较容易处理，并且可以实现板坯的多跨上料和多跨卸料。如果板坯库与轧线成平行布置，则需要设置过跨台车运送板坯到加热炉跨进行上料，板坯的跟踪处理比较复杂，无法实现板坯的多跨卸料与上料。

#### 6.10.1.2 相邻工序的自动化水平

板坯库管理系统不是“孤岛”系统，是整个自动化和信息化系统的一部分，必须和其他系统一起协调运行，因此，对相邻工序的自动化和信息化的水平有一定要求。

(1) 在连铸侧要有完整的 L2 计算机系统，能对连铸侧的板坯进行正确的跟踪，并将板坯的信息实时地传送给板坯库管理系统。另外连铸计算机系统具备“无缺陷板坯浇注”模型，对连铸出来的板坯能进行质量的自动判定，对判定合格的板坯，可以通过辊道直接运送到板坯库进行堆放。

(2) 下游的加热炉要有完善的 L2 计算机系统，能将板坯的信息随板坯移动传送给加热炉计算机系统。

(3) 与板坯库内控制辊道和移动台车的 PLC 能进行数据通讯，以根据板坯库管理的需要控制辊道和移动台车的运行。

(4) 要有完善的 MES 系统，可以从 MES 系统得到热轧轧制计划数据、外来板坯数据和外供板坯计划数据。

#### 6.10.1.3 板坯在库内的堆放

板坯在库内，是成垛堆放，最大堆放高度可达 3m。因为板坯入库堆放在先，几天后才以在库板坯为基础进行计划编制，因此在堆放板坯时，必须要采用一定的策略，计算板坯的堆放位置，使得计划编制完毕后，按轧制计划的顺序向加热炉上料时，基本是从堆垛上顺序取出，而不是将压在上面板坯移去后才能取出指定的板坯进行上料。另外板坯需要从一个堆垛倒垛到另外一个堆垛时，也不会给目标堆垛在以后取板坯上料时，造成新的板坯倒垛。因此，板坯在板坯库的堆放策略非常重要。一个好的堆放策略，可以使在板坯库容量非常小的情况下（两天的库存量），实现非常小的倒垛率（可以达到 0.2 左右），而管理不好的板坯库，虽然其库容量非常大（达到5天以上），平均的倒垛率可以达到5或更高。所谓的板坯的倒垛率，是指向加热炉装载的每一块板坯平均在库内倒垛的次数，是板坯库管理的非常重要的指标，体现了板坯库的管理水平和效率。板坯的堆放位置的计算，是板坯属性的函数，按下面公式确定：

$$P_{x.y}=f(R,T,H,W,h,w)$$

式中 $P_{x.y}$——板坯的堆放位置；

$R$——轧制条件；

$T$——板坯在加热炉内的出炉目标温度；

$H$——板坯的厚度；

$W$——板坯的宽度；

$h$——该板坯轧制的产品厚度；

$w$——该板坯轧制的产品宽度。

板坯的属性数据，在板坯的质量设计和材料设计时就已确定。这样，板坯在入库或库内倒垛时，均按上述策略，确定板坯的堆放位置。

#### 6.10.1.4 板坯入库

板坯的入库一般有五种方式：

（1）从连铸的辊道运送来入库：在连铸侧对板坯进行板坯号的喷印、重量称量完毕后，如果判定是合格板坯，连铸L2计算机就将该板坯的信息传送给板坯库管理系统，板坯库管理系统计算出该板坯的堆放位置后，就给控制辊道的PLC发出运送命令，到指定跨停止。吊车从辊道上吊起板坯，运送到目标堆垛进行堆放。

（2）从连铸过跨台车运送来入库：连铸板坯需要进行精整时，在连铸侧下线精整处理完毕后，通过过跨台车运送到热轧板坯库，板坯库管理系统计算出台车上每块板坯的堆放位置，吊车将台车上的板坯按顺序吊运到指定位置堆放。

（3）从库外车辆运送入库：在车辆到达热轧板坯库之前，就将车辆所载板坯的数据传送到板坯库管理系统。当车辆到达热轧板坯库入口时，由管理人员输入车辆及板坯号的确认信息，或从RFID装置读入车辆和板坯信息，板坯库管理系统计算板坯堆放位置。吊车将板坯吊运到指定位置堆放。

（4）从加热炉入口核对返回板坯：板坯在加热炉入口进行核对，如果核对通不过，则板坯返回板坯库，由板坯库管理系统将返回坯从核对点吊除，进行临时堆放。

（5）从加热炉出口辊道返回板坯：有些板坯需要从加热炉出口返回板坯库，或从粗轧机返回板坯库，当返回的板坯到达板坯库的辊道时，板坯库管理系统指挥吊车，从辊道上将板坯吊除，进行临时堆放，等处理完毕后（如切割处理）进行入库处理。板坯库管理系统接受到吊车作业完毕的信息后，对板坯库图进行更新。

#### 6.10.1.5 板坯出库

根据热轧的轧制计划的顺序，板坯库管理系统向吊车传送板坯出库命令，将指定的板坯，按轧制计划的顺序将板坯装载到加热炉的入炉辊道上。如果吊运的板坯上压着其他板坯，则紧急启动板坯倒垛功能，将其他板坯先倒垛完毕，然后进行板坯出库。

板坯库管理系统，根据吊车的操作，实时地更新库图。当板坯进入加热炉范围后，将该板坯从板坯库管理系统删除。

有些外卖板坯或需要转库的板坯，也要进行出库处理。

#### 6.10.1.6 板坯库内移动

一般有两种情况需要进行板坯在库内移动（倒垛）：

（1）为板坯出库倒垛：在板坯出库时，需要将指定出库板坯上压着的板坯倒运到其他堆垛上去，这种倒垛是自动进行的。

（2）管理人员进行库整理：由管理人员通过人机界面进行库位整理，然后形成倒垛命令，板坯在库内进行倒垛。

#### 6.10.1.7 轧制计划的优化

在初计划编制时，一般是当天编制第二天的计划。在计划实际执行时，与计划编制的时间已相差十多个小时，在这期间，板坯库的堆垛的状态已有很大的变化，因此，在轧制计划执行时，需要对轧制计划进行必要的优化处理，以便减少板坯的倒垛次数。

轧制计划的优化范围，一般是在下达的计划所涉及的板坯范围内优化，有的系统是在全板坯库库存板坯范围内优化，其优化策略，将根据不同的板坯库管理系统有所取舍。

#### 6.10.1.8 板坯跟踪

板坯库管理系统，必须对板坯库内的所有板坯进行跟踪，包括辊道上、台车上、吊车上、垛位上的板坯等进行位置跟踪。为了对辊道上的板坯进行跟踪，板坯库管理系统需要与辊道控制的 PLC 进行数据通信，PLC 将辊道上的板坯印象传送给板坯库管理系统，以便对辊道上的板坯进行跟踪。

通过无线传送装置，板坯库管理系统读取吊车的位置数据，以对吊车的位置进行跟踪。

板坯库管理系统跟踪过跨台车上装载的板坯信息和顺序，在每一跨，设置过跨台车的停止位置，以便对过跨台车的停止位置进行跟踪。

#### 6.10.1.9 吊车作业管理

板坯库里的吊车，其作业种类一般有以下几种：

（1）为出库而倒垛作业；

（2）出库作业；

（3）入库作业；

（4）普通倒垛作业；

（5）板坯吊出作业。

板坯库管理系统，对每台吊车的作业进行管理，根据板坯库的运行情况，对吊车的作业进行自动调度，协调所有吊车的作业类型以及协调多跨吊车同时进行作业，将相应作业类型的作业命令分配每台吊车，使得整个板坯库的吊车的运行最佳化。

#### 6.10.1.10 热装作业支持

不管是直接热装还是保温坑热装，都需要有板坯库管理系统的支持。板坯库管理系统在直接热装的条件下，预测计算每一块直接热装板坯的切割完成的时间以及到达加热炉入口的时间，以便调整加热炉的装炉顺序；另外根据连铸各流的出坯顺序，调整轧制计划的执行顺序等。

6.10.1.11 板坯库管理系统的设计

板坯库管理系统的自动化水平，一般有以下几种考虑：

（1）全自动化操作，吊车上无人驾驶。吊车的运行操作完全由板坯库管理系统控制。日本的钢铁企业，大多为此种操作方式。

（2）半自动化操作，吊车上有人驾驶，在吊车司机室内设置 IPC 装置，将吊车的操作命令，通过无线传送装置，传送到 IPC 上显示，吊车操作工完全根据 IPC 显示的命令进行操作，并将操作结果通过 IPC 装置传送给板坯库管理系统。国内很多大型钢铁企业，采用这种系统。

（3）板坯库的操作完全是人工操作，并将操作的结果录入板坯库管理系统。国内有很多企业是采用这种系统。

建议：如果要设置板坯库管理系统，至少应达到第 2 种系统的水平。第 3 种系统完全没有意义，还不如不要设置板坯库管理系统，直接用卡片进行人工管理。第 1 种系统是今后的发展方向，对吊车的控制系统有一定的要求。

在半自动操作系统的条件下，板坯被吊起或板坯被装载时，需要吊车操作工给板坯库管理系统一个应答信息。如果操作工不给或不及时给此应答信息，整个系统就会出错，严重时，系统将无法运行，因此现在考虑设置吊车操作的识别装置，能够自动向系统发出准确的操作信息，减轻操作工的操作，避免板坯跟踪出错。

吊车定位系统，在板坯库自动化管理系统中起决定的作用，没有吊车定位系统，就无法实现板坯库自动化管理，下面对国内的钢铁企业设置吊车定位系统的历史情况做简单介绍。

（1）1985 年，宝钢 2050mm 热轧带钢厂，国内第一次设置板坯库管理系统，其吊车定位系统采用感应无线装置进行数据传送，但不跟踪吊车的位置，其示意图见图 6-12。

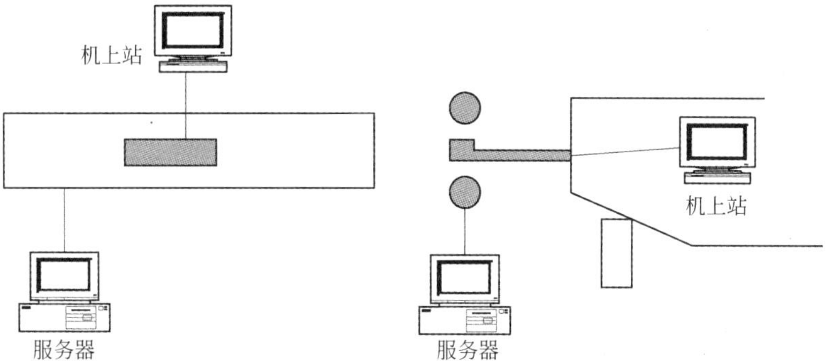


图 6-12 宝钢 2050mm 热轧带钢厂板坯库吊车定位系统感应无线装置示意图

（2）1992 年，宝钢 1580mm 热轧带钢厂，设置板坯库管理系统，其吊车定位系统采用扁平感应电缆进行数据传送及吊车的大车和小车位置的测量。其示意图见图 6-13。

（3）1995 年，鞍钢 1780mm 热轧带钢厂，国内第一套完全自行设计的板坯库管理系统，其吊车定位系统第一次采用激光数据传送，大车和小车的定位采用光电编码装置。其示意图见图 6-14。

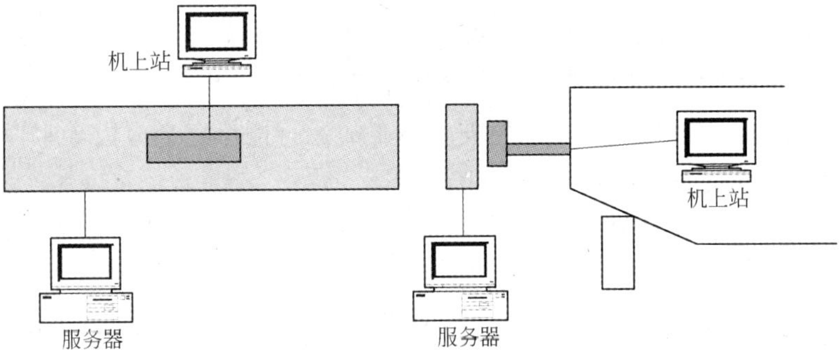


图 6-13 宝钢 1580mm 热轧带钢厂板坯库吊车定位系统感应电缆装置示意图

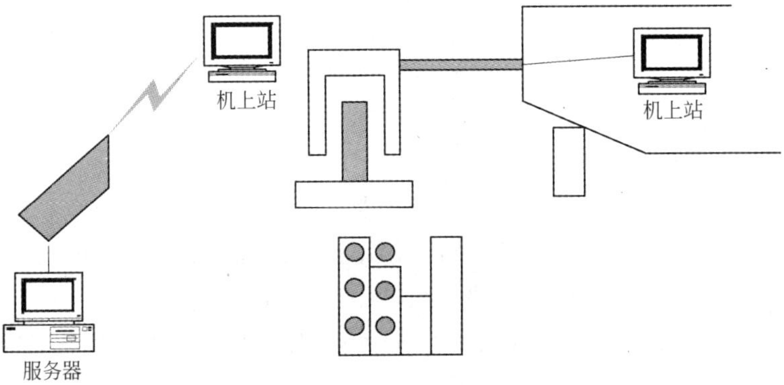


图 6-14 鞍钢 1780mm 热轧带钢厂板坯库吊车定位系统光电编码装置示意图

（4）2000 年，上钢一厂 1780mm 热轧带钢厂，设置板坯库管理系统，其吊车定位系统国内第一次采用无线传送装置和 $x/y$ 坐标激光位置测量系统，示意图见图 6-15。

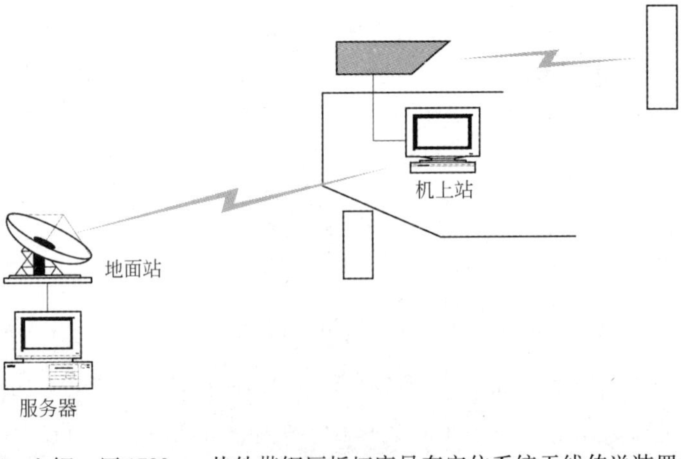


图 6-15 上钢一厂 1780mm 热轧带钢厂板坯库吊车定位系统无线传送装置示意图

（5）2005 年，太钢 2250mm 热轧带钢厂，设置板坯库管理系统，其吊车定位系统采用三维定位装置及国内第一次采用手持电脑装置（PDA），如图 6-16 所示。

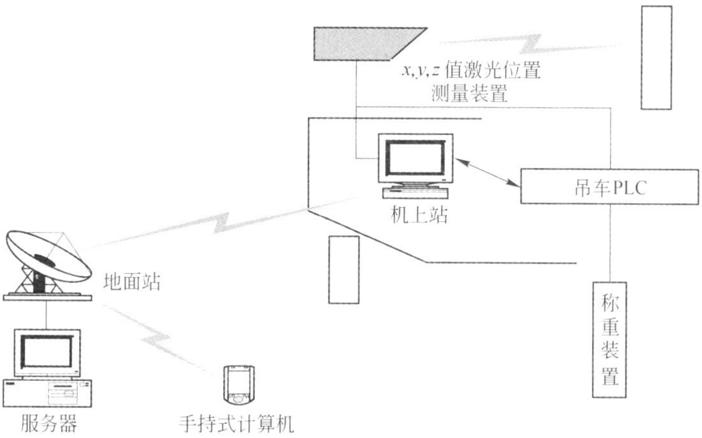


图 6-16 太钢 2250mm 热轧带钢厂板坯库吊车定位系统三维定位装置示意图

由于板坯库管理系统需要跟踪辊道上板坯位置及跟踪吊车的运行位置，画面操作的响应需要在 1s 水平，因此板坯库管理系统的实时响应性要求比较高，应该按过程控制系统的响应性能来设计，另外，软件结构采用 C/S 结构，因此，板坯库管理系统一般作为单独的系统进行设置，不设置在 MES 系统内，即使是与 MES 一起设置，也是采用单独的服务器，必须与 MES 的服务器分开。

板坯库管理系统，具有智能管理模型，是在智能系统的支持下实现的一个闭环控制系统（参见图 6-17）。

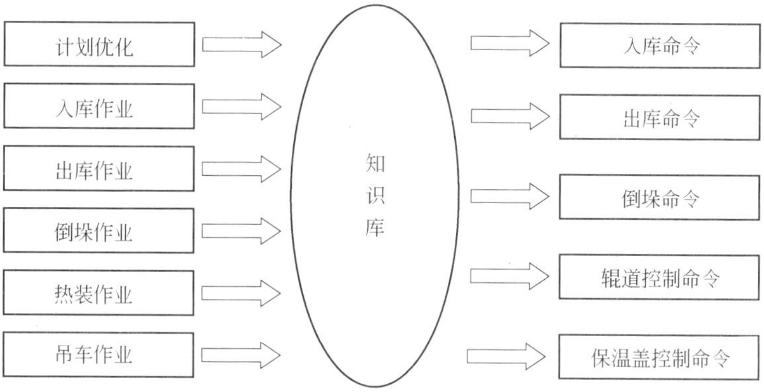


图 6-17 板坯库管理系统的智能管理模型

在国外，很多钢铁企业的板坯库实现了吊车的无人操作，因此吊车的控制系统需要与此相适应。板坯库全自动化控制后，会减少板坯跟踪差错，提高生产效率，而且对板坯号的识别和核对就不重要了，减少了很多操作。目前国内还没有实现，这是今后努力的方向。

## 6.10.2 其他坯料库管理

钢铁企业其他坯料库的管理，如方坯库或圆坯库的管理，相对于板坯库来讲，是比较简单的，与热轧板坯库管理系统相比较，有以下不同：

（1）板坯库管理，对板坯的跟踪，是以“件次”为单位进行跟踪，需要对每一块板坯的位置和信息进行跟踪。而方坯或圆坯的跟踪是以“批次”为单位跟踪。每一批次中由好多根方坯和圆坯组成。

（2）热轧带钢的轧制计划，规约非常多，很严格。同一炉次的板坯，可能分别安排在不同的轧制计划里轧制，轧制产品的规格也不一样。而方坯或圆坯，只要批次相同，其轧制规格也相同，并且是在一个轧制计划中轧制。

（3）同一批次的圆坯或方坯的规格也基本相同。基本上是同一炉次或同一连浇次进行生产。而对板坯而言，同一炉次的板坯的规格（长度、宽度）会不一样。

因此，方坯或圆坯的管理比较简单，以“批次”为单位进行管理，只记忆批次的有关数据和堆放位置。

### 6.10.3　钢卷库管理

钢铁企业内有各种各样的钢卷库，有冷轧厂的原料库，酸洗线的原料库、热轧带钢厂的钢卷库等等。但热轧带钢厂的钢卷库比较典型，其工艺和物流是所有类型钢卷库中最复杂的，下面以热轧带钢厂的钢卷库为例，来介绍钢卷库的管理系统。

热轧带钢的钢卷库内，往往包括一些精整线，有横切线、纵切线、平整线等，因此除了钢卷库（包括中间库和成品库）以外，对精整线的入口和出口的物料跟踪和精整计划、捆包计划、发货计划的执行等也包括在钢卷库管理系统内。因此钢卷库管理系统往往将钢卷库管理系统和精整线的L2计算机系统进行一体化设计。

#### 6.10.3.1　钢卷库工艺设计

为了进行钢卷库自动化管理，需要在工艺设计上创造一定的基本条件。

（1）钢卷库的容量要足够大，一般要存储5～10天以上生产的钢卷。

（2）各个精整线的入口要有一定的原料准备位置，生产出的产品有一定的堆放位置。

（3）钢卷在库内，按区、排、列进行堆放，最好每个钢卷有固定的堆放鞍座，至少有成排的鞍座。钢卷成卧式堆放。

（4）钢卷在库内堆放的层次最好不超过2层。

（5）钢卷库内的运输链、过跨小车上，最好有鞍座，这样，在运输链、过跨小车停止时，每个鞍座的$x/y$值是固定的，能很方便地对在鞍座上的钢卷进行识别。

（6）钢卷库里的吊车司机室，最好能随着吊车小车的移动而移动，以便吊车司机能够看到被吊运钢卷的钢卷号。

（7）热轧线有钢卷号的喷印设备，能在钢卷上喷印钢卷号。

#### 6.10.3.2　计划的接受和执行管理

钢卷库管理系统从MES接受以下计划数据：

（1）轧制计划：MES系统在发行轧制生产计划时，将轧制计划头的数据传送给钢卷库管理系统，钢卷库管理系统将根据轧制计划头的数据进行钢卷的入库预约。

（2）精整计划：MES系统将精整计划下发给钢卷库管理系统，钢卷库管理系统将根据此计划进行精整原料的准备，精整原料准备完毕后，将精整计划在精整线的终端上显示。

（3）打捆计划：当产品判定合格后，MES 系统将判定的结果传送给钢卷库管理系统，其中包括打捆数据，钢卷库管理系统将根据该打捆数据生成打捆作业命令。

（4）发货计划：MES 系统的发货计划传送给钢卷库管理系统，钢卷库的管理人员根据到达车辆的实际情况，输入车辆的位置和车辆号，钢卷库管理系统自动生成发货作业命令。

（5）取样计划：MES 系统将取样计划传送给钢卷库管理系统，操作人员根据该取样计划对钢卷进行取样。

#### 6.10.3.3 钢卷跟踪

通过接收 L1 系统和吊车通信系统的实时跟踪信息，对下列钢卷进行位置跟踪：

（1）入库运输链或步进梁上的钢卷跟踪。

（2）精整线入口侧步进梁的钢卷跟踪。

（3）精整线出口侧步进梁的钢卷跟踪。

（4）吊车位置和吊车上的钢卷跟踪。

（5）过跨台车位置和台车上的钢卷跟踪。

（6）钢卷在库区中的位置跟踪。

通过上面的跟踪，系统就可以对钢卷库内每种物流进行跟踪，并且每种跟踪都有相应的跟踪画面实时地显示出来，当跟踪与实际有误时，可以通过画面进行修正。

#### 6.10.3.4 钢卷入库管理

钢卷的入库一般有以下途径：

（1）钢卷从轧线生产完毕后进入钢卷库。

（2）钢卷从精整线出口进入钢卷库。

（3）从冷轧返回的钢卷入库。

（4）发货后返回的钢卷入库。

（5）其他热轧带钢厂来的钢卷入库。

MES 系统将当天的轧制计划，传送给钢卷库管理系统。钢卷库管理人员通过画面根据计划中钢卷的去向，了解有多少钢卷需要堆放在什么属性的区域内。通过操作终端，钢卷库管理人员对与钢卷相应的属性区域进行入库预约。

当钢卷从轧线经过称重/喷印后，由轧线 L2 系统将钢卷的信息传送给钢卷库管理系统，钢卷库管理系统根据预约的区域，自动确定钢卷的堆放位置，并形成钢卷入库作业命令，传送给吊车系统，进行入库操作。

钢卷库管理人员通过画面为精整计划中的钢卷按分卷数做预约，将预约的位置置预约标志。当收到精整作业实际数据（称重结束）时，删除旧钢卷数据，建立新的钢卷数据，并建立运输链的跟踪。当接收到 L1 发送的运输链将钢卷运送到目的位置的信息时，钢卷库管理系统按照预约的位置自动形成该钢卷的吊车作业命令，进行钢卷入库操作。

当去冷轧的运输链发生故障或其他某种原因，去冷轧的钢卷需要暂时入热轧厂钢卷库时，由人工通过画面分配钢卷的堆放位置，分配好位置后，系统自动形成钢卷的入库作业命令，进行钢卷入库操作。

当发货后退回的钢卷或从冷轧返回的钢卷需要重新入库时，需要从MES系统或别的途径，将返回的钢卷数据预先传送给钢卷库管理系统。当钢卷到达钢卷库入口时，管理人员录入（人工录入或在PDA上确认）钢卷号，钢卷库管理系统即对相应的钢卷，自动确定堆放位置，并生成吊车入库作业命令，进行钢卷入库作业，并对钢卷进行跟踪。作业完毕时，修改库图，并将入库的实际数据传送给MES系统。

#### 6.10.3.5　钢卷出库管理

钢卷出库按照物流可以分为下列几种：

（1）钢卷发货。

（2）钢卷上各条精整线。

MES系统将准发计划下达给钢卷库管理系统。钢卷库管理系统根据准发计划打印发货标签。

MES系统将发货计划下达给钢卷库管理系统。在列车到达或汽车到达时，由钢卷库管理人员通过画面输入列车号或汽车号及停车位置等信息，钢卷库管理系统自动形成钢卷的出库作业命令，将命令传送给吊车系统进行发货操作，发货完毕后钢卷库管理系统收集发货实际数据，传送给MES系统。

根据精整计划，钢卷库管理系统将相应的钢卷吊运在相应精整线的原料准备区，并跟踪精整线入口的步进梁上的位置，当步进梁上的位置有空时，根据精整计划的顺序，将相应的钢卷吊运到步进梁上，进行钢卷的上料操作。

#### 6.10.3.6　钢卷库内移动管理

刚从热轧线入库的钢卷，因为温度比较高，为了防止钢卷变形，所有刚入库的钢卷全部是一层堆放。等到冷却一定时间后，为了节省堆放位置，需要将钢卷进行二次堆放，将钢卷堆成两层。钢卷库管理系统定时对钢卷数据进行检索，根据一次堆放的钢卷的入库时间，查找入库时间超过一定的钢卷，将其列入二次堆放预定表中。

钢卷库管理者通过画面为二次堆放预定表中的钢卷指定钢卷二次堆放的位置，形成吊车作业命令，进行钢卷的二次堆放。

根据需要，操作工可以通过画面指定某钢卷从当前位置移动到另一位置，当指定完之后，钢卷库管理系统形成吊车命令并发往吊车。进行钢卷库内移动操作。

当精整计划由MES系统下达给钢卷库管理系统后，钢卷库管理人员通过画面为需要上精整线的钢卷在精整原料准备区内指定位置，系统根据指定的位置形成吊车作业命令，进行钢卷移动操作。

#### 6.10.3.7　吊车作业管理

钢卷库的管理人员根据本班的生产计划，安排各个吊车预定其作业类型，作业类型可以是：成品发货作业、钢卷入库作业、精整线装料作业、库位移动作业；也可以是故障休止或者不指定。

钢卷库管理系统形成各种吊车作业命令，根据吊车的工作状态以及吊车作业命令优先级，将各种吊车作业命令实时地发往吊车操作终端。

钢卷库的管理人员将每台吊车故障时间及其故障原因输入钢卷库管理系统，便于进行吊车作业率等的统计。

#### 6.10.3.8 搬运设备的控制管理

在钢卷库内，有钢卷搬运的设备，钢卷库管理系统需要对这些搬运设备进行控制管理。这些设备包括运输链、步进梁、运输台车等。

当运输链或步进梁上的钢卷，到达分歧点时，钢卷库管理系统将钢卷的去向命令，传送给控制运输链或步进梁运行的PLC，以控制钢卷的流向。

当吊车相应从运输链或步进梁上吊运钢卷或装载钢卷时，钢卷库管理系统给控制运输链或步进梁的PLC发送封锁、释放命令，控制运输链或步进梁的运行。

钢卷需要跨间移动时，吊车将需要移动的钢卷，装载到过跨台车上，当装载完毕时，将运输的命令传送给控制过跨台车运行的PLC。当台车上的钢卷吊运完毕时，也将“吊运完毕”的信息传送给控制过跨台车运行的PLC。

将精整计划数据传送给精整线的PLC，精整线的PLC按此数据进行精整线的控制。这些数据包括：

（1）钢卷数据。

（2）分卷/平整的要求。

（3）横切/纵切的要求。

（4）捆包的要求。

（5）捆包号或分卷号等。

精整线每一钢卷处理完毕后或每一捆包处理完毕后，钢卷库管理系统对精整的产品的实际数据进行收集。并对精整线的机时数和能源消耗按班为单位进行收集。

国外很多钢铁企业的钢卷库，实现了全自动化控制，并且采用运输小车运送钢卷，其吊车也是特殊的小吊车，整个钢卷库无人操作。国内与之相比，还有很大的差距，这也是今后努力方向。

### 6.10.4 钢板库管理

在厚板厂，板坯经过轧线的轧制后，即进入厚板厂的冷区处理线和热处理线，有很多中间库、成品库支持着整个冷区和热处理线的运转。在这库区的钢板，需要进行跟踪和管理。厚板厂的物流非常复杂，有很多交叉的物流。钢板的下线点和上线处理的点也非常多。因此跟踪好每一块钢板，成为冷区自动化和库管理的首要任务。钢板库管理的主要内容如下：

（1）钢板下线作业。

（2）钢板上线作业。

（3）中间库管理。

（4）成品库管理。

#### 6.10.4.1 钢板的下线作业

钢板在各个工序作业完毕后，需要下线在中间库或成品库堆放时，进行钢板下线作业。钢板下线有从中间辊道、剪切线辊道、精整线辊道、热处理线的辊道、冷床上的下线，还有从装载的车辆上的下线。

对于从辊道上的下线，接受从生产线上L2系统传送来的钢板信息和钢板在辊道上的停止位置，系统根据钢板的下工序，自动确定钢板下线后堆放的位置，形成下线作业命令，传送给吊车上的 IPC，吊车作业完毕后给系统一个应答信息，表示钢板已从辊道上吊出并堆放到指定位置。库管理系统即对该钢板进行跟踪处理，并将钢板已下线的信息传送给 L2 系统，L2 系统将下线的钢板从跟踪队列中删除。

对于从车辆上的下线，MES 系统在车辆到达前，将钢板的信息传送给库管理系统。车辆到达后，停在指定位置，由库管理人员启动作业，系统自动确定钢板堆放位置，形成作业命令，传送给吊车上的 IPC，吊车作业完毕后，给库管理系统一应答信息，表示钢板已从车辆上吊出并已装载到指定位置上。库管理系统即对该钢板进行跟踪处理。

#### 6.10.4.2　钢板上线作业

钢板上线作业，有向中间辊道、剪切辊道、精整线辊道、热处理线辊道、冷床、车辆上进行上线的作业。

根据 MES 系统下达的精整、剪切、热处理等作业计划及钢板有关的下工序，通过画面，启动有关上料作业，形成上料作业命令，发送给吊车的 IPC 装置，同时传送给作业线的 L2 计算机系统。吊车操作工根据作业命令，将作业计划中钢板，按顺序从中间库吊运到有关作业线的辊道上，并给库管理系统一个应答信息，表示钢板已从库的垛位上吊出并已装载到辊道上，库管理系统将有关装载信息传送给作业线的 L2 计算机系统，L2 系统将建立该钢板的跟踪标志字，对该钢板进行跟踪。

对于车辆装载钢板，由库管理人员通知车辆停在指定位置，并通过画面启动装载作业，作业完毕后，将有关装载信息传送给有关系统。

#### 6.10.4.3　中间库管理

厚板厂的中间库一般是包括从钢板进入冷床直到钢板进入成品库之前的所有库，中间库作业主要包括：缓冷工序：（含堆冷），修磨工序，火切工序，抛丸工序，热处理工序（分别包括退火，正火，淬火和回火），探伤工序（包括 UT、MT 和 PT）、冷矫、压平工序，上下线作业，切断保留工序，会检前再检工序，补测量工序、再检工序和形合工序等，库管理主要进行物料的垛位管理及搬运管理。

为了进行库位管理，并且在钢板入库时，由库管理系统自动确定钢板的堆放位置，对中间库的所有库区、库位定义其属性，称之为堆垛属性。

（1）中间库堆垛属性。中间库是按照材料自身的下工序属性和加工工艺属性进行堆垛，以减少钢板的倒垛量，适应个别计划集约需要，为编制计划做准备；一般的材料都只考虑材料的下工序属性进行堆垛。而对于热处理后待抛丸材料的堆垛，热处理材料的堆垛，需要考虑加工工艺属性。

（2）中间库库位。中间库的库位，按照跨、区、列、行来进行划分。中间库管理系统，自动根据材料处理的下工序，自动搜索并确定目标垛位，如果对该目标垛位不满意可以人工指定目标垛位，在画面上输人工目标垛位，形成吊车作业命令，传送到吊车上的操作终端 IPC 上，吊车操作工根据作业命令，吊运材料。

根据吊车命令的源位置和目的位置，逻辑分担一跨内几部吊车的作业实现同一跨内各部吊车作业的相对均衡。在初始设定时，定义各部吊车的作业区域。

库管理人员通过画面，启动钢板倒垛作业，形成吊车作业命令。如果倒垛要使用过跨台车，则倒垛的吊车作业命令分为两步：

（1）从源垛位向过跨台车的吊车命令。

（2）从过跨台车到目标垛位的吊车命令。

在库管理系统中，应该设置 PDA 装载，进行库位及相关材料信息的修改或更新。

#### 6.10.4.4 成品库管理

钢板进入成品库之后直到发货都属于成品库的库管理，成品库涉及到的作业有成品的入库及发货（含出库）管理工作；涉及到的作业工序主要有会检工序等。成品库所有的堆垛，均赋予“堆垛属性”，该属性与堆放材料的尺寸和库的区位等有关。另外每个堆垛也赋予“堆垛记号”，堆垛记号与运输方式、合同的交货期和交货地点等信息确定，在销售合同录入时就已确定，随着钢板的信息传送给库管理系统。另外，对库位按跨、区、排、列来划分每一个库位。管理人员通过界面，登录垛位（垛位号）和堆垛属性的对应关系。

成品库堆放的材料有以下三种形式：合格成品材、会检材和余材。

合格成品材（包括形合材、材合材）的堆放时，考虑采用“堆垛属性”和“堆垛记号”进行堆放，以减少钢板的倒垛量，适应发货时集中发货的集约需要。

会检材和余材按照“堆垛属性”进行堆放。

成品库管理系统接受生产线上的 L2 计算机系统传送来的钢板数据，或接受 MES 系统传送来的车辆信息，对入库的钢板自动确定目标垛位，形成吊车入库作业命令，传送给吊车上的 IPC 装置，进行入库作业。如果对该目标垛位不满意可以在画面上输人工目标垛位。

成品库管理系统接受 MES 传送来的发货计划，根据车辆到达的具体情况，管理人员启动发货作业，形成发货命令，传送给吊车上的 IPC 装置，进行发货，发货的实际数据传送给 MES 系统，并打印发货清单。

通过 PDA 装置，进行清库作业，更新、修改垛位上的材料数据。

根据吊车命令的源位置和目的位置，逻辑分担一跨内几部吊车的作业，实现同一跨内各部吊车作业的相对均衡。在初始设定时，定义各部吊车的作业区域。

在成品库能力不足时，可以由成品库管理人员根据成品库已“形合判定”未准发成品库存情况及作业线生产情况，决定需转库的对象后，向运输部申请运输车辆；车辆到达后，成品库管理人员将需转库的未准发成品装车并确认。装车完毕后输入转库（库区变更）实绩。

因为钢板的平均单重比较小，因此，在钢板吊运时要尽可能实现集合吊运（几张钢板同时吊运），以提高吊车的作业率。对于具备条件的一批材料，成品库管理系统将根据相应逻辑在作出吊车命令时实现打包处理，提高吊运的效率。

国内的钢板库的管理，由于其自动化程度不高，人工介入的情况非常多，因此往往对钢板的跟踪会出错，需要人工进行修正。对钢板的识别和跟踪，是目前钢板库实现自动化操作的必要条件，但目前存在两个方面的技术难题：

（1）钢板号的识别。生产的钢板，在进入成品库时，会在钢板上喷印有关信息，但钢板堆放后，管理人员就很难看到有关喷印的数据，并且将信息输入到系统也很困难。目前有的采用条码或射频标签贴在钢板上，用手持装置可以读取有关信息，但贴标签的地方最好是在钢板的侧面，对于厚板来讲还可以贴，但对于小于8mm厚度的钢板，贴起来就很困难。目前还没有找到更好的办法，只能做好对钢板的完全跟踪，如果生产线上的L2系统，能够对生产线上的钢板，进行正确的位置跟踪，则库管理系统可以对库内的钢板做到准确跟踪。依此来解决钢板号的自动识别问题。

（2）钢板的吊运。目前对钢板的吊运，一般都采用磁盘吊，这对厚板的吊运，一般问题不大，但对于较薄钢板的吊运，特别是长短钢板同时吊运时，就很难控制好吊运钢板的块数。因此钢板吊运时，需要地面人员的指挥。这给自动化操作带来困难。目前采用以下两种方法来处理上述问题：

1）在吊车调试时，做出吊运钢板的重量与操作工给出吊车磁盘磁力的关系数据。运行时，在库管理系统的作业命令中给出吊运钢板的总重量数据，操作工根据钢板的总重量数据，操作磁盘的给磁。

2）在钢板上挂贴射频标签，吊车吊运时，可以自动读出吊运的钢板号，吊车操作工就能知道吊运的钢板数量。

### 6.10.5 长材库管理

长材库（包括棒线材）的管理，比钢卷库和钢板库管理简单，是按批次进行管理，不像钢卷库和钢板库按件次进行管理。目前最好的管理办法是采用条码对长材进行识别，在长材生产出来进入成品库之前，将相应捆包的长材的信息，打印成条码，贴在或挂在捆包上，吊运到指定位置后，通过PDA装置，向系统输入堆垛位置。出库或发货时，用手持式激光扫描装置，读取条码数据，形成发货实际数据，通过无线传送，自动输入系统。

## 6.11 能源管理

### 6.11.1 概述

钢铁企业，作为能源消耗大户，在全球能源总体短缺，价格不断上涨的今天，竞争和生存环境压力日渐增加。在我国，随着钢铁产量的不断攀升，能源和原材料将成为各钢铁企业竞争的重点。

能源供应和管理，在传统企业中经常作为服务性配套角色出现，在过去一般不被钢铁企业重视。在市场竞争越来越激烈的今天，降本增效将是各企业生存的唯一出路，而降低能源消耗更是最直接有效的措施。能源管理作为企业管理的重要组成部分，已被各级领导所重视。尤其是当前严峻的节能减排形势，要求我们改变传统观念，更新管理理念，提高管理效率，变传统的能源管理为现代化的、精细化的、客观的能源管理。

因此，在企业总体信息化系统架构中，增加能源管理模块，创建新一代的能源管理中心，通过遍布全厂的能源测控站全面控制和管理能源系统管网和设备，利用在线信息和历史数据分析能源系统的正常和异常情况下工况特征，为能源调度和生产指挥提供准确和及时的信息，保证生产的正常和优化运行，确保异常情况下的正确决策，并向技术和管理人员提供为企业能源管理、相关财务分析、工程规划、运行维护及时做出最佳决策需要的综合信息和调整管理策略。

### 6.11.2 能源管理对象

能源是企业赖以生存的基础，也是钢铁企业正常生产的重要前提。钢铁生产所需的能源介质包括电力、水、煤气、蒸汽、氧、氮、氩等。

钢铁企业的能源可以如下情况分类：

按能源性质可分为燃料能源和非燃料能源；

按照有无加工转换可分为一次能源和二次能源；

按能源能否再生可分为再生能源和非再生能源；

按应用的广泛程度可分为常规能源和新能源。

能源管理的对象，包括一次能源、二次能源、能源介质、余能、余热等资源，也包括能源介质管网。

钢铁企业在生产过程中一方面使用能源，另一方面也可产生能源，被其他生产单元所利用。一般钢铁企业的能源介质流程如图 6-18 所示。

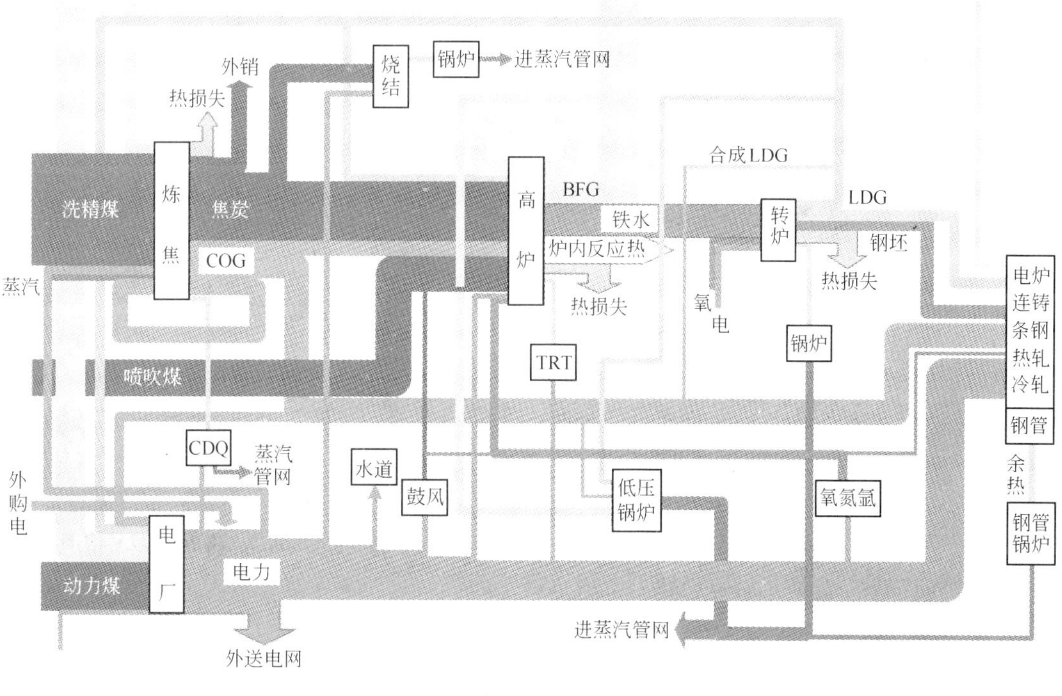


图 6-18 一般钢铁企业能源介质流程示意图

### 6.11.3 能源管理的目的和目标

基本目的是保证能源安全生产、稳定供应和合理有效使用，以最小的能源投入取得尽可能大的经济效益。

建设能源管理系统的指导思想是以现代化管理的需求为目标，以降低能源成本为主线，坚持以成本为中心，以准确、有效的能源数据为依据，指导钢铁企业能源的生产与调配，充分体现现代化管理水平的战略思想。

能源管理的目标就是通过改善能源管理、提高能源系统装备水平以降低能源的消耗，进而实现降低生产成本，从而提高产品的市场竞争力。具体应以提高节能效益为基本目标，实现从单一的装备节能向同时重视系统节能的理念转变。做到对全部生产单元有切实可行的节能目标、有明确的建立在客观数据基础上的消耗指标、有满足精细化管理要求的重要机组的消耗信息，保证能源生产和供给的稳定、连续、经济和安全。

### 6.11.4　能源管理系统的层次及系统框架

能源管理类似于产销管理系统，涉及到企业管理的多个层次。其与产销系统层次的对应关系如图6-19所示。

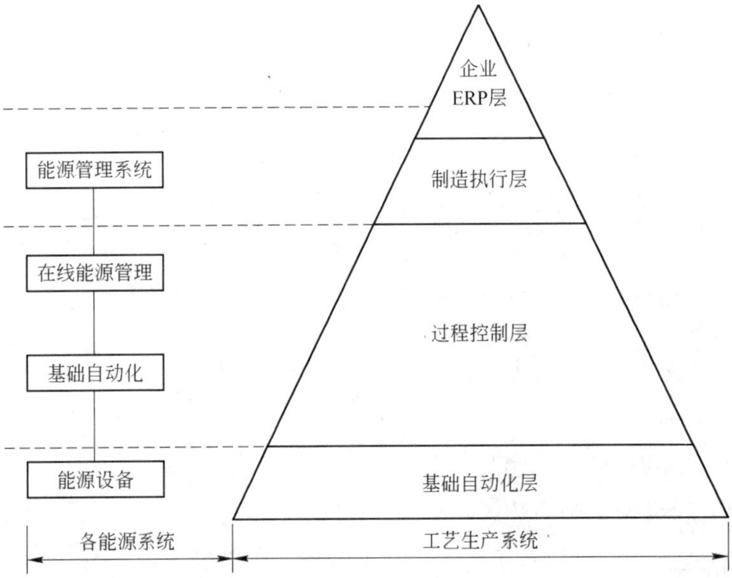


图6-19　能源管理系统示意图

能源管理系统的框架大致如图6-20所示，一般包括用于现场监控的SCADA应用与用于企业全局管理的能源管理应用两个部分。

### 6.11.5　能源管理系统的功能构成

广义的钢铁企业能源管理系统应包括：完善的能源管理组织体系，可操作的能源管理职责，与管理目标相匹配的能源计量配置，一套可执行的专业管理文件，一套管控一体的能源综合管理信息化系统。

能源综合管理系统应能确保安全、稳定、优质的能源供应，应能及时发现能耗异常情况并进行有效评估，从而予以纠正，并不断挖掘节能潜力。节能不是简单地能源消费数量地减少，而是更充分发挥能源利用的效果，以尽可能少的能源创造出更多的、社会需要的产品和产值。

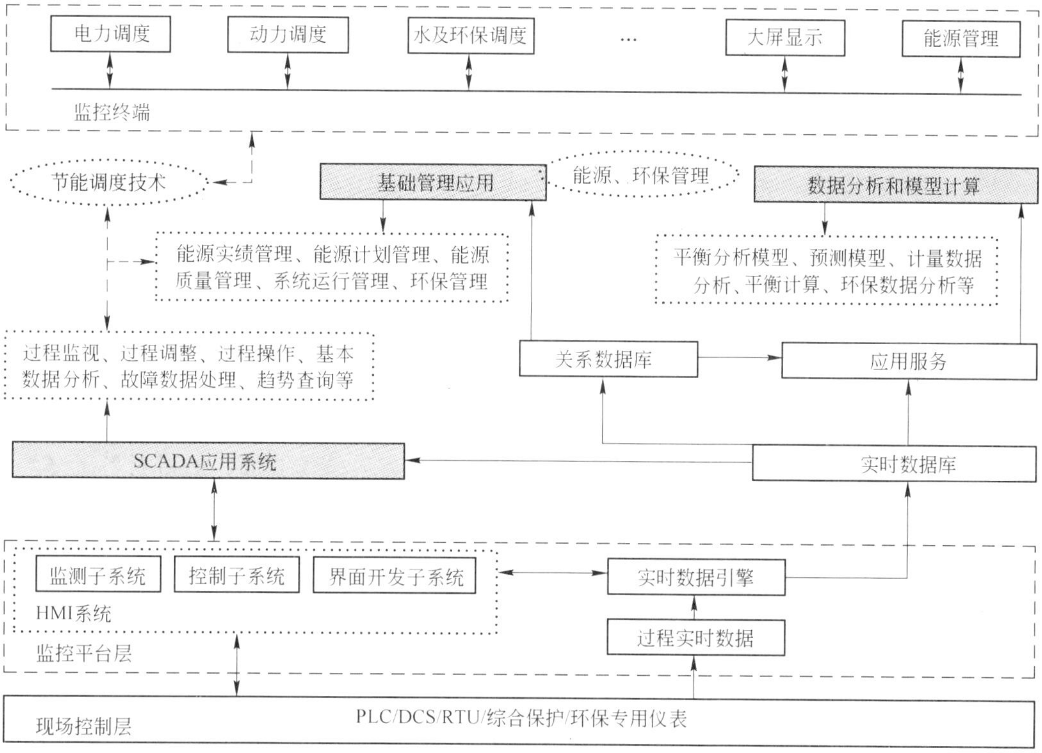


图 6-20　能源管理系统框架图

能源综合管理系统的主要功能如图 6-21 所示。

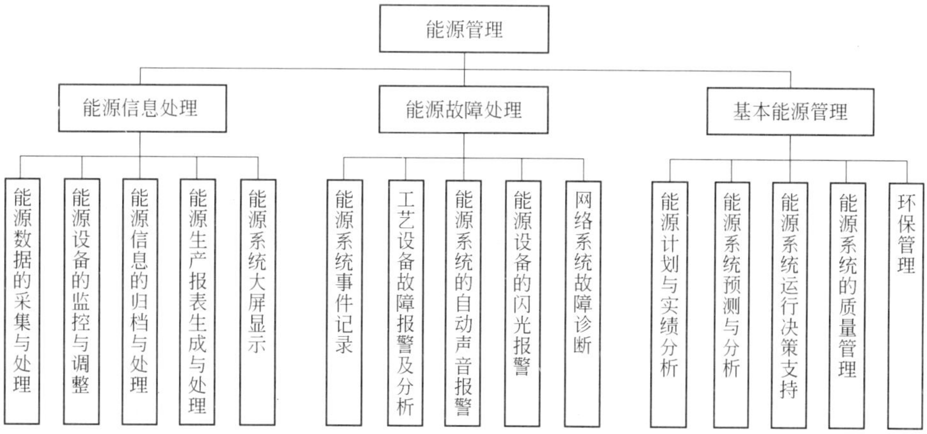


图 6-21　能源管理系统的主要功能

钢铁企业的能源管理应贯穿从能源发生（或输入）开始、经能源分配和传输、能源使用（消耗）的全过程。同时应用信息化技术对这个过程进行分析、评估和进行量化计算，促进能源管理技术的发展。

通常能源管理系统（EMS）通常应具备如下功能：

（1）实际生产信息采集；

（2）能源最佳分配管理；

（3）能源消耗预测和操作管理；

（4）能源介质数据收集；

（5）能源介质供应与需求计算；

（6）设备管理；

（7）报警功能；

（8）实际能耗分析。

### 6.11.6 能源管理的主要功能

#### 6.11.6.1 能源在线监视

能源在线监视系统的管控对象为水、电、风、气等各种能源介质，通过对各工序、各主要产能、耗能设备运行状态以及能源介质运行参数等进行在线实时监视，实现能源管理业务的统一集中调度和管控。通常依赖 SCADA 系统和实时数据技术实现。具体监控内容可包括：

（1）自备发电系统。对自备电厂的以下信号进行监视：

1）煤气、蒸汽流量、压力信号。

2）发电机组状态信号。

3）发电厂发电并网量等。

4）对电动鼓风站的以下信号进行监视。

5）鼓风机的运行、故障信号。

6）拨风阀组的状态信号。

7）电动送风阀的状态信号。

8）鼓风的送出流量、压力等信号。

（2）煤气系统。需要监视的信号包括：

1）煤气管网及用户。

2）煤气发生源：高炉作业信号、高炉煤气发生流量、高炉煤气并网流量、高炉炉顶煤气压力和温度；转炉作业信号、转炉煤气回收量、CO 含量；COG 煤气精制鼓风机运转信号、COG 发生流量、焦化 COG 使用流量、高炉煤气柜区信号、转炉煤气柜区信号、焦炉煤气柜区信号、高炉放散塔信号、转炉放散塔信号、焦炉放散塔信号、混合煤气等。

3）主管送用户支管接点流量，包括：焦炉、烧结、高炉热风炉以及石灰窑等高炉煤气使用流量；焦炉、连铸、RH 炉以及石灰窑等 COG 使用流量；高炉热风炉、炼钢等 LDG 使用流量；热轧、冷轧等混合煤气使用流量等。

4）煤气总管压力：BFG、LDG、COG、MG 总管压力监视。

（3）氧氮氩系统。需要监视的信号包括：

1）制氧站系统送出流量、温度、压力和质量，球罐压力，液氧、液氮、液氩的储量等。

2）氧气主要用户的使用流量、压力和温度等信号。

3）氮气主要用户的使用流量、压力和温度等信号。

4）氩气主要用户的使用流量、压力和温度等信号。

5）氧压机、氮压机、氩压机的运行状态信号。

6）液氧、液氮、液氩储槽液位等信号。

7）球罐区阀门状态信号。

（4）蒸汽系统。监视涉及的范围有：

1）锅炉运行信号。

2）CDQ 锅炉及发电机的运行信号、蒸汽的发生流量、压力和温度。

3）热轧加热炉蒸汽流量。

4）蒸汽主要用户的使用流量、压力和温度等信号。

5）高中低压蒸汽的管网监视信号等。

（5）变配电系统。总降变和区域变电所的开关、闸刀、主变有载调压装置等。对以下电力信号进行监视：

1）总降变和区域变电所的开关、闸刀的状态监视、事故总信号、主变温度信号、有载调压位置信号等。

2）总降变电所的线路电流、有功功率、无功功率、电量、母线电压、线路和母线接地闸刀状态、主变中性点接地闸刀状态、功率因数、频率等。

3）各区域变电所的线路电流、有功功率、无功功率、电量、母线电压、线路和母线接地闸刀状态等。

4）所有变电所的电缆测温信号。

（6）压缩空气系统。需要监视的信号包括：

1）空压机的加载卸载等状态、系统压力、压缩空气主管送出流量、压力等信号。

2）净化压缩空气主要用户的使用流量、压力和温度等信号。

3）普通压缩空气用户的使用流量、压力和温度等信号。

（7）氢气系统。监视氢气的产量、监视氢气主要用户的流量、温度、压力、质量等信号。

（8）循环水系统。对各系统的循环水补水流量、循环流量、循环水电导率、排污水流量、水池液位、pH 值、泵组状态等进行监视。

（9）给排水系统。给排水系统涉及对取水泵站、中央水处理站、全厂废水处理中心和全厂给排水管网的相关监视。

#### 6.11.6.2 基础能源管理

基础能源管理是将采集的数据进行归纳、分析和整理，结合各工序生产情况，以能源供需计划为依据，以能耗指标等为指导，结合实时生产（能源、产品）、消耗情况以及能源介质量数据，对能源系统生产运行的调度、平衡和优化提供决策依据，达到能源生产/运行平稳、高效、节能环保的最终目标。

功能模块包括：能源计划、能源计量、能源实绩、能源平衡、能源运行支持、能源质量、能源对比分析功能。

（1）能源供需计划管理。根据生产计划、检修计划、能源消耗历史平均值和供能状况，编制能源供需计划报表，包括电力供需计划、煤气供需计划、氧氮氩供需计划、蒸汽供需计划、压缩空气供需计划、用水供需计划等报表。能源供需计划是企业生产计划的重要组成部分，其主要功能是指导能源系统按照供需计划组织生产，向主生产线提供所需要的能源量，实现能源管理由事后管理向事前管理转变。

（2）能源供需实绩管理。能源实绩管理主要对各种能源介质实际发生量、主要用户的使用量、能源介质放散量等数据进行采集、抽取和整理，取得能源生产运行的实绩数据，反映各种能源介质生产、分配和使用情况，对主要工序能耗及转炉煤气回收率、氧气放散率、煤气放散率等综合能耗指标跟踪，实现能源结算、能源实绩、能源平衡的管理。

能源管理部门编制的能源供需实绩报表为企业的唯一能源消耗数据来源，所有部门均以此数据为基准编制各类其他报表。

（3）能源平衡管理。能源平衡管理全面、准确、及时地反映整个企业和各用能工序能源使用和平衡状况。其中，能源平衡报表的编制应符合国家有关部门颁发的《钢铁企业能源平衡及能耗指标计算办法的暂行规定》，并设计调整权限。平衡表的数据来源可以为企业产供销系统的成本、购入和库存数据、各生产单元的运行数据、产品产量数据、主要技术经济指标数据、EMS系统的能源生产运行数据、各生产工序的能源使用计量数据及其他相关数据。

（4）能源生产运行支持。能源生产运行应实行能源集中管制和调度制度。企业有必要设置用于集中管理的能源管制中心。能源管制中心在与生产管制中心和设备管制中心协调统一下，负责企业能源系统生产运行管理工作，执行日作业计划，有权处理正常生产和事故状态下能源供应过程中的问题。所有用户必须严格执行能源管制中心调度指令。通过对能源生产运行的管理，能充分依靠本系统内能源设备能力，做到按计划供能，满足生产厂对各种能源的需求。包括调度日志管理、停复役管理、运行方式管理等。

（5）能源质量管理。主要对水、煤气等能源介质的质量指标进行监测管理，编制各类能源质量报表，同时对各类指标进行跟踪监控，避免不合格的能源介质供应，确保公司整个能源系统的优质稳定供应。

（6）能源对比分析。利用计算机数据分析技术，对历史数据进行分析并根据企业生产与设备运行安排，进行能源供需、能耗实绩与计划的比较，用以指导企业的能源管理工作，提高能源管理水平和能源管理效率。包括能源供需计划分析、能源供需实绩分析、吨钢综合能耗分析、主要能耗指标分析等。

（7）报警功能。报警采用分级声音报警和多媒体语音报警。对重要现场设备的故障信号、能介系统报警参数超限、与能源生产相关的重要生产单元运行状态变化、环保指标超限、现场无人值守房所的门开等进行报警，并提供相应的声音、语音、画面闪光报警方式，并提供相应的报警复归手段。根据故障程度和重要性，将报警信号分成重故障、轻故障和事件三种类型：

1）重故障报警是指严重的报警，会影响主设备的运行，需要马上做处理。如柜位上上限报警，过流速断保护动作、变压器差动保护动作、重瓦斯动作、煤气柜CO浓度高、泵故障等。

2）轻故障报警是指一般性的故障，或需要对操作人员提醒的报警，如柜位上限报警、变压器轻瓦斯报警、GIS 轻故障、动力系统的辅机故障等。

3）事件报警主要是指设备的运行状态变化和阀门开度的变化。如油泵运行信号，调节阀和切断阀的全开和全闭信号。

这些报警都将进行数据归档，归档保存时间根据用户要求而定。这些报警可以包括：

1）电力系统报警。对继电保护信号（如接地，过流，距离，差动，高频，过负荷等）、开关故障、变压器故障、变电所门开、交直流系统故障、UPS 故障、室温超限等进行报警。

2）动力系统报警。对煤气柜柜位机械节点报警信号、柜顶 CO 泄漏报警，加压机电动机轴振动报警、温度超限报警，执行机构主电源断、控制电源断报警，执行机构油压低下报警、加压站 CO 泄漏报警、电气室开门、室温超标，能介系统压力、柜位超限，高炉减/休风、热风炉运转/切换、鼓风机故障，炼钢装炉/吹炼，煤气回收，电气保护信号等进行报警。

3）水道系统报警。对送水泵故障、变压器故障，电源自动投入失败/成功、电源系统故障、电气室开门室温超限，管网压力异常、水位超限等进行报警。

（8）操作记录。系统在日常运行时，调度需要进行大量的操作，如调整煤气柜出入口阀门、启停加压机与水泵、分与合开关/闸刀以及修改设定参数。某些设备的操作规程因牵涉到大量的辅机操作，操作规程较为复杂，如加压机的启停，主要开关的分合。当发生事故时，需要追溯当时的操作记录进行事故原因分析。

这些操作记录都将进行数据归档，归档保存时间根据企业要求而定。

（9）数据基本处理和归档。数据基本处理和归档包括：

1）数据基本处理。系统从现场获取的数据通常仅包括最小的集合，但实际运行时，往往需要更多的数据。此时，需要对数据做更多的处理。数据基本处理包括流量累计，多个数据之和或差（如大小管流量和，混合煤气和等）。

2）实时数据归档。为了对系统的过程实时数据进行管理，以便有效进行故障分析和能源消耗分析，软件系统设计对潮流信号和报警信号进行归档。实时归档数据通常应提供过程曲线显示和报警信息的查询。

能源管理对以下潮流信号进行归档：

①电力系统的电压、有功功率、功率因数、频率、电度量等。

②动力系统的流量、压力、温度、柜位等。

③给排水系统的流量、压力和水位等。

能源管理对以下报警信号进行归档：

①电力系统的断路器故障、电源故障、变压器故障、电压报警、变压器温度报警、频率报警和其他故障等信号。

②动力系统的压力报警、温度报警、柜位报警、设备故障、燃气泄漏等。

③给排水系统的压力和水位报警、设备故障等。

3）统计数据归档。系统应设计有以统计数据归档为目的的标准数据库系统，应优先考虑采用安全、可靠和功能强大的数据库系统。

能源过程数据的统计归档采用按时间段（计算最小值、最大值、平均值、累计值、准点值）压缩的数据，时间段通常应包括小时值/天值/月值，具体由工艺和软件设计者商量确定，总体上，统计数据应采用永久保存方式。

统计归档数据通常应提供列表显示。

4）柜位预测功能。为帮助操作人员及时了解煤气平衡所需的信息，使操作人员能够合理调度，在整体上节约煤气，需要对BFG、COG煤气柜位进行预测。当BFG、COG煤气柜超过了保证稳定运行的上、下限时，为了保护煤气柜和防止放散，系统应提示需要调整某些用户的使用量来确保煤气柜在一个比较安全的柜位下运行。

#### 6.11.6.3　能源计量管理

能源计量管理主要考虑一、二级计量点及三级计量点重要机台组的计量数据管理，维护各类能介计量数据和计算逻辑公式，提供对计量数据差异的分析和处理；同时汇总计算日、月等计量数据，编制各类能介计量报表，提供查询、维护、打印等功能。

（1）计量数据管理：实现各类计量数据的查询、维护、录入等功能；计算各类能介计量数据每日、每月信息，同时提供对计量数据差异的分析和处理。

（2）计量公式维护：维护各类能介计量项目及相关计算逻辑公式，同时提供查询、维护等功能。

（3）计量报表管理：编制各类能介计量报表，同时提供查询、维护、打印等功能。

### 6.11.7　节能和环境监测

#### 6.11.7.1　节能

钢铁企业是耗能大户，能源由获取、购入到转换利用、最终消耗和排放，都会发生成本并直接进入生产成本。钢铁企业能源成本约占生产总成本的20%～40%。能源作为宝贵的资源，其不可再生性决定了能源系统要经济运行。在企业生产的大工艺流程中，经济运行具有十分重要的意义。因此，在企业信息系统的应用功能架构中，应把能源管理作为一个基本应用构件，这对降低钢铁生产成本，改善环境质量，提高产品的市场竞争力具有极为重要的意义。

节能就是采用技术上可行，经济上合理以及环境和社会可接受的措施来有效地利用能源。节能不是简单地能源消费数量地减少，而是更充分发挥能源利用的效果，以尽可能少的能源创造出更多的、社会需要的产品和产值。

（1）节能方法。简单来说节能可以分为直接节能和间接节能。

1）直接节能：加强能源的科学管理，进行节能技术改造，提高能源利用效率，降低单位产品或产值的能源消耗量。

2）间接节能：调整产品结构，加强经营管理，在生产过程中减少原材料消耗，提高产品质量、资金利用率和劳动生产率，合理组织运输，取得少用能源的效果。

（2）节能的途径。节能的途径有以下几种：

1）技术途径：改进生产工艺、改造低效设备、优化操作工艺、利用节能技术。

2）管理途径：杜绝“跑、冒、滴、漏”、合理分配和使用能源、提高成材率和产品质量、降低设备故障率、合理组织生产，提高生产效率、调整生产结构。

（3）节能技术及其分类。钢铁企业主要节能技术及其基本分类：

1）装备节能：使用低耗能设备（如变频设备、节能灯具、节能电机等）。

2）采用节能工艺流程（烧结余热回收技术、厚料层烧结技术、干熄焦余热发电技术、焦煤调湿技术、高炉 TRT 余压发电技术、热风炉富氧燃烧和余热回收技术、蓄热燃烧技术、烟气余热回收技术、热送热装技术、工序衔接处的节能技术、全烧高炉煤气燃气轮机技术、保温、耐火材料的节能技术、废水处理及综合利用技术、负能炼钢技术）。

3）系统节能（能源中心技术、热电联产技术等）。

#### 6.11.7.2 系统节能

从能源管理技术的发展来看，除了采用先进的节能技术、节能装备外，采用自动化、信息化技术对能源系统进行全方位的管理，尤其是在能源平衡、能源消耗分析（评估）、预测能源系统的各类指标和改进能源管理的时效性等方面取得良好的效果。这就是为什么现在大部分企业采用系统节能作为最主要的节能手段的原因。

所谓系统节能是采用信息化技术来优化能源管理，通过优化能源调度和平衡指挥系统，节约能源和改善环境。为达到这一目标应该建立以能源中心为核心的新一代能源管理系统。新一代能源管理系统贯穿了从能源发生（或输入）开始、经能源分配和传输、能源使用（消耗）的全过程。同时应用信息化技术对这个过程进行分析、评估和进行量化计算，促进能源管理技术的发展。

这种新一代能源管理系统可以对能源的统一调度、优化煤气平衡、减少煤气放散、提高环保质量、降低吨钢能耗和提高劳动生产率发挥重要作用，而且能利用对于事故预案策略的制定和执行、事故原因的快速分析和及时判断处理、能源供需的合理调整和平衡以及在客观信息基础上的能源实绩分析、能源计划编制、能源质量管理、能源系统的预测。

能源管理中心系统建成后，可以通过优化能源管理的方式和方法，改进能源平衡的技术手段，实时了解企业的能源需求和消耗的状况，将能有效地减少高炉煤气的放散，提高转炉煤气的回收率，采用综合平衡和燃料转换使用的系统方法，使能源的合理利用达到一个新的水平。

企业管理者可以利用能源信息化系统（如能源管理系统）更有效地管理大规模的能源系统，对各阶段能源消费情况做到心中有数，并能按照实际情况，采取合理的技术和管理措施，提高能源管理水平。

#### 6.11.7.3 合同能源管理

合同能源管理（简称 EMC）是一种新型的市场化节能机制，其实质就是以减少的能源费用来支付节能项目全部成本的节能业务方式。这种节能投资方式允许客户用未来的节能收益为工厂和设备升级，以降低目前的运行成本；或者节能服务公司以承诺节能项目的节能效益、或承包整体能源费用的方式为客户提供节能服务。

能源管理合同在实施节能项目的企业（用户）与节能服务公司之间签订，它有助于推动节能项目的实施。依照具体的业务方式，可以分为分享型合同能源管理业务、承诺型合同能源管理业务、能源费用托管型合同能源管理业务。在传统节能投资方式下，节能项目的所有风险和所有盈利都由实施节能投资的企业承担；在合同能源管理方式中，一般不要求企业自身对节能项目进行大笔投资。

概括地说，合同能源管理模式是节能服务公司通过与客户签订节能服务合同，为客户提供包括：能源审计、项目设计、项目融资、设备采购、工程施工、设备安装调试、人员培训、节能量确认和保证等一整套的节能服务，并从客户进行节能改造后获得的节能效益中收回投资和取得利润的一种商业运作模式。

合同能源管理能有效地刺激企业节能减排的动力，因此在市场化运作、管理都逊色很多的工业节能和建筑节能领域，会得到很大的运用，根据中国节能协会节能服务产业委员会（EMCA）对节能服务产业的估算，节能市场未来发展空间非常巨大。

#### 6.11.7.4　环境监测

可持续发展突出强调的是经济发展和环境保护、环境友好的协调发展，追求人与自然的和谐。因此，企业的发展应建立在生态持续平衡和保护环境不对后代的生存和发展构成威胁和不良制约的基础上。基于此，钢铁企业不但要节能，还要在减排和环境监测方面下大力气，应从战略高度制定“推进清洁生产，实行全过程污染控制，不断减轻环境负荷，建设一流清洁工厂，为改善地球生态做贡献”的环境方针，这代表着当今世界能源管理的最新理念，也是能源管理的方向。这一方针的最终体现是，构筑符合可持续发展战略的钢铁工业。

一般而言，企业的环境监测是和能源管理密切相关的，在建设环境监测系统时，往往会随着能源系统建设的同时建立。这样，一方面在网路布局上可以避免重复，另一方面便于监测到能源不合理排放时可以及时调整。进行环境监测的关键是正确选择监测点，并且要将收集到的环境数据与国家规定的指标值进行比较，确定其扩散的情况。因此，要有强大的分析能力，对环境情况迅速定位及分析。最好是利用GIS（地理信息系统）技术对环境数据进行可视化的定位和描述。

“安全、节能、降耗、环保”这八个字是钢铁行业特别是利用信息技术来提升竞争力的一个重要的目标。所以应围绕资源、能源的高效利用的目标，集成采用生产工艺技术、自动化技术、信息技术、优化技术等先进制造技术，达到提高产品质量和产量、降低物耗和能耗，减少环境污染之目的，实现可持续发展。

## 6.12　运输管理

### 6.12.1　概述

钢铁生产的一个重要的特点是伴随有巨大的物流。为保证企业生产的顺畅，必须确保物流的畅通。为此，除了有周密的生产计划外，一个重要方面便是运输。这里的运输包括企业内部及企业外部两方面。

从企业内部运输管理的范围而言，包括从原料进厂到成品出厂整个物流过程。

从运输的对象而言，包括所有的物资及产品，如原燃料、辅料、废钢、副产品，以及板坯、方坯、钢管、棒线材、厚板、热轧卷板、冷轧卷板、型材等所有中间产品和成品。

从涉及的运输装备而言，包括火车、船舶、汽车及辅助作业机械等设备。

从企业外部运输管理而言，必然要向上游的资源供应商和下游的客户延伸。一个企业是否有良好的运输管理系统极大地决定了这个企业的竞争力。

### 6.12.2 建设运输管理系统的指导思想

从整体出发将所有运输工具整合成一体，形成一体化的运输计划，与ERP系统集成完成企业内外物流的闭环管理，以业务流整合信息流，提高运输效率、强化运输调度，建立完整的运输数据链，提高客户服务水平。

### 6.12.3 运输系统架构

运输管理系统应用功能架构大致如图6-22所示。

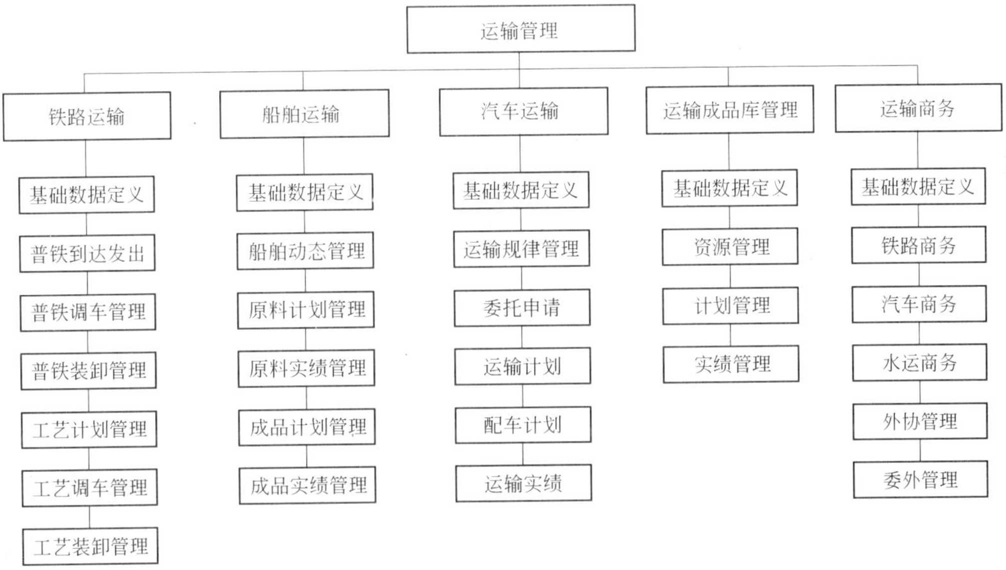


图6-22 钢铁企业运输管理系统应用功能架构

### 6.12.4 运输管理系统功能

#### 6.12.4.1 铁路运输管理

（1）基础数据定义：

1）设备定义：车种、机车、车辆及其代码设置。

2）路局、到发站定义。

3）装卸点、运距、铁路代码设置。

4）机车、车辆维修实绩。

5）铁路轨道包括区域、股道、股道动态的定义。

6）油库、机车油耗运行实绩等设定。

（2）普铁到达发出管理：

1）对普铁的到达和发出的车次和编组信息进行管理。

2）编组信息包括车辆管理和货票管理。

（3）普铁调车管理。根据装卸车计划、作业完毕信息编制调车计划、下达调车指令。

（4）普铁装卸管理：

1）普铁确定到达后，对车辆解编，并对重车进行卸车作业。

2）接收到出厂系统传递的铁路出厂计划后，调度调车将空车送到装车股道上，装完后车辆离开装车股道，重新编组构成发出车次。

（5）工艺计划管理。接收各生产系统传入的装车实绩，如生铁、钢锭、钢坯等货物的装车实绩，生成工艺运输计划，根据轻重缓急安排运输。

（6）工艺调车管理。根据工艺运输计划、装卸车作业完毕信息编制调车计划，下达调车指令。

（7）工艺装卸管理。根据工艺运输计划，调度调车将车送到装车股道上，装完车后再调车送入卸车股道卸车，完成装卸过程。

#### 6.12.4.2　船舶运输管理

（1）基础数据。基础数据包括：

1）船舶：船舶资料、船型、国籍、船公司等。

2）业务：货名、到发港、系统（流程）等。

3）码头：码头、泊位、作业机械、抓斗等。

此外，基础数据还应包括潮汐表、每日气象、库基准管理，如作业效率基准、设计/安全标准、船型货类通算能力等。

基础数据还包括检修计划、检修实绩。

（2）船舶动态管理：

1）船舶预报：由相关部门对船舶预报信息进行维护。

2）船舶确保：维护即将到港船舶的船期确报，作为原料/成品作业计划的依据。

3）船舶动态：维护码头作业船舶的作业点状态，实时跟踪船舶的作业信息。

（3）原料计划管理：

1）接收采购系统原料卸货计划。

2）根据原料卸货计划，参照作业效率基准，编制码头作业的昼夜计划，包括船舶的计划靠离泊、开完工时间，以及采用的流程、卸货的料场等信息。

（4）原料实绩管理：

1）接收原料计量系统或铁区生产管理系统发送的皮带卸船实绩。

2）记录单船、单机、单货的港机使用情况，形成原料港机日志。

3）记录单船作业水尺量。

（5）成品计划管理：

1）接收销售成品出厂计划或外购料进厂计划及资源。

2）根据成品出厂计划，参照作业效率基准，编制码头装卸船作业的昼夜计划。

3）生成发货程序书或根据配载方案产生码头要货顺序。

（6）成品实绩管理：

1）港机日志。

2）成品捆包出厂理货。

3）散件货出厂理货。

4）单机作业效率分析。

#### 6.12.4.3 汽车运输管理

（1）基础数据定义：

1）包括运输设备：运输车队、车种代码、生产车辆信息的定义及其代码设置。

2）相关业务的定义：运输装卸点、有效作业时间。

3）故障定义：故障代码、故障信息记录。

4）基础数据还应包括检修类型、检修计划及实绩。

（2）运输规律管理：

1）建立以托运代码为基础的运输业务的基准库。

2）建立以托运代码为基础的运输计划规律库，收集汽车运输工艺运输规律，用于常规计划的生成。

3）维护计划配车的基准信息。

（3）委托申请：

1）赋予有业务来往关系的委托单位的委托人员进行运输业务委托申请的权限。

2）建立各申请部门通过系统委托申请的功能。

3）由运输部门通过系统确认需求使委托计划进入汽车运输计划，不能排入计划的给出反馈信息。

4）申请部门可查看确认反馈信息和计划完成情况。

（4）运输计划：

1）运输计划智能生成：根据计划规律库，启动日计划生成模型，生成分班运输计划。

2）关联计划转换生成：系统根据关联计划的相关信息进行转换，由调度人员确认关联计划转换生成的车辆运输计划并进行调整。

3）计划编制与调整：根据业务需要，由运输计划或调度新增、修改或删除各车队的工班计划。

（5）配车计划：

1）车辆人员信息管理：各车队在班前根据车辆检修信息提供车辆可用状态，人员出勤情况等信息，用于配车时作为可选择车辆。

2）配车计划管理：当班调度选择班计划，查找可配车辆信息，编制配车计划。

（6）运输实绩：

1）车辆消耗管理：主要管理车辆的运行状态实绩、单车加油等信息。

2）作业实绩管理：驾驶员反馈车辆运输实绩，通过规则统计运量、周转量；委外车队反馈实绩可针对计划。

3）过磅实绩管理：与计量系统建立接口，实现过磅实绩的收集。

4）综合作业实绩管理：系统自动计算车辆运转时间、当班车辆油耗，汇总各种实绩数据进入系统并提供作业实绩综合查询功能。

#### 6.12.4.4 运输成品库管理

（1）基础数据定义。包括库别管理、库位管理、组批编码规则、仓库基准能力等。

（2）资源管理：

1）接收生产系统发送的在制品转库资源或销售系统发送的外购料入库资源。

2）由制造部门对需要转回生产厂的在制品进行要料。

3）对需入出库的资源进行组批，为编制入出库计划做准备。

（3）计划管理：

1）编制在制品、外购料转库计划。

2）接收销售系统发送的产成品转库计划及资源。

3）接收销售系统发送的外购料出库计划及资源。

4）接收销售系统发送的产成品出厂计划及资源。

（4）实绩管理：

1）根据转库计划进行入库销账，产生库存信息。

2）根据转库出库或出厂计划进行出库销账，并对出厂材料产生码单。

3）进行盘库、倒垛操作。

4）接收销售系统的码单红冲信息，进行材料红冲。

#### 6.12.4.5 运输商务管理

（1）基础数据定义。将各运输业务的收费项管理、结账单管理、主合同及各子合同管理、合同多级审批内容进行统一管理。

（2）铁路商务：

1）包含铁路商务费率库管理、铁路商务合同管理、铁路商务合同结算管理。

2）针对铁路商务收费的特点，从铁路管理模块直接进行装卸车实绩采集，并产生结算单。

（3）汽车商务：

1）包含通行费费率管理、汽车商务合同管理、结算管理。

2）针对汽车计程、计时收费的特点，从汽车管理模块直接进行运输量实绩采集，并产生结算单。

（4）水运商务：

1）包含水运商务费率库管理、合同管理、结算管理、水运港杂费票据结算管理。

2）针对水运收费的特点，从码头管理模块直接进行货物装卸、船舶停靠实绩采集，并产生结算单。

（5）外协商务：

1）包含外协项目管理、合同管理、结算管理、外协结算单多级审批管理。

2）从铁路、汽车、水运、仓库模块进行外协作业实绩的采集并结算。

（6）委外商务。包含委外合同管理、结算管理、结算单多级审批管理。

# 第 7 章

# 钢铁企业信息系统的技术平台

## 7.1 硬件系统结构

### 7.1.1 企业信息系统体系结构的演变

#### 7.1.1.1 概述

企业信息系统是由人、计算机及其他外围设备等组成的能进行信息的收集、传递、存储、加工、维护和使用的系统。其体系结构决定了系统的运行方式、处理能力以及可伸缩性等关键性能。

随着信息技术的发展，企业信息系统的体系结构经过了多次的演变，由集中式为主演变为以分布式为主，直到近来的“云计算”，可谓日新月异。

IT 技术的发展过程大致如图 7-1 所示。

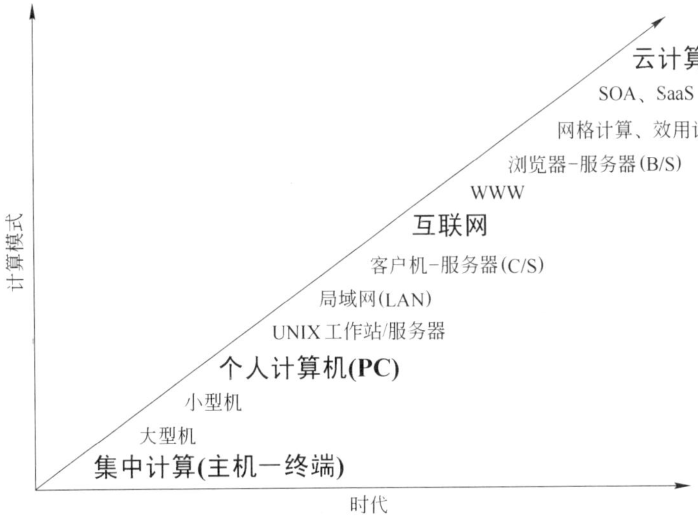


图 7-1　IT 技术发展概况

20 世纪 70 年代以前企业信息系统采用的是集中式的主机—终端体系结构。其采用的是以大型机为中心的计算模式，也称为分时共享（Time-sharing）模式。许多用户同时共享CPU资源和数据存储功能。这一模式持续了很长时间，即使在70年代后，有些大型的钢铁联合企业，如美钢联USS、新日铁、浦项、中钢、宝钢、武钢等，其管理信息系统也还是采用大型计算机系统（或称大型主机Mainframe）作为应用系统的运行平台。

由于大型主机的计算能力、I/O能力、交易能力等各项处理能力都高于Unix小型机，而且运行的可靠性、稳定性与系统的可扩展性等性能指标也较Unix小型机要好。传统的C/S（Client/Server）两层结构小型机系统无论是处理能力、客户容量，还是可扩展性等性能都不能达到替代大型主机的水平。这便是为什么至今尚有很多企业依然采用主机-终端方式的主要原因。

随着计算机技术的进步，标志Unix小型机处理能力的TPCC值越来越高，从2001年见诸市场的15万TPCC（Transaction processing Performance Council，TPC，事务处理性能委员会；C,基准程序）值Unix小型机到2004年市场推出100万TPCC值以上的Unix小型机仅隔三年，其他如分区技术，CPU速度，字长等也都有了很大进步，而且不断地有大型机上成熟的硬件和软件技术移植到小型机上，这就使得过去因处理能力限制，用Unix小型机不能实现的应用系统，现在可以用Unix小型机来实现了。

特别是20世纪80年代出现的微机使计算机应用发生了划时代的变化，它促进了网络技术的进步和普及，微机和网络两者结合起来，成为分布式体系结构。这种结构往往采用三层结构。

采用三层结构的计算机体系有C/S(Client/Server)客户/服务器模式，还有B/S(Browser/Server)浏览器/服务器模式，两种模式下计算机功能的区别集中体现在应用服务器上。事实上，企业应用服务器主要分为两类：一类是基于中间件的应用服务器，一类是基于Web的应用服务器。一般C/S模式用基于中间件的应用服务器，B/S模式用基于Web的应用服务器。B/S模式可以简单地理解为是将运行在客户端的应用软件都移植到服务器端运行，即应用服务器负责处理全部的客户请求并负责与数据库的连接。C/S模式和B/S模式引起的这些变化，对用Unix小型机构建系统运行平台在技术性能方面的各项考虑没有任何影响，所以Unix小型机同样适用于构建B/S模式的系统运行平台。

早期的分布式结构采用客户机/服务器（C/S）方式。大规模的资源，如计算机能力、存储能力、海量数据库能力、高速高质打印能力等，是公用的，由若干个服务器提供；专用的小量的功能由分散的客户机（PC）承担。客户机与服务器之间按标准协议（通常是TCP/IP）由专用网络联通，形成整体。

因特网采用了网际连接技术，形成了全球范围的信息网络，企业可以在所需的各种功能服务器之外，再加一款WEB服务器，就可以按客户机/浏览器方式，组建自己的系统。在这样的技术平台上，很容易开发出复杂应用的原型系统，并使用大量廉价的标准软件工具，节省应用开发投资，缩短开发周期。

#### 7.1.1.2 客户机/服务器（C/S）模式

相对于主机—终端模式集中处理应用需求的方案，C/S模式的基本思路是按性质划分应用需求，分开运行；由服务器负责完成复杂的计算、对数据库的操作，而数据和图形图像的显示和操作界面放在客户机上。

C/S结构的工作原理如图7-2所示。

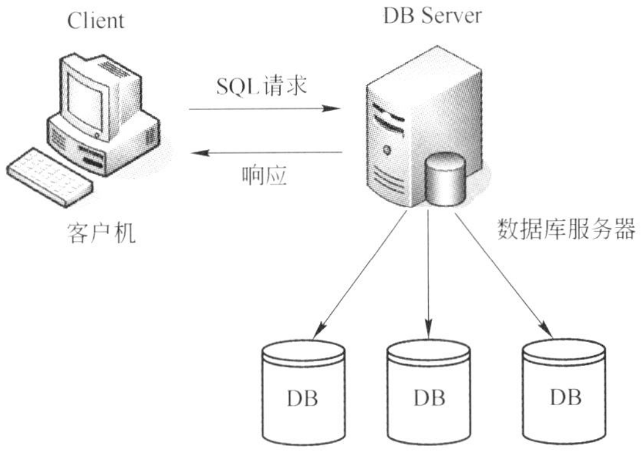


图 7-2 C/S 结构的工作原理示意图

在 C/S 结构中，系统配有高性能的专用服务器，服务器端安装数据库软件，客户端应用软件以 SQL 语言向服务器发出请求，服务器将处理后的结果传给客户端，两者之间是请求与服务的关系，这样既提高了处理速度又减少了网络传输量。由于数据库服务器软件运行在高性能的专用服务器上，大量的数据处理任务在服务器端完成，客户端主要提供与用户的交互功能，因此可以大幅度提升整个系统的性能。

支持 C/S 结构的数据库系统都具有分布式处理能力，提供分布式计算功能和分布式数据处理，形成所谓的二级或三级结构，即表现级、应用功能级和数据访问级。

#### 7.1.1.3 浏览器/服务器（B/S）模式

浏览器/服务器（B/S）模式是一种利用互联网资源对 C/S 进行改造、实行资源再分配的模式，其前提是客户机和服务器之间物理上通过因特网或内联网相连，遵守 HTTP 协议。客户端的软件简化为一个浏览器，它通过统一资源地址机制 URL（Uniform Resource Locator）和服务器连接。

B/S 结构的工作原理如图 7-3 所示。

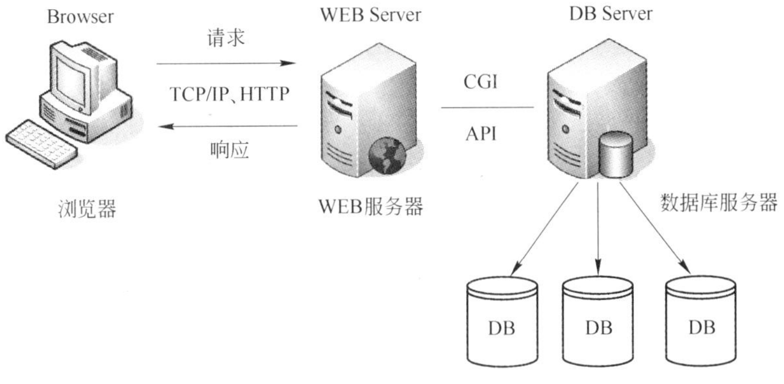


图 7-3 B/S 结构的工作原理示意图

B/S 结构是真正的三级结构。

（1）第一层浏览器是表示层，完成用户接口功能。在客户端向 URL 指定的 Web 服务器提出服务请求时，Web 服务器用 HTTP 协议把所需文件资料传给用户，客户端接受并显示在 WWW 浏览器上。

（2）第二层 Web 服务器是功能层，完成客户的应用功能。Web 服务器接受客户请求后，以 CGI 或 ASP 与数据库连接，进行申请处理，而后数据库服务器将结果返回 Web 服务器，再传至客户端。

（3）第三层数据库服务器是数据处理层，应客户的请求独立地进行各种数据处理。

与 C/S 结构相比，B/S 结构把处理功能全部转移到了服务器端，客户端可以采用极度瘦身的浏览器终端，使用维护更加经济方便。不过 C/S 结构在提供复杂的事务处理能力上仍具有很大的优势，应该说两者各有长处。

在钢铁企业进行系统结构设计时，可以同时采用 C/S 和 B/S 结构。对于日常管理中的事务处理往往可用 C/S 实现，实时性要求不高的信息传递和数据发布可以用 B/S 实现。

### 7.1.2　数据中心的计算设备和存储设备

计算设备和存储设备是信息系统的主体设备。

面向最终用户的设备叫客户机，客户机一般选用各种配置的 PC。标准的 PC 由主机板、内存块、硬盘存储器、显示器、输入键盘、软盘驱动器、光盘驱动器、网络接入卡构成。要求多媒体处理能力的客户，还要增加语音卡、图形图像卡及摄像头等。此外还要配备激光打印机、彩色打印机、扫描仪等辅助设备。

面向公共功能的计算机叫服务器。按照计算机的中央处理单元（CPU）和操作系统（OS）的不同，可以选用不同规模的服务器。如 PC 服务器（一般为 32 位的 Intel CPU），运行 WinNT、Win2000，WinXP 等操作系统；小型机服务器（一般为 64 位的 RISC CPU），运行 UNIX 操作系统。

在系统设计时，根据业务的性质进行聚类，按功能需求设置服务器。如数据库服务器、模型演算服务器、文件处理服务器、因特网浏览（Web）服务器、通信专用服务器、电子邮件服务器、应用开发服务器等等。不同功能的服务器，要求不同的计算速度、不同的存储容量、不同的安全等级，甚至需要某些特殊能力，投资差别很大，应该按需配置。

选择服务器时要从软件和硬件两个方面考虑。软件主要要考虑操作系统及围绕该操作系统的软件的丰富程度。硬件方面要衡量高可用性和可扩展性，保证系统能持续稳定运行。

在提高服务器处理能力和处理效率方面，可以采用一系列新技术。包括：

（1）集群（Cluster）技术：多台服务器共享数据存储空间，各服务器之间由局域网互联，一方面，可以均衡服务器的负载，提高处理效率；另一方面，当一台服务器故障时，其他服务器能自动接管故障服务器上运行的软件。

集群（Cluster）技术就是将多台 UNIX 小型机用集群软件连接在一起，组成一个高度透明的、小型机服务器群的计算机系统。该系统作为一个整体为客户端提供服务，客户端通过网络共享所有的资源，如数据或应用软件等。客户端的用户并不关心其应用运行在哪台服务器上，只关心其应用是否能连续工作，从客户端看来，集群中的所有服务器是一个系统，就像一台大型的计算机系统，其上运行着客户端需要的应用服务。在一个群集内，多个服务器运行操作为客户端提供一组服务或资源，使用多个节点的能力确保当一个由硬件或软件引起的故障发生时，应用程序仍可正常运行或从故障状态中迅速恢复运行。

（2）对称多处理技术（SMP）：一台计算机使用多个 CPU，它们通过总线共享内存。系统将任务队列对称地分配到各个 CPU 上，并行处理，使处理能力得到很大的提高。

（3）分布式内存存取（NUMA）：用高速网络把独立计算节点连接起来，每个节点可以是一个对称多处理器（SMP）。这样，每个 CPU 与其他芯片中的内存连接起来，从而提高内存与计算器之间的交换速度。

存储设备指的是大容量外部存储设备。目前，这类设备主要有：磁盘阵列 RAID、磁带库、活动式硬盘、可读写光驱等。磁盘阵列、磁带库和服务器可以通过光纤交换机构成存储局域网 SAN，实现快速备份，集中管理。

### 7.1.3 数据通信和计算机网络

#### 7.1.3.1 概述

计算机通信网络是计算机的数据处理、存储能力与通信系统相结合的产物。网络是资源共享的重要手段。作为计算机网络的基础是数据通信，在计算机网络还没有出现的时候，计算机之间的数据交换主要靠相互间的通信实现。

随着计算机和通信技术的发展，人们已不满足于两两计算机之间的连接，而是用计算机网络把很多计算机连起来。在计算机网络中，组成网络的各个节点计算机之间互联互通，从而达到共享信息、共享软件、共享硬件的目的。决定网络特性的主要技术因素包括数据传输的介质，连接各种设备的拓扑结构，以及用以共享资源的介质访问控制方法。

严格来说，计算机网络和计算机通信网络是两种不同的网络形式。计算机网络可以指由多个计算机或计算机系统相互连接而成的系统，其目的是实现分布式处理。而计算机通信网络是计算机之间依靠通信线路和通信设施相互连接的网络。其地域分布，大的可以分布到全国甚至全世界，小的可以在一个建筑群中。

#### 7.1.3.2 数据通信

传输介质主要有双绞线、同轴电缆、光导纤维及无线介质（微波、红外线和激光）。传输介质的选择是网络设计的组成部分，包括拓扑结构、容量、可靠性、传输的数据类型、环境范围选择等。

数据在介质中传输有并行和串行两种方式。并行适于短途通信，串行适于长途通信。

数据在两个设备之间的交换常用分组交换方式，报文被分组传送，在目的地重新组装。

在数据通信中，通过公用电话系统往往带来方便，这就需要调制解调器，实行数据的数字格式与模拟格式之间的转换。计算机通过工业标准 RS-232 管理和控制调制解调器。为使计算机内的并行位流转换成调制解调器的串行位流，需要通过适配器实施并行与串行之间的转换。计算机还需要通信软件来管理控制上述设备并协调整个通信活动。

#### 7.1.3.3 计算机网络分类和体系结构

计算机网络的分类可以从不同的角度进行。从网络的规模看，网络可分为局域网（方圆 12km 左右，适用于一个大楼、一个大院或一个单位部门）、广域网（几十公里以上，跨地区甚至全球范围）。

从资源共享的角度，计算机网络可分成两部分：资源子网（或称通信服务使用者，或称主机）和通信子网（又称通信服务提供者）。

从所有权的角度，网络也可以分为公用网和专用网两种。

从网络的拓扑结构（即网络中各节点互联的形式）看，有总线型网、星型网、环状网、树型网和分布型网等不同结构。这些不同拓扑结构的网从信道运行方式看，实际上分为两类：即广播信道（如总线、树型）和点对点通信（如环状、星型）。拓扑结构不同，信道访问技术、性能和开销也不同，适用场合也不同。大多数广域网采用点对点信道结构，而广播信道的结构主要用于局域网。

#### 7.1.3.4　开放式网络互联参考模型 OSI

网络生命在于互联共享。既要互联又要共享，加入网络的计算机或其他网络设备必须遵守公认的标准。1985 年国际标准化组织 ISO 提出了“开放式网络互联参考模型（OSI）”（参见图 7-4），这一模型现在已成为很多工业标准的基础。

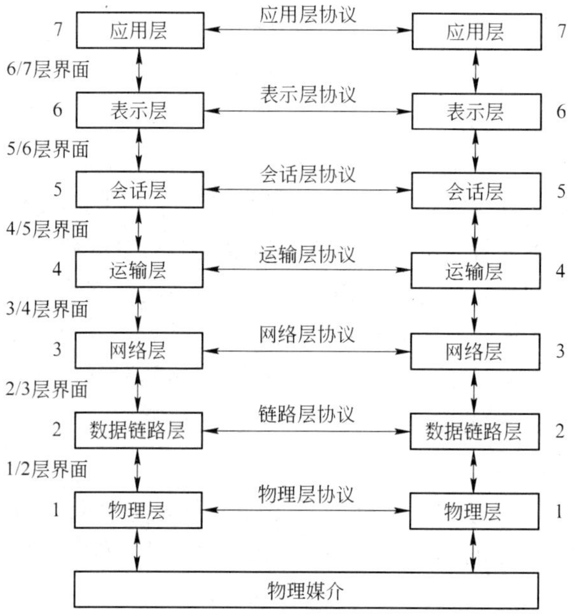


图 7-4　开放系统互联 OSI 参考模型

OSI 由 7 个层次和相应的分层协议及标准构成。第一层为物理层，规定了传输介质的特性。提供与通信设施之间的机械的、电气的、功能的以及规程的接口特性。第二层为数据链路层，规定了网络节点之间数据链路的建立、释放和维护。第三层为网络层，规定了通信子网节点之间的交换传输，即路由选择、流量控制和拥塞控制。第四层为传输层，规定了通信子网的界面，它为会话实体之间提供透明的数据传输。第五层为会话层，规定了两个主机以上的用户进程之间的会话连接。第六层为表示层，规定了双方所传送数据的表现方式，即它的语法及语义，使应用层能够解释所交换的数据的含义。第七层为应用层，规定了用户进程访问网络的界面，如电子邮件、文件传输等。从第四层以上各层都属于资源子网的范畴。

详细的内容请参照有关的专门的论述文章。

#### 7.1.3.5 局域网

将小区域内的计算机互通互联，通常采用局域网形式。局域网络（Local Area Network，简称 LAN）是将小区域内的各种通信设备互联在一起的通信网络。由此可见，局域网络有三个属性：

（1）局域网是一个通信网络，从协议层次的观点看，其包含着下三层的功能。

（2）这里指的数据通信设备是广义的，即包含计算机、终端及各种外围设备等。

（3）这里指的小区域可以是一建筑物内，一个校园或者大至几十公里直径的一个区域。

局域网通常采用以太网、标记环网、快速以太网、光纤分布式数据接口（FDDI）等技术。

以太网为总线结构，用双绞线和粗、细同轴电缆或光纤作传输介质。遵守 IEEE802.3 标准，采用 CSMA/CD 算法，即带冲突检测的载波监听多路访问方法，每个站点独立决定发送数据帧，采用“先听后发”、“边听边发”的方式解决多站点同时发送造成的冲突。每段长度 100～2000m，每段或连接点 30～1024 个，传输速率可至 10Mbps。

标记（令牌）环网为环状，传输介质多用光纤，采用标记（令牌）环介质访问控制法，即用循环传动的标记作令牌，站点拿到令牌方可将数据送入环中，否则要等待令牌，令牌是逐站点传送的。

FDDI 网用光纤作传输介质，速率为 100Mbps，最大距离可达 200km，最多可连接 1000 个站点。为了提高可靠性，常采用双环。FDDI 可用于构建局域网，但它更多的是构造主干网，作为连接一个企业或一项较大业务所涉及的若干局域网的通信干线。

快速以太网与以太网十分相似，亦采用 IEEE802.3 标准，只是它选用了 100Base-T 的传输介质，速率可至 100Mbps。快速以太网作为一种新技术，有取代 FDDI 作为主干网的趋势。

随着网络技术的发展，千兆以太网速率达到 1000Mbp 或 1Gbps，适用于计算机系统、图像服务器、语音服务器、打印机之间的互联，应用于多媒体、电子会议和虚拟现实等领域。

宽带综合业务数字网（B-ISDN）也是以光纤作介质的用户线网络，应用于高速数据和文件传播、可视电话、电话会议、高保真立体声、高清晰度电视、广播电视、可视图文、文件检索、传真等。为此，提出了异步传输方式（ATM）协议、动态同步传输模式（DTM）以及无线网络技术标准——蓝牙（Blue Tooth）。

局域网是最基本的网络通信系统。它由主机、服务器、工作站、协议转换器、终端等一系列的部件组成，协同工作，完成文本、图形、图像、语音和视频信息的传输处理和存储。局域网之间连接可组成企业网、校园网或机关大院网。这些网络相互连接可构成城域网或广域网。

#### 7.1.3.6 局域网互联

为了扩大网络覆盖面、增加入网计算机的数目和扩大通信量，经常需要若干局域网之间进行互联。局域网的互联是采用适当的技术和设备将孤立的局域网联接起来，以使原来隔离的局域网上的计算机可以交换信息，实现资源共享。

局域网互联可以有多种方法。从距离上区分，有本地局域网互联和远程局域网互联方式，即 LAN-LAN 和 LAN-WAN-LAN 的方式。从互联所采用的介质看，又有同轴细缆或粗缆、分类的非屏蔽双绞线 UTP 和屏蔽双绞线 STP、单模或多模光纤等联接方式。但最重要的互联概念应以 ISO/OSI 开放互联参考模型的分层观点来看局域网的互联。有不同类型的互联设备可以完成 OSI 不同层面的互联任务，如中继器、网桥、路由器、网关等。

中继器是最简单的局域网延伸设备，它工作在 OSI 的物理层，实施物理层的联接。它只能联接同类型网段，起放大信号的作用，驱动长距离通信。特点是安装简单容易，造价低廉。

网桥在数据链路层工作。它互联兼容地址方案的局域网，利用 MAC 和 MAC 地址（也称为硬件地址），以及存储转发功能作局域网间的信息帧交换。网桥的互联特点是将实际上分离的局域网连成一个逻辑上单一局域网。一个局域网上的用户可以透明通过网桥访问另一网络上的资源，好像访问是在同一个网络上进行。

路由器运行在网络层上。它需要处理网络层的数据分组，或网络地址、决定数据分组的转发，它决定网络中信息通信的完整路由。由于其处理的层次高，因而路由器也具有更强的网络互联功能。

网关则不仅具有路由功能，而且能实现两个不同协议之间的转换。此外，还有一种既有路由器能力又能识别第三层（网络层）地址的三层交换机，使第二层的网络功能与第三层的路由器功能合二为一。

#### 7.1.3.7　网络通信控制软件

网络通信控制软件协调网络中的主机、前端处理器及其他设备的动作和运行，进行网络控制、存取控制、传输控制、错误诊断及改正、安全控制。网络通信控制软件包括网络操作系统、网络管理软件和通信协议软件。

网络操作系统控制网上的计算机系统和设备，支持它们之间的通信。它在网络范围内，实施任务管理、内存管理和设备管理。当网络需要一个设备时，如需要打印机、绘图仪或磁盘驱动器，网络操作系统要确认这些资源是否被正确使用。

常见的网络操作系统有 WindowsNT、Netware 等。

网络管理软件主要管理五个方面：网络配置、网络性能、网络故障、网络安全和网络记账。

网络配置管理网上各种设备的物理位置、技术参数及维护者。通过网络设备的自动发现、拓扑图自动生成及设备配置功能，动态掌握网络资源的总量、配置及变更。

网络性能管理监测网上资源的状态、响应时间、瞬间及阶段数据流量流向、误码率、设备及部件的时延、资源利用率、动态静态运行性能，实施流量控制和用塞控制。

网络故障管理对网上发生的故障进行检测、隔离、定位和纠错。

网络安全管理控制对网络信息访问的权限，利用设置的防火墙与访问代理，进行数据加密、设置 VPN 虚拟专网等技术实行安全管理。

网络记账管理记录网络资源的使用状态，监测网络运行状况，监测用户或用户群的操作和对网络资源的消费、实施计费记账。

为了实施网络管理，Internet 工程项目组 IETF 提出了网络管理协议 SNMP，以规范各生产厂商。一般要在被管理的设备上安装一个固件或软件模块作为管理代理。网管工作站通常采用轮询法或中断法从被管理的设备或代理上获取数据。

7.1.3.8 信息网络的安全技术

随着全球高度信息化的发展，也伴生了信息安全问题。计算机的应用使机密和财富高度集中于计算机，计算机网络的应用使这些机密和财富随时受到联网的计算机用户攻击的威胁。以各种非法手段企图渗入计算机网的人，即所谓“黑客”，随着网络覆盖范围的扩大而增加。因此，在企业信息化建设中必须同步考虑信息安全。

造成计算机网络不安全的因素很多，涉及硬件设备、系统软件、应用软件和人员管理诸多方面，既有灾害和故障等客观原因，更有非法进入和恶意攻击等主观原因。

针对信息网络存在的不安全因素，ISO/OSI 发布了分层安全机制，建议在物理层和链路层采用数据加密技术，特别是硬件加密技术，即在线路两端成套加装保密机，使传输的信息密码化。

在网络层，采用 IP 路由安全、IP 安全协议或 IPV6 安全机制、使用防火墙、虚拟专网 VPN、身份认证、数据加密、数据一致性检查等技术。

在传输层、会话层、表示层及应用层，应考虑基于 TCP/UDP 的安全机制，包括身份认证、访问控制、数字签名、数据加密、安全审计、入侵检测等技术。

此外，系统备份应该是安全的有效防线，它可以保证在数据被破坏之后能进行恢复。重要的信息，还要考虑异地的容灾备份。

在信息网络安全方面还有以下重要的技术：防火墙技术、代理服务器技术、入侵检测技术和虚拟专网技术。

（1）防火墙（Firewall）技术。防火墙是目前主要的网络安全设备，它由滤波器和 Gateway（网关）组成。滤波器的作用是阻止某些类型的通信传输，而网关的作用是提供中继服务，以补偿滤波器的效应。它的主要功能是对受保护的网络实施访问控制，允许合法访问，防范非法访问。

防火墙至少装有两块网卡，其中一块连接外网，具有合法的 IP 地址；另一块连接内网，具有私用的 IP 地址，私用 IP 地址不能与 Internet 直接通信，内外网之间的通信通过地址转换技术实现。功能较强的防火墙还装有一块连接中立区的网卡。中立区又叫非军事区，即同时为你我网提供信息服务的公共网络区域，如 WEB 服务器、FTP 服务器、邮件服务器、域名管理服务器 DNS 等。

（2）代理服务器技术。代理服务器（PROXY），又称应用网关。它用一台计算机作“桥头堡”隔离内外网。它一方面用包过滤或状态检测等手段为内外网之间的合法访问提供通道，另一方面还采用更高级的安全措施提供网关服务。

代理服务器的工作原理是：当用户需要访问代理服务器另一侧的主机时，代理服务器首先启动身份认证功能，检查用户是不是一个合法用户。如果是，则根据预先设定的安全规则列表，检查这个用户提出的应用请求是不是一个符合安全规则的连接。如果也是，则为该用户的连接建立一个临时堆栈，存放该用户连接的所有相关信息。代理服务器应用网络地址翻译技术，把数据包源地址改为代理服务器的公开的 IP 地址，并重新向被访问主机发出一个相同的连接请求。当这个请求被回应并且被建立之后，内部主机同外部主机之间通信将通过代理程序把相应的连接过程一一映射。应用结束时，代理服务器解脱连接，释放堆栈，完成本次任务。

代理服务器技术中包含有大量新的安全技术，诸如个人身份认证、网络地址转换、端口号控制、URL阻断、系统日志、流量统计与分析等，提高了安全性。

（3）入侵检测技术。入侵检测的内容包括收集网络信息、进行安全审计、识别攻击并做出反应。它从网络系统的若干关键点实时收集信息，用专家系统对之进行分析，应用安全规则判断是否有违反安全规定的行为或遭遇攻击的迹象。如有，则做出诸如报警、记录事件、切断连接等反应。

要做到入侵检测，需要充分利用日志文件信息、目录和文件中不期望改变信息、程序执行中不期望行为信息以及物理形式的入侵信息。对这些信息进行模式匹配、统计分析和完整性分析，以判定是否构成入侵。

（4）虚拟专网技术。虚拟专网指的是在公共网络上建立专用网络，数据通过安全的"加密管道"在公共网上传播的技术。因为这种专用网络是逻辑上并非物理上的专用，故用虚拟形容。虚拟专网的基础是IETF制定的IP SEC安全标准。它用认证协议头、安全加装封载、互联网密钥管理协议来保护通过公网传送私密数据。另外动态密钥交换技术更加有效、更为安全地进行密码运行。最后，通过网络地址标识路由，可以实现虚拟专网的复用。

### 7.1.4 互联网技术

#### 7.1.4.1 概述

互联网（Internet）是一个全球化的开放的信息互联网络。它是当今世界最大的非集中式的计算机网络的集合，将全球范围成千上万个网互联在一起。换言之，只要计算机采用开放系统协议，便可以进入Internet。

互联网遵守TCP/IP协议，用IP地址定义网上设备，为便于记忆和使用，人们用域名对应IP地址，而域名是由DNS管理的。域名采用树型结构，极易扩充。

计算机在接入互联网时，可以用多种方式，如通过公共电话网的ISDN接入、通过代理服务器的局域网接入，通过光纤到户的宽带接入，通过WAP的无线接入；如分散用户的电话拨号接入（ChinaNET）、X.25分组专线接入（ChinaPAC）、帧中继接入（ChinaDDN）、微波专线接入、卫星接入（ChinaGBN）。

互联网发展十分迅速，它所提供的信息服务层出不穷，如万维网查询系统（WWW）、电子邮件E-Mail，远程登录Telnet、文件传输协议FTP、文件寻找工具Archie、电子公告板BBS、实时在线交换IRC、网络新闻论坛Net-News、分布式文件查询、广域信息服务WAIS、推拉技术等。

互联网的信息服务加速了电子商务、企业内网、IP电话等方面的应用，成为经济全球化的信息大道。

#### 7.1.4.2 互联网提供的服务

互联网可以提供以下一些主要的服务。

（1）万维信息网。万维信息网（World Wide Web，WWW）是广域超媒体信息获取工具，它是由 Internet 上所有的超文本传输协议（Hyper Text Transfer Protocol，HTTP）站点构成的。Web 是超文本系统中一组相互连接起来的文件的集合，它不是物理意义上的网络，而是使用 HTTP 组成的应用系统的信息网络。它是将文档中不同的部分通过关键字的方式建立链接，使得信息不仅可以以传统的线性方式，还可以交互地搜索。

超文本是一种非线性结构，它由相对独立的节点及节点间的链接组成。节点的信息表达一个主题，可以表示为文本、声音或图像。节点间的链接以及组成的信息网络，蕴涵着节点间的信息的推理和演绎的逻辑联系，从而使文本具有丰富的表现力。

万维信息网上的编程工作即创建 WWW 的超文本文件，通常称为网页（Home Page）。网页采用超文本标注语言（Hyper Text Markup Language，HTML）来编写。WWW 支持 WWW 文件的全文本检索，基于客户/服务器模式。万维网是一种 C/S 模式的多媒体网络，由 Web 服务器和浏览器构成。浏览器软件种类很多，常见的有 Netscape 公司的 Navigator，微软的 Internet Explorer 等。Web 服务器利用 HTTP(Hyper Text Transfer Protocal)传递 HTML 文件，Web 浏览器使用 HTTP 检索 HTML 文件。WWW 客户机为用户提供基于 HTTP 的用户界面，WWW 的服务器的数据文件用 HTML 来描述，其中超媒体链接用 URL(Uniform Resource Locator)表示，可以指向 file(匿名文件传输服务器)，gopher(gopher 服务器)，http(超文本链接)，telnet(远程登录)，news(电子新闻)wais(广域信息服务)等信息资源。当浏览器获取网页后，通过对 HTML 文件加入的标注进行解释执行，达到所要的显示效果。通过各种超链接能够方便地从一种信息来源转到另一种信息来源。超链接指向统一资源定位器（URL）的命名对象。URL 由三部分组成：协议名：//服务器地址/存放信息的路径及文件名。

通过搜索引擎来查找 Web 服务器上的信息。常用的搜索引擎网站有 Google、Yahoo、Lycos 和 Suho 等。这些网站已经成为进入互联网的门户。通过这些门户网站，人们可以方便地进入网络，实现自动链接，也能得到一系列服务。

（2）电子邮件。电子邮件（Electronic Mail，E-mail）是互联网提供的最为广泛实用的服务，它使用户能够接收和发送文字、图像和语音等多种形式的信息。

系统为电子邮件的使用者提供一个电子邮箱，即 E-mail 地址，实际上是在 E-mail 服务器上建立一个用于交换存储邮件的磁盘空间。使用电子邮件十分简单。它首先需要连接到 Internet，有一个电子邮件的程序和一目标邮件地址就可以了。电子邮件地址的典型形式为 username@ mailserver. com。

电子邮件的处理软件承担创建报文、按简单邮件传递协议（Simple Mail Transfer Protocol，SMTP）传递报文、进行必要的格式转换、接收报文、存储报文、向发送者报告报文传递情况、故障时的处理等功能。流行的浏览器软件都支持电子邮件功能。

电子邮件常用功能有：

1）多个接收者；

2）邮夹服务；

3）回信；

4）转发；

5）通讯录；

6）加密。

电子邮件常用命令有：

1）列出所有信头信息；

2）阅读；

3）回信；

4）存储；

5）删除和恢复；

6）退出。

（3）文件传输服务。两个服务器之间的文件传输遵守文件传输协议（File Transfer Protocol，FTP），FTP不仅可从远程计算机获取文件，而且可以将文件从本地机器传送到远程计算机。使用FTP可以传送各种类型的文件，如文本文件、二进制文件、数据文件、可执行程序、图像文件、声音文件等。只要用户登录到FTP服务器，就可以进行文件传递。由于政府、大学和公司的支持，人们也可以免费从FTP服务器下载所需要的信息。免费下载信息的功能由FTP服务器的匿名登录服务提供，使用者只要以anonymous作为用户，以自己的E-mail地址或guest作为密码就可以完成注册登录。

（4）远程登录Telnet。当许多计算机连接在网络时，往往需要在其他的机器上运行程序。例如你的计算机是运行Windows NT的PC服务器，而要做UNIX工作，这时需要一台运行UNIX的计算机。

在远程计算机上运行程序，将相应的屏幕显示传递到本地机器，并将本地的输入送给远程计算机，这个过程在TCP/IP体系中，称作Telnet。

Telnet是一个通信协议。在该协议的支持下，用户的计算机通过互联网与远程服务器连接起来，并暂时成为远程服务器的终端，一旦登录成功，用户可以实时使用远程服务器对外开放的各种资源，如硬件资源、程序语言、应用软件及其他信息资源。远程登录服务对于电子图书馆、电子政务等应用是非常重要的。

（5）网上新闻。USENET News称为电子新闻。News的传播，是将信息从一台主机传送到另一台主机，存储在电子邮件服务器中，在用户需要时才传送给用户。要加入USENET News很简单，主机用户只要运行一个新闻阅读程序，你订阅的所有新闻组的文章信息就会源源不断地显示在你面前。包括文章的作者、主题、第一页及MORE信息。用户也可以发送信息，传送给下游的主机，这些信息和文章就是新闻。

网上新闻使用USENET协议，把电子邮件信息传送到USENET服务器上，该服务器收集相同主题的信息集中存放，形成所谓新闻组或电子公告板，新闻组被作为消息予以发布。

（6）文件查询工具Archie。文件查询工具Archie可以根据文件类型及文件名，寻找文件所在的服务器。它是一个图书管理员，能定期自动地去访问众多的Internet FTP服务器，将这些服务器上的文件索引成一个可以检索的数据库，用于网上文本文件、数据和程序的搜索。

（7）综合型网上文件查询系统Gopher。综合型网上文件查询系统Gopher，可以将Internet上的信息组织成某种索引，很方便地将用户从Internet一处带到另一处。Gopher是菜单驱动的，通过主菜单和菜单集，可以浏览检索信息，并下载文件，而不必用各种难以记忆的命令。

（8）分布式文本信息查询工具 WAIS。分布式文本信息查询工具 WAIS，也称为广域信息服务器，使得 Internet 上巨大的数据资源，变得易于检索并且可以获取远程数据库（称之为源 Sources）的信息。源是由文本资料组成的文件的总和。WAIS 允许用户搜索和检索在网上的任何一个数据库的信息。通过搜索引擎，可以寻找目录菜单，选择文档。

#### 7.1.4.3 企业的内联网 Intranet 和外联网 Extranet

随着计算机和通信的进一步结合，企业网络（Enterprise Network）将成为连接企业内部各部门并与外界交流信息的重要基础设施。利用 Internet 技术可以构建企业信息网络的支撑平台，即内联网 Intranet 和外联网 Extranet。前者用于企业内部的业务，后者用于企业与外部其他企业之间的业务。

（1）内联网 Intranet。内联网 Intranet 是使用 Internet 技术、按照 TCP/IP 协议而建立的企业内部网络，适合于一个封闭的用户群内的应用业务。

与 Internet 不同，Intranet 是企业（或一个团体）专有的，不一定要与 Internet 有物理上的连接。如果 Intranet 与 Internet 有物理连接，则要用防火墙或安全网关予以逻辑上的隔离，只允许被授权者访问内部网点，从而既能向内部人士提供享用 Internet 巨大资源，又能保护内部敏感的信息及知识产权。

Intranet 使 B/S 模式在企业或团体大院内得以实现. 它为实施企业信息化提供了全新的平台建设技术，显示出许多优点。由于 Intranet 使用的是 Internet 技术，互联网提供的 Web 服务、邮件服务、FTP、Telnet、新闻组等均可使用。在浏览器上设计网页，能快速处理多媒体，完成常见事务处理应用。它还提供了文档独立于平台的优势。这些优点使应用开发的难度下降、效率提高、工期加快。由于互联网的开放性、可伸缩性和平台独立性，Intranet 硬件建设中不同计算机系统间互联互通易于解决，网络规模原则上可以随意扩充，系统升级可以平滑进行，从而加快了网络建设的速度，大大降低了设计风险。

（2）Extranet。利用 Internet 技术可建立企业之间的网络，即 Extranet，从而使企业与它的固定客户及下游企业或使企业与它的稳定供应商及上游企业建立合作网络，完成企业间的供应链协同。借助于 Extranet，企业之间的信息交换可以更有效地进行，并直接在各企业内部数据库上发生数据交换，从而降低交易成本。在有电子商务的情况下，Extranet 技术可以使一个企业的操作人员登录到另一个企业的网页上，通过填写网页上的单证完成交易。

Extranet 在钢铁企业中使用后可以大大提高信息的共享性，但同时也带来了安全隐患。企业的 Intranet 与 Extranet 最好在物理上能隔离。有些企业往往建立独立的带有防火墙的外联服务器作为隔离区，这个外联服务器一方面与企业内部网络连接，另一方面可以实现与外界的联系。

### 7.1.5 云计算

#### 7.1.5.1 概述

云计算（cloud computing）可谓是时下一个热门的技术，云计算的概念是由互联网服务商率先提出，国际国内IT企业迅速跟进并推动其成为IT产业发展新热点的技术。所谓云计算是一通用术语，用于描述计算机任务从传统的由客户端及服务器组成的架构模式转向类似公用服务的计算模式。

它是一种信息技术实现方式的重要的模式转变。这一模式的优势在于：

（1）计算资源被灵活分配。

（2）企业可以将财务资源及员工集中在业务上，而不是用于构建和管理计算架构及应用。

（3）计算能力、应用及网络带宽富有弹性，它们可以动态地来和去，并且仅仅当被使用时才产生费用。

近年来互联网的高速发展和网络、移动计算等相关核心技术的进步，使得云计算具备了技术上的可行性。

#### 7.1.5.2　云计算的概念

云计算是一种基于互联网，将软件、信息以及其他可共享的资源，根据终端用户的需求设计成为一种类似于电网供电的服务，提供给用户的计算机或其他的联网设备。云计算由分布式计算、网格计算等技术发展而来，并融合了近年来的热点技术如虚拟化、Web2.0等。

云计算的基本原理是：将一些计算或存储任务，根据一定的规则进行分解，分发给网络中的许多台计算机，让这些计算机同时参与运算或存储，从而更快地获得计算结果。

在传统的客户端/服务器模式中，服务器被专用于一个特定的任务。在公用服务模式中，资产（计算时间、网络带宽甚至应用）使用及消费方式与水或电的使用方式类似，即用多少付多少。服务器硬件不再被专门分配给单一任务，而是在多个服务中被共享。

#### 7.1.5.3　云计算的三种模型

一般认为，有三种不同的模型被称为云计算。它由IaaS（基础设施即服务）、PaaS（平台即服务）、SaaS（软件即服务）三层服务模型组成。

为理解这三种模型，我们可以用一个“应用堆栈”来定义一个完整的信息系统，如图7-5所示。

通常情况下，企业在构建这样一个系统时需要全部由自己投资，包括数据中心、网络、服务器、操作系统、支撑软件及其应用和展示。其中下三层称为基础设施、包含操作系统和支撑软件在内的下五层则称为应用开发平台。

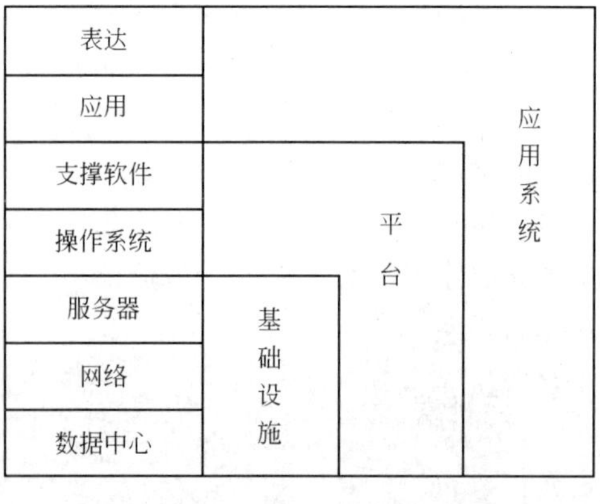

图7-5　应用堆栈

根据堆栈的构成形式，三种不同的云计算模式定义如下。

（1）基础设施即服务（IaaS）模式。基础设施即服务或IaaS是一种公用计算模式，可以提供基本基础架构，但不包括软件。此模式可以分成两类：

1）传统的“主机代管”模式，它可以

提供数据中心设施及网络连接。

2）真正的 IaaS 模型，可以提供数据中心、网络及计算机服务器平台本身，或者作为一个真正的系统，或者作为一个虚拟机。

IaaS 是建立在对 IT 基础设施虚拟化基础之上的，通过虚拟化打造云计算平台，实现动态的扩容和资源分配、服务的全生命周期管理。IaaS 以服务的形式提供虚拟硬件资源，如虚拟主机、存储、网络等资源。最终用户无需购买服务器、网络设备、存储设备，只需通过互联网租赁即可搭建自己的应用系统。

（2）平台即服务（PaaS）模式。平台即服务，或 PaaS 是一种公用计算模式，其中 CPU、网络、内存、磁盘空间、数据中心架构、操作系统及支撑应用（如数据库）被抽象为平台。此模式具有像 IaaS 一样的扩展及资源共享优点。

PaaS 是由一方提供计算资源，多方通过租赁形式使用计算资源，这样既可以让 IT 布置更简易，又能大量节约物理设备投入和电费。PaaS 提供应用服务平台，如互联网应用编程接口，运行平台等。用户基于该应用服务平台，可以构建和布置自己的应用。

（3）软件即服务（SaaS）模式。软件即服务，或 SaaS 是一种公用计算模式，其中整个硬件及软件堆栈作为一个完整包被提供。通常该模式是大多数人所认为的云计算模式。

SaaS 是用户通过标准的 Web 浏览器来使用 Internet 的软件服务，用户不必购买软件，只需按需租用软件。整体模式与 PaaS 类似，区别是：更多的是硬件级和计算资源层面，而 SaaS 是软件和应用层面。

#### 7.1.5.4 云计算的关键技术

云计算涉及虚拟化、云平台、分布式资源管理、海量分布式存储、云安全等核心技术。云计算是分布式处理、并行计算和网格计算等概念的发展和商业实现，其技术实质是计算、存储、服务器、应用软件等 IT 软硬件资源的虚拟化，云计算的关键技术大致包括以下几个方面。

（1）虚拟机技术。虚拟机，即服务器虚拟化是云计算底层架构的重要基石。

虚拟化是指计算机元件在虚拟的基础上而不是真实的基础上运行。虚拟机指通过软件模拟的具有完整硬件系统功能的、运行在一个完全隔离环境中的完整计算机系统。通过虚拟机软件，可以在一台物理计算机上模拟出一台或多台虚拟的计算机，这些虚拟机完全就像真正的计算机那样进行工作，如可以安装操作系统、安装应用程序、访问网络资源等等。可以说，它只是运行在物理计算机上的一个应用程序，但是对于在虚拟机中运行的应用程序而言，它就是一台真正的计算机。CPU 的虚拟化技术可以单 CPU 模拟多 CPU 并行，允许一个平台同时运行多个操作系统，并且应用程序都可以在相互独立的空间内运行而互不影响，从而显著提高计算机的工作效率。虚拟化技术可以扩大硬件的容量，简化软件的重新配置过程。

（2）数据存储技术。云计算系统需要同时满足大量用户的需求，并行地为大量用户提供服务。因此，云计算的数据存储技术必须具有分布式、高吞吐率和高传输率的特点。

（3）数据管理技术。云计算的特点是对海量的数据进行存储、读取并进行大量的分析，因此如何提高数据的更新速率以及进一步提高随机读取速率是未来的数据管理技术必须解决的问题。

（4）分布式编程与计算。为了使用户能更轻松地享受云计算带来的服务，让用户能利用该编程模型编写简单的程序来实现特定的目的，云计算上的编程模型必须十分简单。必须保证后台复杂的并行执行和任务调度向用户和编程人员透明。

7.1.5.5　云计算在钢铁企业的应用

云计算目前在很多领域获得了广泛的应用，在钢铁领域也已开始有所应用。

首先对于大型集团型钢铁企业，随着近年来行业内大规模并购和重组的展开，逐步形成了跨地域、多制造单元的一体化运作模式，这就要求信息化系统能够快速适应业务变化，体现协同效应。如果按照传统信息化建设的模式，信息化建设要逐步覆盖到各个生产单元，必须在各地分别投资建设覆盖网络平台、硬件系统、软件平台和应用软件在内的信息化基础设施，不仅无法充分利用已有的闲置资源，也使得信息化建设难以跟上业务发展变化的速度。利用云计算技术，在企业内部构建私有云，可以充分利用现有资源，大大降低信息化建设的投资和企业能耗，同时也能够加快信息化建设的速度。

在内部管理决策方面，利用云计算技术，建立统一的数据中心，实现标准化的数据接口平台，达到数据集成和共享的目的，从而为企业管理决策提供更为及时、准确、高质量的数据支持。在内部协作方面，利用云计算技术的资源共享和动态调度特性，能够大大提升内部协作的效率。

私有云的主要应用场景是基础架构云，也就是把传统企业数据中心进行改造，变成一个以云模式运行的云平台，服务于企业内部的不同应用和业务系统。以企业私有云为主的数据中心如图7-6所示，从技术手段上依赖于不同层面的虚拟化。

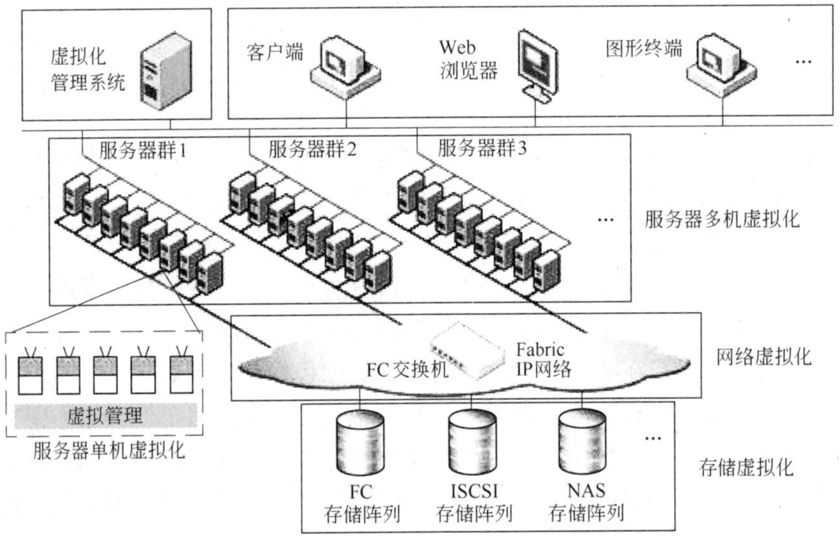


图7-6　企业私有云数据中心

云计算除了带来经济上的价值外，绿色环保也是云计算的价值之一。在技术层面上，云计算通过网络使用各种IT资源与服务的方式，将改变传统IT的资源提供与管理模式，实现IT资源的集约共享，降低能源消耗。在Gartner公司列出的2010年10大战略性技术中，绿色IT位居第三位。节能、环保、高效是绿色IT的核心价值。传统数据中心正在消耗大量能源、空间和成本，而且近年来消耗量日益膨胀。减少能耗、降低运营成本已经成为企业健康持续发展的重中之重。在当前的社会经济条件下，以云计算模式建立数据中心无疑是实现绿色未来的有力驱动力。

对于中小型钢铁企业，企业信息化可以采用公有云的形式。因为对中小企业而言，信息化建设投资压力比较大，利用云计算技术提供应用软件的SaaS服务，企业可以通过租用方式来使用应用软件，无需自己投资进行建设，这便大大降低了信息化建设的成本。

对于中小钢铁企业而言，特别是在钢铁流通领域，完全可以打造一个公有云的环境，供企业共享。钢铁流通领域各个市场主体相互融合、渗透、协同，从而形成新型钢铁流通供应链是未来钢铁行业的发展趋势，用SaaS技术建立公有云以覆盖钢铁流通领域各环节，可以为钢铁流通供应链整合提供有效的支撑，这样既可以实现企业间数据对接、资源共享、业务协同的目的，各企业又可以不必为构建各自的信息化基础架构而操心，真正做到一举两得。

## 7.2 软件系统结构

### 7.2.1 概述

计算机之所以成为知识复制和智慧重演的工具，软件是它的灵魂。当今世界，软件无所不在，运行的软件大部分常驻在计算机的内存里。有些软件被固化在芯片中，成为各种智能型家用电器、影像设备和仪器仪表的组成部分。人们通过纸介质、磁介质、CD盘、U盘或者网络交换软件。

按照所承担的不同任务，可以区分系统软件、工具软件、应用软件等不同类型的软件。

系统软件是用于驱动和管理软件的，如操作系统和网络操作系统。它们驱动和管理的对象包括网络、计算机、终端、各种输入与输出设备、各种机内和外挂的磁盘阵列和磁带库。

系统软件提供应用的基本接口，工具软件是在一定的系统软件平台上为用户提供的软件工具等功能性软件。工具软件具有较大的通用性。各种程序语言的编译程序和解释执行程序、网络管理软件、数据库管理系统、开发工具软件、WWW服务软件以及全文检索、多媒体支持、数据仓库软件、商务智能软件都属于这类软件。

我们把针对专项业务、指定部门、一定机构、一定企业或政府的应用系统，包括CAD、CAM、MRP、ERP、SCR、CRM等商业套装软件称为应用软件。一般定制的企业应用软件须在系统软件的平台上构造，同时要使用工具软件强化平台开发支持能力。在采用通用性较强的市售套装软件作为应用软件时，针对企业的特定业务，也还需要在现有通用软件的基础上进行客户化二次开发。

### 7.2.2 操作系统

操作系统是计算机内部资源及其外围资源的管理程序，它组织、协调、控制多用户、多程序、多任务对CPU、内存、外存、I/O接口和输入/输出设备的使用。

操作系统的主要功能有：

(1) 任务的调度管理。任务是指用户对计算机活动的需求。完成任务要占用计算机资源。为了协调、有序、高效地使用计算机资源完成用户需求，操作系统引入了多种任务调度管理技术，包括单 CPU 的分时管理、多 CPU 的并行管理、多程序、多任务、多线程技术等。

(2) 内存管理。内存管理的目的是控制各种用户程序访问内存的方式，使有限的内存资源能为众多程序服务。先进的内存管理把用户程序分页分段，程序执行到什么地方，才把相关的页和段从外存调入内存，从而达到经济地使用内存，在逻辑上使内存延伸到外存空间的效果，称之为虚拟内存技术。

(3) 文件管理。文件管理是一种外存管理技术。操作系统管理联机磁盘或磁带上的文件，需要时获得并打开文件，处理结束后保存并关闭文件，并防止未授权用户获取文件。

(4) 输入与输出设备的驱动。常见的输入设备有键盘、鼠标、触摸屏、扫描仪、光数据读入器、磁盘字符识别器、数字相机、输入笔、光笔和语音识别设备。

常见的输出设备有显示屏、打印机、光刻设备、绘图仪、缩微胶卷输出、声音输出设备、游戏杆等。

(5) 提供用户界面。支持基于命令驱动的用户界面和图形用户界面（GUI），实现用户和计算机的交互会话。

不同规模、不同结构的计算机有不同的操作系统。大致上，不同计算机制造厂家由于体系结构上独特的创新，其操作系统有较大的差异。选择操作系统时，要考虑它在技术上的先进性、界面的友好程度、使用的方便性，还要考虑与现有或将配备的硬件和其他软件的兼容性。

### 7.2.3 程序设计语言及其软件

程序设计语言是软件的第一工具。迄今为止，它经过了五代的发展。程序设计的方法发生了从描述过程细节到描述目标的非过程化的进步。

早期的机器语言、汇编语言或宏汇编语言已经很少为大多数用户所使用。当时在商业上广泛使用的 COBOL，在科学计算机上广泛使用的 ALGOL 和 Fortran，以及兼通两者的 BASIC、PASCAL、C、ADA 等作为高级程序语言，有着里程碑式的存在。

通常把数据库查询语言 SQL、报表生成器、图形语言和应用程序生成器通称为第四代语言，因为这类语言只要告诉计算机做什么，而不必说明怎么做的逻辑，免除了对于中间过程的刻画。

第五代语言追求的是用自然语言进行程序设计，如可视化程序设计语言（如 Visual Basic，PC Cobol，Visual C + +）、面向对象的程序设计语言（如 Small-talk，C + +，Java）。

其中，尤其是 Java 的诞生对整个计算机产业发生了深远的影响。Java 是由 SUN 公司开发的一种面向对象的程序设计语言，具有独立于计算机和操作系统的通用性，能处理文本、语音、图形等多媒体。Java 功能很强，适合网页制作。Java 把使用程序的所有功能都存储在网络上，用户按照自己的需求下载特定的功能。用户实现了自己的需求后，可将相应功能的程序从自己的计算机删除，这与传统的应用软件有很大不同。Java 使应用摆脱了系统平台的约束，降低了对计算机容量的要求，减少了必须购置的工具软件，故被众多的企业信息系统所采用。

### 7.2.4 中间件

相较于主机-终端方式，C/S 模式的优点已被人们广泛承认，但它并没有导致基于 C/S 模式应用的大量出现，其重要原因之一便是由于缺乏有效的开发工具的支持。这主要表现在程序员在编写程序时要严重地依赖底层的网络技术。

为了解决应用与网络过分依赖的关系，一个有效的方法就是在客户和服务器之间加一层软件，也就是所谓的 middle-ware（中间件，或中件），在异构和分布式系统互联时，提供标准的编程接口，方便应用程序在各类不同的服务器之间进行移植。利用中间件可以提供简单的、较高层次的应用程序编程接口（API），把下层网络技术屏蔽起来，可以使程序员把精力集中在应用方面，而不是通信问题上。

所谓中间件（Middleware）也称为胶件（Ghieware），是一组服务软件，它们分布在网络节点系统中的应用软件、操作系统和网络服务软件之中。它之所以得名是因为这类软件处于 OS 网络层和应用层之间。它是一种介于平台和应用间的通用服务。

中间件的主要功能就是把应用和网络屏蔽开。从应用的角度看，中间件对网络的作用和操作系统对本地计算机资源（硬盘、外设、内存）的作用是一样的。

一般来说，中间件的服务功能分为三种：分布式系统服务，应用功能服务和中间管理服务。这三种功能的有效利用是 C/S 应用系统成功开发的关键。中间件的主要作用是：

（1）提供独立于平台的 API，使应用系统能在多种平台上运行。

（2）提供一些高层服务将网络和分布式系统中的大部分复杂性屏蔽掉。

（3）将一些常用功能组合成独立的部件，使之能在跨平台和软件环境上共享。

中间件按照其实现技术通常可以分成数据库中间件、面向消息中间件等。在用户和开发人员眼中，中间件已比 OS 和网络服务更为重要，因此应该得到更大的关注。

### 7.2.5 构件

软件行业的工业化趋势导致了软件构件的产生。现在的软件可以像硬件系统那样，将部分软件组合起来构建整个软件系统。软件构件技术的出现是对传统软件开发过程的一次变革。构件（Component）是可复用的软件组成成分，可被用来构造其他软件。它可以是被封装的对象类、类树、一些功能模块、软件框架、软件构架（或体系结构）、文档、分析件、设计模式等。

可以从多个侧面对构件进行分类：

按开发过程分，构件可分为分析件、设计件、程序件和数据件。

按功能分，构件可分为基本数据类构件和系统支撑构件（基础层）、各种通用的中间件（中间层）和针对各种领域的专用构件（顶层）。

按使用方式分，可分为动态和静态两种。

按构件的结构大小可分为原子型构件和由多个构件聚集的组合构件。

采用构件后，系统的开发方法可演变成积木法。其过程与搭积木的过程很类似，一般是先构筑系统的总体框架，然后构造各个构件，并依次把构件安装到系统中去。大部分信息系统，在功能上有类似之处，利用软件的重用技术可以使开发过程大大简化。

### 7.2.6 SOA 架构

所谓SOA（Service Oriented Architecture）指的是“面向服务的架构”。它是一种构建信息系统的方法。也是应用软件从“面向过程”、到“面向对象”、到“面向组件”，再到现今“面向服务”的开发方法的必然发展和延伸。

钢铁企业要达到世界一流的目标，就必须持续不断地创新，要创新就会使企业的业务和流程处于不断变动的状态中，企业IT系统的根本目的是支持企业的业务改进和持续创新。为应对市场的快速变化，就要求系统能作快速的反应。传统的系统开发方法是从新的需求出发通过不断扩展现有应用程序、或追加新应用来满足业务和管理的需要。这些软件系统往往是一种“紧耦合结构”，各子系统、各要素之间的构成就像一个个垂直的大烟囱，拆分和沟通很困难。系统扩充和变动时既费时又费力，不利于业务的协同和流程的贯通。新一代的软件架构SOA，能够有效应对企业信息化面临的新挑战，将快速取代传统的软件架构。

SOA可以简单地理解为“抽象、松散耦合和粗粒度”的软件架构，它可以根据服务请求通过分布式网络对松散耦合的应用群件进行部署、组合和使用。

SOA将应用程序的不同功能单元定义为“服务”，并将其封装起来，利用这些已经封装好的功能模块来组装构建我们所需要的程序或者系统。SOA的变革在于，它在传统的业务层和技术层之间增加了一个服务层，这个服务层可以通过一套协议或规范把应用程序从底层调出来，加以封装，再根据应用需求灵活组合，像配餐服务一样推送给用户。有了这种不依附于任何平台的服务层在业务层和技术层之间沟通、组合，信息系统就变成了“松耦合结构”，想用什么就调用什么，改动调整非常方便。

SOA有三个要素：分别是服务提供者、服务请求者和服务注册器（服务代理者），这三种SOA参与者：服务提供者、服务代理者以及服务请求者通过3个基本操作：发布（publish）、查找（find）、绑定（bind）相互作用。服务提供者向服务代理者发布服务。服务请求者通过服务代理者查找所需的服务，并绑定到这些服务上。服务的提供者可以是企业内部，也可以来自企业外部，服务请求者可以完全不必考虑服务来自何方。SOA可以实现软件程序的大量复用。SOA可以通过利用当前系统已有的资源（开发人员、软件语言、硬件平台、数据库和应用程序）来重复利用系统中现有的系统和资源。与面向组件不同的是，SOA复用的软件程序，不仅仅是在开发层被调用，而是在应用层可以被用户调用。用户可以通过调用SOA的程序服务，建立起适合自己的软件应用功能。

为了实现SOA架构，很多IT厂商研发了被称为企业服务总线（Enterprise Service BUS，ESB）的产品。如IBM的WebSphere Message Broker，Oracle的Oracle Service Bus等。ESB优化了服务请求者和服务调用者间的信息分发。可以实现高性能的、多格式的、实时的、基于内容和业务规则的转化和路由，可以与数据库和其他应用数据进行整合与交互。

# 7.3 数据库管理系统

## 7.3.1 概述

当前人类社会正处于信息社会，人类知识以惊人的速度增长。如何组织和利用这样庞大的知识成为急需解决的问题。企业信息化的重要而具体的任务就是大量数据的处理，包括数据的组织、存储、输入、更新、检索和输出。承担这些任务的是数据库和它的管理系统。

数据库系统经历了层次型数据库、网状数据库到关系型数据库的演变。1963 年，美国 Honeywell 公司的 IDS（Integrated Data Store）系统投入运行，揭开了数据库技术的序幕。1968 年，美国 IBM 公司推出层次模型的 IMS 数据库系统（1969 年形成产品）；1969 年，美国 CODASYL（Conference On Data System Language，数据系统语言协会）组织的数据库任务组（DBTG）发表关于网状模型的 DBTG 报告（1971 年正式通过）；1970 年，IBM 公司的 E. F. Codd 发表论文提出关系模型。这三件事情奠定了现代数据库技术发展的基础。

数据，是数据库系统研究和处理的对象。数据处理也可称为信息处理，数据处理是指从某些已知的数据出发，推导加工出一些新的数据，这些新的数据又表示了新的信息。在数据处理中，通常计算比较简单，而数据的管理比较复杂。数据管理是指数据的收集、整理、组织、存储、维护、检索、传送等操作，这部分操作是数据处理业务的基本环节，而且是任何数据处理业务中必不可少的共有部分。数据库技术便是对数据管理部分，研制出的通用、高效而又使用方便的管理软件。

## 7.3.2 关系数据模型

在数据库技术中，最主要的特点是采用复杂的数据模型来表示数据结构。模型是对现实世界的抽象。在数据库技术中，我们用模型的概念描述数据库的结构与语义，对现实世界进行抽象，把表示实体类型及实体间联系的模型称为数据模型。数据模型不仅描述数据本身的特点，还要描述数据之间的联系。

数据模型的种类很多，目前被广泛使用的可分为两种类型。一种是独立于计算机系统的数据模型，它完全不涉及信息在计算机系统中的表示，只是用来描述某个特定组织所关心的信息结构，这类模型称为“概念数据模型”。概念模型用于建立信息世界的数据模型，强调其语义表达能力，概念应该简单、清晰、易于用户理解。这一类模型中最著名的是“实体联系模型”。

另一种数据模型是直接面向数据库逻辑结构的，这类模型涉及到计算机系统和数据库管理系统，又称为“基本数据模型”或“结构数据模型”。例如层次、网状、关系、面向对象等。

实体联系模型（Entity Relationship Model，简称 E-R 模型）是 P. P. Chen 于 1976 年提出的。这个模型直接从现实世界中抽象出实体类型及实体间联系，然后用实体关系图（E-R 图）表示数据模型。图 7-7 所示为一个 ER 图的实例。

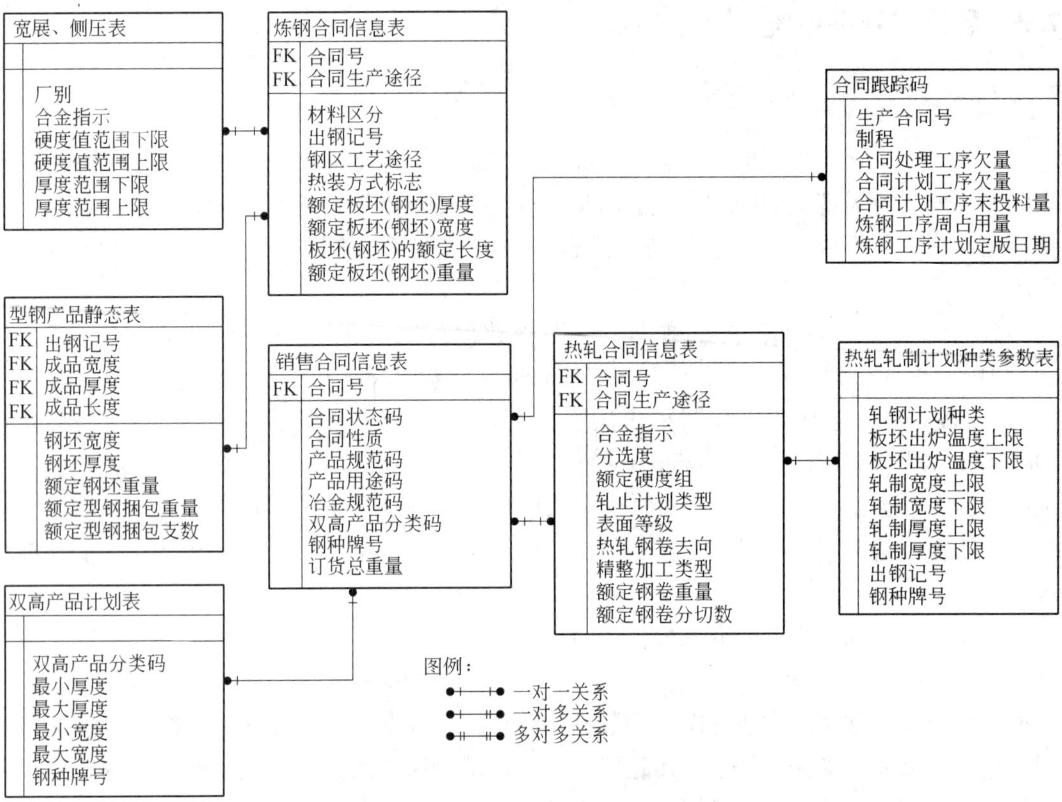


图 7-7　实体关系图（ER 图）

关系模型（relational model）的主要特征是用表格结构表达实体集，用外键表示实体间联系。在关系模型中，有一个或一组特殊的数据项唯一地相互区分各个关系。这样的数据项叫做关系的"主键"。主键不但起着唯一的标识不同事物实体的作用，它还是构成此一关系和其他关系相互联系的纽带。除主键外，构成与其他关系联系的键叫外键。显然，本关系的外键必然是其他关系的主键。

实际上，关系是一个横行竖列的二维数据表格，这个二维表格中的一个行，被称作一个记录，或关系的一个元组。如果说一个关系定义了一类事物的共同属性和特征，那么，一个元组或一条记录就代表了这类事物中的一个实体。关系或二维表中的竖列刻画的是这类事物的某种属性。

例如，可以定义订货合同、客户、产品等事物及它们之间的关系。

订货合同（合同标识，客户代码，订货日期，产品标识，数量，单价，总价，交货日期，预付款，结算银行，订货方经手人，销售方经手人，等等），其主键是合同标识。

客户（客户代码，客户全称，地址，电话，客户类型，开户银行，客户信用等级，客户联系人，等等），其主键是客户代码。

产品（产品标识，产品名称，钢种，规格，标准，等等），其主键是产品标识。

图 7-8 表示订货合同、客户、产品之间的关系，从图中可以看出，对订货合同而言，

主键为合同标识（如 H12010001），它有两个外键，分别为客户（如 U12060011）和产品（如 P12090008）。

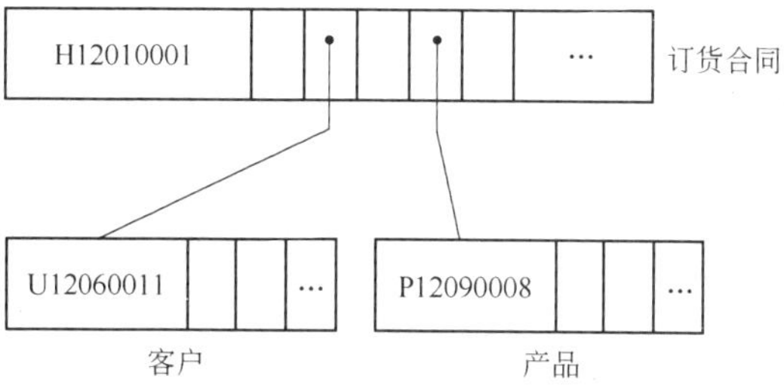


图 7-8 订货合同、客户、产品之间的关系

一个订货合同利用外键可以与客户和产品这两个实体建立起关系，同时形成它们间的数据链和信息网络。

在关系数据库系统中用于对数据库进行查询和编程的语言主要是结构化查询语言 SQL（Structured Query Language）。SQL 是高级的非过程化编程语言，由一组检索数据库中数据的高级运算组成，是沟通数据库服务器和客户端的重要工具，它允许用户在高层数据结构上工作。不要求用户指定对数据的存放方法，也不需要用户了解具体的数据存放方式，所以，具有完全不同底层结构的不同数据库系统，可以使用相同的 SQL 语言作为数据输入与管理的接口。

### 7.3.3 数据库管理系统

数据库管理系统（DataBase Management System，简称 DBMS）是指数据库系统中对数据进行管理的软件系统，它是数据库系统的核心组成部分。对数据库的一切操作，包括定义、查询、更新及各种控制，都是通过 DBMS 进行的。

DBMS 的主要目标是使数据库作为一种可管理的资源来处理。DBMS 应使数据易于为各种用户共享，应该增进数据的安全性、完整性和可用性，并提供高度的数据独立性。

DBMS 的主要功能包括：

（1）数据库的定义功能；

（2）数据库的操纵功能；

（3）数据库的保护功能；

（4）数据库的维护功能。

数据库管理系统要完成数据库语言（如结构化查询语言 SQL）的编译、查询语言的优化、存取路径的控制、外存数据结构和内存数据结构的映射和管理、并发控制、完整性检查、存取权限的检查和控制、数据库的复制、镜像、日志和恢复、分布式数据库管理、多媒体数据库管理等功能。

此外 DBMS 还应包括数据字典（Data Dictionary，简称 DD）的功能。DD 管理着数据库三级结构（外部级、概念级、内部级）的定义，使数据的物理存储结构和应用级的抽象分离开来。对数据库的操作都要通过 DD 才能进行。因此，在企业信息化建设过程中，必须非常重视对企业统一数据字典的定义。

### 7.3.4 数据库的设计

在信息系统构建时，当具备了硬件环境、操作系统、系统软件和DBMS后，对应用系统的开发者来说，就是如何利用这个环境表达用户的要求，将用户的业务需求转换成有效的数据库结构，构成较优的数据库模式。这个过程称之为数据库设计。

仿照软件生存期，我们把数据库应用系统从开始规划、设计、实现、维护到最后被新的系统取代而停止使用的整个期间，称为数据库系统生存期。这个生存期一般可划分成下面七个阶段。

（1）规划：进行建立数据库的必要性及可行性研究，确定数据库系统在组织中和信息系统中的地位，以及各个数据库之间的关系。对于数据库系统，特别是大型数据库系统或大型信息系统中的数据库群，规划阶段是十分重要的。规划的好坏将直接影响到整个系统的成功与否，对企业的信息化进程产生深远的影响。

（2）需求分析：收集数据库所有用户的信息内容和处理要求，进行分析及规格化，要注意需求分析应面对所有可能的应用，并确保用户目标的一致性。

（3）概念设计：把用户的信息要求统一到一个整体逻辑结构（即“概念模式”）中。该结构应能表达用户的要求，且独立于DBMS软件与硬件。概念模式应从应用的视角观察事物，得出数据的名称、内容、特征、结构与关联。通常用实体关系图（ER图）来描述数据的概念模式，即区分实体、关系及属性，进而把它映射到关系模型上。

（4）逻辑设计：把概念设计阶段得到的全局ER模式转换成具体机器上DBMS所支持的与数据模型相符合的逻辑结构。其要点有两个：

1）是按照ER图，把该图中的实体与关系用table（表格，即关系模型中的关系）表示出来，并给每个table设计属性或数据项。

2）是对初步转换后的结果进行规范化，消除插入异常、删除异常及数据冗余问题。

关系模式规范化的基本方法是先建立所有属性均为不可分数据项的一阶范式（Normal关Forms，简记为NF系，然后用投影的方法进行层层分解，逐步消除函数依赖，达到二阶范式、三阶范式，直至BCNF（Boyce-Codd NF），进一步消除多值依赖和连接依赖。BC-NF的定义是如果模式R是一阶范式（1NF），且每个属性都不传递依赖于R的候选键，那么称R为BCNF。至于分解到何种程度，需要综合研究，并非越高级越好。

（5）物理设计：对于给定的基本数据模型选取一个最适合应用环境的物理结构的过程，称为物理设计。物理设计要完成数据库在设备上的存储方法和存取方法的设计。

（6）实现：根据物理设计的结果产生一个具体的数据库和应用程序，并把原始数据装入数据库。应用程序的开发基本上依赖于主语言和逻辑结构，而较少依赖于物理结构。应用程序的开发目标是开发一个可信赖的、有效的数据存取程序来满足用户的处理要求。

（7）运行和维护：这一阶段主要是收集和记录系统运行状况的数据，用来评价数据库系统的性能，更进一步用于对系统的修正。这一阶段，可能要对数据库结构进行修改或扩充。

## 7.4 电子商务

### 7.4.1 概述

电子商务的出现，一种全新的中介——电子中介或网络中介被引入生产、交换、消费和行政管理中，这是生产方式的变化，它已经引起经济秩序和社会活动秩序的变化。

电子商务源于英文 Electronic Commerce，简写为 EC。顾名思义，其内容包含两个方面，一是电子方式；二是商贸活动。

电子商务是互联网时代的商务。电子商务是指对整个贸易活动实现电子化。从涵盖范围方面可以定义为：交易各方以电子交易方式而不是通过当面交换或直接面谈方式进行的任何形式的商业交易；从技术方面可以定义为：电子商务是一种多技术的集合体，包括交换数据（如电子数据交换、电子邮件）、获得数据（共享数据库、电子公告牌）以及自动捕获数据（条形码）等。

电子商务具有以下特征：

（1）普遍性：电子商务作为一种新型的交易方式，将生产企业、流通企业以及消费者和政府带入了一个网络经济、数字化生存的新天地。

（2）方便性：在电子商务环境中，人们不再受地域的限制，客户能以非常简捷的方式完成过去较为繁杂的商务活动，如通过网络银行能够全天候地存取资金账户、查询信息等，同时使得企业对客户的服务质量可以大大提高。

（3）整体性：电子商务能够规范事务处理的工作流程，将人工操作和电子信息处理集成为一个不可分割的整体，这样不仅能提高人力和物力的利用，也可以提高系统运行的严密性。

（4）安全性：在电子商务中，安全性是一个至关重要的核心问题，它要求网络能提供一种端到端的安全解决方案，如加密机制、签名机制、安全管理、存取控制、防火墙、防病毒保护等等，这与传统的商务活动有着很大的不同。

### 7.4.2 电子商务的种类

按照交易所涉及的对象，电子商务可分为四类，即企业与企业之间、企业与消费者之间、企业与政府机构之间、个人与政府机构之间的电子交易。

企业与企业之间的电子商务（B-B），是最重要的电子商务。这类电子商务活动在各工商企业贸易伙伴之间进行。如网上洽谈，传递商务合同、订单、发票等各种单证，进行付款等。对于钢铁企业，B-B 类的电子商务在大宗原、燃材料采购、备品备件采购、基本建设项目工程招标采购及主要钢铁产品、副产品销售中有应用前景。

企业与消费者之间的电子商务，即 B-C 式的电子零售业。这类电子商务借助因特网开展网上零售。消费者通过互联网，查询要购买的货物；在计算机上输入订单；电子商务服务器上的有关商店立即做出响应；消费者对物品规格型号、数量、单价、总价、交货等信息确认后从自己的电子钱包中取出信用卡付款，电子商务服务器将信用卡加密送入银行；同时收到销售商店的加密购货单，由服务器审查后一并送入信用卡公司和银行；银行确认信用卡有效后，进行结算，并向销售商店发送信息；销售商店据之出货送货。如信用卡被拒绝，消费者可以从自己的电子钱包中再取出别的卡试用。

企业与政府机构之间的电子交易 B-G，主要完成政府采购（货物、服务和工程）、企业所得税、增值税、关税、报关、商检等业务的电子化和网络化。

个人与政府机构之间的交易活动，即 C-G 式。C-G 在个人纳税、发放社会低保金、个人医疗保险报销、各种缴费，申领执照、驾照等活动中均可采用，这是一种准电子商务，多数人把它划归电子政务的业务范畴。事实上，它的业务程序和技术保障支持手段与 B-C 式电子商务相同。

### 7.4.3 电子商务的总体结构

电子商务是由交易主体、电子市场、交易事务、信息流、资金流、物资流六种要素构成的。交易主体可以是法人或个人。电子市场指的是网络联通的交易主体及其场所。交易事务应覆盖有关商务活动或业务活动，如询价、报价、订货、签约、转账支付、出货发运、广告宣传等。

物资流、资金流和信息流在交易事务进行中，发生在交易主体之间。

支持上述电子商务概念模型的总体结构（参见图 7-9）包括：

（1）网络基础层。早期的电子商务是在公用电信网上建立专用增值网实施的。随着互联网技术的发展和普及，新上的电子商务的基础设施多数以互联网为基础，并综合运用无线接入、有线电缆和企业内网技术，使入网结点更多，接入更便捷。

（2）消息功能层。早期的电子商务以 EDI 技术构成信息传输和交换渠道，信息采用格式化的报文传输，辅之以 FAX 的自由信函。随着互联网的商用化，更便捷、更自由、

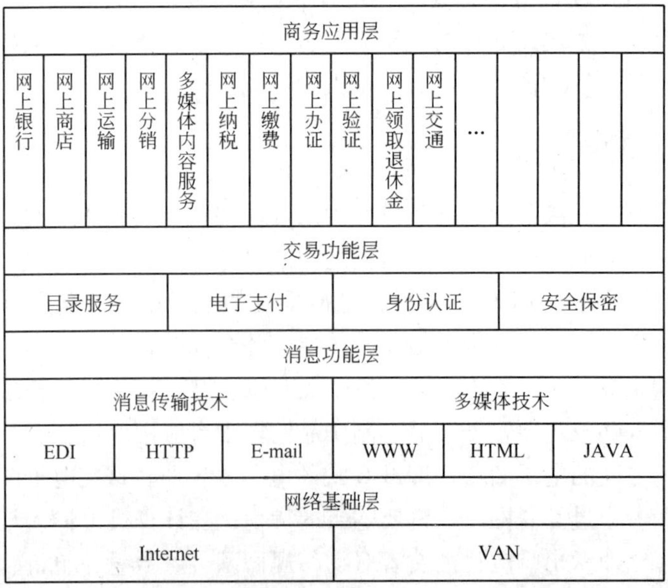


图 7-9 电子商务概念模型结构

更便宜的信息传输和交换功能被广泛采用，电子邮件、网上新闻组、聊天室、文件传输、远程登录、邮件列表服务器，搜索引擎等均可用于交易活动和事务处理的信息交换，它们可以是无格式或有格式的报文和函件。

万维网（WWW）技术引入 Internet 之后，多媒体信息交换在互联网上顺畅进行，为电子商务业务的全面展开提供了适用技术。WWW 为用户提供了直观的操作界面，帮助用户检索信息和交换信息。WWW 的信息用超文本标记语言（Hyper Text Markup Language，HTML）的格式予以存储，HTML 文件有固定格式，可以载荷多媒体信息，使用文本编辑器或专用编辑器可以编写 HTML 文件。对用户而言，HTML 内容是无格式的。为互联网提供信息资源的是 WEB 服务器，WEB 服务器与用户之间通过超文本传输协议（Hyper Text Transfer Protocol，HTTP）等进行信息传输。上述功能使得互联网能覆盖电子商务的各种应用。

（3）交易功能层。交易是一种诚信作业。交易既是公开的、受监督的；又要求是安全的、可靠的。交易中涉及的商业秘密要受到保护。

（4）商务应用层。商务应用层支持各种商务活动，包括网上商店、网上银行、网上运输、网上快递、网上分销、网上配送、网上娱乐、电子广告、视频点播、网上购票、多媒体内容服务等等。涉及行政事务的网上纳税、网上交费、网上办证、网上验证、网上领取退休费、网上发放低保金等。

### 7.4.4 电子商务的应用

电子商务指的是利用简单、快捷、低成本的电子通讯方式，买卖双方不谋面地进行各种商贸活动。电子商务可以通过多种电子通讯方式来完成。简单的，比如通过打电话或发传真的方式与客户进行商贸活动，似乎也可以称作电子商务。但是，现在人们所探讨的电子商务主要是以 EDI(电子数据交换)和 Internet 来完成的。尤其是随着 Internet 技术的日益成熟，电子商务真正的发展是建立在 Internet 技术上的。所以也有人把电子商务简称为 IC（Internet Commerce）。

从贸易活动的角度分析，电子商务可以在多个环节实现，由此也可以将电子商务分为两个层次，较低层次的电子商务如电子商情、电子贸易、电子合同等；最完整的也是最高级的电子商务应该是利用 Internet 网络能够进行全部的贸易活动，即在网上将信息流、商流、资金流和部分的物流完整地实现，也就是说，你可以从寻找客户开始，一直到洽谈、订货、在线付（收）款、开据电子发票以至到电子报关、电子纳税等通过 Internet 一气呵成。

要实现完整的电子商务还会涉及到很多方面，除了买家、卖家外，还要有银行或金融机构、政府机构、认证机构、配送中心等机构的加入才行。由于参与电子商务中的各方在物理上是互不谋面的，因此整个电子商务过程并不是物理世界商务活动的翻版，网上银行、在线电子支付等条件和数据加密、电子签名等技术在电子商务中发挥着重要的不可或缺的作用。

通常作为电子商务有如下主要的应用领域：

（1）广告宣传。电子商务可凭借企业的 Web 服务器和客户的浏览，在 Internet 上发播各类商业信息。客户可借助网上的检索工具（Search）迅速地找到所需商品信息，而商家可利用网上主页（Home Page）和电子邮件（E-mail）在全球范围内作广告宣传。与以往的各类广告相比，网上的广告成本最为低廉，而给顾客的信息量却最为丰富。

（2）咨询洽谈。电子商务可借助非实时的电子邮件（E-mail），新闻组（News Group）和实时的讨论组（chat）来了解市场和商品信息、洽谈交易事务，如有进一步的需求，还可用网上的白板会议（Whiteboard Conference）来交流即时的图形信息。网上的咨询和洽谈能超越人们面对面洽谈的限制、提供多种方便的异地交谈形式。

（3）网上订购。电子商务可借助Web中的邮件交互传送网上的订购。网上的订购通常都是在产品介绍的页面上提供十分友好的订购提示信息和订购交互格式框。当客户填完订购单后，通常系统会回复确认信息单来保证订购信息的收悉。订购信息也可采用加密的方式使客户和商家的商业信息不会泄漏。

（4）网上支付。电子商务要成为一个完整的过程，网上支付是重要的环节。客户和商家之间可采用信用卡账号实施支付。在网上直接采用电子支付手段将可省略交易中很多人员的开销。网上支付需要更加可靠的信息传输、安全性控制、以防止欺骗、窃听、冒用等非法行为。

（5）电子账户。网上的支付必需要有电子金融来支持，即银行或信用卡公司及保险公司等金融单位要为金融服务提供网上操作的服务。而电子账户管理是其基本的组成部分。

信用卡号或银行账号都是电子账户的一种标志，其可信度需配以必要技术措施来保证。如数字凭证、数字签名、加密等手段的应用提供了电子账户操作的安全性。

### 7.4.5 电子商务在钢铁企业的具体应用

对钢铁企业而言，可以利用电子商务进行如下工作：

（1）网上采购。电子商务可以从根本上改变传统采购的模式，它不仅仅将采购过程自动化、透明化，提高效益，降低采购成本，更重要的是使企业依托采购电子商务平台，工作重心从采购执行转向采购寻源和策略管理，从而不断优化采购供应，提高对采购业务的集中管控能力。

（2）网上招投标。方便招标人通过网络及时的跟踪整个招投标的进程以及历史招标数据的查询统计，缩短招标周期，提高招标项目的竞争性。方便及简化投标人进行投标工作，有效地协助投标人进行网上注册、异地完成投标文件的编制、购标、远程澄清、投标和开标工作，节约其在招投标过程的资本投入。实现招、投标文件的电子化归档，实现采购招、投标的无纸化管理。

（3）销售供应链。销售供应链是以市场和客户需求为导向，在核心制造企业协调下，本着共赢原则、以提高竞争力、客户满意度、获取最大利润为目标，以协同商务为商业运作模式，通过运用信息和集成技术，达到对整个供应链上的信息流、物流、资金流、业务流和价值流的有效规划和控制。

电子商务—销售供应链可凭借其高效、及时、准确的信息化优势，通过安全的网络平台及标准的企业间电子互通单据形式，使网链上企业间的信息通畅。对网链上的需求订货、厂内生产、干线运输、管理和调度加工进程、配送物流等过程进行全程跟踪，提升供应链整体协同效率，在既降低供应商库存又能及时供货的前提下，做到将下游客户正确的产品，在正确的时间、按正确的数量、正确的质量和正确的状态送到正确的地点。

销售供应链能完成从产品设计、生产设计、订货、物流、加工、配送、结算、质量控制等内容的全程业务协同。这些协同可以包括：

1）计划协同：提供客户的生产计划到钢铁企业的排产计划的全程跟踪。

2）订货协同：实现“下游客户-贸易流通企业-生产企业”全程的订单管理流程。

3）物流协同：实现产成品出厂物流的跟踪和业务协同。

4）加工协同：实现贸易流通企业、加工企业、下游客户在加工委托业务上的协同。

5）配送协同：解决贸易流通企业向客户实施 JIT 配送的整体业务协同。

6）结算协同：实现生产企业、贸易流通企业、加工企业、下游客户之间业务结算信息的共享和协同。

7）技术协同：实现生产企业向下游客户提供从售前产品研发阶段的产品协同设计到售后出现质量异议时的全方位技术服务。

8）供应链监控中心：汇集整个业务全程信息，就每一个合同所在的业务环节进行跟踪和评估，为生产企业面向下游客户的供应链的持续优化提供必要支持。

### 7.4.6 电子商务中的公共密钥

公共密钥（Public Key Infrastructure，PKI）是以公共密钥加密技术为基础的安全性技术，支持 Internet 上 B-C、B-B 式的电子交易、电子认证和数字签名。它既能够保证发送事务的人是源用户、接收事务的人是目的用户，也能够保证数据的完整性、私有性及不可抵赖性。

传统密码的特点是通信密钥由通信双方私下约定，加、解密用的密钥是一样的，也叫对称密码，在网络通信的环境下，它暴露出了固有的缺点。为保持网络上两两间的保密通信，每个用户需要管理的密钥将是海量的天文数字。公钥的思想则是加密用的密钥和解密用的密钥不一样，而且加密用的密钥即使公开也不至于危及解密密钥的安全。每个用户都有两把密钥：加密密钥和解密密钥。加密用的密钥可以公开，解密用的密钥由自己秘密保存。

公共密钥设施一般可以提供如下功能：密钥的生成和管理、实体鉴别、数字签名的生成和管理、分配证书管理等。

## 7.5 数据仓库

### 7.5.1 概述

20 世纪 90 年代初，W. 因门提出了数据仓库（Data Warehouse，DW）的概念。数据仓库是一种泛数据库，它用现成的数据库技术来组织满足企业高层经营决策活动所需要的数据以备分析之用。常用的数据库用于日常业务活动，是一种事务型的数据库，对它经常进行的操作是数据的增加、删除和查询，其作用是方便信息共享。数据仓库是支持管理决策过程的、面向主题的、集成的、随时间变化的但相对稳定的数据集合。“主题”是指决策者所关心问题的关键字，如销售、成本、利润。“集成”的含义是数据仓库中的数据是从事务型数据库中抽取的，按照“主题”需要，经过整理加工，转换成新的格式。“随时间变化”是指数据仓库中存储某个时间段的历史数据，以便于时序分析；而不像事务型数据库中只存储某个时间点的资料。数据仓库中数据的时限一般为5～10年。数据一旦进入数据仓库，在时限内将长期保留，不再变更。

建立数据仓库的目的，是把企业的内部数据和外部数据进行有效的集成，为企业的各层决策、分析人员使用，实现企业的信息价值。

### 7.5.2　数据仓库的体系结构

一般的数据仓库系统的体系结构都由以下几层构成：

（1）数据源层，提供数据仓库的源数据。

（2）后端数据采集和维护工具层，负责将数据源的数据加载进数据仓库以及数据仓库的更新维护等的软件。

（3）数据仓库层，它负责存储企业级模式一致的数据，它包括当前细节级数据、历史细节级数据、汇总数据以及数据仓库元数据。

（4）前端分析工具层，它完成对数据仓库中数据的分析展示，如查询报表工具、多维OLAP分析工具和数据挖掘工具等。

在数据仓库层，根据不同的应用结构不尽相同。有的只有企业级数据仓库，前端分析是直接在数据仓库上完成，有的只有各个独立的数据集市组成数据仓库，有的是前两种的混合结构，即既有直接在数据仓库上完成分析工作，也可以在从数据仓库导出的数据集市和数据立方上完成分析工作。其体系结构如图7-10所示。

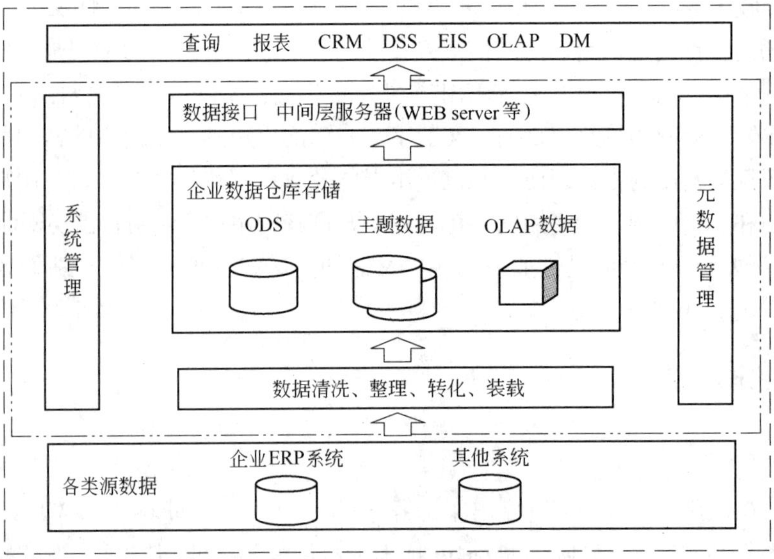


图7-10　数据仓库体系结构

### 7.5.3　数据仓库中的数据组织

在建设数据仓库时，必须要根据决策的需求，对数据进行结构上的重组，按照方便决策分析的角度对数据的存储重新设计，关键是必须改变以往数据库技术中“以数据为中心”的理念，数据仓库强调的是“以主题、分析领域为中心，以决策为目的”。它是在用户的积极参与和高层管理者的支持下，使数据按主题有机地组织在一起，集中解决企业重要的业务问题。

数据库作为数据的集合，它的数据是面向数据的查添删改的联机事务处理 OLTP 而组织的。数据仓库尽管也是数据的集合，但它是一组历史数据的集合，可以通过 Append 补入新的数据，但不能进行删除和更新操作。

面向主题是数据仓库中数据组织的基本特点。同一个主题，可以有不同的视角，可以有不同的观察焦点。在数据处理领域，面向主题的不同视角研究问题叫做多维数据分析。

针对多维数据分析的需要，存在多维数据库和关系数据库的多维化两类数据组织方式。

关系数据库的多维化是一种利用关系数据库中关系之间的链接能力实现多维数据的方法。本质上还不算数据仓库范畴。

多维数据库的数据存放基础是多维数据立方体。所谓多维数据立方体指的是这样一种数据的存储结构，即把数据按“维”（可理解为多维空间的坐标轴）进行存储，以利数据分析。对多维数据立方体还可以进行切片、切块、旋转等不同的组合视角分析问题。

数据仓库由基本数据、衍生数据和元数据构成。基本数据由当前基本数据和历史数据构成。由于数据仓库包含有大量历史数据，因此往往是海量的数据。

元数据不属于任何业务主题，它是管理数据的数据，又称目录数据。元数据提供关于数据仓库中的数据描述、物理数据结构、元数据结构、进入数据仓库时的转换算法、用于数据综合的算法、抽取数据的历史记录的算法、缺省值、数据时限、安全要求等方面的信息。

数据仓库建设能否成功的最重要的因素是如何组织数据，图 7-11 显示了数据仓库的数据组织结构。该结构充分考虑了数据仓库的可扩展性，以及分层组织数据的特点，便于

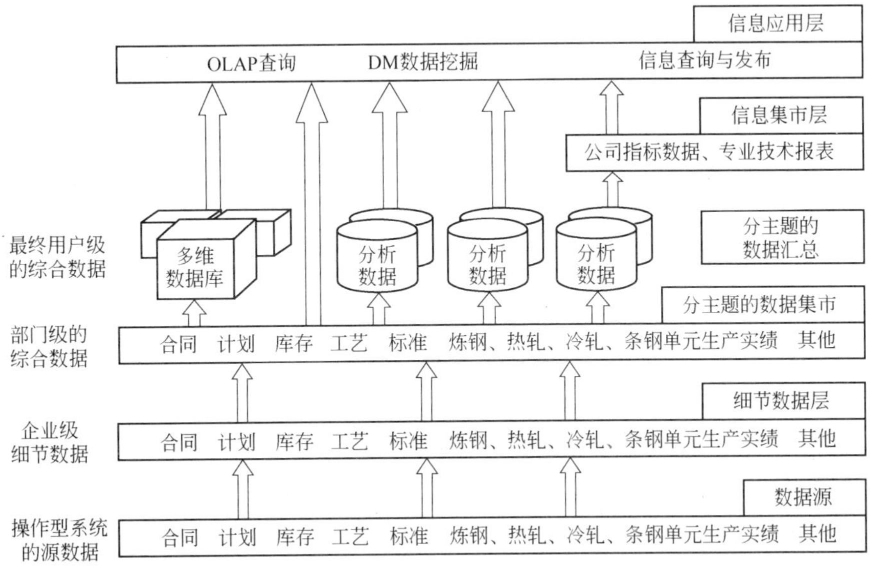


图 7-11 数据仓库的数据组织结构

分阶段实施。

第一级，最底层的操作型数据，它来自于企业现有的集成制造子系统，即企业产销系统中各生产区域的生产实绩数据。

第二级，细节级数据，它是由操作型数据经过抽取转换和装载形成的数据仓库的细节表，同时记录了数据源的有关元数据，形成了 ODD（操作型数据定义）。

第三级，按主题域组织的各主题域的数据集市。企业级数据仓库的范围很大，因此，可以按照较大的业务相关范围将数据仓库划分成主题域，按主题域分步实施。每个主题域的内部仍然可按主题进行组织。因此，该级可以认为是部门级的数据。

第四级，用户级数据集（市）。该级数据是直接面对最终用户的需求而建立的数据集（市）。它是为数据仓库的应用而建立的，它可以从一个主题域中的多个数据集市生成。如进行热轧的产品性能的分析，其数据可以来源于炼钢数据集市的化学成分和热轧数据集市的工艺参数以及性能指标。该级数据一般是经过汇总的，但是汇总的粒度是根据决策者在企业中的地位高低和分析的决策的类型有关。如高层决策者，需要高度汇总的数据；而技术人员关心的是具体工艺的数据，可以不汇总或者较轻度的汇总数据。另外，对于高层决策者的报表需要较高粒度的汇总数据，而对于技术质量的相关性分析，则需要细节级的数据。

第五级，信息集市层。这一层存储企业的常用技术指标数据和技术报表，供决策者随时查看。

第六级，应用层。在具体的数据集支持下，进行数据的探索分析和发现。

### 7.5.4　数据仓库工具和技术

#### 7.5.4.1　用于数据仓库的主要工具

数据仓库工具按其关键技术部分分为数据的抽取、存储与管理以及数据的表现等三个基本方面。

（1）数据的抽取。数据的抽取是数据进入仓库的入口。由于数据仓库是一个独立的数据环境，它需要通过抽取过程将数据从联机事务处理系统、外部数据源、脱机的数据存储介质中导入到数据仓库。数据抽取在技术上主要涉及互联、复制、增量、转换、调度和监控等方面。

数据仓库中的数据并不要求与联机事务处理系统保持实时同步，因此数据抽取可以定时进行，但多个抽取操作执行的时间、相互的顺序、成败对数据仓库中信息的有效性则至关重要。

（2）存储和管理。数据仓库的真正关键是数据的存储和管理。数据仓库的组织管理方式决定了它有别于传统数据库，同时也决定了其对外部数据的表现形式。要决定采用什么产品和技术来建立数据仓库的核心，则需要从数据仓库的技术特点着手分析。

（3）数据的表现。数据表现实际上相当于数据仓库的门面，其性能主要集中在多维分析、数理统计和数据挖掘方面。而多维分析又是数据仓库的重要表现形式，近几年来由于互联网的发展，使得多维分析领域的工具和产品更加注重提供基于 Web 前端联机分析界面，而不仅仅是在网上发布数据。

用于这三方面的工具有：

1）ETL 工具；

2）分析与展现工具（报表、OLAP）；

3）数据挖掘工具。

#### 7.5.4.2 数据仓库的主要技术

（1）ETL。从系统的角度来看，数据仓库的过程是从不同的数据源收集的数据中提取有用的数据，通过 ETL（Extract Transform Loading）程序对数据进行清理以保证数据的正确性，将数据经转换、重构后存入数据仓库，然后使用合适的查询和分析工具、数据挖掘工具、OLAP 工具对数据进行处理，将数据变为辅助决策的信息，甚至于直接做出决策。

在 ETL 方面，数据的选择和转换是极其重要的。因为在日常运作的数据中，有些是冗余的，有些是完全无关的。这些数据的存在会影响到有价值的数据的发现。因此，作为数据仓库的一个重要功能是能够处理数据复杂性，提供工具，选择正确的数据项和转换数据值。

（2）分析、存储与展现。与传统数据库技术相比，数据仓库主要目的是分析数据即 OLAP（On Line Analysis Process，在线分析处理）。而传统的数据库技术着重于 OLTP（On Line Transaction Process，联机业务处理）。在分析与存储方面，主要是用 OLAP 工具。

联机分析处理（OLAP）可以将决策支持系统 DSS（Decision Support System）带入更高的层次。OLAP 工具提供多维数据管理环境，其典型的应用是对商业问题的建模与商业数据分析，也被称为多维分析。所以，OLAP 是一个分析处理技术，它从企业的数据集合中收集信息，并运用了数学运算和数据处理技术。这些信息，可以灵活、交互式地提供统计、趋势分析和预测情况。

目前常见的 OLAP 主要有基于多维数据库的 MOLAP 及基于关系数据库的 ROLAP。在数据仓库应用中，OLAP 应用一般是数据仓库应用的前端工具，同时 OLAP 工具还可以同数据挖掘工具、统计分析工具配合使用，增强决策分析功能。在 ROLAP、MOLAP 两种存储方式中，ROLAP 方式灵活性好，便于管理和查询，性能较好，但需要二次开发的工作量大；MOLAP 方式主要针对数据量不大、数据稳定的应用，二次开发的工作量小。

在结果展示方面，主要用可视化展现技术，这是数据挖掘不可忽视的辅助技术。数据挖掘通常会涉及较复杂的数学方法和信息技术，为了方便用户理解和使用这类技术，必须借助图形、图像、动画等手段形象地指导操作、引导挖掘和表达结果等，否则很难推广普及数据挖掘技术。

（3）数据挖掘。数据挖掘就是识别出存在于数据中有效的、新颖的、具有潜在效用的乃至最终可理解模式的非平凡的过程。也就是从大量数据中发现潜在规律、提取有用知识的方法和技术。

在数据挖掘方面，一般公认的最主要的技术大致包括：统计学方法，聚类分析和模式识别，决策树分类技术，人工神经网络和遗传基因算法，规则归纳（如关联规则、顺序规律等）等。

1）统计学方法。统计学是一门“古老的”学科，虽然是一种传统的数据分析的基本方法，但它依然是最基本的数据挖掘技术，常用的统计方法包括：方差分析、假设检验、主成分分析、因子分析、相关分析、多元回归分析等。

2）聚类分析和模式识别。聚类分析主要是根据事物的特征对其进行聚类或分类，即所谓物以类聚，以期从中发现规律和典型模式。这类技术是数据挖掘的最重要的技术之一。除传统的基于多元统计分析的聚类方法外，近些年来模糊聚类和神经网络聚类方法也有了长足的发展。

3）决策树分类技术。决策树分类是根据不同的重要特征，以树型结构表示分类或决策集合，从而产生规则和发现规律。决策树分类的主要算法有 CART、C4.5、CHAID 等。决策树方法在实际应用中较多，特别适合于判别式规律的归纳。它的最大优势是计算的复杂度低，而挖掘出来的知识非常易于理解。

4）人工神经网络和遗传基因算法。人工神经网络是一个迅速发展的前沿研究领域，对计算机科学、人工智能、认知科学以及信息技术等产生了重要而深远的影响，而它在数据挖掘中也扮演着非常重要的角色。人工神经网络可通过示例学习，形成描述复杂非线性系统的非线性函数，这实际上是得到了客观规律的定量描述，有了这个基础，预测的难题就会迎刃而解。目前在数据挖掘中，最常使用的两种神经网络是 BP 网络和 RBF 网络。不过，由于人工神经网络还是一个新兴学科，一些重要的理论问题尚未解决，比如收敛性、稳定性、局部最小值以及参数调整问题等等，这一状况，使得人工神经网络的应用具有极鲜明的“具体问题具体分析”的特点。一般来讲，学习和掌握神经网络的概念与算法并不困难，但是对于一个具体的应用，却往往有一些难题需要针对它的特点，认真研究和耐心解决。譬如对于 MLP 网络，最大的问题通常是训练速度慢，有可能陷入局部最小，以及网络参数（如中间层神经元的个数）和训练参数（如学习率、误差阈值等）难以确定等等。尤其对于输入变量多（比如 50 ~ 100 个），系统复杂且非线性程度大等情况，上述问题就愈发突出。

遗传算法是一种借鉴生物界自然选择和自然遗传机制的随机搜索算法和优化算法，主要用于处理最优化问题和机器学习，一般与其他方法结合使用。如近年来，有人采用人工神经网络与遗传基因算法相结合的办法，优化网络连接强度和网络参数，取得了一些较好的成果。

5）规则归纳。规则归纳相对来讲是数据挖掘特有的技术。它指的是在大型数据库或数据仓库中搜索和挖掘以往不知道的规则和规律，这大致包括以下几种形式：关联规则、顺序规则、IF-THEN 规则等。其中以关联规则是数据挖掘研究的主要内容。

## 7.6　物联网

### 7.6.1　物联网基本概念

物联网是在计算机互联网的基础上，利用射频识别（RFID）、红外感应器、全球定位系统、激光扫描器等信息传感设备，按约定的协议，把任何物品与互联网相连接，进行信息交换和通信，以实现智能化识别、定位、跟踪、监控和管理的一种网络概念。这种网络构造了一个覆盖世界万事万物的“Internet of Things”。在这个网络中，物品（商品）能够彼此进行“交流”，而无需人的干预。其实质是利用射频自动识别（RFID）等技术，通过计算机互联网实现物品（商品）的自动识别和信息的互联与共享。

把所有物品通过射频识别等信息传感设备与互联网连接起来，实现智能化识别和管理，是物联网的吸引力所在。物联网把新一代 IT 技术充分运用在各行各业之中，具体地说，就是把感应器嵌入和装备到电网、铁路、桥梁、隧道、公路、建筑、供水系统、大坝、油气管道等各种物体中，然后将“物联网”与现有的互联网整合起来，实现人类社会与物理系统的整合，在这个整合的网络当中，存在能力超级强大的中心计算机群，能够对整合网络内的人员、机器、设备和基础设施实施实时的管理和控制，在此基础上，人类以更加精细和动态的方式管理生产和生活，达到“智慧”状态，提高资源利用率和生产力水平，改善人与自然间的关系。

物联网概念起源于 1999 年，2005 年 11 月，国际电信联盟（ITU）正式提出物联网的概念：通过在各种各样的日常用品上嵌入一种短距离的移动收发器，人类在信息与通信世界里将获得一个新的沟通维度，从任何时间、任何地点的人与人之间的沟通连接扩展到人与物、物与物之间的沟通连接，这就是物联网。

### 7.6.2 物联网基本架构及关键技术

从技术架构上来看，物联网可分为三层：感知层、网络层和应用层，如图 7-12 所示。

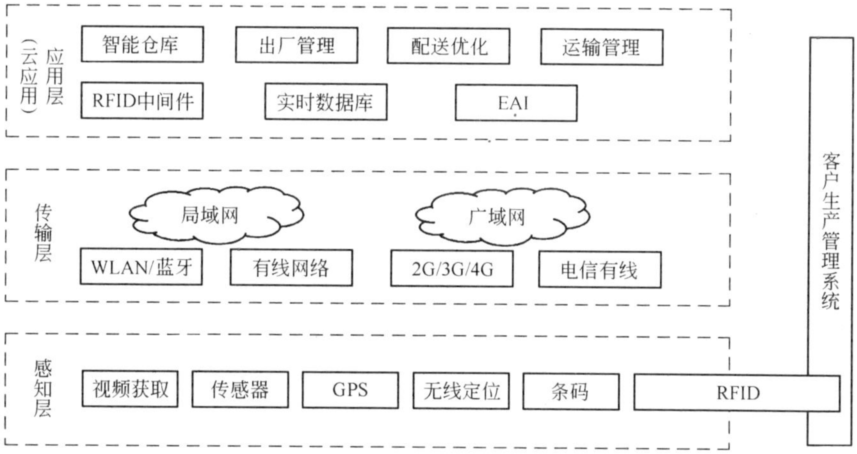


图 7-12 物联网技术架构

感知层由各种传感器以及传感器网关构成，包括二氧化碳浓度传感器、温度传感器、湿度传感器、二维码标签、RFID 标签和读写器、摄像头、GPS 等感知终端。感知层的作用相当于人的眼耳鼻喉和皮肤等神经末梢，它是物联网识别物体，采集信息的来源，其主要功能是识别物体，采集信息。

网络层由各种私有网络、互联网、有线和无线通信网、网络管理系统和云计算平台等组成，相当于人的神经中枢和大脑，负责传递和处理感知层获取的信息。

应用层是物联网和用户（包括人、组织和其他系统）的接口，它与行业需求结合，实现物联网的智能应用。

一个完整的物联网通常包括标识、感知、信息传输、信息处理和应用四个环节。

（1）标识，即处于物联网中的所有人和物都具备的一个数字化标记，显示其名称、立体形态、动态位置等信息；物联网内每个产品都有一个唯一的产品电子码，叫做 EPC（Electronic Product Code），通常 EPC 码被存入芯片做成的电子标签内，附在被标识产品上，被高层的信息处理软件识别、传递、查询，进而在互联网的基础上形成专为供应链企业服务的各种信息服务。

（2）感知，即对数字化标记产生感应并进行识别的过程，把原本千变万化的信息转化为网络中的“通用信息”。

（3）信息传输，即利用通信技术将信号进行传输的过程。

（4）信息处理和应用，即利用经过分析处理的感知数据，为用户提供丰富的特定服务，从而满足人们以更加精细和动态的方式管理生产和生活的要求。

与物联网四个环节相对应的关键技术分别为电子标签技术（RFID）、智能传感器、互联网络和信息处理技术。

RFID 在物联网中占有重要地位，通过电子标签可进行物品的身份标识，它是物体具有智能的基础。RFID 包含标签、读写器和天线三部分。标签可附着在物品上，随物品进行移动。读写器通过天线与标签进行信息交互。在物联网时代，标签将随物与生俱来，从一而终。智能传感器用于采集物品及相关环境动态信息，这些信息包括视频、语音和数字。它用以反映物品所处的时间、空间及相关的状态。它不仅能快速而准确地测量被监测物品的信息，而且也有很强的信号处理能力，能实现物理量的转换、信号的提取和过滤等。

互联网络是构造物联网的基础，通过有线、无线网络、广域或局域网络，实现网络中物与物之间的信息“交流”。这些网络应具备节点间自适应、自组织和路径自动寻优等功能。

伴随着网络中海量物品信息的出现，对物联网信息处理技术的要求也日益提高。随着科学技术的发展，这些都不再困难，通过云计算、模糊识别、信息的智能挖掘等技术，完成对网络中跨部门、跨行业、跨地域的海量信息和数据的分析处理，实现对网络中数量庞大的物品的实时动态管理和控制。

### 7.6.3 物联网在钢铁企业的应用

#### 7.6.3.1 物联网在钢铁生产中的应用

钢铁企业生产、加工的品种有板、材、管、棒等，这些产品的形成，要经过若干加工环节，为掌握这些过程的产品生产信息，需对产品的整个生产过程进行跟踪和控制。要完成这一工作，首先必须标定生产过程的要素，即对加工对象、加工厂位（车间）和工序对编码标记。这在过去是很难实现的，因为无法对产品的一系列加工工序进行动态标识。

采用 RFID 技术可满足这一要求。由于电子标签支持信息写入，使用可读/写电子标签就能标记生产过程中任何想要标记的生产要素，再通过安装在生产线上的电子标签自动读写器就可以自动地将上述所需的数据信息自动地、实时地、准确地由信息系统写入到电子标签中。并在必要时又可通过识读设备，将标签中的信息读到计算机系统中，以进行对生产加工过程的实时监测，实现产品生产加工过程的在线管理。

如图 7-13 所示，利用物联网技术可以准确把握产品在轨道运输中的情况。轨道运输需要准确的区分出机车或车皮运行的位置、轨道，采用 GPS 结合 RFID 电子标签识别的模式可以对机车和车皮进行精确定位。在轨道岔道口或重点监控位置处加装 RFID 识别探头，机车和车皮下部配置 RFID 电子标签，通过这种模式可以准确地对物料进行动态跟踪。

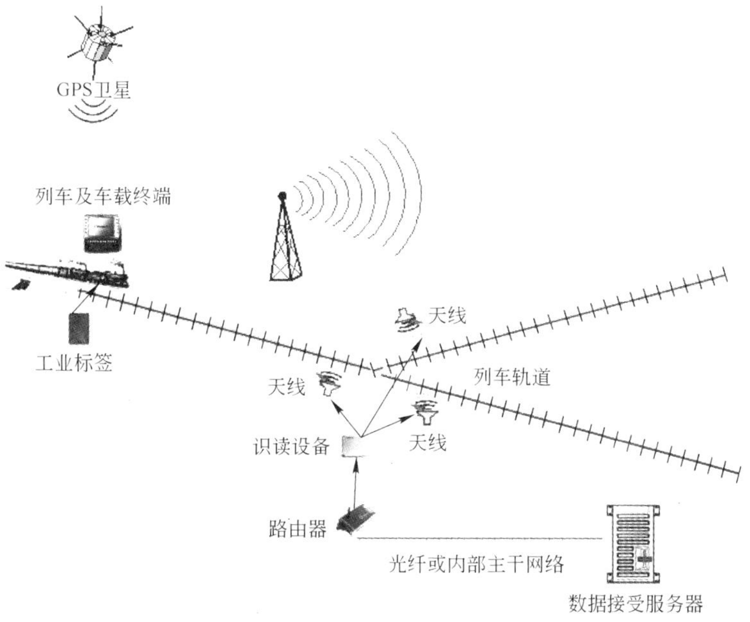


图 7-13 物联网技术定位机车示意图

#### 7.6.3.2 物联网在钢铁物流中的应用

现代钢铁企业物流管理的基础是掌握大量的物流信息。这就首先要解决来自仓储、运输过程中的大量数据如何自动录入的问题。只有这些大量的底层数据实时录入到计算机管理系统中，才能实现对物流过程的管理和控制。RFID 技术的出现可以很好解决底层数据采集的“瓶颈”难题。它将大大提高物流活动各环节的自动化处理水平，提高物流效率，降低物流成本。

应用 RFID 技术可实现对物流过程的跟踪和识别，可实时统计在各个工位、车间和仓库中的物品的数量，以及跟踪某一批号的物品目前在什么位置，使物品的流动过程可视化。这可使我们优化企业的物流过程、减少资金占用、实现精益生产；并可与现代电子商务接轨，提高营销水平。

#### 7.6.3.3 物联网在钢铁企业安防中的应用

钢铁企业占地面积大，企业进出通道多，为搞好企业的安防管理，通常需要众多的安防管理人员，尤其是企业的厂门管理，更是企业安防管理的重点。一个大型钢铁企业每天进出厂门的车辆达数万辆，人员有几万人。这成为企业安防管理中的难点之一。

现在多数企业都采用IC卡、纸质通行证，进行人员、车辆的进出厂管理。这往往造成人员、车辆的错检或漏检，给企业的安防工作带来漏洞。同时，在上、下班的高峰时段，由于人员、车辆在厂门处的大量集积，也易造成堵塞。RFID技术可进行电子标签信息的远距离识读。在应用RFID技术进行企业的厂门安防管理时，将电子标签的识读和处理系统安装在厂门的合适位置，带有电子标签的人员或车辆在通过厂门时，识读系统可自动俘获标签信息，以此进行人员、车辆的合法性检验。出现非法情况时，及时进行报警，并告知保安值勤人员进行处理。

# 第8章 钢铁企业信息系统的建设和运行

从20世纪末到本世纪初这10多年间，国内很多钢铁企业进行了大规模的信息化建设，取得很大的成绩，但也出现了一些问题，因此总结所取得的成绩和经验教训，对今后更好地进行信息化建设，提高信息化的水平，有重大意义。希望本着科学的精神，来发展钢铁行业的信息化事业。

钢铁企业在进行信息化建设时，首先要进行信息系统的规划，确定好系统的总体方案，然后确定如何进行实施。因为进行信息化建设，可能需要解决的问题很多，投入的资金也比较庞大，有可能需要进行分步实施，因此还要制定在满足总体方案的条件下进行分步实施的方案。只有缜密地进行很好的规划设计，才能使信息化系统能顺利投运，达到好的效果。

钢铁企业的信息系统，是建立在一定基础条件上的系统，在信息系统运行时，需要做到物流、信息流、资金流的“三流同步”，这是信息化系统成功的基础。各个生产线和各个生产工序，必须有完整的L1/L2控制系统，能够实时地进行跟踪物流，实时自动地收集生产的实际信息，并能够将物料的跟踪信息和物料数据实时地传送给信息系统。信息系统才能够实现“三流同步”。如果没有完整的L1/L2系统，完全用人工来进行物料跟踪和收集物料数据，则将无法实现“三流同步”。信息系统将无法运行。因此各个生产线和生产工序具有完整的L1/L2系统，能够进行对物料的自动跟踪和自动收集生产过程数据，并以数据通讯的方式传送给信息系统，这是信息化系统建设的必要条件。

钢铁企业中各个生产线和生产工序，并具有一定的生产标准和技术标准数据，才能使信息化系统具有具体的内容，没有这些内容，信息化系统将是一个空壳，这也是信息化系统实施的必要条件。

只有在具备以上基本条件的情况下，才能够进行信息化系统的建设，国内有些企业在信息化系统实施过程中，产生一些问题，究其主要原因，就是以上基本条件不具备，就像一座大楼没有基础一样，大楼是无法建设的。因此在信息化系统建设时，一定要看本企业的生产现场的条件是否具备，如果不具备，则不要贸然进行信息化系统的建设，首先需进行相应的技术改造，一定要具备以上条件了，再进行信息化系统建设。

## 8.1 信息系统的规划

在建设钢铁企业信息系统时，首先要做的是信息系统的规划，而且信息系统的规划，应该是整个钢铁企业规划中的一部分，信息系统是保证企业规划得以实现的手段和平台。

在进行信息系统的规划时，需要对以下内容进行调研和规划设计：

（1）生产工艺的现况和设备组成。

（2）管理的目标。

（3）管理的理念。

（4）管理的体制。

（5）信息系统的架构。

（6）分步实施方案。

（7）投资估算。

### 8.1.1 生产工艺的现况

在进行信息系统规划时，首先要了解信息系统管理的对象，即生产工艺情况，需要了解企业的产品、规格、产量；各个生产线的工艺、设备组成、生产能力、物流情况；企业的原料、材料的来源和运输情况；产品的销售和运输情况；能源和能源设备的情况等，对各种产成品物流情况，最好能绘制成物流图，并进行相应的文字说明。

### 8.1.2 管理的目标

对于一个钢铁企业规划，需要确定企业的近期目标和长远目标。为了达到企业的管理目标，现在企业在管理上有些什么问题，这些问题将通过什么途径、方法去解决，钢铁企业的信息化系统就是解决这些问题的平台。

### 8.1.3 管理的理念

在进行信息化规划时，必须按照先进的管理理念去规划系统，一个企业的管理理念，可能有很多，在这里只是将最主要的管理理念问题进行叙述。

市场化的理念，最大限度地满足客户的需求，乃至客户个性化的需要，尽量短的交货期，向客户提供优质产品，做好客户的服务工作，特别是售后服务工作。这是一个企业，能立足于市场，在激烈的市场竞争中立于不败之地的基础。

以财务为中心的管理理念，做好工序成本核算，为企业争取最大的经济效益，这是企业能够生存的基础。

在质量管理方面，必须要实行质量一贯制的管理理念。所谓质量一贯制，就是企业需要一套完整的质量管理标准，并且这个标准对所有生产线和生产工序，均是统一的，按照成品的质量要求，确定各个生产线的质量标准。只有各个生产线和生产工序，均按同一的标准进行标准化生产，生产出来的产品质量才有保证，并且产品的质量是稳定的。

在管理体制上，从目前大多数钢铁企业的实绩来看，扁平化的管理体制是比较先进的管理体制。扁平化的管理体制，有助于实现全公司效益最大化，有助于减少管理层次，提高管理效率。所谓扁平化的管理体制，就是产品的质量管理、生产计划管理、能源管理等等，由公司统一管理，各个生产线和生产工序，只是按计划执行生产，实行公司一级管理体制。

在各个生产线和生产工序，要实行“供需规范”的理念。对上游工序的要求要规范，不能将本工序要解决的难题，推给上工序解决；对下工序要提供符合规范要求的产品，不能将不合规范要求的产品扔给下工序处理。

生产成本的核算，是进行工序成本核算还是以厂为单位进行成本核算，这涉及到管理的精细度，需要在管理理念上予以明确。

这些管理理念，实际上是公司上层领导的管理理念和决心，但也是全公司全员参与的共同遵守的管理理念。一个信息化系统的设计规划，与实行什么样的管理理念有很大关系，这是信息化系统设计的前提条件。

### 8.1.4 管理的体制

在管理体制上，首先要了解和明确公司的结算单位及其相互之间的关系。在一个大型的钢铁企业内，可能有些公司或厂是上市公司，其他的可能不是上市公司，公司的性质也不完全相同，因此其财务结算的单位或结算的方法可能不同，信息化系统设计时必须考虑这些问题。

根据上述的管理理念，进行相应的管理机构的设置和改变，必须使公司的“上层建筑”，适应生产力的需要。

### 8.1.5 数据资源规划

为了使信息流随物流顺利地进行传递，必须各个生产线和生产工序的数据定义是一样的，这就需要全公司设计一套生产管理代码，以便各个管理部门、各个生产线和生产工序能够对物料进行识别，对物料的数据和属性有统一的解释。

### 8.1.6 信息系统架构

在规划信息系统时，根据企业的实际情况的调研，确定信息系统应该具备的管理功能，对每个管理功能做比较详细的叙述，并且要对每个管理功能之间的关联进行描述。每个企业的生产线的组成、管理的目标、管理的技术水平、自动化系统的情况均会不一样，需要根据本企业的实际情况，“量体裁衣”，制定信息化系统的应该具有的功能，可以参照别的工程的信息化系统的功能设置，但切记不要生搬硬套。

功能要求确定后，就要根据本书第 2 章和第 7 章的内容，制定本企业信息化系统的功能分配、系统的结构、网络拓扑图以及软件系统的架构，并列出硬件和软件的设备清单。

### 8.1.7 信息系统接口

根据确定的信息化系统的架构，需要设计信息化系统的外部接口，说明需要从外部输入的信息及向外部输出的信息，这是信息化系统运行的必要条件。信息系统的接口包括四个层次：

（1）硬件接口。

（2）通讯协议和通讯标准。

（3）交换数据的内容和数据格式。

（4）数据流程。

如果生产线上的L1/L2系统是与信息化系统同步建设，则可以按照接口的要求，双方协商确定以上四个方面接口的内容，但如果生产线的L1/L2已经建设好，并正在运行中，为了保证不影响生产，一般不对现有的L1系统进行任何的改动，而是采用一些软件平台，直接从L1系统中获取有关的生产过程信息和生产实际数据。

对于其他外部系统的接口，尽量采用数据通讯的方式进行连接。如果不能进行数据通讯，则要考虑以下接口内容：

（1）交换的数据内容。

（2）交换的数据载体。

（3）交换的数据流程。

### 8.1.8 现有系统的改造

根据企业信息化系统的接口设计，就可以对现有自动化系统提出改造设计的方案，并列出改造设计的设备清单。其中重点考虑的是L2系统、称重设备、计量设备等系统的改造。

如果在进行信息化系统整体规划之前，已经上了一些信息系统或其他的“门户系统”，则在信息化系统整体规划时，本着尽量保护现有投资的原则，做好对现有系统的评估，哪些部分可以沿用，哪些部分必须舍弃，哪些部分需要改造，设计出详细的方案。

### 8.1.9 分步实施方案

有的企业的建设可能是分期建设，有的企业因为投资问题或者因为生产线的改造问题等等，这都需要信息系统的建设也要分步实施，因此在信息系统规划时，提出分步实施的方案。在做信息系统分步实施方案时，有一些问题必须予以充分的重视：

（1）充分考虑好分步实施的衔接问题，下期实施时尽量不改动或少改动前期已在运行的部分。

（2）在分步实施时，由于系统还不完整，因此必须采取一些临时措施，以使系统能够运行。

（3）采用的硬件和软件平台，要考虑今后技术的发展。

（4）分步实施之间的接口设计。

## 8.2 信息系统的实施

信息系统工程经过规划设计、立项审批后，就进入工程开工实施阶段。

### 8.2.1 信息系统实施的组织

信息化系统是一个全公司管理部门都要使用的一个平台，也是贯彻公司领导的管理理念和经营方针的平台，因此，在信息化系统实施的过程中，他们都必须参与其中，切记不要完全由系统集成商包办代替。因此为了能顺利实施信息化系统的建设，必须有一定的组织措施进行保证。根据国内外实施信息化系统的经验，一般实施信息化系统的组织机构大致如下：

（1）信息化系统建设的领导小组：一般由公司的最高领导担任组长，以便能进行管理流程再造，协调各个部门的工作。

（2）信息化系统设计系统组：是领导小组的参谋班子，更主要的是解决和协调系统设计过程中所有的技术问题，并负责信息化系统的基本设计。

（3）业务组：包括销售、生产、技术、财务等，负责解决系统实施过程中的管理业务问题。

（4）软件组：负责信息化系统的软件设计、编程、调试、上线。

（5）工程组：负责网络、硬件系统、生产管理中心的集成等工程。

（6）行政组。

## 8.2.2 信息系统实施的阶段

信息系统的实施，一般分成以下阶段：

（1）调研阶段。

（2）基本设计。

（3）详细设计（含编程测试）。

（4）系统调试、上线。

（5）系统运行、优化。

### 8.2.2.1 调研阶段

在系统实施的开始，需要组织有关参与系统实施的人员，对企业的情况进行调研，做出系统的需求分析报告，以作为基本设计阶段进行设计工作的依据。

在进行调研时，主要要调研企业以下内容：

（1）生产现况的调研：

1）企业的产品、规格、产能。

2）企业各个生产线的工艺流程、主要设备和生产的产品及产能、生产的水平等。

3）各个生产线物流及相互交叉供料的情况。

4）企业各个生产线的自动化系统（L1/L2）的情况，包括控制的范围、功能的配置、设备的型号、网络情况、通信协议等。

5）企业已有的生产作业标准和技术标准。

6）企业的物料计量、质量检验的情况。

7）企业已有的数据资源。

8）企业已有的信息系统的情况。

（2）企业的管理体制和各个部门的职能：

1）企业管理的组织机构、各个部门的业务内容及其业务关联。

2）企业外部物料的供应和采购情况。

根据以上调研取得的内容和数据，需要与公司领导、各个业务部门及相关技术人员进行座谈，对下列问题进行研究分析：

（1）管理、经营的理念和目标是否已很明确。

（2）公司的组织机构和管理体制是否适应现代化企业管理的要求。

（3）管理的业务流程是否合理。

（4）各个生产线的L1/L2系统是否能够自动提供信息系统所需要的数据。

（5）企业已有的信息系统能否进行整合。

（6）企业已有的数据资源是否能满足。

调研分析完毕后，需要写出“系统调研报告”，调研报告中包括以下内容：

（1）信息系统的总体方案。

（2）信息系统功能的概要。

（3）信息系统的接口及通信协议。

（4）信息系统建设过程中需要解决的问题。

（5）对管理理念和管理体制的建议。

（6）数据资源整合的方案。

（7）工程的进度。

（8）投资的概算。

调研报告文件，由公司领导负责主持的审查会议进行审查，审查通过后（包括提出修改意见），作为正式的阶段性文件保存，并以此为设计依据，进行下阶段的设计工作。

#### 8.2.2.2 基本设计

信息系统的基本设计是系统建设中的非常重要的一个阶段，在此阶段，系统中的主要问题需要在基本设计中定下来。在基本设计阶段，需要确定的问题如下：

（1）信息系统的范围。

（2）信息系统的设计原则。

（3）信息系统功能的详细描述。

（4）业务流程、业务的关联图及说明。

（5）数据字典（生产管理代码）。

（6）系统接口的详细说明。

（7）系统的硬件结构图、网络拓扑图及详细的硬件设备清单。

（8）软件架构和软件设备清单。

（9）人机界面的说明。

按照以上内容，写出基本设计文档。

在基本设计中，必须明确设计范围，因为在系统实施时，有可能进行分步实施，实施的承包商也可能不是一家，另外，也可能公司已有的信息系统需要进行适当的改造，才能整合到本系统内，因此必须明确，本系统设计的范围，以及实施的责任范围。

信息系统的接口，包括硬件接口和软件接口，特别是与L1/L2系统的接口及与目前公司已在运行的信息系统的接口，必须做详细的描述。目前国内很多企业设置了单独的计量网，因此信息系统与计量网的接口，除了硬件和软件的接口外，更多是在功能上如何衔接，并且能让物料的重量信息能与物流同步。一般情况下，钢铁企业新建或改建的炼钢、连铸、热轧、冷轧、中厚板厂，在生产线上均设置所谓的“工艺秤”，目前这些工艺秤的精度已达到三级计量标准，工艺秤所得到的物品的重量，可以作为“贸易”结算用，已用不着另外再设置所谓的“贸易秤”。工艺秤因为在生产线上，可以很容易实现物品的重量信息与物流同步，但贸易秤往往是离线的，很难实现物料的跟踪，因此所取得的物品的重量数据，很难实现与物流的同步。因此生产线上的工艺秤，只要接入生产线上的L2系统或数据采集系统就可以，如果要设置计量网，则重点考虑将轨道衡、地磅秤等称量设备连接到计量网中，形成无人值守的计量系统。因此在系统设计时，对现有的信息系统、自动化系统的改造和整合是非常重要的。

国内很多钢铁企业，在生产线上，往往没有L2计算机系统，在实施信息系统时，需要直接从L1系统收集生产过程信息和事件信息，因此在这样的钢铁企业实施信息系统时，需要设置“数据采集支持系统”或称之为“1.5级”系统，其功能主要有两个：

(1) 生产过程的数据收集。

(2) 物料跟踪。

这样，通过对物料的跟踪，自动收集物料在生产线上的加工信息，就能够将过程信息（信息流）与物料（物流）同步起来，以支持信息系统的工作。

基本设计完成后，需经过设计审查；审查通过后，形成正式文件，作为下阶段的设计依据。

#### 8.2.2.3 详细设计

基本设计阶段完成后，就进入系统的详细设计阶段，该阶段的设计主要完成以下工作：

(1) 业务流程及关联业务的详细分析、确定。

(2) 各个功能模块的组成和模块之间的接口。

(3) 数据库设计。

(4) 外部接口设计。

(5) 画面和报表的详细设计。

(6) 程序设计和编程。

(7) 程序的单体测试、组合测试。

(8) 硬件系统（包括网络）的集成设计。

(9) 编制系统操作说明书。

(10) 编制系统维护手册。

(11) 编制系统上线调试方案。

该阶段主要完成软件的设计、编程和调试工作，以保证程序的处理逻辑的正确性和程序的正确性。在此阶段，还需要对相关人员进行操作和运行培训。

该阶段工作完成后，系统具备了上线的条件。

#### 8.2.2.4 系统调试、上线

在硬件设备和网络设备全部安装、调试完毕后，信息系统装载运行平台软件和应用软件，进行系统的上线调试工作，利用生产过程的实际信息和业务的实际流程，对应用系统进行在线调试，详细介绍见本章的8.3节。

#### 8.2.2.5 系统运行、维护

信息化系统，与其他自动化系统有所不同，因为公司的管理体制或管理流程、或管理的理念和目标都需要根据市场的发展、生产技术水平的提高、不断地变更以适应形势的需

要，因此信息化系统也要随着变更，需要进行长期的不间断地维护和优化，以适应管理的变化。详见本章8.4节。

### 8.2.3 业务流程分析

在信息化系统设计时，需要进行业务流程的分析，以便发现管理流程中的问题，为业务流程再造提供依据，当各个业务流程确定后，才能进入下一步工作。如果是采用套装软件的，则根据确定的业务流程，就可以生成应用软件系统。如果是定制开发的，则成为软件开发的依据。所以，业务流程分析是信息化系统设计非常重要的工作。

### 8.2.4 信息系统项目的管理

信息化系统，是一个比较庞大的软件工程，在设计过程中，有很多的人员参与其中，因此如何保证设计的质量，是设计过程中的关键问题，在设计质量管理上应该有如下考虑：

（1）设计方法：需要采取TOP-DOWN的设计方法，需要从上到下，从粗到细地进行设计。

（2）设计阶段明确：将设计工作分成各个阶段进行，明确每个设计阶段需要解决的问题，在本阶段设计工作未完成时，不要进入下阶段工作。

（3）详尽的业务流程分析，只有将业务流程分析正确，功能完全确定后，才能进入下阶段工作。

（4）对所有确定的技术问题和解决方案，均要有详尽的文字、图形或图表记录，并发给每个参与工作的人员。

（5）数据的定义、修改、变更需要统一集中管理。

（6）需要有集群开发和版本管理的软件平台，以保证软件开发的质量。

采取以上措施，才能保证软件开发的质量。

### 8.2.5 工程预算

在工程概算的基础上，根据新的基本设计，编制工程预算，以控制投资。

## 8.3 信息系统的上线

在全面充分的完成了对企业管理信息系统的集成测试基础上可启动系统的上线工作。系统上线工作主要包括下述内容：

（1）系统上线前的基础工作。

（2）系统上线方案及计划制定。

（3）系统上线前的准备工作。

（4）系统上线的实施。

对于不同生产线配置、不同运营模式及不同系统环境的钢铁企业的管理信息系统，系统上线的实施方式将各不相同。本节将就具有共性的大中型钢铁企业管理信息系统的上线工作展开讨论。

如本书第3章所述，钢铁企业管理信息系统的建设可采用定制开发模式，亦可采用全部使用商品软件模式，还可采用定制开发与商品软件结合模式。由于商品软件有在其设计、开发、测试的规范性和大量用户使用过程中对产品的健壮性检验、改进、优化的优势，使用商品软件产品的钢铁企业管理信息系统在上线投运过程中出现问题的几率将低于采用定制开发模式建设的管理信息系统。无论采用何种模式建设管理信息系统，系统上线的实施方法和工作内容总体上是相近的，故本节所讨论的系统上线将不区分企业管理信息系统采用的软件模式。对于商品软件模式的系统存在的特定需求，将在相应的章节中给予说明。

钢铁企业管理信息系统的建设与该企业本身的建设投产存在同步或不同步两种情况，在不同步的情况下又存在全新的管理信息系统建设与对企业原有信息系统升级改造或更新两种情况。针对上述不同情况，企业管理信息系统的设计、实施及上线亦应采用不同的模式和实施步骤。下面按从繁到简分三种情况阐述信息系统上线工作。

（1）钢铁企业生产线已投产运行，新建信息系统是对企业原有信息系统升级改造或更新，简称为“信息系统升级改造项目上线”。

（2）钢铁企业生产线已投产运行，但此前无信息系统支撑企业运营，新建信息系统是初次投入使用，简称为“已投产企业新建信息应用项目上线”。

（3）新建钢铁企业的管理信息系统与企业生产线同步投入运行，简称为“新建企业与信息应用项目同步上线”。

本节讨论的信息系统上线是基于下述前提：钢铁企业（无论是已投产企业还是新建企业）的基础自动化级和过程自动化级控制计算机系统（本书第2章2.3节管理信息系统架构示意图中的L1和L2级系统）已经正式投入运行，且过程控制计算机系统具备与制造执行系统（MES）可实现正常稳定的数据交换作业。

### 8.3.1　系统上线前的基础工作

系统上线前的基础工作系指在信息系统上线前为保证系统上线工作的顺利可靠实施所做的基础工作，主要包括操作培训和制定、颁布并执行相关的规章制度。

强调上述两项基础工作的重要性的原因是：企业管理信息应用系统的使用，可使企业生产经营的核心管理业务作业在高效的计算机系统支持下实现，但这并不意味计算机系统可以完成企业运营管理的全部职能，虽然其中相当部分的管理业务作业是由计算机系统自动完成的。仍有一定数量的管理业务职能需要由管理业务人员在管理信息应用系统外按照规定的作业规范和标准以手工方式或以人机交互方式完成。实质上，任何计算机系统的功能实现都是由计算机系统和必要的人工操作结合完成的。管理信息应用系统的运行亦对其所服务的业务作业环境提出了比手工作业更严格更规范的要求，包括对流程和业务规则的确定性要求；对录入系统中数据的时效性、有效性要求；业务作业及操作的准确性、可靠性要求；作业规范和制度执行的严格性要求；业务作业全局化整体化所决定的对各单位的协调协同作业要求等等内容。这些工作要求的满足必须通过全面系统的操作培训以及相关规章制度和作业规范的严格执行来保证。

操作培训主要是通过研读“操作手册”、课堂授课和上机操作三者结合的方式实现。

“操作手册”的编写应与信息应用系统的设计同步进行，在信息应用系统的设计阶段指定承担系统应用功能设计的 IT 工程师和参与设计的业务骨干共同编写相应业务职能域的“操作手册”，并随着系统设计的相关完善并行的完善“操作手册”，直至系统单元测试和集成测试阶段，如有必要仍可对“操作手册”进行修改，以确保手册文字的准确性。培训时间应安排与系统单元测试和集成测试同步进行，如有必要可在系统上线前安排短时间的集中强化培训，主要是上机操作以提高业务作业人员的操作熟练程度，减少操作失误。

规章制度规定了企业经营管理活动中各种管理行为的执行方式和关系的行为准则；规章制度（包括作业规范）的执行是企业实现管理和运营目标的基础。无论企业是否建设并运行了管理信息应用系统，都需要有完善的制度体系保证企业高效运行。

依托于企业管理信息应用系统的应用，可实现企业管理规范化精细化和高效率的目标，由此完善和强化企业各项基础管理并增强各业务职能域的协调性；信息应用系统的刚性特征保证了企业管理制度（包括钢铁企业产品工艺规程）的有效执行和控制，并为在执行和控制过程中不断完善和持续改进提供有力支持，实现企业管理水平的全面提升。同时，与之并存的，信息应用系统的高效可靠运行亦要求对管理规章制度做必要增补和完善，这是因为信息应用系统是一个功能结构、数据关联非常复杂的应用软件系统，在运行信息应用系统支持和强化企业核心业务管理职能的情况下，对规章制度、业务作业执行的严格性规范性则提出更高要求！因为任何违规的或不规范的交互操作都有可能导致信息应用系统应用功能执行上的错误，即使系统的设计开发工程师在设计开发阶段已经在应用功能完备性和系统的健壮性（robustness）方面给予了充分的考虑。新建、增补和完善的规章制度和业务规则包括：

为适应信息应用系统运行新建立的规章制度和业务规则（下文第（1）、（2）两条）；

为与信息应用系统运行相适应，对现行执行的规章制度和业务规则的修改及完善（下文第（3）条）。

（1）系统运行管理制度。该制度是以信息应用系统可靠运行为前提，以管理业务流程设计为内容，对信息系统计算机程序设计之外的相关业务流程的管理要求、方式、方法作出的具体规定，是保证信息应用系统运行的必要条件。此部分制度由系统设计 IT 开发工程师起草，并组织各业务相关岗位人员编制完成，并由执行单位根据本制度的管理要求制定相应的执行细则。

（2）系统操作制度。该制度对信息应用系统本身的操作规范、方法与要求作了具体规定，由系统设计开发 IT 工程师起草并组织编制完成。该制度与“操作手册”配套使用，是以制度的“刚性”“强制性”去保证系统操作的规范性。用于系统应用单位相关业务岗位人员的操作管理。

（3）此类制度是与信息应用系统本身运行不直接相关的原有已在执行的管理制度，如财务管理、库存盘点、生产准备、岗位作业标准等方面的制度及规范，该类制度所涉业务作业的执行直接或间接与信息应用系统的功能相关或者其某些执行结果（或参数）需要录入信息应用系统。此类制度由信息应用系统使用单位各业务主管部门参照（1）、（2）类制度界定的范围及现行业务要求进行编写、审核并下发执行。

上述制度的创建修改完善工作及审核发布应在信息应用系统上线前完成。

### 8.3.2 系统上线方案及计划制定

系统上线方案及计划的制定应在信息应用系统的详细设计阶段启动，随项目实施的进展不断完善优化。提前开展系统上线方案及计划制定是从满足上线方案及计划执行的可行性视角考虑：上线方案及计划执行可能要求在不违背系统总体设计原则的前提下，对现有的系统设计做局部微调或要求增加系统的临时功能等等。这些修改增补的需求必须尽早提出并实施，方可保证项目建设的进度计划按期实现。

#### 8.3.2.1 信息系统升级改造项目系统上线方案及计划制定

在钢铁企业生产线已投产运行，新建信息系统是对企业原有信息系统升级改造或更新的情况下，在制定系统上线计划和组织实施上线过程中，必须充分考虑企业的生产运行作业和管理业务在上线期间不间断的正常执行的要求，即在系统上线过程中要确保系统投运的功能及使用的数据均不影响生产运行作业和管理业务正常执行，并以此作为系统上线一切工作的基本前提和指导原则。

在制定系统上线方案及计划工作中，首先应安排上线方案的编制，在确定了上线方案的基础上编制上线计划。

编制系统上线方案可从下述几个方面考虑：

（1）界定系统上线范围。一般情况下企业信息应用项目建设是分阶段实施的，这里所说的上线范围是指企业当前实施的信息应用项目建设阶段的系统上线范围。

（2）确定系统上线顺序。企业实施详细应用项目建设通常包括制造执行系统（MES）及其上级的管理信息系统（L4、L5 级系统），上线顺序通常依据的原则是：

1）从信息系统的视角考虑应按 MES 至 L4 再至 L5 级系统顺序组织上线。

2）从钢铁企业制造工艺流程的视角考虑应按炼铁、炼钢、连铸（含精炼）、热轧（板材、长材、型材）、冷轧、镀涂产品的顺序组织上线。

3）从钢铁企业运营管理职能的视角考虑应按销售子系统、生产计划及管控子系统、仓储发货子系统的顺序组织上线，而产品质量设计和控制子系统必须与销售管理的系统功能同步投入运行依序支持销售、生产和仓储发货各职能域的业务作业。

4）企业运营层的财务成本管理、供应链管理、设备资产管理、人力资源管理等子系统应在执行层的产销系统功能全部投入且正常运行后上线投运。

5）企业战略层的公司治理、集团管控、风险管控、战略规划及决策支持等功能和子系统应在企业运营层的各子系统全部投入且正常运行后上线投运。

（3）在企业生产运营管理职能仍在原有系统（ERP 产销系统及 MES）支持下运行的情况下，系统上线方案中必须对新、老系统的并行运行和切换的运行模式和实施步骤，做出满足不影响生产运行作业和管理业务正常执行这一基本前提的切实可行的规定。

系统上线计划编制的前提是选择和确定拟投运生产线和拟投运功能的投运时间点。投运时间点是基于企业生产计划管理部门和设备管理部门根据生产经营计划（年度、季、月计划）和设备检修计划（年修月修计划）会同企业管理信息应用项目建设主管部门，共同讨论协商确定的。投运时间点的选择是系统成功上线的重要因素。投运时间点是根据系统上线方案确定的工作范围、要求和工作量所确定的上线时间需求，亦即厂线机组的停机时间，同时考虑上下游厂线机组的物料平衡等各方面要素确定的。

投运时间点一经确定，即可以其为里程碑时点逆推编制上线计划。

取决于系统上线工作的工作量多少和难易程度的差异，上线计划编制可分为不同层级，最基本和必须的是以小时为时间间隔的上线计划。在此计划中对上线当日内每一小时应完成的上线作业都做出具体规定。对于工作量多和业务作业复杂的系统上线计划，可在小时级的上线计划之上制定日上线计划和周上线计划。后两种计划主要是从尽量减少上线当日的业务作业考虑，将可能存在的那些非必须在上线当日完成的业务作业前移至上线日之前完成，以减少上线当日的工作负荷。据此必须编制相应的日上线计划和/或周上线计划。

#### 8.3.2.2 已投产企业新建信息应用项目上线方案及计划制定

已投产企业新建信息应用项目与信息系统升级改造项目的区别是：

（1）由于已投产企业原来没有信息应用系统支持企业管理运营，故不存在新老系统的并行运行和切换过程。这大大减少了系统上线的复杂性和工作量。

（2）同样是因为已投产企业原来没有信息应用系统，企业管理运营的所有业务作业是由业务人员手工操作完成的，新建信息应用系统中没有任何正在执行业务的相关业务数据，亦没有以往企业运营的业务数据。这些数据是新建信息应用系统正常执行业务功能的前提。因此，在新建信息应用系统中建立上述业务数据是新建信息应用系统上线工作的重要内容。

新建信息应用系统上线方案的编制的原则和方法基本与信息系统升级改造项目的上线方案相似，亦需确定上线范围和顺序，无需考虑新老系统的并行运行和切换，但必须加入在新建信息应用系统中建立业务数据的工作内容。在上线方案中应对业务数据的建立方法做出明确规定，例如，若新建信息应用系统是制造执行系统（MES），则在方案中应对生产线的过程控制计算机向 MES 传送数据的方式做出说明；对业务数据的完整性检查和可用性检查做出明确规定。

新建信息应用系统上线计划编制的原则和方法基本与信息系统升级改造项目的上线计划相似，需着重强调的是计划中要给业务数据建立，安排足够的时间。通常可将待建立的业务数据划分为两部分，一部分是以往企业运营的业务数据，另一部分是在上线当日企业生产线停机前或管理业务暂停前产生的即时数据。这两部分数据的建立在上线计划中可安排在不同的时间点上：以往业务数据的建立可安排在上线日之前，即时数据建立必须安排在上线当日。目的是减少上线当日的工作量。

#### 8.3.2.3 新建企业生产线与信息应用项目同步上线方案及计划制定

新建企业生产线与信息应用项目同步上线方案及计划编制与已投产企业新建信息应用项目上线方案及计划编制的方法相同。

#### 8.3.2.4 应急预案的制定

无论拟上线的系统是系统升级改造项目或是新建系统，在制定上线方案中均应制定上线的应急预案。应急预案是在上线过程中出现业务作业的例外情况、事件或系统出现故障等特殊事件时采取应对措施的方案和指导文件。应急预案编制的基本原则是：尽可能将系统上线过程中可能发生的所有例外情况、事件全部列出，对每一例外情况、事件制定相应的预案。应急预案可分为业务属性的和系统属性的，业务属性的应急预案应由相关管理业务部门的业务骨干与主管应用功能设计开发的 IT 工程师共同研究编写；系统属性的应急预案应由主管应用功能设计开发的 IT 工程师和/或负责系统管理及运维的 IT 工程师编写。成文的应急预案必须提交相关的业务和 IT 主管部门评审和批准。

### 8.3.3 系统上线前的准备工作

企业管理信息系统上线前的准备工作是对系统上线方案及计划的执行和落实。系统上线前准备工作包括组织准备、业务准备和数据准备。

组织准备是组建企业管理信息系统上线工作的临时组织机构，该机构中应设置领导小组和实施团队。通常此临时组织机构应隶属于企业信息化领导机构（一般由企业行政主管领导担任负责人，企业各相关行政副职作为成员的企业信息应用项目建设的领导决策机构），对系统上线工作行使组织实施职责。

领导小组的人员组成：企业信息化领导机构成员一至二人，拟上线管理信息应用项目所涉及的分子公司、生产线及相关管理职能部门的负责人，企业信息应用主管部门的负责人均应为领导小组的成员。

实施团队的人员组成：拟上线管理信息应用项目所涉及的分子公司、生产线及相关管理职能部门的业务骨干，企业信息应用主管部门的专家和业务骨干，管理信息应用项目设计开发 IT 工程师，企业外部提供咨询实施服务厂商的专家和工程师。

上线工作临时组织机构组建后即应分配确定机构中每一成员的工作职责。工作职责的分配主要是依据系统上线方案及计划中的规定各项工作要求，将相关工作赋予相应的成员，明确职责，明确任务。

业务准备和数据准备是系统上线工作的关键和核心，直接决定系统上线的成败。实际上，系统上线工作的大部分内容是在业务准备和数据准备过程中完成的。

业务准备是为实现企业当前运行的管理层级的和生产执行层级的业务流程和作业（由业务和操作人员手动执行的和由原有信息系统程序执行的）与拟上线的新信息系统执行的业务流程和作业（包括在新系统支持下的业务和操作人员手动作业）的同步和适配所完成的工作，同步和适配包含了业务流程和作业执行的过程和结果。尽管在新投入的管理信息系统应用功能中体现了企业经过业务流程再造（BPR）和优化的成果，并导致在新投入的管理信息系统支持下企业运营管理的流程和作业已经有别于企业当前执行的流程和作业，但在新管理信息系统投入的时间点上，新、老业务流程和作业的同步和适配是必须完成的工作。除了新建企业生产线与信息应用项目同步投入运行的上线方式外，本文所述的其他两种系统上线方式均应安排上线前的业务准备工作。业务准备还包括为实现数据准备要求实施的业务工作。

业务准备需考虑的工作内容有：

（1）企业运营核心管理职能域之间相互关联的业务流程和作业的同步和适配。

（2）某一管理职能域内部或生产线内部的相互关联业务流程之间作业的同步和适配。

（3）某一业务流程内部的作业执行的同步和适配。

（4）某一业务作业在特定时间节点上执行步骤、状态和结果的同步和适配。

例如，对于钢铁企业运营管理，上述（1）所论工作可为：

企业销售管理部门与财务部门在订单处理业务中所涉及的相关流程和作业；

企业销售管理部门与生产管理部门在销售资源和产能平衡业务所涉及的相关流程和作业；

企业设备管理部门与财务部门在固定资产管理处理业务中所涉及的相关流程和作业；

企业生产管理部门与仓储发货部门在产品缴库业务所涉及的相关流程和作业，等等。

上述（2）所论工作可为：

企业销售管理部门的订单处理流程和客户信用评价流程之间的业务作业；

企业生产管理部门的炼钢出钢计划调整流程与轧钢要料计划编制流程之间的业务作业；

企业设备管理部门的设备检修计划编制流程与备品备件订货流程之间的业务作业；

企业仓储发货部门在产品库存管理流程和产品发货处理流程之间的业务作业，等等。

上述（3）所论工作可为：

企业质量管理部门在产品质量判定流程中产品检验作业和产品改判降级作业之间的业务关联；

企业热轧带钢厂原料车间的板坯库管理流程中板坯入库作业与板坯堆垛优化作业关联；

企业仓储发货部门在产品库存管理流程中的库存盘点作业和库存统计作业之间的业务关联，等等。

上述（4）所论工作可为：

企业销售管理部门的订单处理流程中商务（销售）订单生成作业在系统上线方案中规定的时间节点上的同步和适配；

企业生产管理部门的订单管理流程中物料转用充当作业在系统上线方案规定的时间节点上的同步和适配，等等。

在上述业务准备工作中，对于执行层级（L4 和 MES）信息应用系统上线的情况，务必确保订单、物料和计划这三个业务要素处理所涉及的业务作业实现同步和适配；对于运营层级和战略层级（L4 和 L5）信息应用系统上线的情况，务必确保财务成本相关的管理要素所涉及的业务作业实现同步和适配。

数据准备是为确保企业当前运行的管理层级的和生产执行层级的业务流程和作业所使用的数据在迁移到新上线的信息系统的过程中同一数据的完整性、一致性、准确性和时效性所做的数据同步工作；对于信息系统升级改造项目这类存在新、老系统的并行运行和切换的系统上线情况，也是为确保企业当前运行的管理层级的和生产执行层级的业务流程和作业所使用的数据与拟上线的新信息系统执行的业务流程和作业使用的数据的一致性和时效性所做的数据同步工作。

数据准备工作可分为两种方式实施：

方式一是直接在信息系统上建立数据；

方式二是与相关管理业务作业的执行并行生成的数据。

通过方式一建立的数据通常是常量数据或静态数据，包括信息系统运行需用的系统相关数据和管理业务相关数据。这类数据在系统中的建立是通过手工的数据复制或计算机自动执行的批处理程序导入数据实现的。上述数据准备模式适用于定制开发的信息系统，也适用于基于商品软件建立的信息系统。方式一建立数据的操作简单，无严格的时序要求，可在系统上线准备工作的适当阶段实施。在实施复制或批处理导入数据之前必须对拟建立数据做严格的数据质量检查。

通过方式二建立的数据通常是信息系统中应用功能中使用的动态或随机数据，这些数据多为管理业务作业执行中创建生成或修改的数据，有些数据的生成是业务作业执行或操作的直接结果，如成品库在库产成品汇总表是基于盘库作业的结果生成；再如，在新、老系统切换的系统上线情况下老系统中未执行的商务订单必须经销售业务人员手工处理修改订单中相关数据项后方可导入新系统形成新系统可处理的商务订单。这些数据多用于表征业务逻辑关系、作业执行状态、物料属性及状态等；所以此类数据的创建、运用均有很强的时序性（time-critical），在实施此类数据建立时应选择适当的时间点。总之，通过方式二建立的数据其创建过程远比前一类数据创建复杂，有时要执行一些临时作业实现此类数据的建立。

### 8.3.4 系统上线的实施

信息系统上线是整个信息应用项目建设的关键步骤，从企业架构设计、信息应用规划、信息应用项目实施的各阶段，信息系统成功上线并正常运行是对前面所有工作质量和成果的检验。

取决于系统应用功能的层级区别，系统上线工作的难易程度亦有差异。战略层级和部分运营层级的应用功能的业务对时序性要求相对较弱，系统上线和上线过程中问题处理的时间安排可相对宽裕；时序性要求强的执行层级和部分运营层级的应用功能，上线工作必须严格地按照上线方案和上线计划的规定作业内容、作业顺序和时间节点执行。如钢铁企业的 ERP 产销系统、MES，财务成本管理子系统的上线。

通常在系统上线日的前一天应由上线工作领导小组组织最后一次上线准备工作执行情况检查和工作部署会议，根据准备工作执行情况对上线方案和上线计划的作业内容及应急预案做最终的调整优化，包括对各单位（集团公司、分子公司、生产线、部门、信息应用主管部门及咨询服务厂商）参与人员上线工作职责和任务的最终确认。在准备工作检查部署和确认的全部过程中，“关注细节”这一原则应贯彻始终。此刻的任何疏漏都可能给上线工作带来重大隐患。

上线当日的工作可分为两种情况：

在上线过程中没有出现例外事件，则上线工作要严格按照上线方案和上线计划（对于钢铁企业的 ERP 产销系统的上线应以小时为时间间隔的上线计划）执行。

在上线过程中出现例外事件，如因生产和设备原因某一产线未能按计划停机、产品发出的承运单位未能按计划时间节点配置运力（铁路或汽运）等等，这些例外事件的发生必然导致上线计划的调整。在这种情况下，如果上线方案中的应急预案已包括了发生的例外事件，则应立即启动相应的应急预案消除例外事件的影响和后果，对上线计划做适当微调后继续执行后续的上线作业；如果上线方案中的应急预案没有包括发生的例外事件，则系统上线工作领导小组应立即组织负责上线工作的业务骨干和 IT 专家针对例外事件的影响和后果做出分析判断，提出各类应变方案，权衡每一方案的利弊，最终由上线工作领导小组做出选择和决策并组织执行。一般情况下后种例外事件发生的几率极低，一个基于最佳业务实践的完备的系统上线方案中可包括应对绝大部分例外事件的应急预案。

作为本节的结束，需要着重强调的是：信息系统上线前准备工作的重要性，系统上线前准备工作的充分、完备和精准执行，是系统上线成功的必要条件和基本保证。

## 8.4 信息系统的运行和优化

信息系统的整体优化再建设是企业CIO和信息化管理部门需要策划考虑的重要问题，必须前瞻性地预见启动企业系统再建设的时间点，规划系统再建设的目标和建设内容。而促使企业对信息系统进行整体优化再建设的主要原因有四个：一是应用系统（软件）的生命周期是有限的，二是系统软/硬件运行平台稳定性要求，三是企业管理需求的变化，四是管理理念的发展和IT技术的进步。

### 8.4.1 应用系统生命周期

信息化的应用系统（软件）是有生命周期的，一般在10年左右。应用系统在设计开发之初，由于受当时的认识水平、传统管理、主体装备、IT技术等各方面的制约，其功能设置、程序实现方案等，很大程度只能适应当时的业务需求。而在投运后的运行使用过程中，由于企业新的管理需求和业务流程的变化以及企业要求引入的新管理理念，使得原来的系统不可避免地要进行修改、扩充。据某大型钢铁企业统计，仅ERP产销系统在六年的时间里，设计变更即达182次，平均每年30次之多。为了不影响系统的正常运行，具体的修改和扩充一般是在原有基础上进行的，即用程序块“修补”的方式实现。随着时间的推移，“修补”的程序块越多，越难“修补”，同时系统的总体结构越来越趋向不合理，系统的可理解性、可维护性也就越来越差，使系统的整体性能和稳定性逐渐下降。所以，一般10年左右系统就应考虑实施应用软件的改造、更新和升级，进行整体优化再建设。

### 8.4.2 系统硬件与软件平台稳定可靠运行的要求

系统运行平台包括软件平台和硬件平台都是有使用周期的，一般在10年左右。企业信息系统所用计算机类设备、系统基础软件和商品化的应用软件平台都是有使用周期的，从软件新版本发布开始或者从硬件设备安装调试、投入运行开始，运行10年左右不仅其本身进入更新阶段，故障会逐渐增多，而且随着时间的推移系统运行服务的外部支持和备品备件的供应也会越来越困难。另外，需求的增加变化和技术的进步，应用系统亦需要运行平台增加新的功能。这些都迫使企业考虑对信息系统进行整体重新设计和再建设。

### 8.4.3 企业运营管理需求

企业需求永远是推进应用信息系统优化发展的主动力。企业管理需求的提升、优化与扩展，企业所面临竞争环境的变化，对企业应用信息系统不断提出新的要求。我国钢铁行业的快速发展对企业信息系统的柔性要求越来越高，要求信息系统适应企业的动态变化与经营方式的灵活性与敏捷性，如全球化市场的发展与产业链之间合作经营生产方式的出现，促使我国钢铁企业特别是大型钢铁企业纷纷走出国门，开展跨国家、跨地域经营，要求企业信息系统能够支持异地运营、多种语言操作和多种货币交易；又如，为提高我国钢铁产业集中度，各大钢铁企业纷纷扩张重组、兼并收购，协作方式出现了很多新的变化，要求企业信息系统能够支持基于全球范围的可重构过程的供应链及供应网络结构；再如，2008 年以来，由于全球性金融危机，严重冲击了实体经济，加之我国钢铁产能过剩，钢铁行业各企业普遍采用低成本策略，要求企业信息系统能够方便地按需配置，以缩短运营、生产周期，降低成本。企业的这些不断变化的需求是信息系统再建设的根本原因。

### 8.4.4　IT 技术发展

IT 技术是推动企业应用信息系统优化发展的另一驱动力。信息技术领域新技术的不断出现为企业信息系统提供了越来越灵活、强大的软/硬件平台和软件工具，面向服务架构 SOA（Service-Oriented Architecture）设计方法的出现、信息系统与价值链的融合、云计算、物联网等新技术的涌现与应用，处理器能力和运行速率的飞速提高，移动通信、人工智能、内存数据库等技术的发展，为企业信息系统的功能与性能的提高提供了新的空间。

### 8.4.5　再建设实施要点

信息系统整体优化再建设大体可以分为六步：

第一步对系统进行一次整体的问题诊断，确定系统是否需要再建设或哪一部分需要再建设；第二步进行系统改造规划；而后第三步根据改造规划、管理需求的变化和管理理念的提高重新实施 BPR；论证审批后进行第四步信息系统优化再建设的设计；第五步择机对已投入运行的信息系统进行必要的改造、优化和再建设，使系统更好地支持、适应企业的需求；第六步上线投运。

第一步进行系统诊断时，要将应用系统（应用软件）、系统软/硬件运行平台、操作管理三大部分分开进行，因为此三部分可能需要不同部门/单位以不同的方法处理。而再建设很可能是局部的，往往受各种条件的制约所有问题不一定能一次性都得到改进，所以还应按影响的严重程度分类。例如，将必须改进的定义为 A 类；如不能改进确有较大影响，但尚属非本质性影响的定义为 B 类；改进最好，不改也行，可改可不改的定义为 C 类。

第二步再建设规划是关键。首先根据诊断结果和企业管理需求，初步规划系统实施再建设的目标、范围和内容，规划拟引进的新管理理念和新 IT 技术，使再建设真正成为信息系统的优化，不要变成一次单纯的信息系统检修工程。而后按初步规划的目标、范围和内容研究实施的可行性，特别是对正在运行的信息系统实施局部改进的可行性：可能会产生哪些新的接口，如何处理；流程优化后数据很可能也有变化，如何处理；拟废弃的原系统会不会连锁引起数据的“废弃”，这些数据又如何处理等等。在此基础上最终确定实施再建设的目标、范围和内容，锁定实施再建设的边界。接着确定哪些硬件设备移作他用或报废，哪些基础系统软件或应用软件平台决定更新，最后确定概算和实施计划。

第三步实施业务流程优化再造 BPR 是十分必要的，系统再建设是优化业务流程的好时机，而且通过再次实施 BPR 使再建的新系统更符合企业的需求。

第四步设计阶段除了常规意义下的工作外，特别要注意的是对各种新产生的接口设计，对拟停运系统的数据利用的处理方案设计。

第五步是根据第四步的信息化系统的再建设的设计，对已运行的信息化系统进行改造、优化处理，使信息系统适应企业的需求。

最后第六步上线投运阶段，对系统切换时机的把握非常重要，事前必须要做好充分细致的计划，面对正在应用的运行系统，必须缜密周全地考虑到每个细节和可能出现的问题，做好处理预案，并寻找出最恰当的切换时间。再建设新系统的投运是一个过程，系统投运后有些应用还需要有较长的正确性验证时间（例如财务），因此即使系统已经上线，也要认真地做好运行维护工作，以便系统正式投入运行。

## 8.5　信息系统的运维管理

当前，先进企业的信息技术应用已不再是处于配角地位的技术手段，信息技术应用已经成为确保企业高效运营并在严峻的全球化竞争中立于不败之地必不可少的支撑平台，基于信息技术应用建立起来的企业运营架构正在成为现代企业的管理主体，维护信息应用系统持续、稳定、可靠的运行已经成为企业正常运行的必要前提条件。

### 8.5.1　信息系统运维管理的意义、范围与内容

企业管理信息系统是一个功能结构、数据关联非常紧密又非常复杂的应用系统，系统处理任何作业都是基于预设定的数据信息、严格按照预设计的流程逻辑运行的，而且这些数据信息和流程逻辑直接支持着企业运营管理全部核心业务职能的运转、执行。理论上讲，一个“健壮”的信息系统应该是稳定运行的，但是在系统的实际运行中，由于各种原因都会导致系统服务器、网络和应用软件出现故障。常见的有：由于管理不善、技术措施不到位，致使部分终端或局部系统遭到病毒攻击；由于设计选型时考虑不周，又缺乏有效的监控制度和手段，致使基础设备存在性能问题；维护不及时或缺乏有计划的维护，未能及时发现系统的潜在隐患；应用软件系统或数据库本身存在缺陷（Bugs）等都是常见的故障。而系统的人机交互环节，向系统录入数据时，数据格式必须规范，内容必须正确完整，操作时序必须满足业务逻辑处理的时序要求，亦即要求所有岗位人员必须严格地执行相关的规章制度、作业规范和操作规程，才能确保管理业务流程执行的顺畅、准确、高效。而员工缺少技能培训或管理不善，不按规定操作，都会造成系统故障，在系统投运初期此类原因引起的故障往往会占很大比例。

企业为减少信息系统故障一般会采取制定运维管理办法，推行流程管理，实行统一的运维管理、安全管理与控制；组织专职的系统运维队伍，委托生产厂商提供技术支持或将系统运维工作全部外包，建立系统运维支持体系；组织各方人员定期分析系统和网络的性能，排除隐患；使用网络、系统或数据库监控工具，辅助系统运维；进行冗余备份，建立远程灾备系统；对员工进行有针对性的培训，提高维护团队专业人员的责任意识和实际操作技能等举措。

据调查，系统出现故障的原因30%是技术方面的，70%是管理方面的。管理的问题需要用管理的手段来解决。因此加强企业信息系统运维管理，提高企业信息系统运维管理水平，实现信息系统运行维护的科学化、规范化、制度化，以保障信息技术应用系统的安

全、可靠、连续、稳定运行，已经成为企业信息化管理的重要工作之一。

#### 8.5.1.1 信息技术基础架构库

由英国国家计算机和电信局 CCTA 在 20 世纪 80 年代中期编制的 ITIL（Information Technology Infrastructure Library），即信息技术基础架构库对信息应用系统的运维管理范围给出完整全面的界定，同时亦给出信息应用系统运维管理工作的方法论和实施准则。

ITIL 发布后英美企业和政府机构广泛采用。其后，在 2001 年英国标准协会 BSI 发布了以 ITIL 为基础的 IT 服务国家标准 BS15000，2002 年提交国际标准化组织，成为 2005 年 12 月国际标准化组织发布的信息技术服务管理标准 ISO/IEC 20000 的基础。2011 年又发布了 ITILv3 版。

ISO/IEC 20000《信息技术服务管理（Information technology-Service management）》标准分为两部分，第 1 部分规范（Part1：Specification）、第 2 部分实施指南（Part2：Code of practice），每部分的主体由 10 章构成，两部分的章节完全对应一致。在这一框架或标准中有一个重要的概念，即 IT 服务管理。国际 IT 权威机构 Gartner 定义：IT 服务管理是一套通过服务级别协议来保证 IT 服务质量的协同流程，它涉及系统管理、网络管理、系统开发管理等管理活动，融合了变更管理、资产管理、问题管理等许多流程理论和实践。另一个国际权威组织 IT 服务论坛 itSMF 认为：IT 服务管理是一种以客户为中心以流程为导向的方法，它通过整合组织业务与 IT 服务，提高组织的 IT 服务提供和 IT 服务支持的能力和水平。

目前，国外企业（包括政府机构）和国内信息化建设应用水平比较先进的企业，在构建系统运维管理体系和制定相关管理规制时，大多参照或直接引用信息技术基础架构库 ITIL 框架，以及国际标准 ISO/IEC20000《信息技术服务管理》的准则、方法和内容。

鉴于 ITIL 体系在信息应用系统运维管理方面为国际、国内企业的广泛认同和应用，建议国内钢铁企业在构建信息应用系统运维管理架构和平台时，尽可能直接采用或参照 ITIL 体系。据此，下面将参照 ITIL 体系的架构和方法论阐述信息应用系统运维管理工作的实施内容和方法。

#### 8.5.1.2 运维管理的范围

信息系统运维管理工作覆盖信息应用系统需求变更管理、运行平台运维与改善管理、网络系统运维与改善管理等工作领域，但只包括信息系统。由于自身持续稳定运行的需要，或者由于业务流程变化需要系统变更，而实施运维操作时的相关管理工作；不包括对业务流程的完善、改进、优化等相关的企业管理工作。现阶段系统运维管理一般还局限在企业拥有产权的系统范围内，可以预见随着云计算和移动应用影响和使用范围的扩展，企业信息系统运维管理的“触角”必将延伸到运营商的公网。

#### 8.5.1.3 运维管理的内容

企业参照 ITIL 框架构建本企业运维体系时应注意，ITIL 是针对 IT 行业的，是从 IT 行业的角度描述各项服务管理，IT 服务管理的主要内容和任务不是管理技术，而是管理客户和用户的 IT 需求，IT 服务管理的三大目标是“以客户为中心、服务可计量、提供高质量低成本的服务”。此外，ITIL 框架所说的 IT 服务管理也不仅限于系统的运维服务管理，而且包括提供满足客户需求的 IT 系统及其服务，即提供 IT 系统和系统开发都是服务的内容。

当企业基于 ITIL 框架建立信息系统运维体系时，应站在企业的角度，运用 IT 服务管理所体现的思想和方法，将系统运维由技术导向变为流程导向，由被动应对变为前瞻性的主动预防服务，将孤立分散的处理变为企业范围内的集成处理，将“见招拆招”式的无序处理变为有明确职责的可重复的流程处理。不论系统运维服务是否委托给其他单位或厂商，在运维服务过程中，拥有系统产权的企业单位都负有重要的管理责任。

如图 8-1 所示，ITIL 框架下的 IT 服务管理由业务管理、服务管理、IT 基础架构管理、应用管理、安全管理、IT 服务管理规划与实施等六大模块构成，IT 服务管理可以理解为搭建在业务与技术之间的桥梁，通过 IT 服务管理使得信息技术更好地满足企业的业务需求，为企业业务服务。钢铁企业可以建立与此框架完全一样的系统运维服务管理架构，运用 IT 服务管理的理念为钢铁企业服务。具体内容如下：

（1）业务管理。业务管理的核心是根据业务需求来确定系统运维服务，分析 IT 问题，了解 IT 基础架构支持企业业务的能力和系统运维服务管理在向企业提供服务过程中的作用，处理企业与系统运维服务提供方之间的关系。

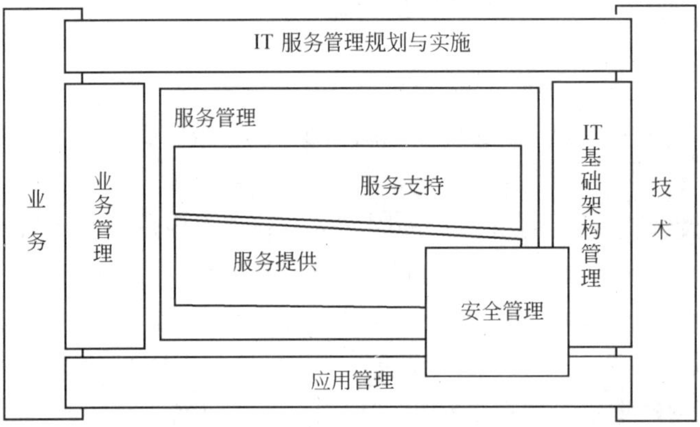


图 8-1　ITIL 框架示意图

（2）服务管理。服务管理是系统运维服务管理的核心，由服务提供和服务支持两部分组成，共 10 个核心服务流程和一些辅助流程，以及服务台职能。其中，服务提供包括服务级别管理、可用性管理、能力管理、运维服务财务管理、运维服务持续性管理；服务支持包括故障管理、问题管理、配置管理、变更管理、发布管理和服务台职能。

（3）IT 基础架构管理。从技术角度对 IT 基础设施进行管理，包括识别企业的业务需求、实施部署和运行维护等，以确保 IT 基础架构稳定可靠，满足企业业务需求，支撑企业的业务运行。

（4）应用管理。协调系统运维服务提供方介入企业应用系统的运维服务工作，确保系统提供满足企业业务需求的支持和服务。

（5）安全管理。确定企业信息系统的安全需求，制定安全政策、策略和方法，为系统安全管理提供指导。

#### 8.5.1.4　IT 服务管理规划与实施

确立企业信息系统运维工作的远景目标，评价现状，分析差距、确定企业信息系统运维工作的长远目标和阶段（例如年度/季度）目标；对系统运维实施情况进行评审，根据需求划分系统运维任务的级别；形成对上述各模块流程/服务的指导和对这些流程/服务的整合。

如上所述，服务管理是系统运维管理的核心，由服务提供和服务支持两大部分10个核心流程及服务台构成。

服务提供的核心流程如下：

（1）服务级别管理。将服务划分成级别，在运维服务提供方与业务需求方之间建立有效的业务关系，确保支撑企业业务的信息系统得到最恰当级别的运维服务，在成本合理的范围内保持运维服务质量，并且运维服务能够得到持续的改进，逐渐提高运维服务质量。

（2）可用性管理。通过设计、实施、监控、评价和报告系统运维服务的可用性，确保运维服务提供方的结构、组织以及能够提供的能力与业务需求相匹配，以保证不断提供满足业务可用性需求的服务。

（3）能力管理。根据企业当前和未来的业务需求配备所需的IT资源，对运维服务提供方向企业提供的业务能力、服务能力和资源能力等三方面进行管理。

（4）运维服务的财务管理。全面核算系统运维成本，对运维服务提供方向企业提供的服务进行成本效益管理。

（5）运维服务的持续性管理。通过流程管理并配备必要的资源，提高系统预防灾难能力，增强系统恢复能力和容错能力，将信息系统灾难引发的企业业务风险降至合理水平。确保在事故（灾难）发生并处理完成后，IT基础设施和运维服务能够在规定的时间内恢复，持续提供运维服务，以保证企业业务的连续运行。

服务支持的核心流程如下：

（1）故障管理。对企业运行中各种突发信息故障的检测、记录并解决。

（2）问题管理。找到并消除引起故障的深层次原因，防止故障的再次发生。

（3）变更管理。确保变更按标准的方法和规范的流程步骤实施。

（4）发布管理。将经测试无误的软/硬件版本发布部署到变更地点。

（5）配置管理。在配置管理数据库的支持下，通过识别、监测、控制和提供有关配置项及其版本信息来支持各项管理和服务的实现。

服务支持还包括服务台职能。

### 8.5.2 钢铁企业运维服务的组织结构

企业信息系统运维服务组织可考虑设置成四级结构，或称四线支持：一线支持通常由服务台来提供，服务台的工作人员最好由本企业IT队伍派员承担，如果企业没有自己的IT队伍，也可以委托给可靠的IT合作伙伴；二线支持由企业信息化管理部门承担，通过这一环节管理人员能及时掌握情况，并起到调度管理的作用；三线支持由软件开发人员和系统结构人员提供，可以是本企业的IT人员，也可能全部或部分是企业外IT队伍的人员；四线支持一般由软/硬件供应商和生产厂商提供。企业上述的运维组织，可以总称为企业信息系统运维中心，简称运维中心。

企业运维组织结构不论设置成几级，实际存在三层，即核心层、基础层、后援层。

#### 8.5.2.1 运维服务的核心层

企业自己的IT队伍应该承担运维的核心任务，成为信息技术应用系统运维体系的核心。负责设立企业信息系统运维服务台，构建企业信息系统配置管理数据库（CMDB），并对企业各基层单位系统运维提供技术支持。企业应充分发挥自己IT队伍的技术力量，利用企业内部资源可以完成的运维服务任务，原则上就不应再委托企业外的IT队伍实施。

服务台的形式有多种，企业应根据自身的实际情况确定适合本企业需要的形式，常见的形式有集中式服务台、分布式服务台、虚拟式服务台，技术型服务台、非技术型服务台、专家型服务台等。建议钢铁企业采用集中式或分布式的技术型服务台，将呼叫中心与技术服务功能融为一体。如果企业自己的IT队伍人数不多，可以考虑将系统的日常巡检（点检）、服务台以及应用开发三项工作由同一支队伍承担，分组排班，每名员工一专多能；如果企业自己的IT队伍人数够多、能力够强，则可考虑将日常巡检（点检）、服务台与应用开发分开：组建一支自己的专职运维队伍，负责日常巡检（点检）和服务台工作，同时，组建自己的另一支队伍承担应用开发和运维三线支持工作。

企业最好配置自己IT队伍的人员执行服务台各岗位工作。服务台是信息系统最终用户与企业运维中心的联络点和报修台，采用24×365小时工作制，具体服务可通过电话热线服务、远程支持和现场服务等方式实现。企业以服务台的形式对信息系统的运行情况进行日常监控，登记反馈的各种故障，收集整理问题，按既定服务级别和工作流程落实安排不同级别的服务，协调解决各类故障和问题。

最好由企业IT队伍负责构建配置管理数据库，并派专人维护管理。企业所有信息技术应用系统涉及的软/硬件、应用和网络的配置、权限、传输管理等信息都必须存放在企业信息系统配置管理数据库（CMDB）中，作为信息系统配置和变更的基础和系统运维的参数档案。

同样，企业IT队伍负责构建知识库，并派专人维护管理。按专业分类将运维中已处理的各类技术问题的典型案例和解决方法存储在知识库中，通过知识积累，提高服务台解决问题的速度和水平。

#### 8.5.2.2 运维服务的基础层

如果企业规模较大，所属分/子公司分布地域较广、距离较远，信息系统运维工作可采用分级管理方式，分级设置信息系统运维中心、设立服务台、配置管理数据库和知识库等，同时实施集中管控，信息共享。企业各分/子公司在权限范围内组织运维技术队伍，负责本单位拥有产权的信息系统运行维护工作。

事实上，应该把企业的信息系统运维管理放到企业信息化管理体系中一并考虑。对于钢铁企业而言，特别是大型钢铁企业，必须建立健全从公司总部、分/子公司，直到基层单位各层级的信息化管理机构，构建包括系统运维管理在内的一体化、分层次的信息化管理体系。企业总部必须建立强有力的信息化管理部门或机构；信息化建设应用应列入基层各单位主要领导的任期绩效考核指标；各级领导班子中要明确一位成员分管本单位信息化工作；各单位要有一个部门或机构负责本单位的信息化工作；基层单位的信息管理员、安全管理员、网络管理员等岗位也要落实到人、到岗，使每一个负有信息化管理任务的员工都有真正的责任感。有了较完整的体系，才能明确岗位责任，实施流程化管理，将各项运维管理措施落到实处。

#### 8.5.2.3 运维服务的后援层

构建信息技术应用系统运维后援队伍，负责解决高难度的技术问题。企业可以考虑组建非专职的专家组，专家组成员由信息化管理部门在企业范围内聘用。以专家组为基础，对服务台无法解决的各类专业技术问题，由专家组以咨询服务合同的方式协同国内外 IT 专业服务商负责解决。企业信息化管理部门指派专人作为专家组的常务工作人员，完成专家组日常技术管理工作。信息化管理部门依据专家组成员解决实际问题的能力，不定期对专家组人员进行动态调整，保证专家组能够储备具有高可用性的技术力量。

### 8.5.3 运维服务的提供管理

#### 8.5.3.1 服务级别管理

服务级别管理是定义、协商、签订系统运维服务合同，测试提供给企业的运维服务质量水平的管理流程。企业可将此管理流程以如下方式体现在实际工作中：企业信息化管理部门每年（如四季度）根据企业信息系统运维需要，编制下年度企业信息系统运维方案（计划）。企业规模较大采取分级管理的，可在稍早一些（如每年 9 月份），由企业各部门/单位向企业信息化管理部门上报本部门/单位下年度信息系统运维服务需求，信息化管理部门将各部门/单位信息系统年度运维服务需求汇总后，编制下年度企业运维服务方案（计划）。运维方案除了要确定下年度运维需求外，还应对需求划分运维服务级别，根据需求的运维服务级别和专业分工，圈定承担下年度各项运维任务的候选服务单位/厂商，并确定哪些服务由企业内部单位承担，哪些服务需要委托企业外部厂商承担，而后按企业相关管理流程评审、批准，确定这些单位/厂商的运维服务候选资格。

信息化管理部门会同企业信息系统产权单位，根据企业采购和外委施工、服务招标管理的规定与流程，在圈定的候选运维服务单位/厂商范围内组织招标、评标、签约工作。一般运维服务提供方都有成熟的服务级别划分及计费方法，而企业在这方面很可能缺少经验，对需要的运维服务一时描述不清，也不十分清楚应如何划分服务级别。为了弥补知识不对称带来的问题，企业应在与服务提供方充分沟通、协商的基础上，在签订的运维服务协议（或合同技术附件）中详细列明服务目录，即可用的服务及这些服务级别的详细说明，最好采用企业能准确理解的语言书写，尽量少用企业不能准确理解的技术术语。同时要求服务提供方根据运维需求，提交服务说明书，将企业提出的服务需求转化为提供服务的技术细节，描述怎样提供服务；还须提交服务质量计划，详细说明提供什么样的服务。合同中应对运维服务质量有明确的要求条款，提出考核内容和惩罚方式，合同执行完毕时，企业必须按照约定的服务标准进行服务质量评估，并按照合同中的相应条款执行惩罚。

在与运维服务提供方签订的委托合同中，除一般性商务条款外还应有要求服务提供方的运维服务人员必须遵守企业各项管理制度的条款；合同中应有对运维服务方进行约束的保密条款，防止企业的商业秘密和敏感信息外泄。

企业信息系统产权单位须对信息系统运维服务承担单位/厂商的服务执行情况进行监督、检查，每年定期进行一次全面的服务级别评议，评议结果报企业信息化管理部门，信息化管理部门根据评议结果改进企业下年度信息系统运维服务方案，并向运维服务单位/厂商提出改进服务建议、警告或终止其服务候选资格。

#### 8.5.3.2　可用性管理

可用性管理是为了保证信息系统可用性，企业对运维服务提供方进行管理的流程。企业在运维管理工作中可这样实施可用性管理：对于承担重要运维需求的单位/厂商，或者新增的运维服务单位/厂商，为了确保运维服务单位/厂商的能力与运维服务需求相匹配，企业信息化管理部门和企业信息系统产权单位，须要求运维服务单位/厂商针对系统运维需求进行可用性分析与运维服务的可用性设计，编制故障后系统恢复方案和运维服务可用性的具体实施计划，提交企业信息化管理部门，并由企业信息化管理部门组织评审。

对于经审查（或招标）确认承担运维服务的单位/厂商，企业信息系统产权单位要在运维实施过程中进行监控，记录其实际运作，检查可用性设计的合理性与效果，重点考核可用率、平均（故障）修复时间、平均无故障时间、平均系统故障间隔时间等运维的可用性指标，并报企业信息化管理部门，信息化管理部门据此向运维服务单位/厂商提出改进建议、警告或终止其运维服务资格。

#### 8.5.3.3　能力管理

能力管理是在合理成本的范围内，为满足企业系统运维需求，约束运维服务提供方配置合理服务能力的管理流程。实际工作中，企业信息化管理部门依据各部门/单位每年报送的信息系统运维服务需求，并结合对企业战略发展规划和年度战略计划的分析，全面了解并掌握企业当前、下年度及未来业务发展对信息系统运维服务的需求。企业应要求承担运维服务的单位/厂商每年（如四季度或年初）提交一份对自身运维能力的分析报告，包括在企业执行运维服务的情况，服务品质和绩效的自我评价，人力、基础设备、工具、备件的配置，高峰时期的负载量，以及在其他企业的运维能力表现。

企业信息系统产权单位要随时了解信息系统运维服务单位/厂商的服务品质和服务运维的绩效，是否达到运维服务的级别要求，特别要掌握高峰时期运维服务的负载量，每年要对运维服务单位/厂商的能力进行评估，报企业信息化管理部门。信息化管理部门汇总各部门/单位的评估报告，综合分析后向运维服务单位/厂商提出优化改进建议，或者警告，或者终止其服务资格。运维服务单位/厂商要定期向企业主管部门报送所维护信息系统的资源占用与能力情况，包括 CPU 处理能力，网络流量与带宽占用，磁盘容量与数据库能力，电源负荷、机房空间、空调能力和信息系统使用运行情况等，必要时提出升级、增容建议。企业信息系统产权单位要随时关注信息系统资源能力情况，根据需求及未来业务发展评估资源能力的适用性，及时提出扩建、增容或升级建议，并做出预算，报企业信息化管理部门，依照相关管理规定和流程申报、评审，获得批准后立项实施。

#### 8.5.3.4　运维服务的财务管理

运维服务的财务管理是企业对信息系统运维服务过程中所有资源进行货币化管理的流程。在企业的实际工作中，每年（如四季度）信息化管理部门依据企业各部门/单位上报的信息系统运维需求，编制下年度运维费用预算，报企业计划财务主管部门审批。在编制预算前，先要对下年度信息系统运维服务的工作量进行预估，可结合前几年已发生的工作量对每个运维服务项目进行量化估算；工作量确定后，可参照前一年和当年的成本数据预测下年度成本；在对所有运维服务项目进行预测后，即可着手编制下年度整体的信息系统运维预算。预算批准后，要根据批准的系统运维费用，调整下年度信息系统运维服务方案，并确定承担信息系统运维服务的企业内部单位和外部厂商的候选范围，同时确定运维服务的计费方法。

企业信息系统产权单位每月要同步进行运维服务成本核算，按批准的预算计划控制支出，年终依企业相关规定进行决算。进行成本核算时要预先将运维服务进行分解，按层次结构细分成服务要素。服务要素定义得越详细则越容易理清相关成本。确定了服务要素后，进一步定义成本要素，成本要素可以分为人工成本、硬件成本、软件成本、场地成本、间接费用等。定义了成本要素后即可分门别类地进行成本归集和分摊，汇总出运维服务成本。

#### 8.5.3.5 运维服务的持续性管理

运维服务持续性管理是为确保在发生重大信息事故后，有足够的技术、财务和管理资源，确保运维服务可连续实施的管理流程。实际工作中，企业信息系统产权单位应会同承担系统运维服务的单位/厂商，按照企业有关应对突发事故/事件的管理规定，编制应对突发重大信息事故的预案，并确保应急预案的执行有足够的资源保障。承担系统运维服务的单位/厂商还应从资源上、技术上、组织上确保突发重大信息事故处置结束后，运维服务能够在规定的时间内迅速恢复，支持后续的运维服务需求，支持企业管理业务的持续运行。

企业信息系统产权单位与承担运维服务的单位/厂商，每年要进行一次评估，共同确定最大可接受服务损失的持续时间、服务恢复期间可接受的降级服务等级及最大可接受降级服务时间，并形成协议。

### 8.5.4 运维服务的支持管理

#### 8.5.4.1 故障管理

故障管理是记录、分类、安排人员处理故障、监督处理过程，直至故障解决的管理流程。具体流程如下：服务台通过电话或网络受理故障报修后，对故障的发生时间、地点、涉及到的人员和设备等相关信息做好记录，并在知识库和配置管理数据库的支持下进行故障分析、诊断，进而排除故障。故障排除后，做好故障排除过程和用户满意程度记录。服务台在规定的时间内（如1小时）无法排除报修的故障时，要及时逐级向上报告，直至由本企业专家组成员进行故障排除。本企业专家组成员也无法解决时，要立即上报企业信息化管理部门进行评估，决定是否启动IT专业服务通道，联系IT专业服务商、软/硬件供应商或生产厂商派员进行故障处理。本企业专家组成员负责对服务台无法处理的故障排除过程进行记录，更新知识库和配置管理数据库信息。服务台负责记录用户满意程度。

企业可以安排服务台直接负责每日/每周的巡检（点检），也可以安排另外的专职IT维护队伍负责每日/每周的巡检（点检）。在巡检（点检）过程中，要主动预防可能发生的故障，发现问题，及时解决，并做好故障排除记录，更新知识库和配置管理数据库信息。

#### 8.5.4.2 问题管理

问题管理是查明故障发生的原因，并找到解决方法和防止其再次发生的措施，将问题和故障对业务产生的影响降到最低的管理流程。问题管理与故障管理不同：问题管理强调的是质量，把速度放在第二位，为了发现故障原因和防止故障再次发生，可能需要花费较多的时间；而故障管理更强调速度，其目的是在故障发生后尽可能快地恢复系统，有时采取的是应急措施而不是永久性的解决方案。

在实际工作中，如果故障处理时已经查明产生原因，则在将故障原因消除后，由故障处理人员负责按规定的内容和格式编制问题处理文档，经授权存入知识库中。如果只进行了临时性故障处理，并未查找到引发故障的原因，则须由故障处理人员按规定的内容和格式编制故障处理文档，详细记录故障的表象和临时处理方法，作为问题经授权存入知识库，以备分析、调查，最终研究解决。

所有运维工作人员都有责任时时关注信息系统运行中潜在的风险，分析研究系统发生故障的变化趋势，发现系统运行基础设施中的薄弱环节，包括系统是否需要扩容或升级，最好能提出消除风险、预防故障和加强薄弱环节的措施建议，并经授权存入知识库。专家组负责确认哪些建议需要实施，对需要实施的建议设计出方案，报信息化管理部门组织论证，按管理流程获批准后实施。

#### 8.5.4.3　配置管理

配置管理是对企业信息系统软/硬件（包括应用软件）配置实施管理的流程，由确认系统的配置项、记录和报告配置项状态和变更请求、检验配置项的正确性和完整性等活动构成。配置管理与资产管理不同，资产管理不能取代配置管理。资产管理，无论固定资产管理、流动资产管理，还是无形资产管理，关注的重点是价值信息，如资产的产权、原值、折旧、用途、报废、残值等信息；而配置管理关注的重点在技术信息，如软/硬件产品/组件或系统的配置、性能、版本、授权、状态、相互关系等信息。

实际工作中，企业最好安排自己的IT队伍，例如由服务台负责配置管理数据库（CMDB）的建立和管理，在建立配置管理数据库时，要根据实际需要确定配置库的“宽度”和“深度”。配置管理数据库是层次结构的，所谓“宽度”，是指配置管理数据库描述的范围，表现为同一层配置项的数目，不宜过多过广；所谓“深度”，是指配置管理数据库对配置项描述的详细程度或分解的层次数，同样，对配置项描述得过于详细亦无必要。此外，在配置管理数据库中最好有配置基准（Baseline），即一个软/硬件产品、组件或系统在某一特定时刻的配置状况，作为基准保持不变，可为重建或恢复提供配置的标准，为变更提供起点。在配置管理数据库中，最好还记录下软/硬件产品或组件所处状态，可赋予代码，实现对软/硬件产品或组件的全生命周期管理，例如将状态分为开发中、订购中、库存中、已测试、运行中、停止使用等，根据需要可以划分得更细，这样随时掌握产品/组件所处的状态。

新建信息系统或系统发生变更或改进后，相关人员要按配置管理数据库规定的明细，及时向服务台提供相关的配置信息，由服务台依据新增或变化的配置信息更新配置管理数据库。服务台、运维服务的各线支持人员和专家组成员在处理故障、问题或其他技术需要时，经授权可以调用配置管理数据库信息，辅助解决相关事项。

#### 8.5.4.4　变更管理

变更管理是为了在最短的时间内完成系统变更服务的管理流程。企业中常见的变更管理流程有三种，一是因排除故障或处理问题产生的变更，二是业务应用需求引发的变更，三是标准变更。

因排除故障或处理问题产生的变更，由运维人员按规定内容和格式向企业信息化管理部门提出申请，企业信息化管理部门根据变更内容组织相关人员评估变更对应用和技术两方面的影响，并决定是否批准变更请求。变更请求按规定流程批准后，方可实施。

由使用部门与单位业务人员提出的应用变更需求，服务台负责对变更的内容和目的进行初步认定，上报企业信息化管理部门确认，对于不涉及业务流程、管理规程，也不需要其他相关系统同步修改的一般性应用变更，信息化管理部门可直接组织相关单位和人员实施；而涉及业务流程变化，或需要相关系统同步修改的变更，则需转企业相关业务主管部门进行必要性与可行性评审，通过后在信息化管理部门和相关业务主管部门共同协调下实施。

需要强调的是所有变更必须使用标准方法按标准流程进行操作，而且所有变更必须是可跟踪的，即清晰准确地记录下变更的位置、变更了什么。特殊情况下的紧急变更，可能因为时间不允许延迟，而采取应急措施，跳过了一些规定的测试或步骤，但之后必须完成必要的测试或步骤，并记录在案。

计算机系统、网络系统的配置变更和版本升级，包括生产厂商明确定义并由其完成的变更，可以统一按标准变更管理。可由企业信息系统产权单位提出，上报企业信息化管理部门，也可由信息化管理部门根据系统整体配置和运行的需要直接提出方案，并会同相关部门/单位进行必要性与可行性研究。变更的实施由企业信息化管理部门安排协调，同样要严格执行技术标准规范。必须强调的是企业任何单位和个人都不得擅自改变事前约定的、正在运行的计算机系统、网络系统的配置和版本，包括（但不限于）授权级别和限制、IP 地址、服务端口、消息通道、消息队列、消息触发机制等。

#### 8.5.4.5 发布管理

发布管理是对经测试后新增或修改后的软/硬件，授权导入实际应用环境进行部署和宣布的管理流程。发布管理的目的就是要确保只有经过测试证明是正确的，并被授权的软/硬件版本才能允许导入到实际运行的环境中。发布，包括软件（系统软件、网络软件和应用软件）发布、硬件（计算机硬件和网络硬件）发布、数据库发布。发布管理贯穿于变更的整个生命周期。为保证软件、硬件、数据发布部署到系统正确的物理位置，在变更实施时须经逐级测试、检查、确认无误，按企业规定的管理流程评审、批准后，指定有资质并授权的运维工作人员按标准操作执行。

发布单元对发布管理是个很重要的概念，为了实现对变更控制，保证变更对系统整体效果的正确，将变更及需要与变更一起发布的信息系统软件或硬件，称为发布单元。当对变更实施发布操作前，必须全面考虑此变更是否会影响到其他相关的信息系统软/硬件（包括应用软件），在进行周密的筹划与设计后，才能实施发布操作。实施发布时应根据变更的性质及与其他软/硬件组件的关联，确定采取德尔塔（δ）发布、全发布或包发布。德尔塔（δ）发布只包括那些发生变更的软/硬件组件，不测试变更组件以外的环境，用时较短，通常在紧急修复或临时修复时使用。全发布是对单元内所有组件，包括可能没有变更的组件，同时构建、测试和发布。这种方法用在不完全清楚此变更可能涉及哪些组件发生变更的情况，只能将软件和硬件进行彻底的测试、发布。全发布准备工作量较大，资源占用得也较多，但由于系统环境得到全面清理，发布实施后产生的故障可能会少。包发布是在一个较长的时间间隔内，将一组相关应用系统和基础架构的各次发布组合到一起实施的发布。最常用于第三方软件的计划性升级，应用系统运维中亦可采用，以便提供稳定的应用。

发布完成后要及时更新配置管理数据库，同时要更新最终软件库，调整最终硬件库。

最终软件库 DSL（Definitive Software Library）是一个存储企业信息系统所有软件最终批准版本（正本）的安全存储库。实际工作中，可能是包括安全仓库和防火保险柜在内的物理软件库，也可能是存储服务器的逻辑存储空间。最终软件库中可能保存同一软件的多个版本，包括当前版本、存档版本、文档记录和源代码等，所以需要定期进行备份。如果最终软件库分布在多个地点，多个地方管理，则每个地方都应当备有一个最终软件库的副本。发布管理涉及软件存入最终软件库开始的整个软件生命周期。

最终硬件库 DHS（Definitive Hardware Store）是信息系统硬件组件的备份库存。最终硬件库中的备用组件应得到与实际运行环境中对应组件相同级别的维护，以便在发生故障或重大信息事故时，随时可以使用。这些备用组件的配置信息也应该记录在配置管理数据库（CMDB）中。

### 8.5.5　信息安全管理

信息安全管理的目的是要在所有 IT 服务活动中有效管理信息安全，通过识别、控制和保护信息及用于信息存储、传输和处理的系统/设备，达到保证信息安全的目的。信息安全管理流程包括信息安全策划与控制措施、信息安全计划、信息安全计划的实施、实施效果与风险变化的评估、根据评估结果对企业安全体系的维护，以及企业信息安全报告等六项基本活动。

在实际工作中，企业应定期（例如半年/一年）进行信息安全风险评估，特别是信息资产的风险评估，包括信息的安全性、可用性、完整性和机密性。根据风险评估结果制定企业信息安全策略，进行安全策划，设计安全管理框架，并决定信息安全控制措施，包括信息安全管理组织和机制的建立或调整、信息安全管理措施和信息安全技术措施等内容。根据安全管理策略和控制措施，编制年度信息安全计划（或改进计划），经评审批准后实施。企业在组织实施信息安全工作的过程中一定要做好记录，并定期进行分析，对安全措施的实施结果进行评估，分析信息安全事故发生的趋势，评估信息安全策略的有效性。企业每年应形成信息安全的专题报告，记录信息安全措施实施的效果，预测下年度信息安全风险可能的变化，并对企业安全体系提出改进建议，经评审通过后，成为制订下年度信息安全计划的重要依据。

ISO/IEC 20000《信息技术服务管理》第2部分实施指南，要求承担信息安全管理的人员应熟悉 ISO/IEC 17799/BS7799 国际信息安全管理标准体系（Information Security Certification）。BS7799 是英国标准协会 BSI（British Standards Institute）制定的信息安全标准，分两个部分，第一部分是《信息安全管理实施指南（Code of Practice for Information Security Management）》，第二部分是《信息安全管理规范（Specification for Information Security Management Systems）》。BS7799 的第一部分被国际标准化组织采纳，成为 ISO/IEC17799《信

息技术-信息安全管理实施指南（Information technology-Code of Practice for Information Security Management)》标准。

我国对信息安全非常重视，前后颁布了《计算机信息系统安全保护等级划分准则》(GB 17859—1999)、《信息安全技术-信息系统安全等级保护基本要求》(GB/T 22239—2008）等国家标准，以及《信息安全等级保护管理办法（公通字［2007］43 号)》《中华人民共和国计算机信息系统安全保护条例（国务院令 147 号)》等一系列文件。

信息系统安全是指保护信息系统不受恶意攻击和破坏，确保信息系统按自身的规定接收、存储、处理和传输信息。根据国家等级保护管理文件规定，我国信息系统的安全保护等级分为以下五级：

第一级，信息系统受到破坏后，会对公民、法人和其他组织的合法权益造成损害，但不损害国家安全、社会秩序和公共利益。

第二级，信息系统受到破坏后，会对公民、法人和其他组织的合法权益产生严重损害，或者对社会秩序和公共利益造成损害，但不损害国家安全。

第三级，信息系统受到破坏后，会对社会秩序和公共利益造成严重损害，或者对国家安全造成损害。

第四级，信息系统受到破坏后，会对社会秩序和公共利益造成特别严重损害，或者对国家安全造成严重损害。

第五级，信息系统受到破坏后，会对国家安全造成特别严重损害。

钢铁企业可考虑执行第三级或以下级别（一级或二级）的规定。国家标准《信息安全技术-信息系统安全等级保护基本要求》(GB/T 22239—2008）中，对每一个级别都从技术和管理两方面详细描述了信息系统安全的基本要求。在第三级基本要求中管理要求的“7.2.5 系统运维管理”一节，从环境管理、资产管理、介质管理、设备管理、监控管理和安全管理中心、网络安全管理、系统安全管理、恶意代码防范管理、密码管理、变更管理、备份与恢复管理、安全事件处置、应急预案管理等方面，详细列出了信息系统安全管理要求，钢铁企业可根据这些条款结合企业具体情况制订相应的信息安全管理规定。

例如，根据环境管理的相关条款可规定：

企业信息系统产权单位应建立机房安全管理制度，对有关机房物理访问，物品带进、带出机房和机房环境安全等方面的管理做出规定；应指定部门负责机房安全，并配备机房安全管理人员，对机房的出入、服务器的开机或关机等工作进行管理；应指定专门的部门和人员定期对机房供配电、空调、温度、湿度控制等设施进行维护管理。

企业所属各单位应加强使用信息系统办公环境的保密性管理，规范办公环境人员行为：工作人员离开座位应确保终端计算机退出登录状态，桌面上也没有包含敏感信息的纸质文件；工作人员不在办公区接待来访人员；对工作人员调离须立即交还的物品和行为均应做出明确严格的规定。

又如，介质管理可对企业所属各单位做出如下规定：

各单位应建立信息存储介质的安全管理制度，对介质的存放环境、使用、维护和销毁等方面做出规定；实行存储环境专人管理，确保介质存放在安全的环境中，并对各类介质进行控制和保护，对介质在物理传输过程中的人员选择、打包、交付等情况进行控制，对介质归档和查询等进行登记记录，并根据入库存档介质的目录清单定期盘点。

各单位应对存储介质的使用过程、送出维修以及销毁等进行严格的管理，对带出工作环境的存储介质进行内容加密和监控管理，对送出维修或销毁的介质应首先清除介质中的敏感数据，对保密性较高的存储介质未经批准不得自行销毁。

若根据数据备份的需要对某些介质实行异地存储，则存储地的环境要求和管理方法也应与本地相同；对重要介质中的数据和软件应采取加密存储，并根据所承载数据和软件的重要程度对介质进行分类和标识管理。

再如，对监控管理和安全管理中心的基本要求：企业规模较大采用分级管理时，应在各分/子公司分别建立安全管理中心，对其辖区内信息系统的设备状态、恶意代码、补丁升级、安全审计等安全相关事项进行集中管理。

网络安全管理、系统安全管理、恶意代码防范管理、密码管理都是信息安全管理的重要任务，也是最容易发生问题的环节，企业可做出如下规定：

（1）网络安全管理。企业信息系统产权单位应指定专人对网络进行管理，负责运行日志、网络监控记录的日常维护、报警信息分析和处理工作；应建立网络安全管理制度，对网络安全配置、日志保存时间、安全策略、升级与打补丁、口令更新周期等方面做出规定。对所有与外部系统的连接应制定严格的审批授权管理流程，确实需要与外部系统连接时，应提出书面申请，经过相关应用人员确认同意，并经网络管理员、信息安全员的审查，最终由单位主管领导批准后，方可连接和得到授权。涉及企业重要信息或骨干网络与外部系统的连接，须报企业信息化管理部门审查批准。

企业信息系统产权单位应依据安全策略，允许或者拒绝便携式和移动式设备的网络接入；应定期检查违反网络安全策略和规定的行为，必要时须进行考核惩处。

承担运维服务的单位/厂商应定期对网络系统进行漏洞扫描，对网络系统安全漏洞及时进行修补；应根据生产厂商提供的软件升级版本对网络设备进行更新，并在更新前对现有的重要文件进行备份。

（2）系统安全管理。企业信息系统产权单位应根据业务需求和系统安全分析确定系统的访问控制策略；建立系统安全管理制度，对系统安全策略、安全配置、日志管理和日常操作流程等方面做出具体规定；并指定专人对系统进行管理，确定系统管理员，明确各岗位权限、责任和风险，权限设定应当遵循最小授权原则。

承担运维服务的单位/厂商应定期进行漏洞扫描，对发现的系统安全漏洞及时进行修补；应安装系统的最新补丁程序，在安装系统补丁前，首先在测试环境中测试通过，并对现有的重要文件进行备份后，方可实施系统补丁程序的安装。

承担运维服务的单位/厂商应依据操作手册对系统进行维护，详细记录操作日志，包括重要的日常操作、运行维护记录、参数的设置和修改等内容，严禁进行未经授权的操作；应定期对运行日志和审计数据进行分析，以便及时发现异常行为。

（3）恶意代码防范管理。企业安全管理中心应及时告知员工防病毒软件版本；有责任提高员工的防病毒意识，使所有员工养成良好的操作习惯，在读取移动存储设备上的数据以及网络上接收文件或邮件之前，先进行病毒检查，对外来计算机或存储设备接入网络系统之前也要进行病毒检查。

企业信息系统产权单位应对防恶意代码软件的授权使用、恶意代码库升级、定期汇报等做出明确规定；并指定专人对网络和主机进行恶意代码检测并保存检测记录。

承担运维服务的单位/厂商应定期检查信息系统内各种产品的恶意代码库的升级情况并进行记录，对主机防病毒产品、防病毒网关和邮件防病毒网关上截获的危险病毒或恶意代码进行及时分析处理，并形成书面的报表和总结，及时向产权单位或企业主管部门报告。

（4）密码管理。企业各信息系统产权单位应建立密码使用管理制度，使用符合国家密码管理规定的密码技术和产品。操作系统管理员、数据库管理员、应用系统管理员的账号和口令，企业应指定责任人掌握，当执行外委/外包运维服务合同需要时，经授权由责任人向外来的实施维护、检修服务的人员提供相关账号和口令，同时监督其工作，并留存具有可追溯性的操作记录。管理员账号和口令在工作完成后立即收回，必要时更换账号、口令。

### 8.5.6　运维服务的技术管理

企业信息系统运维服务管理需要有大量技术管理文件支撑，包括指标、标准、规范、制度、规程等，有些具有通用性，有些则需要企业根据系统、设备及环境的具体情况，参照国家标准或行业标准制订，也可设法从系统/设备生产厂商处获取相关资料。

#### 8.5.6.1　系统运维服务管理的通用指标

衡量系统运维服务管理品质和绩效常用的有如下指标：

（1）服务台工作指标。服务台工作指标包括衡量整体服务质量的指标用户满意率。

1）服务台接线量。在规定的服务时段内，服务台所接收的故障报修申请次数。

2）解答率 *AR*(Answer Rate)。在规定的服务时段内，服务台接到故障申请后，立即给予用户解答的次数与服务台接线量之比。此项指标可以反映服务台即时解决问题的能力。

$$AR(\text{解答率}) = \frac{\text{即时给予用户解答次数}}{\text{服务台接线量}}$$

3）成功解决反馈率 *SRR*(Successful Resolution Rate)。在规定的服务时段内，服务台成功解决故障申请的次数与服务台接线量之比。此项指标可以反映服务台解决问题的有效率。

$$SRR(\text{成功解决反馈率}) = \frac{\text{服务台成功解决故障次数}}{\text{服务台接线量}}$$

4）用户满意率 *USR*(User Satisfaction Rate)。在规定的服务时段内，用户对运维服务质量的满意次数与服务台接线量之比。此项指标可以综合反映运维服务水平。

$$USR(\text{用户满意率}) = \frac{\text{用户满意次数}}{\text{服务台接线量}}$$

（2）配置管理指标。系统运维服务配置管理的指标主要有：

1）配置管理覆盖率 *CMC*(Configuration Management Coverage)。为提高信息系统故障处理的效率，建立配置管理数据库（CMDB）辅助故障的诊断和修复。此指标是指已在配置管理数据库中建立了配置参数的信息系统数量与信息系统总数量之比。此项指标越高，故障的诊断和修复能力越强。

$$CMC(\text{配置管理覆盖率}) = \frac{\text{在 CMDB 中建立配置参数的信息系统数量}}{\text{信息系统总数量}}$$

2）配置管理准确率 *CMA*（Configuration Management Accuracy）。此指标是指配置管理数据库中建立的信息系统配置参数的准确率，可通过抽取样本方式确定。

$$CMA(\text{配置管理准确率}) = \frac{\text{合格样本参数数量}}{\text{样本总数量}}$$

3）配置管理更新率 *CMUR*（Configuration Management Update Rate）。为考核配置管理数据库（*CMDB*）中信息系统各项参数的准确性和时效性，设立此项指标。此项指标是指在规定期限内，配置管理数据库中已完成参数更新的信息系统数量与需要进行参数更新的信息系统数量之比。

$$CMUR(\text{配置管理更新率}) = \frac{\text{已完成参数更新的信息系统数量}}{\text{需要进行参数更新的信息系统数量}}$$

（3）故障生命周期。为了对可用性管理进行量化评价，引入故障生命周期的概念，每一个故障生命周期如图 8-2 所示。

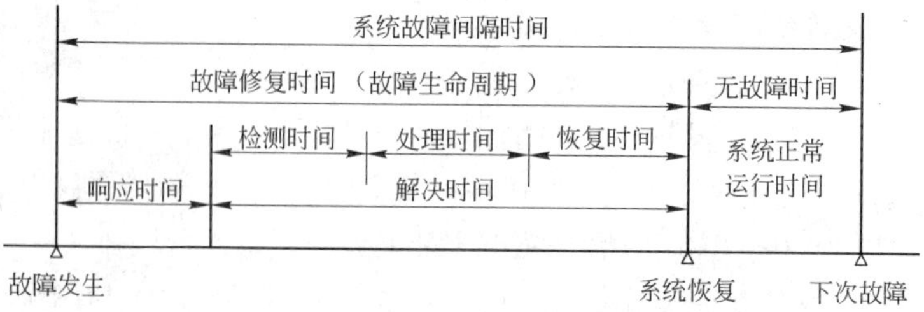


图 8-2　故障生命周期示意图

1）故障发生：操作使用人员或运维人员意识到故障，或被其他技术手段识别判定发生故障的时刻（时间点）。是故障生命周期的开始。

2）响应时间：从服务台接到故障报告，到运维服务技术人员到达故障现场或远程服务的现场，这段时间称为响应时间。

3）检测时间：运维服务人员进行故障诊断所花费的时间。

4）处理时间：运维服务人员排除故障或进行临时性处理所用时间。

5）恢复时间：故障处理后系统恢复正常运行提交给最终用户（包括配置和初始化在内）所用的时间。系统恢复运行，将系统交给最终用户，恢复服务这一时间点是故障生命周期的结束。整个故障生命周期称为故障修复时间，即通常所说的故障时间。

6）解决时间：检测时间、处理时间与恢复时间在实际统计记录时常常很难划分清楚，所以将三者之和称为故障解决时间。即

$$\text{故障解决时间} = \text{检测时间} + \text{处理时间} + \text{恢复时间}$$

$$\text{故障修复时间} = \text{解决时间} + \text{响应时间}$$

(4) 可用性管理指标。系统运维服务可用性管理的指标主要有：

1) 可用率 $UA$(Usability)。在规定的服务时段内，最终用户实际能够使用的服务时间占规定提供服务时间的比例。可用率用来衡量信息系统的可用性。

$$UA(\text{可用率}) = \frac{\text{规定的服务时间} - \text{服务中断的时间}}{\text{规定的服务时间}} \times 100\%$$

2) 平均（故障）修复时间 $MTTR$(Mean Time To Repair)。平均（故障）修复时间是在统计周期内，所有各次故障修复时间的算数平均，一定意义上反映了系统的可维护性和维护能力。故障次数 $n=0$ 时，$MTTR=0$。

$$MTTR(\text{平均故障时间}) = \frac{\text{各次故障修复时间之和}}{\text{故障次数 } n+1}$$

3) 平均无故障时间 $MTBF$(Mean Time Between Failures)。无故障时间即系统正常运行时间，从一次故障的恢复点到下一次故障发生之间的间隔时间。平均无故障时间即所有间隔时间的平均值，一定意义上反映了系统的可靠性与维护效果。故障次数 $n=0$ 时，$MTBF$ = 统计期自然时间。

$$MTBF(\text{平均无故障时间}) = \frac{\text{统计期自然时间} - \text{统计期内各次故障修复时间之和}}{\text{故障次数 } n+1}$$

4) 平均系统故障间隔时间 $MTBSI$(Mean Time Between System Incidents)。系统故障间隔时间指两次相邻故障之间的间隔时间。平均系统故障间隔时间为平均（故障）修复时间与平均无故障时间之和，或者统计期自然时间与统计期内故障次数之比。

5) 故障特征值 $F$(Failure Feature)。用平均无故障时间（$MTBF$）与平均系统故障间隔时间（$MTBST$）的比称作故障特征值，用来描述故障特征。该值较小说明修复故障费时多，问题严重；该值较大，接近 1，说明故障修复时间少，或是只发生小故障，或是维护能力强。事实上 $F \leqslant 1$，只有当统计期内故障次数 $n=0$ 时，才有 $F=1$。

$$F(\text{故障特征值}) = \frac{MTBF}{MTBSI}$$

(5) 变更管理指标。系统运维服务变更管理的指标主要有：

1) 变更失败率 $CFR$(Change Failure Rate)。规定期限内，未能完成用户变更申请的数量与受理用户变更申请的数量之比。

$$CFR(\text{变更失败率}) = \frac{\text{未完成变更的信息系统数量}}{\text{需要进行变更的信息系统数量}}$$

2) 变更被拒绝率 $CRR$(Change Rejected Rates)。规定期限内，拒绝用户变更申请的数量与用户申请变更的总数量之比。

$$CRR(\text{变更被拒绝率}) = \frac{\text{拒绝用户变更的数量}}{\text{用户申请变更的数量}}$$

3) 变更准确完成率 $CA$(Change Accuracy)。规定期限内，准确完成用户变更申请的数量与受理用户变更申请的总数量之比。

$$CA(\text{变更准确完成率}) = \frac{\text{准确完成用户变更的数量}}{\text{受理用户申请变更的总数量}}$$

#### 8.5.6.2 系统运行与巡检指标

信息系统运行及维护人员日常巡检（点检）的主要指标如下：

（1）环境指标：

1）温度：主机房温度、电源室温度、电池间温度。

2）湿度：主机房湿度、电源室湿度、电池间湿度。

3）恒温恒湿机运行状态。

4）供电电压：各个配电柜的输出电压值。

5）不间断电电源 UPS 的运行状态。

6）换气扇或新风机的运行状态，过滤网的洁净程度。

（2）服务器指标：

1）设备运行状态：可通过服务器、存储设备以及网络设备状态指示灯，判断设备是否存在故障。

2）服务器错误：通过系统命令查看服务器错误日志，检查服务器错误信息。

3）CPU 利用率：通过系统命令或其他方式检查 CPU 使用情况：

CPU(瞬时) 利用率 = 内核利用率(Kernel 值) + 用户利用率(User 值)

CPU 平均利用率：经过设定的足够小的等值时间段，对 CPU 瞬时利用率采样，在测试时间内（例如 24 小时）所有样本的平均值。

CPU 利用率峰值：在测试时间内（例如 24 小时）CPU 瞬时利用率样本的最大值。

（3）数据库指标：

1）文件系统使用情况：通过系统命令查看文件系统使用百分比。

2）数据库表空间利用情况：通过系统命令查看数据库（裸设备）空间占用情况。

（4）网络指标：

1）网络带宽：借用模拟通信中的“带宽”概念，表示信道传输数字信号的能力，即传输速率，单位为 bit/s，网络带宽常常书写成 Mbps 或者 Gbps。

2）网络流量：指在一定的时间内网络链路上的实际传输数据量，一般单位为 Mbps。

3）交换机 CPU 利用率：登录交换机进入全局模式，运行相关命令，可以得到当前时间或过去一段时间内该交换机的 CPU 利用率（负荷）。每天（24 小时）记录 CPU 利用率（负荷），可以得出该网络交换机在某段时间 CPU 平均利用率（负荷）。

系统运行及维护检修工作制度、规范与规程。支撑企业系统运维服务管理还有如下几方面的工作制度、规范与操作规程：

（1）信息系统机房及运行环境的制度规程。人员方面有机房值班制度、工作环境中的人员行为规范、人员离岗制度、外部人员访问管理制度、外来短期检修维保人员管理制度；环境方面有机房环境、机房卫生、机房供电、机房防火等操作规程；设备方面有设备运维、设备启停、设备安装、设备运输等操作规程。

（2）计算机服务器及外围设备维护维修制度规程。运维值班方面有值班纪律、值班交接、连班工作、突发重大信息事故应对、值班故障处理、警报处理等工作制度。

巡检维保和故障处理方面有巡检、维保、变更、升级、故障处理等操作规程。

（3）信息备份/恢复与介质管理的制度规程。信息备份/恢复方面有备份/恢复操作制度、备份检查与恢复测试、备份/恢复操作要求。

介质管理方面有介质存放管理、介质外借管理、介质寿命管理、介质销毁管理等制度，以及介质存放环境要求。

(4) 信息系统网络设备/设施（含线路）维护维修的制度规程。有设备运行状况巡检、IP 地址变更/分配、终端迁移、故障处理、交换机停机、网间互联故障处理、交换机故障处理等操作规程。

(5) 信息系统应用变更的制度规程。应用变更申请方面有应用程序变更、数据结构变更、业务数据变更、用户授权变更等工作制度。

应用变更实施方面有变更实施单位确定、变更方案制定、重大变更处理、应用变更实施、变更外委实施、实施后检查等工作制度。

信息安全方面的规范。支撑企业系统信息安全方面的运维服务管理还有如下几方面的工作制度与规范：

(1) 信息系统安全技术规范。包括：物理环境安全、网络安全、主机安全、应用安全、数据安全及备份恢复等五部分安全技术规范。

(2) 突发重大信息事故应急预案编制模板。模板规定应急预案应编制的主要内容包括：突发重大信息事故名称、突发重大信息事故概述、应急预案适用范围，风险分析与风险预警、处理突发重大信息事故的组织机构及职责、突发重大信息事故应急响应措施、应急保障、事故信息发布，培训与演练等。

(3) 信息事故等级定义。包括：硬件与机房环境事故等级定义、系统软件（含数据库）事故等级定义、网络系统事故等级定义、信息系统应用软件事故等级定义、应用信息事故等级定义等。

# 参考文献


[1] 中国钢铁企业信息化和工业化融合发展水平评估报告（2011 年度）．中国钢铁工业协会，2011 年 9 月发布．

[2] 范玉顺．信息化管理战略与方法[M]．北京：清华大学出版社，2008.

[3] 高复先．信息资源规划—信息化建设基础工程[M]．北京：清华大学出版社，2002.

[4] 陈海明，崔莉，谢开斌，等．物联网体系结构与实现方法的比较研究[J]．计算机学报，2013(1)：168 ~ 188.

[5] 师雪霖，徐恪，等．云虚拟机资源分配的效用最大化模型[J]．计算机学报，2013(2)：252 ~ 262.

[6] 史英杰，孟小峰，等．云数据管理系统中查询技术研究综述[J]．计算机学报，2013(2)：209 ~ 225.

[7] 谢磊，殷亚凤，陈曦，陆桑璐，陈道蓄，等．RFID 数据管理：算法、协议与性能评测[J]．计算机学报，2013(3)：457 ~ 470.

[8] 陈泯融，张席，何凯，关超文，刘丹，等．改进的选择密文安全公钥加密方案[J]．计算机学报，2013(6)：1149 ~ 1154.

[9] 王元卓，靳小龙，程学旗，等．网络大数据：现状与展望[J]．计算机学报，2013(6)：1125 ~ 1138.

[10] 马友忠，孟小峰，姜大昕，等．移动应用集成：框架、技术与挑战[J]．计算机学报，2013(7)：1376 ~ 1387.

[11] 王雪，周烜，王珊，等．混合的大规模数据库自动模式抽象方法[J]．计算机学报，2013(8)：1616 ~ 1625.

[12] 林闯，苏文博，孟坤，刘渠，刘卫东，等．云计算安全：架构、机制与模型评价[J]．计算机学报，2013(9)：1765 ~ 1784.

[13] 孙跃坤，毛新军，尹俊文，等．基于组织的分布式开放系统自适应机制[J]．计算机学报，2013(11)：2201 ~ 2211.

[14] 王力．集团型钢铁企业集中管控信息和建设的探索和实践（上）[J]．冶金自动化，2013(6)：1 ~ 6.

[15] 王力．集团型钢铁企业集中管控信息和建设的探索和实践（下）[J]．冶金自动化，2014(1)：1 ~ 7.

[16] 王力．宝信云管理平台架构及在宝钢私有云中的应用[J]．冶金自动化，2014(2)：1 ~ 5.

[17] James K. Ostie. An Introduction to Enterprise Modeling and Simulation. 1996.

[18] C. J. Pétrie Jr. Introduction，In：Enterprise Integration Modeling-Proceedings of the First International Conference MIT Press. 1992.

[19] Haim Kilov. Business models-A Guide for Business and IT. Prentice-Hall，2002.

[20] Ulrich Frank. Multi Perspective Enterprise Modeling（MEMO）：Conceptual Framework and Modeling Languages，In：Proceedings of the Hawaii International Conference on System Sciences（HICSS-35）. Los Alamitos，CA. Ralph H. Sprague，Jr.（eds.）. IEEE Computer Society Press. 2002.

[21] August-Wilhelm Scheer. Architecture of Integrated Information Systems：Foundations of Enterprise Modelling. Springer-Verlag. 1992.

[22] MIT Center for Information Systems Research，Peter Weill，Director，as presented at the Sixth e-Business Conference，Barcelona Spain，27 March 2007.

[23] Jarvis R. Enterprise Architecture：Understanding the Bigger Picture-A Best Practice Guide for Decision Makers in IT，The UK National Computing Centre，Manchester，UK.

[24] FEA Practice Guidance Federal Enterprise Architecture Program Management Office OMB, (2007), whitehouse. gov

[25] Stephen Marley (2003). Architectural Framework. NASA /SCI. Retrieved 10 Dec 2008.

[26] John L. Hennessy and David A. Patterson. Computer Architecture: A Quantitative Approach (Third Edition ed. ). Morgan Kaufmann Publishers.

[27] Paul E. Black (ed. ), entry for data structure in Dictionary of Algorithms and Data Structures. U. S. National Institute of Standards and Technology. 15 December 2004. Online version Accessed May 21, 2009.

[28] SAP R/3 Function.

# 冶金工业出版社推荐图书